本书为国家社科基金青年项目"马华留台作家研究"（16CZW041）结项成果，出版受到暨南大学文学院高水平经费及暨南大学广东省人文社科重点研究基地"海外华文文学与华语传媒研究中心"经费支持。

马华留台作家研究

温明明 著

国家社会科学基金青年项目

「马华留台作家研究」（16CZW41）成果

九州出版社 JIUZHOUPRESS 全国百佳图书出版单位

图书在版编目（CIP）数据

马华留台作家研究 / 温明明著. -- 北京：九州出

版社，2024.7. -- ISBN 978-7-5225-3165-6

Ⅰ. K825.6

中国国家版本馆CIP数据核字第2024GH4837号

马华留台作家研究

作　　者	温明明　著
责任编辑	邓金艳
出版发行	九州出版社
地　　址	北京市西城区阜外大街甲 35 号（100037）
发行电话	（010）68992190/3/5/6
网　　址	www.jiuzhoupress.com
印　　刷	北京旺都印务有限公司
开　　本	710 毫米 ×1000 毫米　16 开
印　　张	26.25
字　　数	352 千字
版　　次	2024 年 9 月第 1 版
印　　次	2024 年 9 月第 1 次印刷
书　　号	ISBN 978-7-5225-3165-6
定　　价	88.00 元

目录

绪论 | "留台"：马华作家的跨域流动

马华留台作家是跨域流动的产物，其历史可以追溯到马来西亚独立之前的20世纪50年代初期，至今走过了不算短暂的七十年，其间也出现了一批在世界华语文坛都有重要影响力的作家，如王润华、李永平、温瑞安、张贵兴、潘雨桐、黄锦树、陈大为、钟怡雯等。无论是从文学、文化还是离散的角度来看，马华留台作家都是有重要研究价值的一个特殊群体，下文先对这一作家群体的命名、产生背景和研究价值展开必要分析，以便为后面的深入分析建立基本的理论预设和逻辑前提。

一、命名及阐释：旅台、在台与留台

20世纪50年代以来，不断有在马来西亚完成中学教育的华人子弟赴中国台湾地区留学，据马来西亚留台同学会联合总会整理的数据显示，1954—2017年间共有32372名留台生从台湾各大院校毕业[①]。数量庞大的马华留台生为马来西亚传媒、医学、金融、教育、文学等领域贡献了许多杰出人才，建构了当代马来西亚华社有重要影响力的"留台社群"，并从中衍生出当代马华文坛颇具实力的一支文学队伍——马华留台作家群，能够列入这一群体的马华作家有：白垚、潘雨桐、王润华、淡莹、林绿、陈

[①] 依据马来西亚留台联总升学辅导组资料整理，感谢马华留台作家辛金顺先生提供相关数据。

慧桦、李永平、李有成、温瑞安、方娥真、李宗舜、商晚筠、张贵兴、傅
承得、张锦忠、王祖安、林建国、林幸谦、黄锦树、钟怡雯、陈大为、吴
龙川、辛金顺、廖宏强、梁金群、张草、方路、许裕全、杜忠全、木炎、
龚万辉、马尼尼为、贺淑芳、邓观杰等近百人。他们中有些在学业完成之
后就返回了马来西亚，如商晚筠、傅承得、王祖安等；有些留学结束之后
并没有返回马来西亚，而是去了其他地区或国家，如温瑞安、方娥真、林
幸谦去了香港，王润华、淡莹等则前往美国留学并辗转至新加坡；同时，
也有一部分作家在留学结束之后选择继续留在台湾地区就业生活，如陈慧
桦、李永平、李有成、张贵兴、张锦忠、黄锦树、陈大为、钟怡雯等，这
些人大多栖身台湾高校，成为留学兼居留型马华作家。

在学界，论者常用"旅台""在台"和"留台"来指称拥有台湾留学
经验的这批马华作家，相应地也产生了马华旅台作家/文学、在台马华作家
/文学和马华留台作家/文学这样三个称谓，三个称谓之间各有指涉、内涵
也并不一致，下面将对这三个概念进行辨析，并阐明本书采用"留台"的
缘由。

"旅台"及"马华旅台作家/文学"是在学术界使用较广泛的术语。
例如刘小新《马华旅台文学现象论》①、曹惠民《在颠覆中归返——观察
旅台马华作家的一种角度》②、陈大为《大马旅台一九九〇》③、黄昕胜
《大马旅台文学的星空》④、张光达《马华旅台文学的意义》⑤等皆使用
"旅台"或"旅台文学"指称在台湾文学场域内的马华文学生产。陈大
为认为："'旅台'只包括：目前在台求学、就业、定居的写作人口，不

---

① 《江苏大学学报》2002年第2期。
② 《华文文学》2011年第1期。
③ 《台港文学选刊》2012年第1期。
④ 《蕉风》1995年第467期。
⑤ 《南洋商报·南洋文艺》2002年11月1日。

含学成归马的'留台'学生，也不含从未在台居留（旅行不算）却有文学著作在台出版的马华作家。"①根据陈大为的界定，马华旅台文学涵盖马华作家留学台湾及完成学业后仍"旅居"台湾期间的所有文学创作②，它的外延要比早期的"侨生文学"或"留学生文学"大许多。但是，陈大为将"旅台"定义为一个"现在时"的概念，而排除了曾经在台湾留学的那批作家，即拒绝了"过去式"/历史，这样的话，"旅台"就变成了一个永远处于未知的概念，其边界难以确定，因为我们无法确保一个当下还处在台湾文学场域内的作家，未来是否仍保持这种状态，一旦离开，那按照陈大为的定义，这个作家就要被排除出"旅台作家"的范畴，如果是这样的话，马华旅台作家和马华旅台文学都将是一个飘忽不定的概念。同时，"'旅台'含有旅居在外的漂流意识，仿佛未深入目前生活的场地般的隔绝与疏远"③，这就使"马华旅台作家"这一概念先天地带上了"离散""漂泊"甚至"隔膜"等"不在场"意识。

20世纪90年代以来，一些未曾在台湾地区留学的马华作家纷纷在台湾文坛获得各种文学奖，并出版文学作品。例如，马华本土作家黎紫书

---

① 陈大为：《从马华"旅台"文学到"在台"马华文学》，《华文文学》2012年第6期。

② 不同于陈大为的界定，安焕然认为，"旅台"只指"正在台湾求学的大马学生"，"马华旅台文学"是指"大马学生曾在台湾留学期间，所创作的文学作品"，"惟它所指涉的仅是大马留学生'旅台'求学时这一过渡时期的文学创作，其毕业后返马归国，或继续留居不归而'回归''中国'（台湾）者，其这后期的创作则不应划为'大马旅台文学'的范畴。故大马旅台文学可谓是在台湾的时空土壤中成长的文学，似属于台湾文学的一'小'环（而似又不太'正统'）但又属于马华文学的一部分，二者互有交集。本质上它是留学生文学"。详细内容可参阅安焕然《内在中国与乡土情怀的交杂——试论大马旅台知识群的乡土认同意识》，载安焕然《本土与中国：学术论文集》，新山：南方学院出版社，2003年，第241—242页。安焕然定义的"马华旅台文学"即是台湾的马华留学生文学，与一般论者指称的"马华旅台文学"多有不同，故本书不采用安焕然的界定而采用为一般论者所认可的陈大为的界定。

③ 陈芳莉：《在台马华文学的原乡再现——以黄锦树、钟怡雯、陈大为为例》，硕士学位论文，台湾成功大学，2008年，第13页。

先后获得第18届联合报短篇小说首奖、第22届联合报短篇小说首奖等，并在台北出版了《天国之门》《山瘟》《野菩萨》等短篇小说集及长篇小说《告别的年代》，迅速成为在台得奖、出版并获得台湾文坛认可的马华本土作家。此外，李天葆、陈志鸿、梁靖芬等其他没有留学台湾背景的马华作家也获台湾文坛各种文学奖，并由台北的出版社出版他们的文学作品。这一现象作为"台湾文学内少见的'附生'或'依存'形态"①，已非"马华旅台文学"这一概念所能囊括。二十一世纪初，张锦忠提出"在台马华文学"这一术语，用以整合在台创作、在台得奖及在台出版三大马华文学现象，他认为："马华文学一向理所当然地被认为是'在'马来西亚产生的华语语系文学。但是，马华文学的生产场所也有可能'不在'马来西亚，而在例如台湾、香港等境外地区。在台湾发生的马华文学现象，过去较常看到的称谓是'马华旅台文学'。近年来，'在台马华文学'的用法较为多见。广义而言，'在台马华文学'不一定限于马华作者在台，也指'马华文学'在台，即作品在台湾出版流通。"②

"在台马华文学"近些年逐渐获得台湾学界认可③，台湾大百科全书为此还收入了由黄锦树撰写的"在台马华文学"词条："1950年代末以来，持续有马来西亚华裔青年来台留学而在此地开展文学事业，参与或组织文学社团、出版刊物、发表各文类作品、获文学奖、出版作品集，并生产马华文学论述称之。因此，成为台湾与马华文学的交界面，亦可说是台湾

① 高嘉谦：《马华小说与台湾文学》，《文艺争鸣》2012年第6期。
② 张锦忠：《离散在台马华文学》，选自张锦忠：《马来西亚华语语系文学》，八打灵再也：有人出版社，2011年，第95页。
③ 近些年台湾的学者在相关文章中也多采用"在台马华文学"这一称谓，如蒋淑贞的《从"海内存知己"到"海外存异己"：马华文学与台湾文学建制化》，高嘉谦的《马华小说与台湾文学》等，另外，台湾大百科全书网站也有黄锦树教授撰写的"在台马华文学"词条。

文学场域的一个独特角落。此一现象，1990年代前泛称为'旅台文学'或'留台文学'，2002年张锦忠教授在《（八〇年代以来）台湾文学复系统中的马华文学》文中，将之正名为在台马华文学。"①根据黄锦树的解释，"在台马华文学"既包括在台湾地区留学、就业、定居的马华作家创作的文学作品，也涵盖没有留台/旅台背景的马华作家在台湾地区出版的文学作品，其主体是马华旅台文学。与"旅台"相比，"在台"是一个相对中性的概念，强调一种在场（台湾文学场域）性。但是，"在台"是一个太泛化的概念，它将在台出版和获奖整合到其中，突出了这两大马华文学现象的意义，但同时也一定程度上遮蔽了在台创作的独特价值。另外，在台出版和获奖都属于文学现象，即只是马华文学在台，而不指涉马华作家在台，也就是说，黎紫书等人的作品存在在台现象，但他们个体却并不在台，因而我们发现，马华旅台文学与马华旅台作家是同时存在的，但对"在台"而言，却只有在台马华文学而没有所谓的在台马华作家（因为这个概念实际就是指马华旅台作家）。对于本书而言，我们要讨论的是具有留台或旅台经验的马华作家的创作，而不涉及没有这一经验的马华作家的在台出版和得奖，因而本书没有采用"在台马华文学"这一术语。

"留台"是这三个术语中最早产生和使用的，例如我们很早就称留学台湾地区的马来西亚华人为马华留台生。最早产生这一术语时，对"留台"中"留"的定义是指留学，因而早期的"留台"一词单指曾经留学台湾地区，例如马华留台生安焕然就认为："'留台'是指曾留学过台湾，而今已返马者。"②现已定居台湾地区的陈大为也基本持这一观点："'留台'单指曾经在台湾留学，目前已离开回马或到其他国家谋生

---

① 黄锦树：《在台马华文学》，台湾大百科全书网站，2013年3月21日。

② 安焕然：《内在中国与乡土情怀的交杂——试论大马旅台知识群的乡土认同意识》，载安焕然《本土与中国：学术论文集》，新山：南方学院出版社，2003年，第241页。

的作家。"①根据这一界定，有论者将马华作家留学台湾期间创作的文学作品命名为马华留学生文学，毕业后返回马来西亚或到其他国家、地区之后创作的文学作品则不在马华留学生文学范畴之内。因而，在早期也有人曾将这部分诞生于台湾地区的马华留学生文学命名为"侨生文学"②。但是，在中文里，"留"不仅仅是"留学"，还可以是"居留""留在"，由此我们也可以将"留台"理解为留学台湾地区和居留台湾地区。本书的研究对象，既包括留学台湾地区、毕业之后离开台湾地区的那批作家，也包含留学台湾地区并在此地居留的那批作家。简言之，本书研究的是具有在台湾地区留学经验和居留经验的马华作家及其创作。根据这个研究范围，无论是马华旅台文学还是在台马华文学都不能很好地涵盖，因为马华旅台文学仅仅指留学并居留台湾地区的那批马华作家的创作，而不包括具有留学经验但已离开的那批马华作家的创作，在台马华文学中的在台创作和出版则超出了本书研究的范畴。鉴于此，本书仍然沿用最早产生的"留台"这一术语，将这批作家命名为马华留台作家，他们创作的文学命名为马华留台文学，但必须说明的是，此"留台"非彼"留台"，这里的"留"既指留学也指居留，就经验而言，可以只是留学经验，可以是留学与居留两种经验兼备。

二、留台传统的生成及延续：冷战与全球化

马来西亚乃至整个东南亚华人留台传统的生成，仰赖于台湾地区当局的侨生教育政策，一批又一批的留台生都是通过这一渠道赴台求学的。但在马华留台传统的生成期，"背后其实有着寒凉的政治背景"③，这"背

---

① 陈大为：《从马华"旅台"文学到"在台"马华文学》，《华文文学》2012年第6期。
② 因马来西亚华裔以侨生身份到台湾地区留学，故有"侨生文学"的称号。
③ 黄锦树：《旅台的在地》，选自黄锦树：《注释南方》，八打灵再也：有人出版社，2015年，第108页。

景"即是从20世纪50年代初一直持续到80年代末的"冷战"。

20世纪50年代初期，世界冷战格局正在形成，美国为了控制东南亚地区，防止共产主义势力在这一地区蔓延，建立了一套以"反共、遏华"为核心的东南亚华侨华人政策，这就是1956年9月6日美国国务院制定的《华侨华人与美国政策》草案（1992年5月14日正式解密），该草案总共分为五个部分，前三部分分别检视了东南亚各国政府、中国大陆、台湾当局对待华侨华人的政策及其效果，其中谈到中国大陆的华侨华人政策时，专门提及东南亚华侨华人到中国大陆接受教育的问题："还有4.5万人是返国接受教育的学生。除学生外，返回的华侨华人显然已经被紧密地融入到共产党中国的政治生活中。另据已获信息表明，返回大陆的学生均已获得相应的教育机会，直到毕业，他们大多数已经被吸收进入中国的社会主义模式，仅有相对一小部分又回到东南亚各自的家庭。"①相应地，草案则认为台湾当局"对待海外华侨华人事务的态度较为呆板"②。草案的后两个部分谈的是美国政府、私人机构等对东南亚华侨华人的政策和措施，以及措施的前景及可能出现的新行动过程，其中专门谈到要重塑台湾当局在东南亚华侨华人当中的形象问题，"要让他们意识到自己作为中国人，应视中华民国政府为他们文化和社会传统的维护者，以及应视中华民国政府为海外华侨华人利益的法定代表"，"增强对文化代表团和其他活动的支持，以此支持华侨华人中形成如下概念，中华民国政府是中国传统文化的维护者"。③为了达到这样的目标，美国政府及其私人机构围绕中华人民共和国和台湾当局谁更能代表"中华文明"的问题，针对东南亚华人展开了一场"华夷之辩"的宣传攻势："在政治上把国民党政权定位为'中华'，

---

① 张小欣译：《东南亚华侨华人与美国亚洲冷战政策——美国解密档案文件〈华侨华人与美国政策〉》，《冷战国际史研究》2010年第1期。

② 同上。

③ 同上。

把中国共产党定位为'蛮夷';在文化上把'中华民国'定位为'正统',把新中国定位为'异端'。"①这些"宣传"最后都被落实到台湾当局制定的侨教政策中,成为"历史遗留下来的方便手段":"在混乱的流亡情境之下,提供了政权所需要的象征秩序。这套秩序透过将政权界定为华侨祖国、自由中国、正统中国的方式,安抚了焦躁的集体意识,透过'忠贞'侨胞的年年参访、侨生回国升学、侨商回国投资,将广大的海外华侨视为'政治腹地'来积极耕耘。"②从这点来看,文化冷战以及美国政府针对东南亚华侨华人的文化宣传政策也参与了对马华留台作家身份和认同的塑造,尤其是星座诗社和神州诗社等早期马华留台作家对"文化中国"的向往,不得不说是这场冷战版"华夷之辩"的产物之一。

其实在1956年9月美国国务院制定《华侨华人与美国政策》草案前,美国已经基于美苏对抗的需要,将东南亚华侨华人及其教育问题纳入冷战("反共")体系当中。据统计,1949—1952三年时间里,东南亚地区共有1.2万名华侨华人返回中国大陆接受教育,这一现象被美国驻香港新闻处视为"共产主义扩张的危险信号",1953年,时任美国副总统尼克松访问东南亚,"要求美国在东亚的外交和文宣机构多加注意,增强台湾的文化教育设施,满足华侨华人的教育和文化精神需求,并与台湾国民党政权合作扭转归国侨生的趋势"③。1954年,美国政府推出"美援侨教计划","1954—1965年间,台湾当局共计接受美援318118683元新台币,多用于增添台湾各大院校校舍和设备,以及补助侨生生活费和往返旅费。美援经费

---

① 翟韬:《文化冷战与华侨华人:美国对东南亚华侨华人的宣传渗透》,《东南亚研究》2020年第1期。

② 范雅梅:《论1949年以后国民党政权的侨务政策:从流亡政权、在地知识与国际脉络谈起》,硕士学位论文,台湾大学,2005年,第45页。

③ 翟韬:《文化冷战与华侨华人:美国对东南亚华侨华人的宣传渗透》,《东南亚研究》2020年第1期。

拨付始于1954年，1958年达到最高峰，……1965年完全停止。"①"美援侨教计划"实施后，马来西亚华人赴台求学人数大幅增加，具体见下表1：

表1　马来西亚华人赴台求学人数统计表（1950—1964）②

入学年份	毕业年份	人　数
1950	1954	5
1951	1955	6
1952	1956	12
1953	1957	25
1954	1958	22
1955	1959	43
1956	1960	195
1957	1961	205
1958	1962	320
1959	1963	357
1960	1964	281
1961	1965	291
1962	1966	416
1963	1967	416
1964	1968	418

　　冷战使得台湾当局早期的侨教政策无形中参与了资本主义与共产主义

---

① 沈燕清、刘悦：《美援"侨生教育计划"下台湾当局对印尼侨生的争取及其影响（1954—1965）》，《台湾研究集刊》2021年第6期。

② 依据马来西亚留台联总升学辅导组资料整理，数据来源为台湾省"教育部统计处"，感谢马华留台作家辛金顺先生提供相关数据。

对抗的意识形态再生产①，另一方面，冷战也影响了马来西亚政府制定的华教政策，甚至进一步强化了它的政治色彩："在浓厚的冷战思维熏陶下，东南亚国家大都接受了西方的反共观念，对共产主义的中国持敌视态度，掀起反对中国的反共反华运动，认为中国是'亚洲泛华人主义的领袖和提倡者，并同海外华人合谋从内部颠覆东南亚'。华文教育自然也被纳入意识形态对立所形成的尖锐矛盾中，华文被视为社会主义语言，甚至把华文教育和共产主义的传播联系在一起。作为英国的殖民地，马来亚通过和平斗争的方式获得了独立，在经济和政治上继承了一大笔殖民遗产，与宗主国保持着千丝万缕的联系，也自然成为'自由和民主国家'中的一环和反共帐幕下的一员。反共即是马来亚的基本政策之一，同时也是联盟得以从英国人手中接管政权的重要前提，这也深深影响了以后马来人对华人及华文教育的认知。"②

---

① 关于冷战尤其是美国的文化冷战政策对东南亚华侨华人及其教育的影响，可参见以下论著的分析：曹曦的《论战后（1951—1965）美国对台教育援助》（《学术探索》2011年第6期）、高奕的《冷战时期美国对东南亚的文化外交》（《南亚东南亚研究》2021年第1期）、刘雄的《建国初期美国阻挠华侨学生回国升学内幕》（《华侨华人历史研究》2006年第1期）、刘雄的《东南亚华侨如何被卷入冷战旋涡》（《济南大学学报》2006年第3期）、刘雄、尹新华的《20世纪五六十年代的东南亚华侨问题与美国对华遏制政策》（《当代中国史研究》2006年第4期）、刘雄的《试析战后东南亚华侨社会变迁中的冷战因素》（《求是学刊》2011年第5期）、张扬的《冷战共识——论美国政府与基金会对亚洲的教育援助项目（1953—1961）》（《武汉大学学报》2013年第3期）、张扬的《冷战前期美国对东南亚华文高等教育的干预与影响——以南洋大学为个案的探讨》（《美国研究》2015年第3期）、张焕萍的《再论冷战初期美国对东南亚华人的宣传战（1949—1964）》（《南洋问题研究》2016年第1期）、翟韬的著作《文化冷战与认同塑造：美国对东南亚华人华侨宣传研究（1949—1965）》（世界知识出版社，2020年）等。关于台湾当局侨教政策的分析，可参见以下两篇硕士论文的研究：范雅梅的《论1949年以后国民党政权的侨务政策：从流亡政权、在地知识与国际脉络谈起》（台湾大学硕士学位论文，2005年）、陈慧娇的《偶然身为侨生：战后不同世代华裔马来西亚人来台求学的身份认同》（台湾政治大学硕士学位论文，2006年）。

② 胡春艳：《抗争与妥协：马来西亚华社对华族母语教育政策制定的影响》，广州：暨南大学出版社，2012年，第69页。

当然，我们在将马来西亚华人留台传统的生成放在冷战尤其是文化冷战的背景下讨论时，强调冷战对这一留台传统生成产生了重要影响，甚至塑造了这一传统内在诸多的意识形态特质，但我们也必须意识到，冷战只是推动马华留台传统生成的原因和背景之一，台湾当局和马来西亚政府的"本土性"考量也直接推动了这一传统的生成，也就是说，即使没有冷战，马华留台传统也将是历史的必然产物。对台湾当局而言，让越来越多的华侨华人赴台升学，是与大陆争夺"侨心"的重要方式，并借此重新唤醒"革命之母"①，以期为未来的"反攻大陆"做好准备，"在偏安的劣势中，国民党在现实中难以和实际的中共抗衡，因此它转而向历史和记忆求救，把华裔子弟编入'侨生'的行列里，企图在时空错置中从他们身上唤醒原属于他们祖辈的记忆：参与中国革命和中国建国抗日的历史"②。对马来西亚政府而言，留台传统的生成是他们制定的带有马来种族主义色彩的华文教育政策的意外产物。

二战结束后，长期遭受殖民统治的马来亚地区开始走上独立建国之路，在这个过程中，由于马来民族主义情绪高涨，甚至逐渐形成了"马来人的马来亚"（Malaya for Malays）的建国理念，而华文教育则成为种族政治的牺牲品。"《1951年巴恩报告书》《1952年教育法令》及《1954年教育白皮书》都是种族色彩浓厚的政策法令，体现了执政者的单元化思维，认为只有建立统一的国民教育体系，实行统一的教学媒介语（只能是英语和巫语），才能确保国民的团结。也就是说，把其他族群的语言都视作造成国家不安定的重要因素。"③1969年"五一三"事件之后，"国家教育政策的单元化倾向更加明显"，"政府对其他族群语言、教育的限制更加苛

---

① 孙中山曾将华侨誉为"革命之母"。

② 黄锦树：《神州：文化乡愁与内在中国》，《中外文学》1993年第2期。

③ 胡春艳：《抗争与妥协：马来西亚华社对华族母语教育政策制定的影响》，广州：暨南大学出版社，2012年，第91—92页。

刻"，"马来族群利用其在政治上的优势，将马来人至上的精神从政治层面扩张到社会文化层面，利用教育及语言政策限制其他族群文化的传承，并利用马来文作为传播国家意识形态的工具，将马来西亚马来化，致使这一多族群社会受限于马来文化的压制而无法正面发展多元文化"[①]。其结果就是"固打制度"的推出，固打制是马来西亚的一种种族教育制度，指学生在进入大专时，除了成绩的考虑之外，还以种族来区分入学名额，不同的种族有不同的名额限制，当中又以马来人拥有最多的入学名额，这种录取标准，在20世纪60年代已经存在，当时采取不同种族录取分数不同的方式进行，而不是固定各种族的录取人数，但1969年以后，固打制度成为一种规定，改以种族比例来决定各种族学生就读大学的人数，并且执行的尺度越来越偏颇，直至1978年以后，马来西亚政府才逐年放宽非土著学生的录取率。[②]在这样的情况下，只有极少部分完成中学教育的马来西亚华人子弟能够进入当地大学接受高等教育，大部分人都将面临无本地大学可上的困境，出国留学就成为这些华人学生的无奈选择。

在20世纪50年代初期，还有不少马来西亚华人学生到中国大陆就读大学，但随着冷战格局的形成以及马来西亚独立建国后奉行"反共"的意识形态路线，到中国大陆读大学这一渠道逐渐窄化，直至"文革"被迫中断，而此时，台湾地区就很自然地成为一种"替代"，因为在文化冷战的背景下，台湾地区已经被美国等的文化宣传机构包装成了"中华文化的中心、正统"。当然相对于到欧美等国留学，赴台可以节省不少费用，早期在美援的支持下，许多马华留台生不仅获得了高额的奖学金，而且还有旅费、生活费及课外活动费的补助。对于许多家境不是很富裕的华人家庭

① 胡春艳：《抗争与妥协：马来西亚华社对华族母语教育政策制定的影响》，广州：暨南大学出版社，2012年，第136—137页。
② 曹淑瑶：《国家建构与民族认同：马来西亚华文大专院校之探讨（1965—2005）》，厦门：厦门大学出版社，2010年，第9页。

来说，赴台留学在经济上是比较划算的，即使后来美援停止，因为20世纪60年代后期台湾地区经济开始复苏，台湾当局也加大了对侨生教育的投入，所以留台生的经济待遇并没有下滑。马华留台作家/学者李有成在后来的访谈中，谈及自己的留台原因时，也强调费用是一个重要的考量："我没有选择到英、美或纽、澳等英语语系国家深造，主要是经济问题；相对而言，到台湾念书花费较低"①，"对许多人来说，当时到台湾念书在经济上是相对负担得起的。一九七〇年代初，台湾经济尚未起飞，其时新马社会的一般物质条件要比台湾稍好一些。台湾的学杂费和生活费也比较低廉。"②

当然有必要指出的是，作为个体的马华留台生其实是被冷战意识形态裹挟进去的，他们之赴台留学，受到冷战、种族主义等的影响，甚至也在无形中被塑造，但这并不表示他们就认同这种意识形态或在留台时就已意识到侨生教育背后复杂的国际政治，实际上，很多人对这些是并不清楚的。例如李有成就曾坦陈："招收所谓侨生来台念书的政策其实是冷战的产物，后来我才知道"，"我们是这个侨生政策的受惠者，只单纯想到台湾深造，根本不可能想到这个政策背后的冷战因素。"③同时，当留台作为一种传统在马来西亚华人社会形成以后，冷战、种族主义等产生的作用就越来越小了，20世纪80年代以后留台的马来西亚华人，大多是在他们的留台前辈的带动下主动留台的，甚至产生了"家有留台生"现象。1997年留台的马华作家张依苹就是在家族中的"留台生"影响下到台湾大学深造的："陈允中，我亲戚里的师哥，大我一点，念独立中学，顺理成章到台湾升学去了。……我之旅台，其实半是他规划的。每一回回

---

① 李有成、单德兴：《在马来西亚长大：李有成访谈录》，《中山人文学报》2018年第44期。
② 李有成、单德兴：《问学记：李有成访谈录（二）》，《中山人文学报》2019年第46期。
③ 同上。

乡，我们的出生地诗巫，他总带一堆台大、台湾的刊物回来给我，影响我。申请大学的时候，他教我，填几间国立的，在台北的就好。他干脆说，不在台北的不值得去。"①

20世纪90年代，冷战结束，越来越多的马来西亚华人到中国大陆留学，但台湾地区依然成为马来西亚华人留学的主要选择之一，马华留台传统得以继续发展。同时，冷战结束后，马来西亚国内的族群关系得到一定程度缓和，华人入读本地大学的指标有所上升，而且南方大学学院、拉曼大学、新纪元学院等华人创办的华文大学，也为马来西亚华人提供了更多的接受高等教育的机会。因而，对冷战结束后马华留台传统的考察，就要摆脱前期的冷战思维，而将其放到全球化时代华人流动日渐普遍的背景下来分析。我们会发现，冷战结束之后的马华留台生，更多受全球化的影响，他们之留台少了早期留台生群体中那种悲情意识，跨国流动乃至后离散成为一种常态，甚至在20世纪60年代冷战背景下留台的马来西亚华人，也被裹挟到全球化的浪潮中，成为跨域散居华人，王润华不失为其中的一个典型。王氏1941年出生于马来西亚霹雳州，1962年赴台湾地区留学，1967年赴美国深造，1973年起先后任教于新加坡南洋大学和新加坡国立大学，其间，入籍新加坡，2003年又受聘台湾地区的元智大学，近年则重回马来西亚，担任南方大学资深副校长，其人生轨迹从马来西亚开始，中间经历台湾地区、美国、新加坡，终又回到马来西亚，可谓一生都在越界跨国。这样的现象在李有成、张锦忠、黄锦树、陈大为、钟怡雯等人身上都有所体现，全球化时代，马华留台作家已经成为跨域散居华人。

---

① 张依苹：《写真旅台》，选自黄锦树、张锦忠、李宗舜主编：《我们留台那些年》，八打灵再也：有人出版社，2014年，第232页。

三、文化回归、后离散与跨域散居：马华留台作家的价值

马华留台作家中，除了白垚[①]，其他人都是在马来西亚出生长大的华人后代，他们之留台就具有了区别于一般留学与居留的特殊意义。一方面，作为东南亚已经落地生根的华人后代，他们在冷战或全球化的背景下赴台留学，甚至居留于中国台湾地区，与20世纪80年代中国大陆改革开放之后赴欧美等国留学并居留在这些国家的新移民相比，在流动的内涵上就产生了巨大的差异。就象征意义而言，马华留台作家走的是与其先辈下南洋相逆的"北上"之路，他们的"留台"甚至是对其先辈离散南洋命运的逆写，而新移民并不存在这样的身份背景，因为他们走的路从隐喻的层面讲是马华留台作家先辈走的路，虽然两者不能完全等而视之，但他们与留台作家的先辈都是离开中国原乡，从这个角度来看，马华作家之留台，揭示了移民之为不断流动之民的深刻本质。另一方面，这批马华作家留学和居留之地是台湾地区，这与20世纪50年代以来一批从马来西亚赴欧美等国留学并居留在这些国家的华人相比，同样具有巨大的差异和比较的意义，因为马华留台作家留学和居留的台湾地区跟大陆一样，对海外华人而言也是文化原乡和神州的象征，马华留台作家从留学到定居，早期离散南洋的华人"回归神州/原乡"的愿望竟也被隔代落实。可以说，马华作家留台本身就具有诸多可供探讨的价值。

首先，由于这部分马华作家留学及居留的是具有象征原乡意义的

---

① 白垚出生于中国大陆，在香港读完中学后，1953年到台湾大学历史系就读，1957年毕业后来到马来半岛，恰逢马来亚独立。因而，从文学史的角度看，白垚既是马华文学中最后一代南来文人，也是最早的一代马华留台作家。关于白垚对马华文学的贡献，我们将在第一章进行分析。

台湾地区，这就使得他们的留台必然生发出"文化回归"的价值。"'回归'不只是离开原居留地而迁移到另一个重新选择的居留地，还包含回到主流或母体的意思。因此，'文化回归'可以广义地用来描述一九六〇年代以来那些基于文学或中文兴趣而选择留学台湾的南洋子弟，或者来台之后成为作家而在台长期居留者。"①马华留台作家在广义上就是一群重新回到中华文化"主流或母体"的特殊作家群，对他们而言，居留地的迁徙是次要和表面的，内在的变化是伴随着居留地变动所带来的文化地缘的改变。

早在1972年，马来西亚华人赖瑞和②在《中国时报》"海外专栏"发表《中文作者在马来西亚的处境》和《"文化回归"与"自我放逐"》，提出王润华、淡莹、林绿等马华留台作家留学台湾地区之后没有返回马来西亚，而且也不再有文学作品在马华文坛发表，并据此认为"他们的'自我放逐'是一种价值选择——他们要回到中国文学的源流里去"③。赖瑞和文章发表后，获得翱翱（张错）、刘绍铭、林绿等人的回应，引发了一场关于马华留台作家"文化回归"与"自我放逐"的讨论。翱翱在《他们从来就未离开过》中回应赖瑞和时，以自身作为"香港侨生"到台湾地区升学四年作为例子，认为"每一个回台升学的所谓'侨生'都必须得承认，那四年的经验，无论苦的甜的，都是一种感情的培植，至少，对我来说，四年时间便把我一个身份上所谓'香港侨生'变成一个真真正正的中

---

① 张锦忠：《文化回归、离散台湾与旅行跨国性："在台马华文学"的案例》，《中外文学》2004年第4期。

② 赖瑞和1972年还在马来西亚的英文中学读书，但1976年赖瑞和也赴台留学，就读于台湾大学外文系，毕业后也没有返回马来西亚，而是留在台湾高校任教，成为留学兼居留型马华学者。当然这都是后话。

③ 赖瑞和：《中文作者在马来西亚的处境》，选自中国时报主编：《风雨故人》，台北：晨钟出版社，1972年，第176页。

国人"①，并提出"虽然我一再强调他们这几个人（指王润华、淡莹、林绿、陈慧桦等，引者注）不是自我放逐者，但我还是深深为他们对中国感情的回归而感动"②。林绿作为赖瑞和文章中点名的当事人之一，他在回应文章《关于"自我放逐"》中除了认可翱翱文章中所说的"对中国感情的回归"外，还特别提到"这里的所谓'感情'，即是'中国意识'"③。在这场讨论中，虽然双方对王润华等马华留台作家"文化回归"所持的立场并不相同，赖瑞和是批判性的，他希望他们深造结束后能够重新返回马来西亚和马华文坛，林绿等却想主动融入中国和中国文学，但有一点是相同的，那就是他们其实都已意识到，马华作家之留台，实际上是一次回归文化原乡的精神旅程。

除了王润华等星座诗社成员④，20世纪60年代中期留台的李永平、70年代中期留台的神州诗社成员⑤等，他们的留台都可视为是向中华文化母体的回归。李永平自小受家庭影响，向往那个由唐诗宋词所建构起来的"文化中国"："从小，在父亲的熏陶之下，我对书本中，尤其是唐诗宋词元曲里，所描绘的神州大陆，心中便充满了孺慕和憧憬。"⑥"我是透过唐诗宋词接触中国的，那是最美、境界最高的中国。所以我的中国是文化中国，她是我的文化母亲，我心里头的一个老妈妈。"⑦李永平之留台

---

① 翱翱：《他们从来就未离开过》，选自中国时报编：《风雨故人》，台北：晨钟出版社，1972年，第180页。

② 同上，第181页。

③ 林绿：《关于"自我放逐"》，选自中国时报编：《风雨故人》，台北：晨钟出版社，1972年，第189页。

④ 1963年王润华、淡莹等在台北成立的诗歌社团，我们将在后文专门讨论。

⑤ 1976年温瑞安、方娥真等在台北成立的诗歌社团，我们将在后文专门讨论。

⑥ 李永平：《致"祖国读者"》，《文景》2012年第3期。

⑦ 田志凌、李永平：《李永平：我的中国，从唐诗宋词中来》，《南方都市报·人物》2012年9月23日。

就是对其早年形成的"文化中国"梦的落实，他后来创作《吉陵春秋》《海东青》《朱鸰漫游仙境》等小说，其实也是对文化回归的一种文学实践。温瑞安等神州诗社成员1974年留台，并在台北建诗社、办刊物，希冀在这里实现他们复兴中华文化的理想，但他们的"桃源梦"最终却演变为"异托邦"，温瑞安等人的文学实践无疑是马华留台作家文化回归的极端案例。

其次，马华留台作家由于都是马来西亚在地华人的后代，他们的血液里留存着第一代华人的移民记忆。从离散的角度来看，历经在地化之后的马华作家之留台，既是"重返""神州"的文化回归，也是落地生根之后的后离散，马华留台作家因而也成为拥有双重离散记忆（沿袭自祖辈的和自我实践获得的）的华人群体，其特殊性丰富了当代华人离散美学的内涵。

"后离散"中的"后"，"不仅可暗示一个世代的完了，也可暗示一个世代的完而不了，甚至为了未来而'先行后设'的过去/历史。"[1]所谓"后离散"指的是第一代离散华人落地生根后（一个世代的离散已经结束），其后代再度离散的现象（一个新的世代的离散重新开启）。无论传统的离散还是后现代语境中的新离散，都暗含"移动""流动"之意，"过去的论述并未视这些离散华人为流动现象，似乎他们移居南洋或美加之后便落地生根，不再变易居所"[2]，"后离散"现象的出现是对这一论调的纠偏，使"离散"重新回到"流动"的论述轨道上。

"后离散"在华人离散历史悠久的东南亚地区屡见不鲜。"据保守统计，二战后东南亚地区华人海外移民总数可能近300万人。其中新加坡华

---

① 王德威：《华夷风起：马来西亚与华语语系文学》，《中山人文学报》2015年总第38期。

② 张锦忠：《文化回归、离散台湾与旅行跨国性："在台马华文学"的案例》，《中外文学》2004年第4期。

人海外移民约26万人，马来西亚华人海外移民达105万，菲律宾华人海外移民约为7.8万人，印度尼西亚华人海外移民约13.6万人，泰国华人海外移民可能有70万，印支三国华人海外移民约70万。"①在这庞大的后离散人群中，就包括了20世纪50年代以来以留台的方式出走马来西亚的马华留台作家，他们携带马来西亚在地文化基因开启"后离散"的生命之旅，他们的创作丰富了当代马华文学的内涵。同时，马华留台作家的"后离散"，说明华人离散不可能因在地化而结束，所谓的"安顿"很可能只是暂时的。

最后，对于拥有留学兼居留双重经验的马华作家来说，他们选择在台湾地区就业定居，甚至如李永平、李有成、张贵兴、黄锦树、张锦忠等已经放弃了马来西亚国籍，但是，这并不意味着马来西亚已经从他们的生命中被移除，相反，他们中的大部分人还有一个父母的家在马来西亚，他们主要的亲情关系都还在马来西亚，每年都要多次往返台湾地区和马来西亚之间探亲或文学交流，对他们而言，"后离散"不是彻底地抛弃马来西亚然后完全地融入台湾地区，而是家园（精神的和生命的）发生裂变，由一到二，甚至多个家园，他们在多个家园之间穿梭，成为全球化时代的"太空人"。因而，经历后离散的马华留台作家，他们中的一部分人实际上可以被称为"中华散居族群"，他们在台湾地区和马来西亚频繁往来的流动形态则可以命名为跨域散居。

"中华散居族群"是马华留台作家张锦忠提出的一个概念，用来指称散居世界各地的华人族群，而东南亚地区的后离散华人构成了这一族群的主体。在这里，张锦忠用的"散居"而不是"移居"或"离散"，他认为："移居是从一国移出，定居另一国，从一'中原'到另一'中原'。散居者则不然。他们固然也从一国移出，取得移入国的居留权、身份证、护

---

① 康晓丽：《二战后东南亚华人的海外移民》，厦门：厦门大学出版社，2015年，第249页。

照，但他们因工作关系而频频往返四大洲，往往还年年返回移出的故国与家人相聚，探望上了年纪的长辈，甚至到父祖辈的故国去寻根。因此，对海外华人族群而言，散居，固然指家族散居地球各洲，枝叶蔓延、开花结果，也指个人一年之中，跨越不同的国土，跟不同的家族成员生活共处的分裂经验。这种散居族群是没有中原的（decentered），是'失根的兰花'。"①张锦忠对"散居"的阐释，实际上也比较准确地概括了全球化时代以来部分居留在台湾地区的马华作家的移动特征。像陈大为、钟怡雯、黄锦树等这一代马华留台作家，他们虽然在台湾地区定居，但并不意味着他们就认同此地的政治意识形态，而他们出走马来西亚，也并不表示他们对这块土地没有家园之情，他们在两个家园之间跨域散居，为我们重新思考"家园"的内涵、"移民"的性质等都提供了重要的启迪，此外，跨域散居也对马华留台作家的认同及其创作产生了深刻影响。

四、跨域之后："乡"的流转及其书写实践

詹柏思（Ian Chambers）曾将散居族群的生存形态形容为："一脚踩在这边，另一脚却永远踩在别处，横跨在疆界的两边。"②对马华留台作家而言，这恐怕也是对他们跨域处境最恰切的描述了。这个跨域之所我们不妨称之为一个在故乡与居留地既外又内的第三空间，一个经由去疆界化和再疆界化之后的跨域空间，在这个空间所生产的马华留台文学不失为第三空间文学。李有成在与张锦忠对谈各自的后离散经验时，曾提出："有些作家的经验比较cosmopolitan（世界性），他们可以到处走动，在不同国家居住。他们

---

① 张锦忠：《跨越半岛，远离群岛——论林玉玲及其英文书写的漂泊与回返》，选自张锦忠：《南洋论述——马华文学与文化属性》，台北：麦田出版社，2003年，第195页。

② 转引自李有成：《离散》，台北：允晨文化实业股份有限公司，2013年，第109页。

的作品很难归类，因此就被称为第三文化文学。"①无论是第三空间文学还是第三文化文学，其核心都意在指出：全球化时代以来，马华留台作家跨国散居，其文学创作实际上已经成为一种写在多个家园内外的华人散居文学，一种建构在跨国散居美学基础上的跨界诗学。

斯图亚特·霍尔在《文化身份与族裔散居》中认为，至少存在两种不同的"文化身份"认知模式："第一种立场把'文化身份'定义为一种共有的文化"，这种立场视文化身份为集体经验的反映，并隐藏在集体记忆中，是"一个稳定、不变和连续的指涉和意义框架"②；"第二种立场认为，除了许多共同点之外，还有一些深刻和重要的差异点，它们构成了'真正的现在的我们'"③，第二种立场重视文化身份的集体属性的同时，也强调了文化身份的历史性，以及差异的个体经验对建构文化身份的价值。斯图亚特·霍尔对"文化身份"的深入剖析，对于我们理解马华留台作家的认同意识具有重要的启示。

马华留台作家从传统的离散华人演变为后离散或跨域散居华人之后，家园也从传统离散中的单一固定的生命诞生之所变成复数移动的身份依附之处，流动的家园意识成为许多马华留台作家秉持的身份观念。正如马来西亚人类学学者陈志明所描述的："在这跨国网络的时代我们不只有几个故乡，也可以同时有两个甚至超过两个家乡。21世纪的迁移和跨国寓居已经不像19世纪的离乡背井，而是全球化跨疆界的生活，个人在有适当的条件之下选择在世界的不同角落建立家园。"④

---

① 李有成、张锦忠：《离散经验——李有成与张锦忠对谈》，李有成：《离散》，台北：允晨文化实业股份有限公司，2013年，第159页。

② 斯图亚特·霍尔：《文化身份与族裔散居》，陈永国译，罗钢、刘象愚主编：《文化研究读本》，北京：中国社会科学出版社，2000年，第209页。

③ 同上，第211页。

④ 陈志明：《迁移、本土化与交流：从全球化的视角看海外华人》，廖建裕、梁秉赋主编：《华人移民与全球化：迁移、本土化与交流》，新加坡：华裔馆，2011年，第20页。

　　马华留台文学是马华作家留学、居留台湾地区之后的产物，大部分作家在20世纪80年代以后也成为跨域散居华人。对大部分马华留台作家而言，"三乡"纠葛是他们必然要面对的一个现实：马来西亚是他们的出生地，是第一故乡，这里留存着他们宝贵的童年记忆，尽管有些作家已经放弃马来西亚国籍，但仍然无法"摆脱"马华作家的身份，例如李永平，虽然他多次宣称不喜欢马来西亚，自己也不属于马华作家，但"马"终归是他的身份属性之一；台湾地区是他们流寓的异乡，很多马华留台作家在台湾地区居留的时间已经超过了在马来西亚生活的时间，这个异乡甚至已然成为他们生命中重要的第二故乡；"华"指向的是马华留台作家的文化血脉，"神州"是他们弃绝不了的文化原乡。"地缘故乡""流寓异乡"和"文化原乡"的三乡纠葛，造就了马华留台文学的复杂性和独特性。

　　尽管很多马华留台作家的文学身份是在台湾地区获得，但并不能因此就否认他们与马华本土文学的血缘关系。林建国在解读留台作家的马华文学论述时曾指出："如果我们不是出身大马，大概就不会研究马华文学，至少不会像现在这样探讨马华文学。……或许从事其他范围的研究是机缘（至少我的情况是如此），可是从事马华文学的研究却成为我们的命运，不论我们处身哪个学术领域、哪个地理疆界、国内或国外。"[1]所谓与身世有关的命运，即是对马来西亚身份的难以割舍。李永平的婆罗洲系列、张贵兴的热带雨林、黄锦树的胶林、陈大为的南洋和钟怡雯的油棕园等，均渗透着作家本人浓烈的马来西亚情怀，背后是血缘与伦理的问题。李永平曾多次强调自己不是马华作家，"马来西亚对我来说是一个陌生的，没切身关系的概念而已"[2]，但他却允许自己的作品收入马来西亚相关华文文

---

① 林春美：《当文学碰上道德—夜访林建国、黄锦树》，《蕉风》1998年第482期。
② 伍燕翎、施慧敏：《我想用小说来洗涤人性中的罪恶——李永平访谈录》，《星洲日报·文艺春秋》2009年3月14日。

学选集中，如《回到马来亚：华马小说七十年》，这说明李永平也无法摆脱他与马华文学的血缘关系。

马华留台作家的台湾背景很明显，其中很多作家都是"台湾制造"，甚至被赋予台湾作家身份，王德威即认为李永平是一位台湾作家，"因为台湾，他的文字事业得以开展；也因为台湾，他的原乡——不论是神州还是婆罗洲——才有意义可言"①。台湾地区给马华留台作家提供了文学养分和素材，使他们得以进入台湾文坛，黄锦树、吴龙川、梁金群、马尼尼为，以及2021年刚出版小说集《废墟的故事》的邓观杰等，都是留台之后才走上创作道路，也是在台湾文坛获得的作家身份。对马华留台作家而言，更为重要的或许是"台湾"作为一种经验，已经内化并塑造着他们的创作："从'戒严'到解严，犹如从新批评到解构，台湾特殊的历史境遇也必然嵌入留台人的记忆，甚至作为触媒让他们反身思索自己的历史处境、滋养他们的写作。"②

跨域散居华人的认同是混杂多重的，他们在多个家园之间不断穿梭，从而打破了传统离散认同的封闭空间，趋向开放和未完成。正如伊·安（Ien Ang）所说："杂糅标志着离散群体从'中国'解放出来，因为'中国'一直是'华人性'看不见的主宰。解放出来的'华人性'变成了一个开放性能指，为混合身份的构建提供了无限的资源可能，这也是离散华人能够四海为家、安之若素的基础。"③但是，"华人性"被解放并趋向开放并不意味着"神州原乡"就从跨域散居华人的认同意识中被驱逐或放逐，而是以另一种形态与其他认同元素实现混杂共处。就马华留台作家而言，虽

---

① 王德威：《原乡想象，浪子文学——李永平论》，《江苏社会科学》2004年第4期。

② 黄锦树：《序二·沙上的足迹》，选自黄锦树、张锦忠、李宗舜主编：《我们留台那些年》，八打灵再也：有人出版社，2014年，第14页。

③ 转引自黛博拉·迈德森：《双重否定的修辞格——加拿大华裔离散文学》，丁慧译，徐颖果主编：《离散族裔文学批评读本——理论研究与文本分析》，天津：南开大学出版社，2012年，第266页。

然在他们的创作中已经摒弃了早期马华文学中的过于浓烈的乡愁书写，但我们依然能够看到"神州原乡"在马华留台文学中的涌动，温瑞安早期诗文中的古典性、李永平小说中的纯正中文、陈大为诗歌中的历史解构、黄锦树小说中的中国性纠缠等等，都说明马华留台作家即使走向了认同的混杂，他们在创作中依然必须面对自己的文化血缘。

以上从宏观的角度简要讨论了马华留台作家的形成背景和研究价值。下面简要交代本书的研究框架及思路。

本书正文部分总共分为七章：第一章和第二章主要梳理马华留台作家从1953年至今七十年间的发展脉络，并根据作家留台时间先后及创作情况，将他们细分为八个代际，按照代际对马华作家留台时间、背景、文学创作、主要特色等进行简要分析。第三至第五章解读马华留台作家对马来西亚故乡书写的丰富内涵，探讨他们笔下婆罗洲雨林书写、当代华人族群创伤书写、华人移民历史书写等内容，辨析在漫长的移民历史中，马来西亚华人在南洋落地生根的精神面影。第六章和第七章解读"台湾"作为场域和经验怎样影响马华留台作家的创作，探讨星座诗社、神州诗社等"留台生"社团与台湾文学场域的互动共生，分析马华留台作家在他们的文学创作中如何处理台湾的日常经验。

马华留台文学有着七十年的历史，产生了八个代际的马华留台作家，不同代际以及同一代际不同作家之间的文学观念和创作风格都不尽相同，因而，在研究思路上，本书采用整体观照与个体聚焦相结合的研究方法，试图呈现出具有代表性的马华留台作家创作的多样性和差异性，而并非将他们整合成一个整体去研究他们的统一性。

第一章 | 马华留台作家的发展脉络 (1953—1979)

如果以1953年白垚进入台湾大学历史系就读为起点，马华作家留台的历史至今（2022年）已有七十年，七十年时间孕育出几代在世界华语文坛颇有影响力的马华留台作家群体。陈大为在《最年轻的麒麟——马华文学在台湾（1963—2012）》一书中，依据马华留台作家在台湾文坛的崛起时间、创作形态、获文学奖等，将马华留台作家划分为三个世代："第一代，是诗人透过结社来发声的一代，时间跨度是1963—1980年"①，这一代际的作家包括隶属星座诗社的王润华、淡莹、陈慧桦、林绿等，以及神州诗社的温瑞安、方娥真、黄昏星等；"第二代，是小说家从两大报文学奖崛起的一代，时间跨度是1977—1987年"②，商晚筠、李永平、潘雨桐和张贵兴四位作家构成了这一代际；"第三代，是以三大文类从文学奖崛起，再转型为学院派作家的一代，时间跨度是1986—2007年"③，主要的作家包括林幸谦、黄锦树、陈大为、钟怡雯、张草、辛金顺、吴龙川等。

---

① 陈大为：《最年轻的麒麟——马华文学在台湾（1963—2012）》，台南：台湾文学馆，2012年，第32页。
② 同上，第33页。
③ 同上，第34页。

　　陈大为对马华留台作家的代际划分，立足于作家的创作尤其是文学奖的标准，内在呈现出了马华留台作家介入台湾文坛方式的变迁，从漫长的几十年留台历史中打捞出了一批具有代表性的马华留台作家。但他的"三个世代"的划分，明显也存在一些不足。例如，他将1963年星座诗社的成立作为马华留台文学的起点，将星座同仁视为第一代，显然并不符合历史事实，实际上在星座诗社之前，已经出现了张寒、刘祺裕、黄怀云等马华留台作家，陈大为的这一论断极易误导普通读者以为星座诗社成员是最早的一批马华留台作家。又如，陈大为用结社、获台湾文学奖、学院化为标准划分出不同类型的马华留台作家，客观上对马华留台作家进行了简单化处理，导致不属于这三种类型的马华留台作家被遗漏。此外，陈大为舍弃了惯常使用的"年龄断代法"，采用以创作断代的方式，有其合理性，正如他自己所言："从撰写文学史角度来看，一位作家以其创作崛起文坛的时间点，比他的实际年龄更有意义。以作家的生理年龄来分代，……势必模糊掉很多关键性的问题。"[1]但以一个作家的创作来论世代同样也会模糊掉很多关键性的问题，黄锦树在针对这本书的书评中就直言这是"一本相当奇怪的书"，他认为陈大为的"三个世代"论，"是依写作者登场（成名，主要是得文学大奖）的时序而非生命史的世代，因此生于1937年的潘雨桐、生于1947年的李永平会是第二代，反之，生于1954的温瑞安和方娥真，却和基本上比他们大上十余岁的星座诗社同仁同属第一个世代。这真是一种非常奇怪的文学史思考/叙述方式，势必要付出代价。"[2]最后，陈大为的"三个世代"论，将每个世代的作家圈定在相对固定的时间范围

---

[1]　陈大为：《最年轻的麒麟——马华文学在台湾（1963—2012）》，台南：台湾文学馆，2012年，第31页。

[2]　黄锦树：《这只斑马——评陈大为〈最年轻的麒麟——马华文学在台湾（1963—2012）〉》，《华文文学》2013年第5期。

内，例如第一代的星座诗社和神州诗社属于1963—1980年，第二代的商晚筠、李永平、潘雨桐和张贵兴属于1977—1987年，第三代的林幸谦、黄锦树等人属于1986—2007年，也不具备学理性，似乎这三代作家在他们所属的时间范围之外就不具有文学上的意义，但历史却并非如此，且不说黄锦树、钟怡雯等人在2007年之后仍然有大量超越前期的创作，即使属于第二代的李永平和张贵兴，他们的代表性作品其实也都创作于1987年之后，1977—1987年对他们而言，只能算是创作的第一阶段。

在陈大为的"三个世代"论提出之前，另一位马华留台作家张锦忠2001年在《（八〇年代以来）台湾文学复系统中的马华文学》[1]一文中，依据作家认同的差异曾将马华留台作家划分为四种模式：星座诗社为第一种模式，他们"视在台湾生产与出版的华文文学文本为'中国文学'，视现代诗为'中国现代诗'"[2]，通过在台湾成立诗社，"企图借此'取得进入文坛的通行证'，希望受到台湾文坛同道的认可"[3]；神州诗社为第二种模式，"文学成为想象中国或延续古典文化中国乡愁的方式。或者说，文学取代了现实政治与地理实体，提供了神州同仁的'中国想象'空间"[4]；到了八十年代，"参加两大报及其他文学奖已取代了结社或自费出版，成为八、九〇年代马华作家在台湾'取得进入文坛的通行证'的途径或捷径，也开启了马华文学在台湾活动的第三种模式"[5]；《大马新闻杂志》社成员和大马青年社成员构成了第四种模式，他们有着强烈的马来西亚意识，

① 此文最早在高雄中山大学中文系主办的"一九八〇年以来台湾当代文学学术研讨会"上宣读，后分别收入陈鹏翔与张静二2002年主编出版的论文集《二度和谐：施友忠教授纪念文集》和张锦忠2003年出版的学术论著《南洋论述——马华文学与文化属性》中。

② 张锦忠：《南洋论述——马华文学与文化属性》，台北：麦田出版社，2003年，第137页。

③ 同上，第138页。

④ 同上，第139页。

⑤ 同上，第140—141页。

"在台湾文学复系统中也处于最边缘位置，甚至并不存在"[1]，常常遭到忽略。张锦忠的"四种模式"论，某种意义上也是一种"世代"论或"群体"论，可以说是陈大为"三个世代"论的雏形，他的最大贡献在于在学界较易注意到的前三种模式之外，提出了第四种模式，将一群与台湾文坛关系并不密切、热心马来西亚国是的留台作家纳入考察的视域中。当然，张锦忠的"四种模式"论，由于偏重马华留台作家与台湾文坛的结构关系，缺失了一种历史意识，我们很难从中较为全面地把握马华留台作家的整体特性和发展脉络，其中在这四种模式中，20世纪90年代迅速崛起的一批马华留台作家，如黄锦树、陈大为、钟怡雯、张草等被"冷处理"，这与他们在马华留台文学史上的重要性并不相符。

陈大为的"三个世代"论和张锦忠的"四种模式"论为我们研究马华作家留台发展演进提供了重要基础，但作为一种作家代际划分的标准，或多或少也都存在一定的局限性，对部分马华留台作家造成了一定的遮蔽。鉴于此，本书以马华作家赴台留学的年代为基本线索，大致以十年为一个时间段，将七十年的马华作家留台历史划分为20世纪50年代、20世纪60年代、20世纪70年代、20世纪80年代、20世纪90年代和21世纪至今六个历史阶段，在与陈大为"三个世代"论和张锦忠"四种模式"论的潜在对话中，描绘马华留台作家的整体群像和发展脉络。

第一节　20世纪50年代：被忽视的马华留台作家前行代

国民党统治集团退踞台湾后，继续沿袭此前在大陆时期的侨生教育政策，1950年公布"侨生投考办法"，1951年出台"鼓励并辅导侨生回国升学

---

① 张锦忠：《南洋论述——马华文学与文化属性》，台北：麦田出版社，2003年，第149页。

之计划"和"华侨学生申请保送来台升学办法"，1954年，台湾当局的"侨教"政策被纳入美援计划中，赴台留学人数不断增加，其中就包括不少来自马来亚[①]的华人子弟。在这些早期马华留台生中，有一些已经开始创作或留台期间走上创作道路：白垚、赖观福、潘雨桐、张寒、刘祺裕、黄怀云和看看等，他们成为最早的一批马华留台作家，从世代的角度来看，不妨称他们为马华留台作家的前行代。

白垚原名刘国坚，1934年出生于广东东莞，在内地接受小学和初中教育，1949年移居香港，1953年在香港培正中学毕业后，通过在香港举办的赴台升学考试，被台湾大学历史系录取，成为"第二届赴台升学的侨生"[②]。1955年7月至1956年1月，白垚以笔名林间与台湾大学历史系同学逯耀东主编台湾大学校园刊物《台大思潮》，共六期。大四那年，白垚还为侨政学会编了一本《侨生征文选辑》，"那是第一次读到马华文学作品，砂捞越侨生，就读台湾师范大学侨师科的黄任芳，以北婆罗洲中国寡妇山为背景的小说《仙特娜》应征入选，是小说类唯一作品。"[③]1957年，白垚从台湾大学历史系毕业，受香港友联出版社邀请，南下马来亚，参与友联旗下两份文学刊物《学生周报》和《蕉风》管理工作。1981年，白垚举家从已经生活了二十四年的马来西亚移居美国，2015年在美国去世。白垚晚年将自己早年的诗文创作整理命名为《缕云起于绿草》，由马来西亚大梦书房出版（2007年），其自传体遗作《缕云前书》（上下册）2016年同样在马来西亚由有人出版社出版，可以说在离开马来西亚三十四年之后，白垚又通过文学的方式重返马来西亚。

将白垚列入马华留台作家的行列，甚至视其为开端，势必会遭到一

---

① 1963年，马来亚联合邦同新加坡、砂捞越、沙巴合并组成了马来西亚，在此之前，马来亚半岛被称为马来亚。

② 白垚：《行过的必留痕迹》，选自黄锦树、张锦忠、李宗舜主编：《我们留台那些年》，八打灵再也：有人出版社，2014年，第22页。

③ 同上，第24页。

定的质疑。一则他不是以马来西亚华人子弟的身份从赴台留学的，而是从香港通过升学考试进入的台湾大学，大学毕业后才抵达当时的马来亚，确切地讲，白垚应该算是具有留台背景的南来文人；二则，白垚虽然在马来西亚生活了二十四年，但他并不曾拥有马来西亚国籍，若按照从政治身份角度定位作家身份属性的标准来看，白垚甚至都还不属于马华作家。但这样的标准显然过于"前现代"，"马华文学如果因国籍而把他们（指白垚等没有入籍的南来文人，引者注）剔除，文学史将成为笑话"①。作为最后一代的南来文人，白垚1957年抵达马来亚，恰逢马来亚独立建国，如此他也成为"'有国籍的马华文学'的第一代"②，就文学影响而言，白垚的文学理念及其创作已经深刻地镶嵌到20世纪50年代末期到70年代马华现代主义文学的内里中；同时，作为非典型"留台"作家，白垚具有重要的象征意义，他既代表着马华文学史上南来传统的阶段性终结，也意味着一个新的留台传统的开启。黄锦树等主编的《我们留台那些年》将白垚纳入其中，并以他作为开端，表明在马华留台作家所建构的集体记忆中，是有白垚的一个位置的。在黄锦树看来，白垚既是马华留台传统的"开端的开端"③，也是马华现代主义文学"别一个盗火者"④。

白垚对马华文学的贡献，主要在通过他的诗歌理念和创作逐渐开启了马华现代主义诗歌的序幕。1959年3月6日，白垚在自己负责编辑的《学生周报》第137期"诗之页"发表诗歌《麻河静立》，被温任平视为马华现代主义诗歌的滥觞之作⑤。此外，白垚还以凌冷为笔名，在1959年《蕉

---

① 黄锦树：《别一个盗火者》，选自黄锦树：《时差的赠礼》，台北：麦田出版社，2019年，第77页。
② 黄锦树：《文学的工作》，选自黄锦树：《时差的赠礼》，台北：麦田出版社，2019年，第188页。
③ 黄锦树：《序二·沙上的足迹》，选自黄锦树、张锦忠、李宗舜主编：《我们留台那些年》，八打灵再也：有人出版社，2014年，第17页。
④ 黄锦树：《别一个盗火者》，选自黄锦树：《时差的赠礼》，台北：麦田出版社，2019年，第76页。
⑤ 温任平：《马华现代文学的意义和未来发展：一个史的回顾与前瞻》，选自温任平：《文学·教育·文化》，美罗：天狼星诗社，1986年，第2页。

风》4月号（即第78期）发表《新诗的再革命》、5月号（即第79期）发表《新诗的道路》，从理论与实践倡导现代主义诗歌，被张锦忠视为"马华文学的第一波现代主义运动"①。1964年，白垚又在《蕉风》第137期、138期、140期、141期以笔名凌冷分别发表《不能变凤凰的鸵鸟——现代诗闲话之一》《当车的螳臂——现代诗闲话之二》《藏拙不如出丑——现代诗闲话之三》《多角的钻石——现代诗闲话之四》，继续倡导现代主义诗歌。白垚以《学生周报》、《蕉风》、学友会等为阵地，逐渐吸引了一批更年轻的诗歌写作者聚集到现代主义诗歌的旗帜之下，其中就包括冷燕秋、李苍等，白垚成为这一批写现代主义诗歌的年轻人"文学上的兄长"②。

白垚在台湾大学求学四年，后来的自我回忆中，他自称"留台四年，忙课业，家教，工读，恋爱，并没有多余时间涉足诗坛活动"③，似乎要撇清他与20世纪50年代中后期台湾诗坛的关系，但没有涉足台湾诗坛活动并不意味着白垚没有关注彼时的现代诗论战和受到他们诗歌观念的影响。白垚在回忆留台岁月的散文《行过的必留痕迹》中，专门记录了他与同学逯耀东在毕业前夕的一次讨论："毕业前，一九五七年台北街头的春寒料峭中，和逯耀东在三军球场附近的小店喝金门高粱，……两人煮酒论英雄，深夜谈诗，从夏济安的《文学杂志》，谈到余光中的蓝星诗社，再谈到纪弦的现代诗社，和两社的诗论战。言谈间，我偏向蓝星，逯耀东偏向现代，但只是个人的偏爱，并没有理论上的争议。文学创作和理论，是多元的好，同时，我已决定毕业后去马来亚工作，离境在即，漂泊的过客心

---

① 张锦忠：《马来西亚华语语系文学》，八打灵再也：有人出版社，2011年，第57页。
② 黄锦树：《别一个盗火者》，选自黄锦树：《时差的赠礼》，台北：麦田出版社，2019年，第78页。
③ 白垚：《行过的必留痕迹》，选自黄锦树、张锦忠、李宗舜主编：《我们留台那些年》，八打灵再也：有人出版社，2014年，第23页。

态，让我对当时当地热闹滚滚的诗战，淡然处之。"①南来马来亚后，白垚与逯耀东在通信中又不断就现代诗展开讨论，进一步深化他在留台期间对现代诗的观察，这就有了白垚后来在《蕉风》倡导新诗的再革命，他后来也坦陈"新诗再革命"论"是我离台后和逯耀东通信一年的共识"②，这说明马华现代主义诗歌从一开始就与马华作家的留台经验有密切关系。

相对于白垚的非典型性留台，赖观福、潘雨桐、张寒、刘祺裕、黄怀云、看看和郑良树等则是相对典型的马华留台作家前行代。赖观福1935年出生于马来亚玻璃市，1957年赴台留学，就读于台湾师范大学社会教育系，1961年毕业后返回马来西亚，1972年参与创办马来西亚留台校友会联合总会（简称留台联总），并担任创会会长。在台湾留学期间，赖观福课余从事一些创作并参加校园文学奖，返回马来西亚后积极介入马华文坛，曾担任马来西亚华文作家协会副主席，出版了《雾锁今朝》《回首历史往事》等作品。

潘雨桐原名潘贵昌，1937年出生于马来亚森美兰州的文丁镇，出身农家。1958年在新加坡中正中学毕业后赴台留学，就读于中兴大学农学院，1962年大学毕业后曾在新加坡原产局工作过一段时间，不久后赴美国俄克拉荷马州立大学深造，获遗传育种学博士学位。1972年至1974年受聘中兴大学园艺系暨研究所副教授，1975年返马，在柔佛州小笨珍市居住，曾担任某集团的园丘经理。潘雨桐赴台留学时间较早，但他却迟至1979年才开始小说创作，这时距离他从中兴大学农学院毕业已十七年。尽管是离开台湾多年之后才从事创作，但潘雨桐的小说却与台湾有着密切的关系。一方面，他目前已出版了五部小说集，其中三部是在台北的出版社出版的：

---

① 白垚：《行过的必留痕迹》，选自黄锦树、张锦忠、李宗舜主编：《我们留台那些年》，八打灵再也：有人出版社，2014年，第24页。

② 同上，第25页。

《因风飞过蔷薇》1987年由台北联合文学出版社出版、《昨夜星辰》1989年由台北联合文学出版社出版、《河岸传说》2002年由台北麦田出版社出版；另一方面，他是借助台湾的文学奖进入的文坛，1981年凭小说《乡关》获"第6届联合报小说奖短篇小说奖"，成为继商晚筠1977年、李永平1978年、张贵兴1978年之后第四位获得小说类台湾文学奖的马华留台作家，此后潘雨桐还在1982年凭小说《烟锁重楼》获"第7届联合报小说奖中篇小说奖"、1984年凭小说《何日君再来》获"第9届联合报小说奖短篇小说第三名"，陈大为甚至据此将潘雨桐与李永平、商晚筠和张贵兴列为第二代马华留台作家。

潘雨桐拥有马来西亚、台湾地区和美国多重生活经验，这使得他的小说往往带有多重地域特色，题材上呈现为政治写作与雨林书写两个面向。潘雨桐早期的两部小说集《因风飞过蔷薇》和《昨夜星辰》处理的是他留学美国期间的生活经验，但潘雨桐往往站在马来西亚华人的立场处理"留学生题材"，这使得这两部小说集中的许多小说具有政治写作的特点，因为他总是"带着大马和台湾的双重记忆去美国"，"小说中的人物时时不忘他的马来西亚国民身份、他的政治属性，并且不断的和其他第三世界漂流到美国的'新移民'做边境上的比较，从而把大马华人的政治处境延伸为一个世界性问题的局部"[①]。潘雨桐20世纪90年代以后的创作开始转向书写婆罗洲，聚焦其中的雨林景观和生态问题，关于这一点，将在后文与李永平、张贵兴的婆罗洲书写进行比较研究。

张寒原名张子深，1939年出生于马来亚吡叻，1958年赴台留学，就读于政治大学中文系。据现有资料，张寒是第一位就读中文系的马华留台生，而且也是第一位在台湾出版作品集的马华留台作家，1962年，张寒的

---

① 黄锦树：《新/后移民：漂泊经验、族群关系与闺阁美感——论潘雨桐的小说》，选自黄锦树：《马华文学：内在中国、语言与文学史》，吉隆坡：华社资料研究中心，1996年，第137页。

短篇小说集《梦里的微笑》由台北"侨务委员会"出版，这意味着他在留台期间已经获得了台湾文坛一定程度的认可。张寒毕业后返回马来西亚，服务于华文传媒行业，曾任《建国日报》主笔、《马来亚通报》执行总编、《新生活报》总编辑等。值得一提的是，张寒在台湾留学期间受台湾现代派小说影响，返回马来西亚后，又用现代派小说艺术手法创作了短篇小说集《大冷门》、中篇小说《冷若梦》等，"用南洋乡土情味十足的笔调写十足的意识流小说"，同时注重平民化倾向，使得他的小说又具有较强的可读性，这也使张寒成为马华现代主义小说滥觞期的代表作家之一[①]。

刘祺裕和黄怀云均在1959年赴台留学，且都就读于台湾大学中文系，两人在台湾大学留学期间从事诗歌创作，并一同加入台湾大学诗歌社团海洋诗社和纵横诗社，刘祺裕还曾担任台湾大学《海洋诗刊》主编。1962年，黄怀云由台北纵横诗社出版了他的个人诗集《流云的梦》，刘祺裕也由台北中华文艺社出版了个人诗集《季节病》，这是马华留台作家在台湾出版最早的两部诗集，比王润华等星座诗社成员1966年在台湾出版首部个人诗集整整早了四年。

张寒、刘祺裕、黄怀云和赖观福，他们在留台期间均已开始创作，"或参加征文比赛，或参与文学社团、办刊物、出版诗文集，相对于白垚'对当时当地热闹滚滚的诗战，淡然处之'，他们算是积极投入'自由中国'的文学场域。"[②]除了刘祺裕和黄怀云，看看也是1959年赴台留学的。看看，原名吴均昌，就读于台湾师范大学中文系，1962年与陈仪彬一起创办《马来亚金宝培中旅台校友会特刊》，开启了马来西亚旅台校友会创办特刊的先河。看看毕业后返回马来西亚，著有《看看集》等。

---

① 黄万华：《新马百年华文小说史》，济南：山东文艺出版社，1999年，第180—182页。

② 张锦忠：《航向台湾的慢船》，选自黄锦树、张锦忠、李宗舜主编：《我们留台那些年》，八打灵再也：有人出版社，2014年，第7—8页。

第二节　20世纪60年代：
星座、"流离的婆罗洲之子"及其他

20世纪60年代，受"美援"以及台湾当局不断加大对华侨教育的投入影响，马华留台生的人数在这十年间不断上升：从1960年的281人增加到1969年的565人①。随着留台生人数的不断增加，这十年间也涌现了一批较有影响力的马华留台作家，除了为人所熟知的星座诗社成员及"流离的婆罗洲之子"②李永平外，还有郑良树、周唤、余中生等。

郑良树1940年出生于马来亚新山，1960年赴台留学，先后就读于台湾大学中文系和中文所硕士班，获文学学士和硕士学位。1967年，郑良树从台湾大学中文所硕士班毕业，返回马来西亚任教于宽柔中学半年。1968年，郑良树再度赴台留学，就读于台湾大学中文所博士班，1971年博士毕业，成为首位获得台湾大学文学博士学位的海外华人，同年返回马来亚大学中文系任教，1988年辞去教职，赴香港大学中文系任教，后转香港中文大学中文系，退休后又返回马来西亚，任教于南方大学学院。郑良树第一次留台期间，与刘祺裕、黄怀云等一起加入台湾大学学生诗歌社团海洋诗社，创作一些现代诗，但后来主要从事学术研究，晚年以马来西亚华人历史与社会为题材，创作历史小说，计有《柔佛的新曙光》等。郑良树虽然是在1960年赴台留学，但他实际上与20世纪50年代后期赴台留学的马华作家有更多交集，从代际的角度来看，郑良树应与刘祺裕等同属于前行代，也是留台返马的前行代。

---

① 这十年中每年马华留台生的具体数字，请参见陈慧娇：《偶然身为侨生：战后不同世代华裔马来西亚人来台求学的身份认同》，硕士论文，台湾政治大学，2006年，附录。

② 黄锦树在一篇研究李永平的文章中的标题，这里借用来指称李永平。

星座诗社成立于1963年，是一个跨校际的诗歌社团，成员既有来自香港的学生也包括台湾本地学生，其中属于马华留台诗人的则有王润华、毕洛、叶曼沙、淡莹、洪流文、麦留芳、陌上桑、陈慧桦和林绿等。王润华、毕洛、叶曼沙、淡莹和洪流文五人都是1962年赴台留学，且除了淡莹就读于台湾大学外文系外，其余四人均就读于政治大学：王润华政治大学西语系、毕洛政治大学新闻系、叶曼沙和洪流文政治大学中文系；麦留芳和陌上桑则是1963年赴台留学，麦留芳就读于台湾大学外文系后转社会学系，陌上桑则就读于政治大学新闻系；陈慧桦和林绿迟至1964年才赴台留学，分别就读于台湾师范大学英语系和政治大学西语系。王润华等星座诗社的成员，在台湾完成四年学业后，大多到美国和加拿大继续深造：王润华获得美国威斯康星大学硕士和博士学位、淡莹获得美国威斯康星大学硕士学位、林绿获得美国西雅图华盛顿大学博士学位、麦留芳也在加拿大获得社会学博士学位，而陈慧桦则在台湾大学获得博士学位。因为星座诗社主要成员纷纷赴美国和加拿大深造，该诗社也在他们毕业之后自动解散。1968年，还在台湾师范大学英语系就读大四的陈慧桦，联合校内爱好诗歌的同学在台湾师范大学成立喷泉诗社，并创办《喷泉诗刊》，社员包括余中生等马华留台生，李有成进入台湾师范大学就读后也加入这一诗歌社团，并负责编辑过两期的《喷泉诗刊》。1972年，陈慧桦、余中生等又联合台湾本地诗人李弦、林锋雄等在台北创办跨校诗歌社团——大地诗社，出版《大地诗刊》《大地文学》。喷泉诗社和大地诗社被陈慧桦视为是星座诗社的余绪。

星座诗社成立后的第二年，即1964年，王润华等创办《星座诗刊》，至1969年6月，《星座诗刊》停刊，前后总共出版十三期。由于星座诗社同仁多是外文系出身，因而外国诗歌翻译成为《星座诗刊》内容上的一大特色，"《星座》推出了法国大诗人梵乐希和波特莱尔以及英国女诗人雪脱维尔等专号，加上一些翻译与评介其他诗人的文稿，给当时的台湾诗坛带来了冲击。尤其在翻译论述美国当时非常流行的投射诗与敲打的一派等诗人，对当时的台湾诗坛的确造成立即的影响。"①虽然是一份校园诗歌刊物，《星座诗刊》却并没有局限于校园，"《星座诗刊》开创时虽然小小一本（三十二开本，仅有八页），可它跟我后来参与的诗社一样，一点都不排外（任何的'外'）；它的开放性让百川四海都可纳入，台湾六十年代重要的诗人如洛夫、余光中、郑愁予、痖弦、罗门、蓉子、李魁贤、纪弦、商禽和李英豪等都曾经在上头发表过诗文。"②

　　星座诗社成员在编辑《星座诗刊》的同时，也积极争取台湾"侨委会"的经费支持，在谢冰莹、余光中等人推荐下，台湾"侨委会"提供不少经费用于支持星座诗社成员出版诗集。因而我们发现，星座诗社的马华留台诗人大多在大学期间已出版个人诗集，仅1966年就出版了毕洛的《梦季·银色马》（台北布榖诗社出版）、淡莹的《千万遍阳关》（台北星座诗社出版）、洪流文的《八月的火焰眼》（台北星座诗社出版）、林绿的《十二月的绝响》（台北星座诗社出版）、王润华的《患病的太阳》（台北蓝星诗社出版）、叶曼沙的《朝圣之舟》（台北星座诗社出版）等六部个人诗集，1968年又出版了陈慧桦的《多角城》（台北星座诗社出版）和淡莹的《单人道》（台北星座诗社出版），涵盖星座诗社最核心的几位马华留台诗人。这是马华留台诗人在台湾诗坛的第一次集中亮相。

　　星座诗社的马华留台诗人在台湾留学期间，除了完成学业、创作诗歌、创办诗社、编辑诗刊外，还与台湾诗坛当时成名的许多诗人多有交往。王润华、淡莹、陈慧桦、麦留芳等在后来的回忆中都谈及他们到武昌街探访周梦蝶的往事。"周梦蝶先生是我在台湾最早认识的诗人"，"几乎每个周末我都去书摊挖宝、讨教。他盘膝，我蹲着，在人来人往的骑楼下，从诗的创作谈到他的生活，从生活谈到身世，从身世谈到羁留在大陆

---

① 陈慧桦：《星座、喷泉与大地》，选自黄锦树、张锦忠、李宗舜主编：《我们留台那些年》，八打灵再也：有人出版社，2014年，第52页。
② 同上。

的亲人，渐渐地熟络起来，无所不谈。"①除了周梦蝶，他们也与李莎、罗门、蓉子、余光中、邱燮友、痖弦、洛夫等台湾诗人有往来，特别是罗门和蓉子夫妇，"（他们）的灯屋是我们当年经常造访、聚会的地方。夫妇俩既热情又好客，满屋子的灯饰，吊着挂着立着垒着，至少几十盏，都经过罗门的巧手设计，散发出温馨的亮光，是名副其实的灯屋，遐迩驰名。"②这些交往使王润华等异乡客得以很快融入台湾诗坛，对他们的诗歌创作产生了许多积极影响，甚至星座诗社的诞生也与王润华等在留台初期与台湾诗坛名家的交流有重要关系："虽然对诗怀有抱负，但由于四人尚在大一的阶段，对环境、诗坛还很陌生，故并没有想到要创办诗社的意念。这时，一个刚自政大新闻系毕业的学生刘国全，常带王润华去认识当时的一些名诗人，于是王氏因此结识了覃子豪、李莎和蓝采。其中后二者，逐渐与四颗星子熟络，并以长辈朋友的身份，带领他们，创办了星座诗社。"③星座诗社是第一个在台湾诞生的以马华留台诗人为主的诗歌团体，其成员基本出生于1941至1944年，比出生于20世纪30年代中后期的赖观福、潘雨桐、张寒、黄怀云等马华留台作家前行代小五至七岁左右，不妨称他们为第二代马华留台作家。

1967年，当王润华、淡莹和麦留芳等完成大学学业转赴美加深造时，1947年出生、来自马来西亚婆罗洲的李永平则开启了他的留台生涯。李永平1967年赴台留学，就读于台湾大学外文系，为淡莹的学弟。1971年，李永平毕业并留系担任助教，后来还担任外文系所办刊物《中外文学》执

---

① 淡莹：《让种子萌芽的土壤》，选自黄锦树、张锦忠、李宗舜主编：《我们留台那些年》，八打灵再也：有人出版社，2014年，第37页。

② 淡莹：《让种子萌芽的土壤》，选自黄锦树、张锦忠、李宗舜主编：《我们留台那些年》，八打灵再也：有人出版社，2014年，第38页。

③ 黄锦树、彭永强整理：《被遗忘的星座》，《大马青年》1990年第8期。

行编辑。1976年，李永平辞去台湾大学外文系教职，赴美深造，先后就读于纽约州立大学阿尔伯尼分校英文系硕士班和美国圣路易斯华盛顿大学外文系博士班。1982年博士毕业后，李永平返回台湾地区，曾在高雄中山大学外文系、东华大学英语文学与创作研究所任教，1987年放弃马来西亚国籍，成为兼具留学和居留双重留台经验的马华作家，2017年，李永平因病在台北去世。李永平无论出生还是赴台留学时间都比王润华等大概晚了五年时间，他赴台留学的时期，星座同仁的大部分骨干已经毕业离台，少部分也已进入大四即将毕业，两者几无交集，且李永平更多以一种独行侠的方式活跃于文坛，他之留台及创作成为星座诗社之后新一代马华留台作家的开端，不妨将他所开启的这个新的世代称之为第三代马华留台作家，这一代除了李永平之外，还包括20世纪60年代末至70年代初赴台留学的余中生、李有成、商晚筠等。

　　李永平在婆罗洲古晋读中学时，已经开始创作诗歌、散文和小说，小说《婆罗洲之子》在他留台前的1966年还获婆罗洲文化局第三届征文比赛首奖。但确切地说，李永平是在台湾地区获得作家身份的，台湾作为文学的场域、中介和经验深刻地影响并塑造了作为作家的李永平。"来台湾是我命运的一个转折点，我在砂捞越成长，受教育，对文学懵懵懂懂，根本不懂得文学是什么，进入台大外文系才真正接触到文学，才知道写小说不是写一个故事而已，是有意思的，还是境界极高的艺术啊，这是我的启蒙，是在这个特殊环境里开窍的……那些年是我一生里心灵最丰富的收获，我是被熏陶养成的一个小说家。"①甚至到了晚年，李永平仍然强调自己的创作与台湾之间的关系："作为小说家也是made in Taiwan，我是台湾训练出来的小说家，台湾对我恩重如山，我一直把台湾当作我最爱的养

---

① 伍燕翎、施慧敏整理：《浪游者——李永平访谈录》，《文景》2012年第3期。

母。"[1]作为拥有留学和居留双重留台经验的李永平，他的台湾经验已经内化为台湾体验，出现了《海东青》和《朱鸽漫游仙境》这样的台湾题材创作，而他的台湾体验也形塑了后期书写婆罗洲题材的"月河三部曲"。关于李永平的创作，我们将在后文详细阐释。

在李永平赴台留学的1967年，1940年出生、比李永平年长七岁的马华现代主义诗人周唤也赴台留学，就读于台湾中国文化学院（现为台湾中国文化大学）哲学所硕士班。以往的马华留台作家研究较少提及周唤，但实际上他是一位对马华现代主义诗坛有重要影响的留台诗人。早在1959年白垚于《学生周报》发表第一首现代主义诗歌《麻河静立》时，冷燕秋、周唤等就进行了积极的响应，这里的冷燕秋即后来成为星座诗人的麦留芳赴台留学前使用的一个笔名，他还有另一个笔名刘放。周唤在20世纪60年代参与编辑《学生周报》和《蕉风》，创作现代主义诗歌，1965年，周唤革新《学生周报》"诗之页"，进一步推动马来西亚现代诗运动，是早期马华现代主义诗歌的代表诗人之一。1967年周唤赴台留学后，由李苍（即李有成）接替周唤编辑《蕉风》，1970年秋，周唤从台湾中国文化学院硕士毕业返回马来西亚，同年9月李苍赴台留学，周唤重回《学生周报》和《蕉风》。《蕉风》第214期（1970年10月号）编辑团队由原来的姚拓、牧羚奴、李苍和白垚改为姚拓、牧羚奴、周唤和白垚。周唤在台湾地区留学期间读的是哲学，他后来的诗歌中也多聚焦于对生命、死亡等的哲思，尤其具有明显的存在主义哲学的思想底蕴。他在返回马来西亚后，于《蕉风》第216期（1970年12月号）发表的《存在之外》、《蕉风》第219期（1971年3月号）发表的《短诗集》等诗歌，都将诗与思相融合，具有形而上的特质。周唤虽然1967年才赴台留学，但他的出生时间以及在马华诗坛活跃的时期与星座诗社同仁有更多的交集，从代

---

① 李永平：《我的故乡，我如何讲述》，选自高嘉谦编：《见山又是山：李永平研究》，台北：麦田出版社，2017年，第16页。

际的角度而言，将他列入第二代马华留台作家似乎更合适。

余中生本名余崇生，1968年赴台留学，就读于台湾师范大学中文系。余中生与李有成为同代人，是在槟城时期就相识的文友，李有成1970年赴台留学时，就是余中生到台湾松山机场接的机，并接待他住在自己的宿舍。余中生赴台前，是槟城较活跃的文学青年，创作散文和诗歌，也常参加友联出版社组织的学友会。余中生进入台湾师范大学"国文"系后，在陈慧桦的影响下，积极参加台湾师范大学的校园诗歌活动，例如陈慧桦等创办的喷泉诗社和大地诗社，余中生都是其中的骨干成员。余中生颇有诗才，1973年还获得台湾"优秀青年诗人奖"，这是继林绿1967年获得"优秀青年诗人奖"和陈慧桦1968年获得"优秀青年诗人奖"之后第三位获得该诗歌奖的马华留台作家，可见当时台湾诗坛对他的认可。除了获台湾诗歌奖，1975年，余中生还在台北文馨出版社出版了个人散文集《余中生散文集》。余中生从台湾师范大学"国文"系毕业后，赴日本深造，专研佛教与文学，后重返台湾地区，曾在多所大学任教，成为拥有双重留台经验的马华作家。

第三节　20世纪70年代：神州诗社与"外文系"作家

20世纪70年代，台湾社会进入转型期，"被压抑多年的岛屿终于渐渐苏醒，等待时机释放其蛰伏已久的生命力。尽管政治社会仍有诸多禁忌，在知识与文化生活上，许多人已开始忐忑不安地寻寻觅觅，希望在缝隙中探求生机。"[①]这一阶段赴台留学的马华作家也释放出结社和参与文学奖

---

① 李有成：《一九七〇年代的文学记事》，选自黄锦树、张锦忠、李宗舜主编：《我们留台那些年》，八打灵再也：有人出版社，2014年，第58页。

的文学活力，涌现出了马华留台作家历史上第二个重要的文学社团：神州诗社，以及几位颇有成就的文学"独行侠"：李有成、商晚筠和张贵兴，以及也在这个阶段留学的赖瑞和。由于他们都在外文系或英语系就读（李有成和张贵兴就读于台湾师范大学英语系，李有成后进入台湾大学外文所深造；商晚筠和赖瑞和就读于台湾大学外文系），不妨称他们为"外文系"作家。当然，李有成、商晚筠等并非马华留台作家历史上最早的"外文系"作家，20世纪60年代星座诗社的王润华、淡莹、陈慧桦、林绿等都是外文系出身。

李有成笔名李苍，1948年出生于马来亚吉打州班茶。1970年，李有成赴台留学，被分发到侨生大学先修班学习一年，1971年进入台湾师范大学英语系就读，1975年大学毕业后，在台北弘道中学实习一年，1976年进入台湾大学外文所深造，先后在硕士班和博士班学习，获台湾大学硕士和博士学位，1977年经台湾大学外文所朱炎介绍，进入"中央研究院"美国文化研究所担任助理，此后一直在"中央研究院"欧美研究所工作。1986年，李有成放弃马来西亚国籍，成为拥有留学和居留双重经验的马华留台作家、学者。

李有成赴台留学前就已经是早期马华现代主义诗坛较为活跃的青年诗人。他在槟城钟灵中学读初三时开始诗歌创作，经常参加友联出版社组织的学友会活动。高中毕业后的那一年，李有成在报纸上发表短论，批评当时马华文坛流行的现实主义，受到现实主义作家批判，引发一场持续将近半年的文学论战。1967年，受白垚邀请，高中毕业后的李有成赴吉隆坡卫星城市八打灵再也接替赴台留学的周唤，担任《学生周报》编辑，负责"诗之页"和"文艺版"。1969年，李有成用笔名李苍参与《蕉风》编务，与姚拓、牧羚奴（原名陈瑞献）、白垚组成《蕉风》新的编辑团队，推出第202期革新号，进一步推动马华现代主义诗歌发展。1970年，李有成在槟城犀牛出版社出版第一部个人诗集《鸟及其他》，留台后，李有成分别于2006年和2017年出版了两部诗集《时间》[1]和《迷路蝴蝶》。李有成留学台湾后，"发现要读的书很多，心思开始转向学术"[2]，"虽然并未远离文学，但是埋首文学研究，在学术上另外发现新的天地，一时再也无暇兼顾创作了"[3]，他逐渐由诗人身份转换为学者身份，除了留台初期有一些零星的诗歌发表外，李有成在他的中年时期几乎停止了诗歌创作。但这并不意味着诗心已死，近十多年来，我们又陆陆续续读到了李有成新创作的诗歌，年轻时期的那个诗人李苍又回来了。

商晚筠本名黄绿绿，另有笔名舒小寒、黄梅雨、商桑等，1952年出生于马来西亚吉打州华玲小镇，父亲经营一个杂货店。1971年，商晚筠赴台，第二年进入台湾大学外文系就读，1977年毕业后返回马来西亚。1980年，商晚筠再度赴台，就读台湾大学外文所，因健康原因，1981年3月放弃深造返回马来西亚，后到新加坡担任电视编剧，1995年因病去世。商晚筠虽然在赴台前就已创作散文和诗歌，但她与李永平有点相似，是台湾文坛孕育出来的一位作家。一方面，商晚筠创作中所聚焦的乡土和女性，均受到彼时台湾文坛的乡土文学思潮和女性主义思潮的影响；另一方面，商晚筠生前的两部小说集《痴女阿莲》（1977年联经出版社）和《七色花水》（1991年远流出版社）均在台北出版；此外，商晚筠还是借助台湾的文学奖迅速被文坛所认可的作家，她在台湾文坛的成名，甚至要早于比她年长五岁并且早四年赴台的李永平。商晚筠1977年凭小说《木板屋的印度

---

[1] 这部诗集虽然出版于2006年，但却并非新作，所收诗歌一部分来自第一部诗集《鸟及其他》，另一部分则是20世纪70年代留学台湾断断续续写的少量诗歌。因而，《时间》实际上是李有成对自己1966—1976年间诗歌创作的一个阶段性总结。

[2] 李有成：《一九七〇年代的文学记事》，选自黄锦树、张锦忠、李宗舜主编：《我们留台那些年》，八打灵再也：有人出版社，2014年，第63页。

[3] 同上，第64页。

人》获"《幼狮文艺》短篇小说大竞写优胜奖"、《君自故乡来》获"第2届联合报文学奖短篇小说佳作",1978年又凭小说《痴女阿莲》获"第3届联合报文学奖短篇小说佳作",由此开启了马华留台作家以小说斩获台湾《中国时报》和《联合报》文学奖的"黄金十年",陈大为甚至以此将她与李永平、潘雨桐、张贵兴合称为"文学奖世代"。商晚筠去世后,马来西亚南方学院2003年出版了她的未完成长篇遗作《跳蚤》。

商晚筠在台湾出版的小说集《痴女阿莲》和《七色花水》分别代表了她的小说创作的两大指向:乡土和女性。《痴女阿莲》收入了商晚筠主要创作于1976—1977年间的11篇小说,这些小说以商晚筠的故乡华玲小镇为空间原型,且大部分都以杂货店为中心展开叙事,生动地呈现了华人在马来西亚的日常生活与风土人情,以及以马来人及印度人为观照对象的"异族叙事",使得《痴女阿莲》中的乡土叙事兼具华人文化和异族文化两种文化底色,构成了商晚筠前期创作中乡土叙事的基本文化内涵。《七色花水》收入9篇中短篇小说,均创作于1986年之后,此时距商晚筠第二次赴台返马已经过去五年多时间。这部小说集没有沿着《痴女阿莲》的乡土叙事继续走下去,"她透过小说中的主要人物(全部都是女性)表现出诚挚的女性关怀与成熟的女性观点"[①]。历经生活的考验,商晚筠在《七色花水》中回到女性自我,探讨女性的各种身份及其关系,《七色花水》中的《街角》、收入于遗著《跳蚤》中的《跳蚤》和《人间·烟火》甚至书写了女同性恋的隐秘世界,当然,不能因此将《七色花水》界定为女性主义的创作,"在这里商晚筠混和了母女、姐妹、同性友侪间的情感,将之建构为无色有情的乌托邦,一个可以让自我身份安顿的和谐之境。"[②]商晚筠和晚两年赴台留学的方娥真都极具文学才华,且都是在20世纪70年代后期

---

① 李瑞腾:《七色花水·序》,选自商晚筠《七色花水》,台北:远流出版事业股份有限公司,1991年,第9页。

② 黄锦树:《乡土与自我身份——小论商晚筠》,《南洋商报·南洋文艺》,1995年10月13日。

成长起来的马华留台女作家，商晚筠的小说和方娥真的诗成为早期马华留台文学史中的两抹亮色，但可惜的是，两人的命运都十分坎坷，商晚筠过早离世，方娥真则在经历牢狱之灾后提前告别诗神。

神州诗社是继星座诗社之后马华留台文学史上的第二个诗歌社团，其主要骨干温瑞安、方娥真、黄昏星、廖雁平、周清啸等人均1954年出生于马来亚霹雳州，温、黄、廖、周四人还是霹雳州美罗中华中学同届不同班的同学，甚至与余云天、叶扁舟和吴超然在读书期间义结金兰，号称美罗"七君子"。赴台留学前，温瑞安等已经开始诗歌创作，并轮流编辑手抄本期刊《绿洲》。1973年，温任平（温瑞安兄长）、温瑞安等在霹雳州组建天狼星诗社，温任平任总社长，温瑞安任执行编辑，黄昏星任总务，周清啸任财政。在温瑞安的推动下，还在霹雳州各地成立了"绿洲""绿田""绿野""绿流""绿林""绿原""绿风""绿湖""绿岛""绿园"十个分社，可谓热闹非凡。1973年9月，温瑞安和周清啸赴台留学，就读于台湾大学中文系，同年底两人因思念留在马来西亚的诗友休学返回马来西亚。温任平在后来的回忆文章中还专门记述了温瑞安和周清啸这短暂的第一次留学："一九七三年秋，瑞安与清啸第一次赴台，就读于台大中文系。不久即收到瑞安的来信，他要求我以家长身份，寄出一封信虚报家中发生重大事故经济顿然陷入困境，必须休学返马，他说他拿到这封航空急信便可向大学当局申请到一笔优渥的助学金，我不虞有诈，信写了也寄了。同年十一月中旬我赴台北参加第二届世界诗人大会，瑞安、清啸与我同住正芬大饭店，他们才告诉我因为舍不得诗社（社员），迫不得已施计拿到家长的函件向校方申请休学。"[①]

1974年秋，温瑞安、方娥真与廖雁平联袂赴台留学，温瑞安再度进

[①] 温任平：《神州诗社：乌托邦除魅——兼序李宗舜的散文集》，选自李宗舜：《乌托邦幻灭王国——黄昏星在神州诗社的岁月》，台北：秀威资讯科技股份有限公司，2012年，第25页。

入台湾大学中文系就读,方娥真就读于台湾师范大学英语系,廖雁平(本名廖建飞)则就读于屏东农专农机科,为了与温瑞安等人会合,1975年廖雁平参加大专联考,被政治大学哲学系录取,从屏东农专转入政治大学哲学系就读。黄昏星(本名李钟顺,另有笔名李宗舜、孤鸿等)因参加大专联考落榜,没有与温瑞安等一同赴台,而是在稍晚的十月份赴台,至台北"建国补习班"上课,1975年,重新参加大专联考,被政治大学中文系录取。周清啸(笔名休止符)则在1975年初再度赴台留学,就读于台湾大学外文系。温瑞安等相继赴台后,他们在台北建立天狼星诗社分部,创办《天狼星诗刊》,1975年8月出版创刊号,11月出版第2期,1976年出版第3期和第4期,同年10月,《天狼星诗刊》停刊,改出《神州诗刊》,但仍命名为第5期。

　　1975年11月,天狼星诗社成员、年仅16岁、中学尚未毕业的殷乘风(本名殷建波)不顾家人反对毅然赴台,"引起温任平的极度不满,他认为殷乘风应该完成中学取得高中文凭后赴台升学才是正途,而且殷乘风是他学生,殷乘风中途辍学赴台,温任平间中受到校方、学生及家长的斥难及承受不少压力。殷乘风赴台之心坚决,从二楼跳下折断脚腿以表决心,一九七五年十一月抵台,这就引发往后双方口诛笔伐的导火索,事件越演越烈,终告一发不可收拾。"[1]殷乘风赴台风波导致台北天狼星诗社与马来西亚天狼星诗社总部分裂。1976年10月10日,《神州诗刊》出版,发表《神州诗社独立宣言》,"决定与在台新旧社友廿六人,一并宣布退出'天狼星诗社',另组'神州诗社'。"[2]

　　神州诗社成立后,出版了大量的诗文集,仅1977年就有:诗社史

---

① 解昆华:《一九七〇年代台湾神州诗社及其诗人活动记录——与诗人黄昏星(李宗舜)对谈》,选自李宗舜:《乌托邦幻灭王国——黄昏星在神州诗社的岁月》,台北:秀威资讯科技股份有限公司,2012年,第213页。

② 《神州诗社独立宣言》,《神州诗刊》1976年第5期。

《风起长城远》、神州诗刊第1号《高山流水·知音》（另署名《天狼星诗刊》第6期）、《回首暮云远》（温瑞安散文集）、《狂旗》（温瑞安散文集）、《龙哭千里》（温瑞安散文集）、《天下人》（温瑞安散文集）、《将军令》（温瑞安诗集）、《凿痕》（温瑞安小说集）、《峨眉赋》（方娥真诗集）、《重楼飞雪》（方娥真散文集）、《激流》（殷建波自印诗集）等。1978年又出版了方娥真散文集《日子正当少女》、黄昏星、周清啸诗合集《两岸灯火》以及诗社诗文集《坦荡神州》，并以"神州文集"的名义，在1978—1979年间，先后出版了七期"神州文集"：《满座衣冠似雪》（第一号）、《踏破贺兰山缺》（第二号）、《一时多少豪杰》（第三号）、《梦断故国山川》（第四号）、《今古几人曾会》（第五号）、《细看涛声云灭》（第六号）和《虎山行》（第七号，最后一期）。

1979年是神州诗社史上的一个转折点，这一年，神州诗社扩大为神州社，并成立神州出版社。由神州诗社转变为神州文社，并非突兀之举，1976年温瑞安等与天狼星诗社总部决裂宣布成立神州诗社时，就曾考虑将其扩大为文社："这个社暂用诗社这个名词，实际上它已是一个较诗社广义的文学社，甚至企图把她成为一个艺术社。"[1]神州诗社扩大为神州社后，除了延续1978年开始的"神州文集"出版计划，还创办《青年中国杂志》，由黄昏星任社长，神州出版社出版，1979年下半年共推出三期：创刊号《青年中国》（7月出版），第2号《历史中国》（9月出版），第3号《文化中国》（11月出版）。《青年中国杂志》的创办，尤其它所推出的三个主题：青年中国、历史中国和文化中国，使得温瑞安等人的"中国想象"由诗歌转向学术，由此也可看出神州同仁的壮志雄心。但在温任平看来，这样的转型也预示着神州的变质："由于神州社什么都是，它是个诗

---

[1] 《神州诗社独立宣言》，《神州诗刊》1976年第5期。

社，它是个文学社，它也弄文史哲，它的成员兼修文武，有点像武馆，行径之夸张，甚至令人联想到他们会不会是国民党的学生军团。"①

或许是为了便于组织活动，温瑞安等虽然是留学生，但他们却并未入住学校宿舍，而是在校外租住民房，建构起以温瑞安住所为中心的权力象征场域，这个场域从最初的罗斯福路三段到罗斯福路五段、木栅指南路二段、永和永亨路，三次搬迁也伴随着从台北天狼星诗社到神州诗社再到神州社的变迁，见证了社团的逐渐壮大以及从全盛期的三百多人到最后的自我解体。1980年9月26日，温瑞安、方娥真、黄昏星、廖雁平四人被台湾"警备总部"逮捕入狱，黄昏星、廖雁平次日被释放，温瑞安、方娥真则被关了四个月，直到第二年1月才出狱，并被台湾当局驱逐出境，短暂返回马来西亚，后辗转至香港定居。1980年10月，温瑞安等被捕一个星期后，神州社解散。

神州（诗）社为什么会在鼎盛期遭遇解体，原因自然有很多。当年的神州二当家黄昏星在时隔三十多年后，曾经反省，将原因归结于温瑞安的"自我膨胀"和"诗社变质"："有人野心勃勃，神州是他的战场，也是他王朝的'样品屋'。他抬手举棋，犹如卒子过了汉界，就是回不了头。诗社变质，新人多被遥控，设立各部各组由一人指挥，成了一言堂，社员若有不满，则标签小集团，群起围攻，承受不了者退社，当之奈何。""原本筑梦穷得开心，没有大志的和有野心的人做大事，希望往后成就大业。谁知社规严如军令，又以成就个人为唯一标的。"②温瑞安的"种种不是"加速了神州（诗）社的衰败，但这或许还只是一个外因。内因或许还是神州同仁逐渐迷失于自己所虚幻出来的"乌托邦梦境"："在众人的掌声

① 温任平：《神州诗社：乌托邦除魅——兼序李宗舜的散文集》，选自李宗舜：《乌托邦幻灭王国——黄昏星在神州诗社的岁月》，台北：秀威资讯科技股份有限公司，2012年，第19页。
② 李宗舜：《乌托邦幻灭王国——记十年写作现场》，选自李宗舜：《乌托邦幻灭王国——黄昏星在神州诗社的岁月》，台北：秀威资讯科技股份有限公司，2012年，第182页。

中，在彼此互相吹嘘声中，年轻人的自我日益膨胀，神州从一个小小的诗社逐渐传奇化、神话化，终于乌托邦化，而走向泡沫化的不归路。"①神州同仁的创作主要集中于诗歌，我们将在后文展开详细论述。

在20世纪70年代中后期留台的马华作家中，除了神州诗社，还有一位后来成为著名小说家并没有入社的张贵兴。张贵兴1956年出生于马来亚婆罗洲罗东镇，虽然比神州诗社的骨干晚生两年，但他们却是几乎同一时期接受的中小学教育，1974年中学毕业，温瑞安等赴台留学，张贵兴却在家乡摆荡了一年八个月，"那一年八个月乃人生中最写意和茫然的日子吧。用风花雪月的笔名，写了不少不三不四的东西，发表在《美里日报》《蕉风》《学生周报》。"②从创作的角度来看，这一年多的时间是张贵兴的练笔期，为他后来在留台期间以小说进入台湾文坛奠定了一定基础。1976年9月，张贵兴向当地中华商会申请赴台留学，"规定填满十个志愿。我填的前三是台大外文、政大西语、师大英语，四到六是国文系，也是前述三所大学。七八九已不复记忆，似乎是历史系。第十是师大美术系。糊里糊涂进入师大英语。"③张贵兴在台湾师范大学英语系就读期间，大二下学期在《中外文学》发表小说《空谷佳人》和《草原王子》，在《中国时报·人间副刊》发表小说《狂人之日》，这一年的十月（1978年）张贵兴以小说《侠影录》参加第1届中国时报文学奖，获小说佳作奖，这也是第一位获得中国时报文学奖的马华留台作家，1979年，张贵兴的小说《伏虎》又获"第2届中国时报文学奖短篇小说优等"。正因为在留学期间就表现出不俗的小说创作才华，张贵兴1980年大学毕业后没有返回马来西

---

① 温任平：《神州诗社：乌托邦除魅——兼序李宗舜的散文集》，选自李宗舜：《乌托邦幻灭王国——黄昏星在神州诗社的岁月》，台北：秀威资讯科技股份有限公司，2012年，第19页。

② 张贵兴：《绝对孤独无情》，选自黄锦树、张锦忠、李宗舜主编：《我们留台那些年》，八打灵再也：有人出版社，2014年，第84页。

③ 同上，第85页。

亚，先在台北某出版社工作两年，后又居留台湾东部乡下从事创作，完成《赛莲之歌》《薛理阳大夫》《柯珊的儿女》。1989年，张贵兴进入台北成渊高中任英语教师，直至前几年退休。

张贵兴在台湾师范大学留学的四年时间（1976—1980年），正是神州诗社从成立、壮大到覆灭的四年，作为马来西亚同乡的张贵兴却并没有加入这一诗歌社团，个中缘由，除了张贵兴创作兴趣在小说而不是诗歌外，主要的原因或许是对神州诗社理念的不认同。张贵兴在后来的回忆文章中曾谈及自己与神州诗社的交集："初抵台时，神州诗社已小有名气。一时好奇，单枪匹马参观彼等'山庄'，见其习武行事，小有规模。后来只写武侠小说的社长见我时说：'×××，久仰大名。'那是我在大马'行走江湖'的'笔名'。校园内外不止一次看到他们推销诗社出版的书刊，路人很漠然。"①

20世纪70年代外文专业出身的马华留台作家，除了李有成、商晚筠和张贵兴（神州诗社的方娥真、周清啸也是外文专业出身），赖瑞和也是其中一员。他与张贵兴均为1976年秋季赴台留学，只不过他读的是台湾大学外文系，1980年赖瑞和自台湾大学外文系毕业后，留校任助教，1981年赴美国普林斯顿大学深造，1986年获史学博士学位，曾任教于香港岭南大学、香港中文大学、马来西亚南方大学学院、台湾清华大学历史研究所等。赖瑞和虽然后来从事史学研究，但他在1972年与林绿等在台湾《中国时报》"海外专栏"讨论马华留台作者的文化回归与自我放逐，是早期马华留台文学史上产生较大反响的一次关于马华留台作家认同的争论。20世纪70年代赴台的马华作家，李有成、商晚筠与李永平同属第三代，而在中后期赴台的神州诗社、张贵兴、赖瑞和等则应归入第四代。

---

① 张贵兴：《绝对孤独无情》，选自黄锦树、张锦忠、李宗舜主编：《我们留台那些年》，八打灵再也：有人出版社，2014年，第88页。

第二章 | 马华留台作家的发展脉络
（1980—2022）

第一节　20世纪80年代：“两刊”“一社”“一奖”及其他

　　20世纪80年代，一批出生于马来西亚独立之后的华人开始赴台留学，这代人因为一出生就已经是马来西亚公民，赴台留学后大多关心自己的出生地马来西亚，产生了张锦忠所谓马华留台生的“第四种模式”①。这一时期，马华留台生创办了两份重要的刊物：《大马青年》和《大马新闻杂志》，成立了一个社团：大马青年社，主办了一个文学奖：大马旅台现代文学奖，全面开启了马华留台文学的一个新阶段。20世纪80年代的马华留台作家，大致可以1983年为界，分为两个阶段/两个代际：前一个阶段的马华留台作家主要有黄英俊（笔名杨剑寒）、罗正文、傅承得、陈强华、黄建华、张锦忠、王祖安、黄雪艳、余蓦然、林金城、林建国等，他们在马华留台文学史上大致处于第五代的位置，这一群作家多从事诗歌创作，构成了一个小型的马华留台诗人群；后一阶段的马华留台作家主要有颜永安、黄锦树、陈俊华、廖宏强、刘国寄、吴龙川、陈大为、钟怡雯、黄琦旺、欧文林、林幸谦、林惠洲、黄昕胜等，他们中的大部分人留台时正赶上大马青年社、《大马青年》和大马旅台现代文学奖的全盛期，这一社一

---

① 张锦忠：《南洋论述——马华文学与文化属性》，台北：麦田出版社，2003年，第149页。

刊一奖几乎囊括了20世纪80年代中后期赴台的绝大多数马华留台作家（林幸谦是个例外），可整体将他们命名为"《大马青年》和大马旅台现代文学奖作者群"，这个"作者群"与林幸谦等大致属于马华留台文学史上的第六代。

第五代马华留台作家中，黄英俊1979年赴台就读于台湾大学，罗正文、傅承得、陈强华、黄建华等都是在1980年赴台留学，其中罗正文、傅承得就读于台湾大学中文系，陈强华就读于政治大学教育系，黄建华则就读于台湾交通大学土木工程系。他们赴台留学之前，已经开始诗歌创作，黄英俊和陈强华还在槟城大山脚日新中学就读时就发起成立文学社团文风社，留台后他们在课余继续创作诗歌，并积极参加校园内外的诗歌社团和征文大赛。黄英俊担任过台湾大学现代诗社社长，陈强华曾担任政治大学校园诗歌社团长廊诗社社长和《长廊诗刊》主编，并策划主办了"第1届政大文学奖征稿"大赛。罗正文曾获台湾大学现代诗征文比赛首奖，傅承得和陈强华参加了首届大马旅台现代文学奖，分别获得小说和新诗主奖，他们与罗正文还在1984年大学毕业之际分别出版了自己的个人诗集，算是对自己四年留台创作的一次阶段性总结。从诗歌创作、参加诗歌社团、获得文学奖到出版诗集，黄英俊等人的留台诗歌活动无疑是丰富而有价值的，他们与稍晚一点留台的王祖安构成了马华留台文学史上继星座诗社和神州诗社之后的第三个留台诗人群，只是因为他们没有相互结社、大学毕业后也都返回马来西亚，他们的诗才一度被星座诗社与神州诗社所遮蔽，较少有人从留台的角度提及他们，但他们在返回马来西亚后对本土马华现代主义诗歌的发展却起到了重要的推动作用，尤其是陈强华和傅承得，他们都曾在华文中学任教，培养和激励了一批有才华的年轻人走上诗歌创作道路。

张锦忠（笔名张瑞星）在第五代马华留台作家中算是"大哥"了，他1956年出生于马来亚彭亨州，与张贵兴同龄，赴台前已是颇为活跃的青年诗人和小说家，1976年担任《学报月刊》编辑，后来兼编《蕉风》，1979

年在马来西亚出版诗集《眼前的诗》，但张锦忠直至1981年才赴台留学，彼时的张贵兴却已大学毕业两年，因而他只能与罗正文等归为留台同代人。张锦忠1981年初辞去《学报月刊》及《蕉风》编务，2月赴台参加台湾大专联考，9月进入台湾师范大学英文系就读。1982年，留台一年后的张锦忠出版短篇小说集《白鸟之幻》，但这部留台之后出版的小说集除了《十三蓝鸟与秦沫》的后半篇写于台北之外，其余都是在马来西亚期间所写，算是对自己过去写作的一次总结。1985年，张锦忠自台湾师范大学英语系毕业，返回马来西亚，继续担任《蕉风》编辑。1986年秋，返回马来西亚一年后的张锦忠再度赴台，就读于高雄中山大学外文所硕士班，1990年硕士班毕业后，张锦忠留在中山大学外文系任教，并于1991年进入台湾大学外文所博士班就读，此后成为居留型马华留台作家。

张锦忠1991年在《中外文学》发表学术论文《马华文学：离心与隐匿的书写人》，是其个人"在台湾论述马华文学的开始"[1]，此后他与黄锦树、林建国、陈大为、钟怡雯等通过一系列富有学理性的马华文学论述逐渐建构了一个极具影响力的马华文学留台诠释群。在学术生产之余，张锦忠也断断续续创作诗歌和小说。2019年，马来西亚的有人出版社和大将出版社分别出版了张锦忠的小说集《壁虎》和诗集《像河那样他是自己的静默：张锦忠诗集》，这两部作品集收入了张锦忠自20世纪70年代以来四十多年间所创作的大部分小说和诗歌，包括他居留台湾之后断断续续写的那些篇什，相对于多产的作家，这些作品对少年时代就开始写作的张锦忠而言，无疑是"惨淡"的，但我们仍能从这些在漫长的时间里偶尔写下的作品中，看到张锦忠的文才与诗心。

王祖安1981年赴台留学，就读于台湾大学外文系，1986年大学毕业后返回马来西亚，曾短暂任职于《中国报》，1987年接替此前已再度赴台留

---

① 张锦忠：《南洋论述——马华文学与文化属性》，台北：麦田出版社，2003年，第257页。

学的张锦忠担任《蕉风》执行编辑（从1987年1月号第399期至1988年12月号第421期，共负责22期），1989年转而任职于《星洲日报》，担任该报《星云》《文艺春秋》等多个文学性副刊主编，与《南洋商报·南洋文艺》主编张永修共同推动了20世纪90年代马华文学作家代际更替及文学思潮嬗变。王祖安留台期间，受日渐浓郁的大马留台生文学创作风气影响，1984年大三时开始诗歌创作，1986年毕业之际凭《伙计》《枫》和《会议侧记》获得第4届大马旅台现代文学奖新诗主奖，参与该届文学奖新诗组评审的台湾著名诗人痖弦等人对这三首诗给予了很高的评价："作者熟悉西方文学，且能深入其精髓，作形象的演示，小说家玛拉末的心灵世界，被这首诗点活了。作者已能灵活掌握语言与节奏，潜力雄厚，表现杰出，假以时日，必成诗坛大家。"[①]返回马来西亚的前几年，王祖安陆陆续续仍有诗歌发表于《蕉风》《星洲日报·文艺春秋》《通报·文风》等报刊，与陈强华、傅承得一起被称为"马哈迪时代的抒情诗人"，但20世纪90年代以后，王祖安更多退居幕后，以文学副刊编辑的身份活跃于马华文坛。

黄雪艳是20世纪80年代初马华留台诗人群中唯一的一位女性，1981年赴台留学，就读于政治大学中文系。黄雪艳自小热爱文学，在宽柔中学读书时学的是理科，大学转读中文，大一时受学长影响开始诗歌和散文创作，大二加入政治大学校园社团兰陵剧坊。黄雪艳留台期间，勤于写作，在当时的马华留台写作人中是一位"耽溺于文学的女中豪杰"[②]，所作诗歌和散文均有较高的文学质地，曾获政治大学第1届文学奖新诗和散文优等奖，大四快毕业时创作的散文《深焦》获得第3届大马旅台现代文学奖散文主奖，并且被张锦忠主编的《蕉风》1985年12月号第390期转载，黄锦树主编

① 痖弦等：《评语》，《大马青年》1986年第5期。
② 徐光成等对黄雪艳的访谈题目，全文见徐光成等访谈：《耽溺于文学的女中豪杰——黄雪艳》，《大马青年》1985年第3期。

的《大马青年》1989年第7期"旅台文学小辑"中专门刊登了黄雪艳创作于大学时代的三首诗歌《精卫》《奔月》《补天》和一篇散文《百啭》，黄锦树甚至曾认为："黄雪艳的作品非常值得注意"①，"像罗正文、黄雪艳，我觉得他们写得也很好。"②但就是这样一位具有才华和潜力的留台写作人，很可惜的是，她在毕业返回马来西亚后，我们很少再看到她的作品，如果不是在大马旅台现代文学奖和《大马青年》上还留下一点足迹，她几乎就要被历史所掩埋。当然，在马华留台写作人中，黄雪艳不是个案，很多在留台期间表现出一定创作潜力的写作者，大学毕业之后都不再有作品发表，尤其是20世纪80年代受大马旅台现代文学奖激励和彼时马来西亚留台生中浓厚的文学氛围影响而走上写作的文学青年，不妨将这种现象命名为"黄雪艳现象"。以第三届大马旅台现代文学奖获奖作者为例，这批作者多是1981—1982年赴台留学的，与黄雪艳刚好是同代人。这批作者包括获得小说主奖的应掬月（1982年赴台，就读于台湾大学中文系），佳作奖的田迅楷（1981年赴台，就读于东海大学国贸系）、洪祖玉（1981年赴台，就读于"中央大学"电机系）、刘素云（留台时间不明，就读于政治大学新闻系）、黄学明（1982年赴台，就读于台湾大学中文系）；获得散文佳作奖的山岚（1982年赴台，就读于台湾师范大学英语系）、徐光成（1982年赴台，就读于台湾大学中文系）、黄慧珠（1981年赴台，就读于台湾大学中文系）、黄美娴（1983年赴台，就读于政治大学哲学系）；获得新诗主奖的曹秀芹（1981年赴台，就读于台湾师范大学"国文"系），佳作奖的观涛（1983年赴台，就读于台湾大学土木工程系）、陈贤采（1980年赴台，就读于高雄医学院医学系）、余蓦然（1982年赴台，就读于台湾大学中文系）。他们中的大部分人，都未能从文学奖新人成长为真正意义上的作家，他们在大学毕业后因为各种原因，放弃了写作，成为"黄雪艳现象"中的一员。

---

① 黄锦树：《编辑室报告》，《大马青年》1989年第7期。

② 黄锦树采访：《专访陈鹏翔教授》，《大马青年》1990年第8期。

余蔓然、林金城、林建国等在第五代马华留台作家中属"年轻人"。余蔓然本名陈财发,1982年赴台留学,就读于台湾大学中文系,创作以诗歌为主。1985年,以笔名余蔓然参加第3届大马旅台现代文学奖获新诗佳作奖,评委向阳认为他的获奖诗歌《有鸟暮归》《梅雨》和《旱》"技巧成熟,文字洗练,意象掌握准确"①。1986年,以本名陈财发参加第4届大马旅台现代文学奖获新诗和小说佳作奖,评委痖弦等认为他的获奖诗歌《渡海始末》《矿》《冢》"以叙事诗的方式写早期马华远赴异域的垦拓生活,情感真挚、深入,具有一种朴实的力量。马华文学中,这是最重要的主题了,应该多写。本诗作者有面对创造史诗题材的勇气,值得赞赏"②。余蔓然1986年毕业返回马来西亚后,亦难见其作品发表。林金城1983年尊孔独中毕业后赴台留学,就读于台湾成功大学机械工程系,毕业后返回马来西亚。林金城的创作以诗歌和散文为主,很难得的是,他在返马后释放出了旺盛的创作力,出版了诗集《假寐持续着》,散文集《快门速笔》《知食份子》《十口足责》《味觉散步》等,在地志文化散文、饮食散文创作等方面均产生了很大的影响。

林建国1983年赴台留学,先后就读于台湾师范大学英语系和台湾清华大学中文所硕士班,硕士毕业后任教于台湾交通大学外文系,期间赴美国纽约罗切斯特大学深造,2000年获得比较文学博士学位后,返回台湾交通大学外文系任教,现为该系副教授兼电影研究中心主任。林建国在大学期间曾参与组织第3届大马旅台现代文学奖,并主编出版了该届文学奖的获奖作品集《三宝山的遐思:第三届旅台大马现代文学奖作品专辑》,这时期林建国也有零星的一些创作,但他的主要影响是作为马华留台学者20世纪90年代与黄锦树、张锦忠等对马华文学创作及其论述的颠覆,"他的马华

---

① 向阳:《评语》,选自林建国编:《三宝山的遐思:第三届旅台大马现代文学奖作品专辑(1984—1985)》,台北:第三届旅台大马现代文学奖委员会,1985年,第171页。

② 痖弦等:《评语》,《大马青年》1986年第5期。

文学批评量虽不多但每每发言都堪称上乘，20世纪90年代发表的《为什么马华文学？》《等待大系》《再见中国——"断奶"的理由再议》及2000年发表的《方修论》无一例外都成为相关议题的典范之作，改变了马华文学批评重描述不重阐述、重印象批评不重/无力理论阐发的贫弱面貌。"①

20世纪80年代，马来西亚华社和台湾地区都处于风云变幻的十年。面对20世纪70年代日益强化的马来种族主义特权，进入80年代以后，整个马来西亚华社对此不再保持沉默，"开始严峻地反思民族在这个国家的命运"②，从而孕育出一股浓烈的"忧患意识"。彼时的台湾社会，同样出现了一股反省思潮。这一时期赴台留学的马来西亚华人，基本都在马来西亚1957年建国之后出生，拥有自觉的马来西亚公民意识，受两地政治文化氛围的影响，"他们的脸上有着远比其他国家的大学生来得沉厚的忧郁气质"③，同时，他们又以马来西亚华人知识分子自居，谋求为"马来西亚（华社）做点事"。公民意识、知识分子意识和忧患意识的相互交融，造就了这一代马华留台生与他们的前辈完全不同的精神面貌，他们留台期间为了落实这三重意识，于1983年先后创办《大马青年》《大马新闻杂志》、大马青年社和大马旅台文学奖，成为20世纪80年代中后期马华留台文学中不可忽视的"大事"。

在《大马青年》杂志成立之前，马华留台生中其实已经存在大量的校友会特刊和会讯，例如，1962年吴均昌（看看）与陈仪彬主编出版了最早的校友会特刊：《马来亚金宝培中旅台校友会特刊》，大马旅台同学总会成立后也创办了《大马会讯》等，但这些特刊和会讯，多承担的是资讯

---

① 温明明：《离境与跨界——在台马华文学研究（1963—2013）》，北京：中国社会科学出版社，2016年，第119页。

② 潘碧华：《参与的记忆：建国中的马华文学》，选自潘碧华：《马华文学的时代记忆》，吉隆坡：马来亚大学中文系，2009年，第23页。

③ 陈俊华：《谈历届得奖作品中的"乡土意识"及写作技巧的问题》，《大马青年》1989年第7期。

功能，到了20世纪80年代初期，已经无法满足马华留台生对于文化和学术的需求。鉴于此，1983年4月1日，大马旅台同学总会创办了一份专门的学术文化类刊物：《大马青年》，1983年至1990年连续出版了八期，1990年之后受大马青年社解散影响，出版不再有规律性：1992年6月出版第9期、1995年1月出版第10期、2000年出版第11期、2005年7月复刊出版第12期。

1983年至1990年出版的八期《大马青年》，是这本杂志最核心的阶段，也是对马华留台生影响最大的一段时期。当然，从内容的角度来看，作为一份学术文化刊物，这八期的《大马青年》在编辑理念上也经历一些变化。前四期，有些沿袭校友会特刊和《大马会讯》的办刊方针，偏重新闻性和知识分子意识的传达："基本上是以报导为取向，对象是总会的各个活动。……更重要的是，他们强调'大马青年意识'，强调对国家的关怀与了解，强调'使命感'"[1]。后四期，则在前四期的基础上，增加了文学作品和学术性文章，在新闻性之外强化了文学性和学术性，"第五期开始，'大马旅台文学奖作品辑'堂堂皇皇登入，且成为该期重点内容之一，这是文学作品'大量入侵'的开始；同期，有另一个重要现象，就是'学术论文篇'的出现，……它们造成《大马青年》的质变——由新闻性转向综合性"，"第六期大体上承续这一个变化，惟文学奖扮演了更重要的角色。在学术文章方面，一个可以注意的现象是：专论文章的出现"，"（第七期）基本上仍是以学术论文与文学作品为主，不同的是，笔者提出一个'选集'或者'史料汇集'的观念"[2]。后四期尤其是第6—8期，正是黄锦树、廖宏强、刘国寄、吴龙川、陈大为等赴台留学的阶段，他们通过《大马青年》所营造的马华文学氛围，不仅对自己是极好的锻炼，也影响了这一阶段的许多马华留台写作人。

《大马青年》是第六代马华留台作家中大多数人宝贵的留台记忆之

---

[1] 黄锦树：《编辑室报告》，《大马青年》1989年第7期。

[2] 同上。

一，它的影响或贡献是多方面的。《大马青年》第12期的主编吴子文曾认为："（《大马青年》创刊和大马青年社成立）标志着大马旅台同学会从草创10年的'酝酿期'逐步迈入成熟的崭新阶段，即由基本的联谊和服务功能进一步提升至扮演推动学术研究风气的积极角色"，而它的具体贡献则体现在三个方面："肯定学术研究的价值""播散乡土关怀的种子"和"重视马华文学的创作与评论"①。而后来的研究者也往往将它与《大马新闻杂志》放在一起讨论，认为它们表现出来的马来西亚意识推进了马华留台生认同意识的转变，但实际上，不能将这种转变完全归功于这两份杂志，其实在20世纪80年代中期已经有人注意到在校友会特刊中也出现了相类似的马来西亚意识，陈锦松在刊登于《大马青年》1984年第2期的一篇文章《再寻历史的轨迹——廿余年来特刊的回顾与检讨》中，就敏锐地发现："（1981—1983年间的校友会特刊）谈论国是的文章，在这时期有显著增加的趋势，反映出目前在台的同学更关切国家和华人社会的问题，令人雀跃。"②这说明，鲜明的马来西亚意识是这一时期马来西亚留台生所办刊物的共同特征，或许我们还可以说，正是当时马来西亚留台生普遍高涨的马来西亚意识影响了《大马青年》等刊物，它们的办刊理念是对现实的一种积极回应。

　　1983年11月15日，马华留台生罗正文与张永庆在台北创办了《大马新闻杂志》，由罗正文担任主编。《大马新闻杂志》是一份立足马来西亚的时政性期刊，"他希望透过这样的一份刊物，成为今日旅台的知识分子关心马华社会及大马前途的言论广场，以突破并改革当前种族不平等的困境。"③罗正文等在《大马新闻杂志》创刊词《坚持言论建国的主张》中

① 吴子文：《〈大马青年〉的洞见与不见——试论〈大马青年〉的开创与局限》，《大马青年》2005年第12期。

② 陈锦松：《再寻历史的轨迹——廿余年来特刊的回顾与检讨》，《大马青年》1984年第2期。

③ 陈瑞兴访谈：《游子的情怀——罗正文的努力与矛盾》，《大马青年》1984年第2期。

提出："《大马新闻杂志》的创办，即本着知识分子言论建国之忧希望以此为宗旨，经由杂志的经营来参与社会、服务同学。我们期望通过杂志刊物的管道，对马华社会和大马前途，能展开热烈的讨论，成为大马旅台知识分子言论的广场，也是杂志舆论的重心所在。"①在这样的办刊理念指导下，《大马新闻杂志》很快成为20世纪80年代初中期"马来西亚意识的表率"②。《大马新闻杂志》在"坚持言论建国"的同时，由于主其事者多热衷文学创作，因而他们也出版了"大马新闻杂志文学性丛书"，收入这一丛书的就有：陈强华诗集《化妆舞会》、傅承得诗集《哭城传奇》、罗正文诗集《临流的再生》及两部政论集等。罗正文1984年从台湾大学中文系毕业后返回马来西亚，随着他的返马，《大马新闻杂志》这份由罗正文自费印刷的刊物也被迫停办，1983—1984年间前后总共出版了十六期，就影响而言，《大马新闻杂志》要明显小于《大马青年》，同时，就代际而言，它应该是第五代马华留台作家的一个余绪。

随着马来西亚留台生越来越多，各种以马来西亚各中学为基础组建的留台校友会和以各大学为基础组建的马来西亚同学会纷纷涌现，仅校友会就有马来西亚金宝培中旅台校友会、育才女子中学旅台校友会、雪兰莪遵坤旅台校友会、芙蓉中华中学旅台同学会等，台湾大学、台湾师范大学和政治大学三所马华留台生较多的大学也在20世纪70年代初先后成立了台湾大学大马同学会（1972年）、台湾师范大学大马同学会（1972年）和政治大学大马同学会（1973年），在这些基础上，1973年，大马旅台同学会总会在台北成立。1983年，大马旅台同学会成立十周年之际，在《大马青年》创刊半年后，10月25日，大马青年社成立，是隶属于大马旅台同学会

① 《发刊词：坚持言论建国的主张》，《大马新闻杂志》1983年创刊号，转引自安焕然《本土与中国：学术论文集》，新山：南方学院出版社，2003年，第269—270页。

② 黄锦树：《神州：文化乡愁与内在中国》，选自黄锦树：《马华文学与中国性》，台北：元尊出版社，1998年，第224页。

的一个学术性社团，林福南、陈亚才和陀济林分别担任前三届社长。

大马青年社成立的背景与《大马青年》创刊的背景是一致的，甚至两者的宗旨都极为相似。1984年4月出版的《大马青年》第2期发表了一篇社论：《"大马青年社"创社——一个以学术参与建设的开始》，这篇社论可视为大马青年社的创社宣言，其中有这样一段话："'大马青年社'的创立，是秉着知识分子在复杂的现实底下，一份无法淹没的使命感；希望在同学会'大会宣言'的信念基础之上化宣言的积极精神为具体的行动，借由一个'学术团体'的创立以及经营来参与精神建设，服务同学。我们希望透过'组织'的力量，汇聚集体智慧，开拓观念，并且期许能振作知识分子精神，研究真实学问，发展学术活动，转移现世流俗。"[1]这段话概括了大马青年社的理想和宗旨，它秉持知识分子的信念，以学术为手段，试图参与马来西亚的国家建设，这是那一代马华留台生共同的心声。

大马青年社成立后，承办《大马青年》和协办大马旅台现代文学奖，呈现出许多新的气象，但它却在1990年因大马旅台同学总会中断资金支持被迫解散，只存在了八年时间，成为一个短命的社团。受此影响，《大马青年》和大马旅台文学奖也由盛而衰，影响逐渐减弱。大马青年社诞生于马来西亚留台生学术报国热情高涨的时代，但它的存在和发展却一直备受质疑。1985年6月出版的《大马青年》第3期发表社论《青年社能做得更好——创社二年的省思》，该社论严肃地指出大马青年社成立两年来存在各种问题：学术研究急于求成，学术活动流于形式化、表面化；学术人才薄弱，组织不健全；对外联络不广泛、不积极。[2]从社论的内容来看，马华留台生对大马青年社运行两年的成果是有诸多不满的，这与《大马青年》第2期社论《"大马青年社"创社——一个以学术参与建设的开始》

---

① 《"大马青年社"创社——一个学术参与建设的开始》，《大马青年》1984年第2期。

② 《青年社能做得更好——创社二年的省思》，《大马青年》1985年第3期。

中的激情和期待形成了强烈的反差。到了1986年，《大马青年》第5期又以头条的形式发表台湾大学中文系留台生徐光成的文章《大马青年社真能"学术报国"吗？——突破旅台学术瓶颈之再思考》，再次从反思、批判的视角质疑大马青年社，尤其是它的"学术报国"宗旨，作者在文章中反问道："近年来大马青年社确实极努力地举办许多学术活动，但'多'是否便等于'好'？多办活动是否便有助于提高认知批判能力？而'攻向学术高峰'究竟是哪个方向之高峰？这都是青年社在举办活动之余，需要时时检讨反省的问题。"①1988年《大马青年》第6期，又发表社论《困境与突破》，直言"为什么会使同学对她的印象如此冷漠，甚至丢弃她、冻结她！"②该社论也总结了大马青年社存在的四个困境：经费不足，活动枯燥乏味、参与率不高，学术人才匮乏，社员没有发挥相等的力量。大马青年社可以说是在不断的质疑声中走过它短暂的八年时间，内在的根源或许是"学术报国"的理想与现实之间的巨大反差所造成的，大马青年社的骨干是大学一、二、三年级的马华留台生，此时他们正处于知识积累和眼界扩充阶段，对很多问题的看法难以上升到理性的、学术化的层面，办社宗旨的破产也就在所难免，而到了20世纪90年代，此前萦绕在马华留台生群体中的知识分子意识、忧患意识已经趋于淡化，1990年大马旅台同学总会将其解散，可以说也是对现实的一种回应。

20世纪70—80年代，台湾校园文学奖和征文比赛蓬勃发展，马华留台作家在留学期间或参加或主办了许多校园文学奖和征文比赛，例如陈强华就策划了政治大学首届文学奖征稿大赛，但随着马华留台写作人数量越来越多，办一个属于"自己的文学奖"的呼声也越来越强烈。1983年，政治大学大马同学会宣布主办首届大马旅台文学奖，一个属于马华留台生的文

---

① 徐光成：《大马青年社真能"学术报国"吗？——突破旅台学术瓶颈之再思考》，《大马青年》1986年第5期。
② 《困境与突破》，《大马青年》1988年第6期。

学奖由此诞生，值得一提的是，1986年11月，政治大学大马同学会又创办"大马旅台马来文短篇小说翻译大赛"，可谓两开先河。从1983年到1990年，大马旅台现代文学奖共举办七届，1990年大马青年社解散后，到2000年，又断断续续举办了五届，加起来总共十二届，具体情况见下表2：

表2　大马旅台现代文学奖统计表（1983—2000）

届 数	揭晓时间	主办、协办单位
首 届	1983年	政治大学大马同学会
第2届	1984年	台湾大学大马同学会主办、大马青年社协办
第3届	1985年	台湾师范大学大马同学会主办、大马青年社协办
第4届	1986年	大马青年社
第5届	1988年	大马青年社
第6届	1989年	大马青年社
第7届	1990年	大马青年社
第8届	1991年	大马旅台同学总会
第9届	1996年	大马旅台同学总会
第10届	1997年	大马旅台同学总会
第11届	1998年	大马旅台同学总会
第12届	2000年	大马旅台同学总会

《大马青年》、大马青年社和大马旅台现代文学奖可以说是三位一体，支撑它们的都是20世纪80年代马华留台生中日渐高涨的马来西亚意识，换句话说，20世纪80年代中后期的马来西亚留台生/留台写作人为了实践他们的马来西亚意识，分别创办了这一刊一社一奖。关于《大马青年》和大马青年社与马来西亚意识之间的关系，上文已有阐释，这里将从宗旨、更名和获奖作品内容三个方面来解读大马旅台现代文学奖与马华留台生的马来西亚意识之间的关系。

第2届大马旅台文学奖执行秘书徐光成在谈到举办这一文学奖的原因时，曾提出："这其中便包涵我们要办'自己的文学奖'这极重要的概念，此概念由二个意义，其一是透过文学奖活动形式，激励与肯定我们同学创作之才华与潜力，使他们源生更大攀越一个个文学高峰的动力，为未来马华文学储备更多文学新血。其二是透过文学奖这园地，让我们更严肃地思考一些问题，以展现我们这一代对个人心灵，民族国家及世界关怀的情愫。"①这说明最初创办大马旅台文学奖的马华留台生已经意识到，这一奖项不仅是为了锻炼文学新人、激励文学创作，他们还有更高的期待：那就是着眼马华文学的未来，以及通过写作来强化对马来西亚民族国家的关怀，这两点无疑是马来西亚意识在文学上的一种转喻。

首届和第2届文学奖的名称是"大马旅台文学奖"，第3届由台湾师范大学大马同学会接办时，他们将文学奖的名称改为"大马旅台现代文学奖"，至于为何增加"现代"二字，这一届文学奖的执行秘书林建国曾专门撰文做出解释："我们这里的'现代'乃针对当今马华文学而设，力求马华文学能用文学的真实（而非真相的报导）去表现今天——一个政治、文化等等各领域都在巨变的今天——大马人各层面、各方面的面貌与精神，一还我们现代人生活的真貌，……"②也就是说，在第3届文学奖委员会看来，大马旅台现代文学奖应该倡导参赛的马华留台写作人关注马来西亚当下社会的各个层面，用文学去真实地书写它们，所以林建国特别提出："今年文学奖的中心却将稍稍移到对文学——说得确切些，应是马华文学——的体认之上。……于是几经考虑之后，文学奖委员会做的第一件事是将旧

---

① 徐光成：《保持无限超越之雄心——旅台文学的省思》，选自林建国编：《三宝山的遐思：第三届旅台大马现代文学奖作品专辑（1984—1985）》，台北：第三届旅台大马现代文学奖委员会，1985年，第267页。

② 林建国：《千山之外，高峰在望》，选自林建国编：《三宝山的遐思：第三届旅台大马现代文学奖作品专辑（1984—1985）》，台北：第三届旅台大马现代文学奖委员会，1985年，第260页。

有征文细则上，宗旨第三项的'绵延固有传统，促创新生文化'，易为较明确具体的'承续马华文学优良传统，促创马华现代文学'，文学奖名称则加上'现代'二字……"①增加"现代"二字虽然受到了很多质疑，包括第2届文学奖组织委员会甚至专门在《大马会讯》上发文表示反对，但林建国等人从办"自己的文学奖"上升到加强"对马华文学的体认"，即使在徐光成看来，这样的变化"无疑向前跨了一大步"②，而这一大步背后体现的也是对马来西亚意识的进一步强化。

历届大马旅台现代文学奖在细则中都强调对马来西亚民族社会的关怀，尤其是第3届之后更加强化对马来西亚当下现实问题的观照，获奖的作品大多也都围绕马来西亚展开，思考与自己身份有关的各种命题。陈俊华在《谈历届文学奖作品中的"乡土意识"及写作技巧的问题》一文中，通过对前五届获奖作品的考察，发现："大马旅台知识分子的文学作品有相当成分的时代感，尤其在表现乡土意识的层面上，作者的确把华人的困惑写出来了。"③这说明参与文学奖的马华留台写作人也将他们的马来西亚意识以不同的形态转化到了文学作品中。

大马旅台现代文学奖虽然是马来西亚留台写作人"自己的文学奖"，具有相对的封闭性，但由于每一届邀请的评审委员大都是台湾文坛的知名作家（这是大马旅台现代文学奖的一大特色，将评审权交给了台湾文坛而不是马华留台作家），例如古添洪、向阳、痖弦、尉天骢、陈映真、蔡文甫、郑明俐、司马中原、施淑女、齐邦媛、余光中、罗门、林耀德、马森、朱西甯、张大春、管管、焦桐、张晓风、简媜等都曾担任过大马旅台

---

① 林建国：《千山之外，高峰在望》，选自林建国编：《三宝山的退思：第三届旅台大马现代文学奖作品专辑（1984—1985）》，台北：第三届旅台大马现代文学奖委员会，1985年，第259页。

② 徐光成：《保持无限超越之雄心——旅台文学的省思》，选自林建国编：《三宝山的退思：第三届旅台大马现代文学奖作品专辑（1984—1985）》，台北：第三届旅台大马现代文学奖委员会，1985年，第268页。

③ 陈俊华：《谈历届得奖作品中的"乡土意识"及写作技巧的问题》，《大马青年》1989年第7期

文学奖的评审，这样的评审机制，有助于马华留台文学被台湾文坛所认知，"它可以达致某种程度的'双向交流'——借着评审委员在台湾文坛的地位。"①当然，大马旅台现代文学奖无法与彼时的中国时报文学奖和联合报文学奖比，一旦获奖就意味着作家身份的获得。但大马旅台现代文学奖尤其是其中的第五至八届，在马华留台文学史上却有着不容小觑的价值，这四届的获奖作者构成了第六代马华留台作家的主体部分，这个文学奖给他们提供了最初的文学热身空间，促进了他们的快速成长。关于第五至八届大马旅台现代文学奖获奖作者，详见下表3。

表3　第五至八届大马旅台现代文学奖获奖作者统计（1988—1991）

届 别	奖 项	新诗组	散文组	小说组
第五届 （1988 年）	主奖	颜永安 （1985 年赴台）	张信联 （1984 年赴台）	黄锦树 （1986 年赴台）
	佳作奖	冯俊杰 （1984 年赴台） 黄锦树 （1986 年赴台） 冯美凌 （1986 年赴台） 李锦龙 （1986 年赴台） 黄夏成 （1983 年赴台）	廖宏强 （1987 年赴台） 李锦龙 （1986 年赴台） 张强盛 （1984 年赴台） 黄锦树 （1986 年赴台）	张丽琴 （1986 年赴台） 邱中人 （1985 年赴台） 黄夏成 （1983 年赴台）
第六届 （1989 年）	主奖	吴龙川 （1988 年赴台）	郭勉之 （1988 年赴台） 黄锦树 （1986 年赴台）	黄锦树 （1986 年赴台）
	佳作奖	刘国寄 （1987 年赴台） 黄成东 （1988 年赴台） 陈月琴 （1988 年赴台）	刘国寄 （1987 年赴台） 彭永强 （1988 年赴台）	欧文林 （1988 年赴台） 汤玉梅 （1987 年赴台） 刘健美 （1988 年赴台）

① 黄锦树：《"旅台文学特区"的意义探究》，《大马青年》1990年第8期。

续表

届 别	奖 项	新诗组	散文组	小说组
第七届 （1990 年）	主 奖	黄威监 （1988 年赴台）	陈俊华 （1986 年赴台）	廖宏强 （1987 年赴台）
	佳作奖	黄锦树 （1986 年赴台） 陈大为 （1988 年赴台） 刘国寄 （1987 年赴台） 黄威监 （1988 年赴台）	黄锦树 （1986 年赴台） 刘国寄 （1987 年赴台） 廖宏强 （1987 年赴台）	欧文林 （1988 年赴台） 刘国寄 （1987 年赴台） 黄锦树 （1986 年赴台）
第八届 （1991 年）	主 奖	钟怡雯 （1988 年赴台）	钟怡雯 （1988 年赴台）	王国玮 （1989 年赴台）
	佳作奖	陈大为 （1988 年赴台） 刘绍瑜 （1989 年赴台） 李振兴 （1990 年赴台）	黄志强 （1990 年赴台） 陈鸿珠 （1990 年赴台） 黄金玉 （1988 年赴台） 廖宏强 （1987 年赴台）	廖宏强 （1987 年赴台） 萧慕麒 （1989 年赴台） 李振兴 （1990 年赴台）

由表3可以看出，这四届共有33人次获奖，其中黄锦树获得七个奖项，涵盖了小说、散文、诗歌三个文类、主奖和佳作奖两大奖项类别，刘国寄、欧文林、廖宏强、陈大为、钟怡雯、黄威监、李振兴等都曾多次获奖。此外，在这些获奖作者中，除了1983年赴台已经毕业的黄夏成、1984年赴台即将毕业的冯俊杰、张信联和张强盛、1990年赴台刚上大一的李振兴，大部分获奖者都是在1985—1989年间赴台，其中1985年赴台的有：颜永安、邱中人；1986年赴台的有：黄锦树、冯美凌、李锦龙、张丽琴、陈俊华；1987年赴台的有：廖宏强、刘国寄、汤玉梅；1988年赴台的有：陈大为、钟怡雯、吴龙川、黄威监、欧文林、黄成东、彭永强、黄金玉、刘健美、林月琴、郭勉之；1989年赴台的有：刘绍瑜、萧慕麒、王国玮。

就读于淡江大学机械系的颜永安也参加了1986年第4届大马旅台现代

文学奖，并获得新诗组佳作，1988年参加第5届则获得了新诗组主奖，他这次参赛的三首诗歌《八月十五的晚上》《惑》和《酒》在评审中，获得了杨昌年、张健和痖弦的高度评价，尤其是《八月十五的晚上》，被痖弦誉为"一首关怀人类前途的雄辩之作"①，另一首诗《惑》虽然前半部分有些累赘，但诗歌的最后部分写出了马来种族主义对华人的排挤所带来的身份困惑："二十世纪末/我从赤道提着行李/沿着经纬线来到台湾/听到有人说欢迎你回来/含笑有礼的回答/我是过客/然而耳朵却立刻告诉我/听到有人在我来的地方说/我是房东//行李在风中慢慢变得沉重"②叙事主人公面对台湾当局"欢迎你回来"的召唤，明确地回答，"我是过客"，这是马来西亚公民意识的一种反映，但来自马来西亚种族主义的声音却说，"我是房东"，这意味着虽然自己认同马来西亚，但马来种族主义却自居"土地之子"，将华人定位为"租客"，颜永安用诗的形式反映了这一时期包括马华留台生在内的华人所遭遇的身份尴尬，某种程度上也对彼时高涨的马来西亚意识有一种反省。颜永安留台期间的诗歌创作表现出了一定的才华，但可惜的是，他毕业之后也不再有诗歌发表，成为"黄雪艳现象"中的一员。

虽然大马旅台现代文学奖的不少作者毕业后都不再写作，但这批获奖作者中仍有不少人坚持写作，成为20世纪90年代以后马华留台文学乃至整个马华文学中的代表性作家，例如黄锦树、廖宏强、刘国寄、陈大为、钟怡雯、吴龙川、欧文林，大马旅台现代文学奖对他们中的大部分人而言，是最早的文学试炼场，也激励了他们在文学的道路上继续走下去。1988年，正在台湾大学中文系读大二的黄锦树首次参加大马旅台现代文学奖，而且一次参加了诗歌、散文和小说所有文类的竞逐，最终诗歌《给墓中

---

① 《评语》，《大马青年》1988年第6期，第26页。
② 颜永安：《惑》，《大马青年》1988年第6期。

人》《五陵年少》和《算命》获得诗歌佳作奖、散文《十二月》获得散文佳作奖、小说《剑客之死》则获得小说主奖，诗歌组评审痖弦给他的评价是："作者写作潜力雄厚，假以时日，必有发展。"①在颁奖典礼上发表的得奖感言中，黄锦树自陈："参加这比赛之前我不曾写过小说，'诗'也没发表过几首。然而在读过前几届的得奖作品之后，我到底是产生了信心，也有了参加的勇气。"②由此可见，小说家黄锦树是从大马旅台文学奖起步的。廖宏强和刘国寄的小说创作也都是从大马旅台文学奖开始的。廖宏强1990年凭小说《Y教授》获得第7届大马旅台文学奖小说主奖，他在获奖感言中谈道："《Y教授》是分开数个时间写的，是我第一篇小说……"③后来廖宏强在相关回忆文章中甚至认为："一些至今读起来还不错的文字，也是为了拿文学奖而写的呕心沥血之作，特别是旅台文学奖，……说是为了兴趣而写，或许真的有怀抱这样理想的人，我却有点心虚，可能是那个年代和我一起喜欢写作朋友的共同经验。"④与廖宏强1990年同届获得小说佳作奖的刘国寄，在得奖感言中也说："初次写小说，尝试成功，欣悦之际，突然发现我已偷偷爱上她了。"⑤黄锦树后来虽然说晚到台湾两年的陈大为（包括钟怡雯）"其实是局外人，不在我们的'故事'里"⑥，但他们毕竟赶上了《大马青年》、大马青年社和大马旅台现代文学奖全盛时期的末班车，陈大为和钟怡雯在第7届和第8届大马旅台现代文学奖中都有所收获，尤其是钟怡雯，第一次参赛，就同时获得了诗歌和散文主奖。

① 痖弦：《评语》，《大马青年》1988年第6期，第30页。
② 黄锦树：《得奖感言》，《大马青年》1988年第6期，第57页。
③ 廖宏强：《得奖感言》，《大马青年》1990年第8期，第69页。
④ 廖宏强：《旅台：我的写作历程》，选自黄锦树、张锦忠、李宗舜主编：《我们留台那些年》，八打灵再也：有人出版社，2014年，第117页。
⑤ 刘国寄：《得奖感言》，《大马青年》1990年第8期，第87页。
⑥ 黄锦树：《无风带》，选自黄锦树、张锦忠、李宗舜主编：《我们留台那些年》，八打灵再也：有人出版社，2014年，第127页。

在第六代马华留台作家中，真正不在一刊一社一奖"故事"里的，或许是黄琦旺、林幸谦、林惠洲和黄昕胜昕等。黄琦旺1987年赴台留学，就读于中兴大学中文系，黄琦旺留台期间虽然没有参加大马旅台现代文学奖，但她却于1988年和1990年连续参加了第2届和第3届"大马旅台马来文短篇小说翻译奖"，均获第二名。黄琦旺1991年大学毕业后返回马来西亚，任教之余继续从事散文创作，2017年南方大学学院出版社出版了她的散文集《褪色》，这部薄薄的散文集被黄锦树认为"是马华散文难得的佳作"，"这些散文情感真挚而不滥情，没有'文学奖气'自不待言，还有一种独特的语感和若干隐蔽的技巧，把她和一般散文写手区别开来，跃升为当代马华散文最佳作者之列"①。

林幸谦1963年出生于马来西亚森美兰州芙蓉镇，1989年自马来亚大学中文系毕业后赴台留学，就读于政治大学中文所硕士班。林幸谦赴台前已是马华文坛新崛起的诗人和散文作家，留台期间也没有参加大马旅台现代文学奖，但在这期间却参加了台湾文坛内各种文学奖，并屡屡获奖，例如他在赴台的第一年，就凭散文《赤道线上》同时获"第12届中国时报文学奖·甄选奖"和"第6届吴鲁芹散文奖"，揭开了黄锦树、陈大为、钟怡雯等第六代马华留台作家斩获台湾文学奖的序幕，他们也成为继商晚筠、李永平、张贵兴、潘雨桐之后第二个屡获各种台湾文学奖的马华留台作家群体。1993年，林幸谦自政治大学中文所硕士班毕业，同年秋赴香港中文大学中文所博士班深造，毕业后居留香港，任教于香港浸会大学中文系。乡愁是林幸谦诗歌和散文中经常经营的主题，但这种乡愁书写又不同于温瑞安等人的相关书写，他在创作中自我边陲化，通过远离中国文化中心的方式，"确立一种更恰切地言说文化乡愁的发声位置，以安顿他作为一个流离

---

① 黄锦树：《化为石头，化为文字——读黄琦旺散文集〈褪色〉》，选自黄锦树：《时差的赠礼》，台北：麦田出版社，2019年，第181页。

的海外华人暧昧的身份。"①

　　林惠洲和黄昒胜均出生于1970年，也都是在1989年赴台留学，前者就读于台湾大学中文系，后者就读于台湾大学历史系和法光佛教文化研究所硕士班，林惠洲毕业后返回马来西亚，而黄昒胜则留在台湾成为一名出版人。林惠洲小说、诗歌、散文均有所涉猎，但诗歌影响更大，返马后林惠洲继续写作。张光达认为他的诗歌"在抒情语调的本位中糅合了中国古典素材，形成一弯月典雅的语言风格"②，"把抽象心理的乡愁情结化为古中国风味的依偎迷恋"③。黄昒胜曾作为编委之一参与了陈大为1995年主编的《马华当代诗选》，并有诗歌入选，但他毕业成为一名出版人后，创作也日渐稀少，新世纪以后出版的各种马华文学选集已难觅其踪影。

第二节　20世纪90年代：七字辈崛起的一代

　　如果说1980年温瑞安、方娥真等被逮捕、神州（诗）社自动解散，宣告了一个渴望"为中国做点事"的时代的结束；那么，1990年大马青年社的解散，以及《大马青年》和大马旅台文学奖陷入困顿，同样具有相似的历史隐喻性，它也宣告了一个高扬"马来西亚意识"的时代的结束。20世纪90年代，伴随着"解严"的到来，以及马来西亚时任首相马哈迪提出"2020宏愿计划"，马华留台生开始面对一个新的更加多元开放的时代。这一时期赴台留学的马华作家主要有：祝家华、方路、梁金群、许裕全、

---

① 温明明：《离境与跨界——在台马华文学研究（1963—2013）》，北京：中国社会科学出版社，2016年，第52页。

② 张光达：《马华当代诗论——政治性、后现代性与文化属性》，台北：秀威资讯科技股份有限公司，2009年，第52页。

③ 同上，2009年，第54页。

张草、杨邦尼、辛金顺、黄俊麟、陈耀宗、杜忠全、王经意、孙松荣、木焱、龚万辉、罗罗、刘艺婉、张依苹、颜健富、胡金伦等，他们大部分出生于20世纪70年代，不妨称之为"七字辈"①，而他们在马华留台文学史上恰好也处于第七代。

第七代马华留台作家中，虽然七字辈占据主体，但也有几位作家出生于20世纪60年代，分别是：祝家华、方路、辛金顺和杜忠全，他们在这一代马华留台作家中属于年龄意义上的"上一代人"②。祝家华1963年出生于森美兰州波德申老港，1990年从槟城理科大学行政管理系毕业后赴台留学，先后就读于政治大学政治研究所硕士班和博士班，毕业后返回马来西亚，曾任南方大学学院校长等。马华留台作家大部分都是中学毕业后赴台读大学，但也有少部分马华作家是在马来西亚完成大学本科教育后，赴台深造，就读于硕士班乃至博士班，除了祝家华外，具有类似留学经历的马华作家还有：林幸谦、魏月萍、张依苹、胡金伦，以及2000年以后赴台的陈头头、贺淑芳、李宜春等。祝家华在槟城理科大学就读期间，曾担任该校华文学会主席，1985年创办了"第1届大专文学奖"，该奖"本着'文学关怀国家、社会、民族'的目标，我们期望在这散漫的大专文坛掀起一阵创作风气，鼓励更多大专生参与写作，以文字抒发个人对国家、社会及民族的体会和感想"③。不难发现，祝家华等人创办的"大专文学奖"和彼时马华留台生创办的"大马旅台现代文学奖"的宗旨几乎是一致的，都强

---

① "字辈断代法"是马华文坛独有的一种按照作家出生年代进行代际划分的方法，它起源于1983年出版的一部文选《黄色潜水艇》的主题："六字辈人物"，其后就被继续沿用下来，流行于20世纪90年代，至今成为马华文坛重要的代际命名方式。本文所使用的"七字辈"这一提法，主要是一个时间概念，指一批出生于20世纪70年代的马华留台写作人，而并非作家代际观念。

② 如果放在整体的马华文学史上来看，祝家华和辛金顺以及林幸谦等甚至还是黄锦树、陈大为、钟怡雯等人的"上一代"。

③ 《秘书报告》，《理大文集》1987年第16期。

调知识分子责任和马来西亚意识。祝家华在理科大学读书期间创作了不少散文，这些散文1992年结集成《熙攘在人间》由吉隆坡十方出版社出版，他与同时期在马来亚大学就读的何国忠、潘碧华，以及还没上大学的辛吟松（即辛金顺）等构成了马来西亚本土创作文化忧患散文而著称的校园作者群，恰好与20世纪80年代中后期大马旅台现代文学奖作者群的创作构成重要的对话关系。祝家华1990年赴台留学，开始由文化散文转向政论散文的写作，大多数文章收入在1999年由雪兰莪大将出版社出版的《炉火中的沉思》中，但影响已不及《熙攘在人间》。

　　方路本名李成友，1964年出生于马来西亚槟城大山脚，1990年自大山脚日新独中毕业后赴台留学，就读于屏东技术学院海青班，1993年毕业后，返回马来西亚，曾任职于《通报》，现为《星洲日报》高级记者。方路留台的时间只有短短的三年，但这三年却重新点燃了他的文学理想、激活了他的创作意念。据他自己后来回忆，留台三年，去听过一学期张大春在辅仁大学开的小说课，参加了中原大学举办的台湾全省巡回文学营，沉迷于卡尔维诺，"他的创意和奇想，为我开拓了新视野，带我到更广野的文学草原，更高的小说海拔"，受到香港作家西西的文学启蒙，"通过她的引接，我接触了好些中国和海外的文学"，"新庄，对我来说，是我学习小说的摇篮"，为此他还进入九歌文教基金会办的"小说写作班"，接受专业的小说学训练。①方路1992年即在台留学的第二年才开始发表作品，不得不说与上述留台期间所受的文学熏陶是有密切关系的。方路毕业返回马来西亚后，继续写作诗歌、散文和小说，出版了诗集《伤心的隐喻》《电话亭》《方路诗选Ⅰ：1993—2013》《半岛歌手》，小说集《挽歌》《我是佛：奈米小说》《白蹄狗》，散文集《单向道》《火蛋糕》等，成为当代马

---

①　方路：《新庄致C》，选自黄锦树、张锦忠、李宗舜主编：《我们留台那些年》，八打灵再也：有
　　人出版社，2014年，第170页。

华文坛有重要影响力的作家之一，同时也是近年不断受到关注的大山脚文学作家群的骨干之一①。钟怡雯曾将方路界定为六字辈马华作家中"一位罕见的'感伤'主义者"②，"他的散文和诗的主轴通常不是事件，而是高密度的情感，死亡和离别，物伤其类是他最常处理的主题。"③而陈大为在方路的诗歌中也发现，他总沉浸于"灰暗抒情与苦难叙事"，并期待他能够走出悲情，告别苦难，走向忏悔，"从此让所有的文字从雨的迷宫撤离，完成并告别'方路2.0'。"④

辛金顺笔名辛吟松，1963年出生于马来西亚吉兰丹州白沙镇，1992年赴台留学，先后就读于成功大学中文系、中正大学中文所硕士班和博士班，并曾在中正大学、南华大学担任教职，后返回马来西亚，任教于拉曼大学中文系，现已辞职专事写作。辛金顺或许是20世纪90年代赴台留学的马华作家中唯一的一位在20世纪80年代已经成名，赴台后继续保持旺盛的创作，并屡获文学大奖的作家⑤。1989年，辛金顺以笔名辛吟松出版散文集《江山有待》，1992年赴台前夕，同样以笔名辛吟松分别出版诗集《风

① 所谓大山脚文学作家群，是指一批在马来西亚槟城大山脚出生、求学、工作或后来移居于此的创作者，大山脚文学近年来越来越受到重视，被誉为马华文学的重镇。这个作家群的成员中有不少是具有留台背景的，除了方路之外，还包括黄英俊、陈强华、吴龙川等，此外没有留台背景的创作者有：游牧、林华、宋子衡、菊凡、陈政欣、小黑、朵拉、叶蕾、萧艾、张光达、赵少杰、沙河等。2017年辛金顺主编了《母音阶——大山脚作家文学作品选集（1957—2016）》，2018年在大山脚举办了"大山脚文学国际学术研讨会"，2019年出版了《大山脚文学国际学术研讨会论文集》。

② 钟怡雯：《论方路的感伤主义风格》，选自钟怡雯：《马华文学史与浪漫主义传统》，台北：万卷楼图书股份有限公司，2009年，第247页。

③ 同上，第249页。

④ 陈大为：《原声雨的音轨分析——论方路诗歌的灰暗抒情与苦难叙事》，选自陈大为：《马华文学批评大系：陈大为》，桃园：元智大学中国语文学系，2019年，第117页。

⑤ 辛金顺留台前曾获马来西亚潮青文学奖，留台后又获第一届台湾省文学奖、第十三届"中央日报"文学奖、第二十九届中国时报文学奖首奖、第一届怀恩文学奖、第九届台北文学奖、第20届梁实秋文学奖散文优秀奖、第十六届滇池文学奖等。

起的时候》和散文集《一笑人间万事》，这三部作品集出版后都产生了较大反响，其中弥漫的忧患意识和家国情怀，使其成为这一时期马华文学感时忧国传统的一个重要作家。1992年赴台后，辛金顺以本名继续创作散文和诗歌，出版了诗集《最后的家园》《诗图志》《记忆书册》《说话》《注音》《在远方》《时光》《诗/画：对话》《词语》，散文集《月光照不回的路》《私密语》《家国之幻》等。从辛吟松到辛金顺，其分界点是赴台留学，陈大为认为这也是他创作风格转变的分界点，"他毅然放弃当年的热血式书写，甚至隐匿起故国的图像，创作了大量以童年为题的创作，这暗示了一个重要的转变：随着国家意象的隐退，成功卸除了纠缠多年的忧患意识，文本中的世界缩小成童年的故居，单纯的田园意境。"①综观辛金顺出版的将近十部诗集，不难发现他是一位风格多变的诗人，在他赴台后创作的诗歌中，有田园意境、马华乡愁、地志美学、淑世情怀，林建国甚至认为"他已走在理想诗人的路上"②。

杜忠全是20世纪90年代"六字辈"中最年轻、大概也是这个字辈最晚赴台留学的马华作家，他1969年出生于马来西亚槟城，1993年赴台留学，就读于中国文化大学中文系，毕业后返回马来西亚，后进入新加坡国立大学中文系硕士班、马来亚大学中文系博士班就读，现任教于拉曼大学中文系。杜忠全当年选择入读这所位于华岗的中国文化大学是奔着它的敦煌学研究去的，结果等他入读中文系后，发现敦煌学已经式微，"当时在系主任金老师的领军下，全系师生动员以赴的，已转成对民间文学的采集整理与研究了"，阴差阳错，留台四年，让杜忠全"练就了悉心聆听与采集整理庶民口述的本事"，同时也"铸就了之后这十余年作为槟城人及中文人的这个

---

① 钟怡雯、陈大为主编：《马华新诗史读本（1957—2007）》，台北：万卷楼图书股份有限公司，2010年，第441页。

② 林建国：《理想诗人之路》，选自林建国：《马华文学批评大系：林建国》，桃园：元智大学中国语文学系，2019年，第232页。

我"。①所谓"作为槟城人及中文人的这个我"指的是杜忠全以一个槟城人的身份展开的对"老槟城"的系列书写，他在大学毕业返回马来西亚后，以槟城为对象，创作出版了一系列散文集：《老槟城·老生活》《老槟城路志铭：路名的故事》《我的老槟城》《老槟城·老童谣》《山水槟城》《老槟城老生活》《老槟城的娱乐风华》等，这些散文使得杜忠全的创作具有极高的辨识度，也奠定了他在当代马华都市散文写作中的特殊地位。杜忠全的槟城书写，是以一个在地人的视角展开的，他书写的目的不仅仅是呈现槟城的神韵，更为主要的或许是为了完成一场与生命有关的"回家的仪式"："在老槟城的系列书写里，谈话之外的资料简阅与文字拼凑，这整个过程，后来终于让我有了脚跟着地的踏实感，这也才确确实实地完成了回家的仪式。"②杜忠全的槟城书写有两个重要的特征：其一，他聚焦的是槟城的过去/历史，这从他出版的散文集名字中都有一个"老"字可看出，这个"老"说明杜忠全书写的不是现代/现在的槟城，甚至通过对过去的回溯，展开了一场对现代/现在的批判反思，他的槟城书写因而透露出一股浓重的历史意识；其二，杜忠全的槟城书写，具有地志诗学的特征，他通过对地景的描绘，使槟城作为一个"地方"呈现到作品中，"透过书写，杜忠全创造了他自己的槟城，同时创造了槟城的地方感"③。

　　"七字辈"作为第七代马华留台作家的主力军，他们在创作上的影响却远远不及他们的上一代，甚至还不及同代中的"六字辈"作家辛金顺，他们留台的20世纪90年代，正是黄锦树、陈大为、钟怡雯等第六代马华留台作家在马华文坛和台湾文坛迅速崛起的时代，黄锦树等通过一系列的

---

① 杜忠全：《台北·华岗·文化梦》，选自黄锦树、张锦忠、李宗舜主编：《我们留台那些年》，八打灵再也：有人出版社，2014年，第205—206页。

② 杜忠全：《回家的仪式》，选自杜忠全：《老槟城，老生活》，雪兰莪：大将出版社，2008年，第10页。

③ 钟怡雯：《从理论到实践——论马华散文的地志书写》，《成大中文学报》2010年第29期。

"烧芭"行动，既颠覆了旧有的文坛权力结构，又快速建构了一个以他们为中心的新的文学秩序，而在创作上尚未成熟的"七字辈"留台作家，在其中还没有他们的位置，黄锦树等人的耀眼光芒某种程度上对他们造成了一定的遮蔽，乃至不断有人发出疑问：黄锦树、陈大为、钟怡雯等之后，马华留台作家还后继有人吗？发出这个疑问的人，如果是想知道有没有年轻一代的马华留台作家在文学创作上已经超越了黄锦树他们，我想无须讳言，目前还没有；但如果是想知道，黄锦树等人之后是否还有马华留台生继续走上写作之路，我想答案是肯定的，只要马华留台渠道不终止，马华留台文学就不会终止。梁金群、许裕全、张草、杨邦尼、黄俊麟、陈耀宗、王经意、孙松荣、木焱、龚万辉、罗罗、刘艺婉、张依苹、颜健富、胡金伦等"七字辈"马华留台作家，虽然文学的光芒并不耀眼，但他们也用手中的笔在书写着属于自己的时代和世界。

"七字辈"马华留台作家中，留学毕业后选择留在台湾地区就业定居的并不多，目前而言主要有：梁金群、王经意、孙松荣、颜健富和胡金伦等。梁金群1970年出生于马来西亚霹雳州利民加地新村，自小热爱文学，中小学时期在《南洋商报》《星洲日报》等发表过一些习作，为了实现作家梦，1990年，梁金群赴台留学，先后就读于逢甲大学中文系、中研所，毕业后留在台湾，现为台中私立宜宁高中语文科教师。梁金群1996年嫁给台湾本地男子，并放弃马来西亚国籍，成为"外籍配偶"和"新住民"。在马华留台作家中，有许多人都有梁金群类似的经历，或娶一位台湾本地女性，如李永平（后离婚）、李有成、张贵兴、张锦忠等；或嫁给一位台湾本地男子，除了梁金群外，另一位在新世纪以后赴台留学的马尼尼为也是如此。梁金群目前在台湾已生活超过三十年，出版了短篇小说集《流浪老轮》，散文集《爱的教育进行式》《热带女子迷航记》和《野村少女：马来西亚新村生活随笔》，曾获台湾"教育部"文艺创作奖、第2届客家桐花文学奖短篇小说类佳作奖等。梁金群前三部作品集《流浪老轮》《爱的教育进行式》和《热带女子迷航记》，处理的都是她的"台湾经验"，从中可以看到一个女性"外籍配偶"和"新住民"在台湾生活几十年的心路历程。而她真正有价值的作品或许是2020年出版的《野村少女：马来西亚新村生活随笔》，在这部散文集中，梁金群将目光放到她曾经出生成长的故乡：马来西亚霹雳州利民加地新村，以一个离散者的视角书写她的"家"，而她所回望的这个"故乡"又与李永平、张贵兴笔下的婆罗洲、黄锦树笔下的胶林、钟怡雯笔下的油棕园不同，它是"新村"，"新村是一九五〇年代，马来亚英殖民政府与马来亚共产党内战的历史产物"，"是许多马来西亚华人重要的集体记忆"①，以往在黄锦树、钟怡雯等人的作品中，也会涉及新村，但如此大规模地描写新村、建构新村记忆，在马华留台作家中还是第一次。

王经意1975年出生，1994年赴台留学，就读于中兴大学法律系，毕业后留在台湾地区，目前定居于新竹。王经意留学期间，曾参加了第9届大马旅台现代文学奖，并获得小说佳作奖。王经意主要创作科幻和武侠小说，《百年一瞬》2004年获"第4届倪匡科幻奖科幻小说创作首奖"，《杀人者》2009年获"第5届温世仁武侠小说大赏短篇小说首奖"，表现出一定的创作潜力，曾被陈大为称为马华武侠、科幻写作传统中，继温瑞安、吴龙川、张草之后的"第四人"，"但创作量不高，他的学徒期因而拖得太长，还没有找到属于自己的一套武斗设计，仅有的短篇也看不出对江湖结构的规划"②。

孙松荣笔名阿艾，1976年出生于马来西亚柔佛州新山，1995年赴台留学，就读于辅仁大学影像传播学系，1999年毕业后，赴法国巴黎第十大学深造，先后获得硕士和博士学位，2006年博士毕业后返回台湾地区，先在

---

① 林韦地：《南洋野村到民国台湾的作家梦——读梁金群〈野村少女：马来西亚新村生活随笔〉》，选自梁金群：《野村少女：马来西亚新村生活随笔》，台北：季风带文化有限公司，2020年，第12页、13页。

② 陈大为：《武侠与科幻：马华文学的幽暗角落》，《世界华文文学论坛》2012年第4期。

静宜大学任教，后转至台南艺术大学动画艺术与影像美学研究所，担任专任副教授兼所长。孙松荣所走的这条先在台湾地区高校读完大学本科，然后转赴欧美高校深造，获得博士后返回台湾地区高校任教的路，有些类似于林绿、李永平等。孙松荣在马来西亚期间读的是华文中学，自小热爱文学，中学时代就开始在校刊上发表文学作品，赴台留学后，1996年参加第9届大马旅台现代文学奖，获得新诗佳作奖，1998年李天葆主编的诗文集《没有别的，只有存在》还收录了孙松荣的四首诗歌：《树》《犀牛和我的梦》《记忆在黑暗中构筑废墟》和《秘密失踪》，可惜的是孙松荣后来转向学术研究，不再有诗歌发表。类似的情况也体现在比孙松荣稍晚几年赴台留学的颜健富身上。颜健富1998年赴台留学，先后就读于台湾大学中文系、中文所硕士班和政治大学中文所博士班，2008年博士毕业后留在台湾地区，任教于新竹清华大学中文系。颜健富在台湾留学期间，创作诗歌和小说，积极参加各种文学奖，曾获得第11届大马旅台现代文学奖、第17届"全国"学生文学奖、第22届"全国"学生文学奖、第8届花踪文学奖新诗佳作奖、宝岛文学奖、台大文学奖等，但他任职于高校之后，也不再有作品发表。

　　胡金伦1971年出生于马来西亚吉隆坡，1998年赴台留学，就读于政治大学中文所硕士班，2002年毕业后留在台湾进入出版界，从事华文创作出版，先后任职于麦田出版社、联经出版社和时报文化出版社，现为时报文化出版社第一编辑部总编辑。胡金伦赴台留学之前，曾创作散文，1997年获"第4届花踪文学奖散文奖佳作奖"，进入台湾出版界工作之后，胡金伦也几乎停止了文学创作，转向华文出版，曾与陈大为、钟怡雯合编《赤道回声：马华文学读本Ⅱ》，与王德威、高嘉谦合编《华夷风：华语语系文学读本》。作为一个马华留台出版人，胡金伦在麦田出版社、联经出版社工作期间，策划出版了李永平、张贵兴、黄锦树等马华留台作家的许多作品，是马华文学在台出版重要的推动者之一。

　　"七字辈"马华留台作家中，许裕全、张草、杨邦尼、黄俊麟、陈耀宗、木焱、龚万辉、罗罗、刘艺婉、张依苹等在留学毕业后都选择返回马来西亚。许裕全1972年出生于马来西亚霹雳州班台镇，1991年赴台留学，就读于成功大学企业管理系，1995年从成功大学企业管理系毕业，居留台湾地区一年，1996年返回马来西亚。许裕全早期创作诗歌和散文，后来也写小说，出版了散文集《山神水魅》《从大丽花到兰花》《猪头负二代》《猪头皮痒》，诗集《菩萨难写》，短篇小说集《女儿鱼》等，曾获花踪文学奖（包括报告文学首奖、马华小说首奖、新诗佳作奖、散文佳作奖等）、时报文学奖新诗首奖、联合报文学奖短篇小说评审奖、梁实秋散文奖首奖、台北文学奖、海鸥文学奖、游川文学奖等。

张草本名张容嵘，1972年出生于马来西亚沙巴州亚庇市，1991年赴台留学，被分发到侨生大学先修班学习一年，1992年进入台湾大学牙医系就读，1998年毕业后居留台湾地区四年，2002年返回马来西亚。张草在台湾大学读书期间，就开始在《皇冠》杂志连载小说，先后在台北皇冠出版社出版了《云空行》系列、"灭亡三部曲"（《北京灭亡》《诸神灭亡》《明日灭亡》）、《夜凉如水》《很饿》《很痛》《双城》《庖人志》《云空行（二）》等，台北九州出版社也出版了他的长篇小说《双城奇谭》，2000年获"第3届皇冠大众小说奖首奖"。张草的小说大部分属于科幻和武侠类型，成为在这一领域继温瑞安和吴龙川（沧海未知生）之后崛起的第三位马华留台作家。张草以佛学思想为基础创作的"灭亡三部曲"，"是一部佛观的科幻小说，通过科幻小说的形式探讨佛学中'成、住、坏、空'的宇宙观"，"兼得小说世界的通俗与深度，它成功地将深湛佛理与小说艺术熔为一炉"[①]。而他的另一部产生较大反响的武侠小说《庖人志》，在陈大为看来，"有别于正规武侠小说。它在角色人格和江湖结构的设计上

---

① 郑锭坚：《从〈战争游戏〉、〈死者代言人〉与〈明日灭亡〉的生命救赎及宗教关怀论析科幻小说的深层意义》，《华梵人文学报》2009年第11期。

寻求突破，六章环扣的构想在形式上相当灵活，但故事的气势因此中断，格局无法扩展开来（或许正是因为张草要讲的是一个小故事，才选择了这个形式）。这种小故事的写作，有效免除了许多武侠小说为了呈现整合武林的正邪面貌，胡乱塞进一大堆不必要的人物或门派，以及了无新意的武林大会。张草有效管控了叙事格局，把有限的篇幅写得十分扎实，毫无冷场。……张草的武侠小说在母题选择和叙事手法上，已形成一种比较另类的武侠叙事风格"[①]。

杨邦尼本名杨德祥，1972年出生于马来西亚柔佛州古来，1991年赴台留学，被分发到侨生大学先修班学习一年，1992年进入台湾大学中文系就读，毕业后返回马来西亚，著有散文集《古来河那边》，2010年获"第33届中国时报文学奖散文首奖"。杨邦尼是返回马来西亚后开始发表作品的，但留台四年文学上给他的熏陶为他后来的写作奠定了基础，那是他"迟迟的写作"的"准备期"[②]。他的散文集《古来河那边》写的是他的故乡古来，一座没有辉煌的建筑或历史的小镇的记忆，他的故乡书写既不同于杜忠全以地志诗学的手法处理的"老槟城"，历史感与地方感交织其中，也不同于梁金群略带传奇色彩的新村叙事，他试图写一个带有个人性的故乡：我的古来，"非关古来的大历史，凡是以小我为出发，把自己压缩到小孩的目光看古来，范围极小"[③]，如此杨邦尼的古来叙事就跳出了传统的宏大叙事，但因为历史的缺席，这种写作往往也会缺失一种可供品味的底蕴。

黄俊麟和刘艺婉毕业返回马来西亚后都服务于传媒业。黄俊麟1972年出生于马来西亚霹雳州太平，1992年赴台留学，就读于政治大学中文系，

---

① 陈大为：《武侠与科幻：马华文学的幽暗角落》，《世界华文文学论坛》2012年第4期。

② 杨邦尼：《迟迟的写作》，选自黄锦树、张锦忠、李宗舜主编：《我们留台那些年》，八打灵再也：有人出版社，2014年，第181页。

③ 杨邦尼：《我的古来》，选自杨邦尼：《古来河那边》，雪兰莪：大将出版社，2013年，第165页。

毕业返回马来西亚后任职于《星洲日报》副刊部，现为该报副刊主任。黄俊麟留台期间曾参加第9届大马旅台现代文学奖，获得小说优等奖，返回马来西亚后转向文学编辑，很少有作品发表，2013年与黄锦树、张锦忠合编《故事总要开始：马华当代小说选（2004—2012）》。刘艺婉1977年出生于马来西亚柔佛州新山，1996年赴台留学，就读于高雄中山大学中文系，2000年毕业后返回马来西亚，曾任《民间评论》编辑、大将出版社副总经理兼副总编辑。刘艺婉留台期间创作了不少诗歌，1997年获得三个"诗歌奖"："第4届花踪文学奖新秀新诗奖"、台湾省"全国学生文学奖大专新诗组优选奖"和第10届大马旅台现代文学奖新诗首奖，返回马来西亚后，刘艺婉继续坚持诗歌创作，已出版诗集《不是写给你的（然而你不认为）》《我用生命成就一首政治诗》，2010年获第3届海鸥文学奖诗歌奖。

陈耀宗笔名黎耀飞，1974年出生于马来西亚槟城，1993年赴台留学，就读于政治大学英语系，1997年毕业后进入台湾师范大学英语研究所硕士班深造，2000年毕业后返回马来西亚，现居槟城。陈耀宗是20世纪90年代中后期马华留台生中非常活跃的诗人，在政治大学英语系读书期间，积极参加长廊诗社等主办的校园诗歌活动，曾获政治大学道南文学奖散文奖和长廊诗奖，1996年参加第9届大马旅台现代文学奖，获新诗首奖与散文首奖，2001年获第6届花踪文学奖新诗首奖，此外还获得台湾省"全国大专学生文学奖新诗奖"等。陈耀宗返回马来西亚后，主要从事文史翻译与编辑工作，零零星星在报刊上能读到他的一些诗歌，但产量不高，部分诗歌被收入《八十八年诗路年度诗选》《赤道形声：马华文学读本1》《有本诗集——22诗人自选》等诗文集中。

木焱本名林志远，1976年出生于马来西亚柔佛州新山，1995年宽柔中学毕业后赴台留学，就读于台湾大学化工系，毕业后留在台北就业，后因父亲病重，辞去在台北的工作返回马来西亚，担任《蕉风》编辑，近年再度旅居台北，任职石化制造业。木焱留台期间曾创办诗歌刊物《台诗歌》，2001年自费出版诗集《秘密写诗》，另有诗集《毛毛之书》《我曾朗诵你》《带着里尔克的肖像流浪》《晚安台北》，散文集《听写诗人》在台北和吉隆坡两地出版，2003年获台湾省"二〇〇三年度优秀青年诗人奖"，2009年获第10届花踪文学奖"马华文学大奖"和"新诗佳作奖"。木焱是七字辈中较为活跃的诗人，创作一直没有中断。他实际上是一位在马来半岛和台湾岛之间不断穿梭的诗人，是位全球化时代跨域散居华人的代表之一，张锦忠称之为"离散双乡"，"没有人是一座岛，离散者是'岛之子'，由岛至岛，在城市与城市之间漂流，寻找自己的身份"①。如此，木焱在他的诗歌和散文中不断书写台北和新山，以此来寻找自己的身份。

　　龚万辉1976年出生于马来西亚柔佛州峇株巴辖，1996年赴台留学，就读于台湾师范大学美术系，毕业后返回马来西亚，从事写作和绘画。龚万辉留台期间，正是BBS的黄金时代，他化名"半边人"在网络上写诗、写散文，那是龚万辉的文学涂鸦阶段，毕业返马后，龚万辉在报社从事美编，开始大量接触马华作家，这时他也从网络转向报纸副刊和文学奖，频繁发表小说，目前已出版小说集《隔壁的房间》和《卵生年代》，散文集《清晨校车》，2022年6月出版首部长篇小说《人工少女》。如果说黎紫书是20世纪90年代花踪文学奖最耀眼的明星，那么进入新世纪以后，这颗明星则换成了龚万辉，他从2001年获"第6届花踪文学奖散文奖首奖"开始，接连获得"第8届花踪文学奖马华小说奖首奖"、"第9届花踪文学奖马华小说奖首奖"和"散文奖佳作"、"第10届花踪文学奖散文奖首奖"、"第11届花踪文学奖小说奖评审奖"和"散文奖首奖"、"第12届花踪文学奖散文评审奖"、"第13届花踪文学奖散文评审奖"，从2001年到2015

---

① 张锦忠：《时光如此遥远——木焱的离散双乡日常生活与书写实践》，选自张锦忠：《时光如此遥远》，八打灵再也：有人出版社，2015年，第131页。

年，除了第7届，龚万辉几乎每届都能斩获分量较重的奖项，此外，他还获"第二十六届联合报文学奖散文第一名"、第3届海鸥文学奖小说奖，2012年被《联合文学》杂志评选为20位40岁以下最受期待的华文小说家之一，无怪乎黄锦树都称他"无疑是四十岁以下的写作者中最受期待的之一"①。龚万辉美术系出身，绘画是他的本职，写作是他的志业，两者的相互融合与渗透，无疑是值得探讨的，尤其是他的小说，从中能看出他对画面、色彩等的敏感，如他最新的长篇小说《人工少女》，整个故事由十二章节组成，每一章又以"房间"为单位，"十二章"对应的是"十二个月"，是时间，"房间"对应的则是空间，将时间空间化，是这部小说的一个特质。

罗罗和张依苹毕业返马后，都在华文大学谋得一份教职。罗罗本名罗志强，另有笔名昆罗尔，1976年出生，1997年赴台留学，先后就读于高雄中山大学中文系和东华大学创研所硕士班，2007年返回马来西亚，任教于新纪元学院中文系，2016年再度赴台深造，就读于"中央大学"中文所博士班。罗罗既写散文、诗歌，也写小说，留台期间出版首部诗集《你可以叫我罗罗》，后来又出版了诗集《南瀛诗志》和《诗在逃亡》，以及散文集《马来貘》，小说未见结集。留台期间，罗罗曾获《联合报》第1届怀恩文学奖和第20届梁实秋文学奖，返马后又获多个文学奖：第11届嘉应散文奖、马来西亚华文文学创作奖、香港第40届青年文学奖小小说首奖、第6届海鸥年度散文奖等。

张依苹是一位东马作家，1971年出生于砂捞越诗巫，1996年马来亚大学中文系毕业，1997年赴台留学，就读于台湾大学中文所硕士班，2001年毕业后留在台北工作两年，2003年返回马来西亚，任教于拉曼大学中文

---

① 黄锦树：《鸭嘴兽的呢喃——序龚万辉小说集〈卵生年代〉》，选自黄锦树：《注释南方》，八打灵再也：有人出版社，2015年，第204页。

系。赴台留学前，张依苹出版了小说《少女小蕊》，但影响不大，后来她转向散文和诗歌创作，散文结集有《吉隆坡手记》《哭泣的雨林》，诗歌除了口袋诗集《暗恋》外，主要散见于报刊，未见结集，曾获得台湾大学文学奖次奖和林文月散文奖等。作为诗人的张依苹，目前最有影响力的著作其实是散文集《哭泣的雨林》①。这部散文集以张依苹的故乡婆罗洲为书写对象，回望自己在这片热带雨林覆盖的土地上的童年记忆、亲情、多族群共居体验等等，追问我是谁、我从哪里来等与身份、身世有关的命题。在马华留台文学中，潘雨桐、李永平和张贵兴是书写婆罗洲的名家，张依苹的《哭泣的雨林》当然没有达到他们的写作高度，但她从一个女性的视角，采用散文的手法，也赋予了婆罗洲别样的特质。

第三节　21世纪至今："无名"中的等待

黄锦树、张锦忠和李宗舜2014年主编出版了散文集《我们留台那些年》，从白垚到谢明成，这本书共收入了三十九位马华留台生关于留台记忆的散文，其中大部分写作者都有作家身份。跟着文字追溯他们留台的集体记忆，可以发现，20世纪90年代中后期赴台的马华作家，很少再谈使命、知识分子身份和马来西亚意识，1996年赴台的龚万辉在文章中就说："巴布，你说得对，我们都是一群拒绝使命感的人"②，1997年赴台的张依苹在文章中也直言："旅台人的'养成'的一些习性，什么'流

---

① 散文集《哭泣的雨林》2008年由有人出版社出版，2011年张依苹又在台北秀威资讯科技股份有限公司出版了文集《哭泣的雨林》，内收小说、散文、诗歌和剧本。本文讨论的是作为散文集的《哭泣的雨林》。

② 龚万辉：《你的名字如漂沫上的光》，选自黄锦树、张锦忠、李宗舜主编：《我们留台那些年》，八打灵再也：有人出版社，2014年，第221页。

亡'之感啊，我很快就抛得一干二净，过起我快乐的'台湾生活'。"①
进入21世纪，随着网络时代的到来，"小我"意识进一步被张扬，我们在
2000年以后赴台留学的马华作家的留台记忆中，看到更多的是关于个体
自我的呢喃，整个时代或者说马华留台作家所处的社会文化氛围，已经
从"共名"走向了"无名"。"共名"和"无名"是陈思和1996年提出
来的一对概念，他认为："当时代含有重大而统一的主题时，知识分子思
考问题和探索问题的材料都来自时代的主题，个人的独立性被掩盖在时
代主题之下。我们不妨把这样的状态称作为'共名'，而这种状态下的
文化工作和文学创造都成了'共名'的派生"；"当时代进入比较稳定、
开放、多元的社会时期，人们的精神生活日益丰富，那种重大而统一的
时代主题往往笼不住民族的精神走向。于是价值多元、共生共存的状态
就会出现。文化工作和文学创造都反映了时代的一部分主题，却不能达
到一种共名状态，我们把这样的状态称作'无名'。'无名'不是没有主
题，而是有多种主题并存。"②在这里，我们借用陈思和的"共名"和
"无名"的提法，用"无名"来指称20世纪90年代中后期尤其是2000年
以来马华留台作家所处的语境。

2000年以后赴台的马华写作人主要有施慧敏、黄玮霜、周天派、陈
头头、薇达、马尼尼为、邢诒旺、吴道顺、贺淑芳、翁菀君、谢明成、李
宜春、卢姵伊、邓观杰等，他们的留台时间从最早的2000年到最晚的2012
年，大致也是十年，刚好构成一个代际，是为第八代马华留台作家。2013
年至今的十年，并非没有马华留台生，也并非没有在网络上涂鸦的写作
人，但目前似乎还没有走到聚光灯下，尚属于被呼唤的"后浪"，因而这里

---

① 张依苹：《写真旅台》，选自黄锦树、张锦忠、李宗舜主编：《我们留台那些年》，八打灵再
也：有人出版社，2014年，第233页。
② 陈思和：《共名和无名：百年中国文学发展管窥》，《上海文学》1996年第10期。

暂不讨论。施慧敏等身处"无名"时代，文学奖"神话不再"①，他们中除了少部分人已经在马华文坛或台湾文坛产生一定影响外，大部分人也都处于形成自己创作个性的阶段，在寂寞中写作并"等待"那一束文学之光将他们照亮。

马华留台作家中，女性作家并不多，从第一代到第七代，成名者如淡莹、商晚筠、方娥真、钟怡雯、梁金群、刘艺婉，平均每一代不到一位，这相对于整个华语文坛女作家崛起的现象而言，实在有些不相称。但在第八代马华留台作家中，我们却惊喜地发现，女性写作人几乎占据一半，她们分别是：施慧敏、黄玮霜、陈头头、薇达、马尼尼为、贺淑芳、翁菀君、卢姵伊等，而贺淑芳和马尼尼为无疑是其中的佼佼者，是马华文坛继钟怡雯、黎紫书之后成名的女作家。

施慧敏1976年出生于马来西亚吉打州，2000年赴台留学，先后就读于侨生大学先修班、台湾师范大学中文系和东华大学中文所硕士班，毕业后返回马来西亚，任教于新纪元学院中文系，2016年再度赴台深造，就读于政治大学中文所博士班，毕业后留在台湾地区，任教于政治大学中文系。施慧敏的创作以散文为主，作品收入《与岛漂流：马华当代散文选（2000—2012）》等，曾获"第7届花踪文学奖散文首奖"、海鸥文学奖散文首奖、星云文学奖散文佳作等。黄玮霜1981年出生于马来西亚柔佛州永平，2000年赴台留学，先后就读于政治大学金融学系和东华大学创作与英语文学研究所，毕业后返回马来西亚。黄玮霜的创作以小说和散文为主，在政治大学留学期间，曾参加政治大学道南文学奖，获散文首奖和小说佳作，2013年获"第12届花踪文学奖小说评审奖"，2021年短篇小说《恶堵》获"第17届滇池文学奖·年度最佳东南亚华文文学奖"。黄玮霜目前著有长篇小说《母墟》，2011年和2012年分别在吉隆坡和台北出版，它以婆罗

---

① 钟怡雯：《神话不再》，《联合报》，2012年10月7日。

洲雨林为叙事背景，讲述一个失魂的女童漫游追寻重新找回自我的艰辛历程，"是近年来华文女性文学令人耳目一新的力作之一。"①

陈头头本名陈燕棪，1975年出生，2001年赴台留学，就读于台北艺术大学戏剧研究所硕士班，毕业返回马来西亚后，任职于报刊，从事诗歌、剧本和摄影创作。2007年陈头头获"第9届花踪文学奖新诗奖首奖"，2010年有人出版社出版其第一部诗集《无法并列的幽灵局部》。薇达1982年出生于马来西亚柔佛州麻坡，2001年赴台留学，就读于淡江大学，毕业后返回马来西亚。薇达留台期间曾获淡江大学五虎岗文学奖新诗组首奖，但她的创作主要集中在小说和散文，曾出版短篇小说集《刹那芳华》《边境》《荒废》，散文集《时间会告诉我的》，散文曾收入《爬树的羊：马华当代散文选（2013—2016）》，曾获香港青年文学奖散文组优异奖等，在八字辈马华留台作家中，薇达是写得比较勤的。

翁菀君和卢姵伊是这一代马华留台生中专注于散文创作的两位写作人。翁菀君1978年出生于马来西亚彭亨州文冬，2006年赴台留学，就读于台湾大学外文所硕士班，毕业后返回马来西亚。翁菀君赴台前就在马来西亚华文报刊发表作品，2005年获第8届花踪文学奖"马华小说奖佳作"和"散文奖佳作"，目前已出版两部散文集《月亮背面》和《文字烧》，2010年获第3届海鸥文学奖散文奖。卢姵伊1993年出生，2011年赴台留学，就读于侨生大学先修班，2012年进入高雄中山大学中文系，2016年毕业后返回马来西亚。卢姵伊是这代马华留台女作家中最年轻和最晚赴台的，2017年出版个人首部散文集《时光密室》。

在这代马华留台女性作家中，贺淑芳和马尼尼为在创作上均有不俗的表现。贺淑芳1970年出生于马来西亚吉打州，马来西亚理科大学物理

---

① 曾珍珍：《以热带雨林边荒小镇为背景——〈母墟〉写活了童真女灵魂与感官的震颤》，选自黄玮霜：《母墟》，八打灵再也：有人出版社，2011年，第10页。

系毕业后，曾在电子厂担任工程师，也在《南洋商报》做过专题记者，2004年赴台留学，就读于政治大学中文所硕士班，毕业后返回马来西亚，任教于拉曼大学中文系，后又到新加坡南洋理工大学中文系博士班深造，2020年受聘担任台北艺术大学专任教师，目前居住在台北，教书并创作以"五一三"事件为背景的长篇小说。贺淑芳的文学创作起步较晚，20世纪90年代比她小一岁的黎紫书借助花踪文学奖已经成为马华文坛炙手可热的本土新生代作家，但贺淑芳才以笔名然然在《椰子屋》和本地报刊发表一些习作。2002年，已过而立之年的贺淑芳创作了短篇小说《别再提起》，并以此参加当年的第25届中国时报文学奖，获短篇小说评审奖。尽管贺淑芳在后来的访谈中说："我并不喜欢《别再提起》，它只是过去努力想获得的某个技巧的拙劣产品"[1]，但《别再提起》问世后，仍获得了来自马华文坛的许多好评，黄锦树将之誉为可以与李永平《拉子妇》相媲美的马华短篇小说经典，并被列入他和张锦忠等人主编的多部马华小说选中：《别再提起：马华当代小说选》（2004年）、《回到马来亚：华马小说七十年》（2008年），而李有成也对这部小说"印象深刻"："原因即在于其叙事策略匠心独具，自然天成，没有一般初出道者的造作与生涩"[2]。

2004年，贺淑芳带着《别再提起》的"光环"到政治大学中文所深造，但她在台北读书的那四年却并没有迎来小说创作的爆发期，她时常感到孤寂和难以融入，"台北是我住过最繁华也最疏冷的城市，虽然问路时会得到旁人亲切的指点，然而也常终日不发一语，是成年以后首次感到孤寂至极静之处"，"本就口齿笨拙，在家乡文人圈子也一样疏离，但不是个

---

① 许维贤访问：《从然然到贺淑芳：讲文艺很戆居——第二十五届台北时报文学奖短篇小说评审奖得主》，《蕉风》2004年第491期。

② 李有成：《贺淑芳的议题小说》，选自李有成：《诗的回忆及其他》，八打灵再也：有人出版社，2016年，第201页。

个如此。在台湾，这样的感觉好像更严重些，似乎无论怎样努力，那隔膜也不会消失。"①值得注意的是，贺淑芳留台记忆中的"孤寂""隔膜"并非源于"大我"与"小我"之间的冲突，她也并非要借此表达对政治文化语境的控诉，以及张扬自我身份的困惑，她之"孤寂"完全是"无名"时代里个体自我的内心表达，这与20世纪70—80年代马华留台生作品中相似内容的指涉性是完全不同的。2012年和2016年，贺淑芳在台北先后出版小说集《迷宫毯子》和《湖面如镜》，《迷宫毯子》收入了她在留台期间以及返回马来西亚初期所写的小说，《湖面如镜》则于2019年被翻译成英文（*Lake Like A Mirror*）在英国出版，"在文学节期间（指乔治市文学节，引者注），本书在最受欢迎的各国著作中排名第四，更在最受欢迎的大马作品中名列第二"②。

贺淑芳目前所创作的小说，大多涉及马来西亚的种族、宗教、身份乃至政治话题，李有成名之为"议题小说"③，我们从中能看到作者对马来西亚华人长期以来面对的结构性困境的愤懑，以及对单一的种族主义政治的批判。除此之外，贺淑芳受香港作家西西影响，擅长在扭曲与变形中讲述故事，这使得她的许多小说形成了拒绝读者的陌生化效果。黄锦树认为，贺淑芳"在某些方面——尤其是语言的晦涩上，她像是个迟到的现代主义者"，与马华早期现代主义作家温祥英一样"着重写作的自我反思、自我指涉、自我怀疑"④。就贺淑芳目前的小说来看，的确具有典型的现代主义色彩，她大量铺陈陌生化的语言，在叙事中留下裂缝，讲述迷宫式的

---

① 贺淑芳：《相遇彼方》，选自黄锦树、张锦忠、李宗舜主编：《我们留台那些年》，八打灵再也：有人出版社，2014年，第265页。

② 郭紫薇：《中文读者群之外的回响：贺淑芳的〈湖面如镜〉英译本》，《蕉风》2020年第514期。

③ 李有成：《贺淑芳的议题小说》，选自李有成：《诗的回忆及其他》，八打灵再也：有人出版社，2016年，第202页。

④ 黄锦树：《空午与重写——马华现代主义小说的时延与时差》，《华文文学》2016年第2期。

故事，无论是"毯子"还是"镜子"，其实都是她有意布下的陷阱和幻境，"从《迷宫毯子》开始，贺淑芳的小说所走的是似乎一条'非典型'的马华小说路线：过多的谜面，曲折的隐喻，以及那随着词语的脚步而愈发溃散的叙事。而小说语言所指涉的各种现实，则刻意被遮蔽在故事背面，仿佛仅是'毯子的反面'。这条路线显然隐含一种遮掩、隐蔽的欲望，将现实遮盖、以词语的美丽花纹示人。"①这使得她的小说看上去是去地域化的，需要不断去掉一层又一层的遮掩才能看到与马华现实有关的谜面，这样的写作难免是生机与危机并存，因而黄锦树在《迷宫毯子》的序文最后才会留下一句劝诫性的话："'此时此地的现实'是个重要的选项，不必清除得太干净。烟霾并不妨碍迷宫。"②或许贺淑芳自己也意识到这一问题，她正在创作的长篇小说重新回到了马来西亚"现实"：五一三事件。

马尼尼为是一位八字辈作家，本名林婉文，1982年出生于马来西亚柔佛州麻坡，2001年赴台留学，先后就读于台湾师范大学美术系、台湾艺术大学美术所，大学毕业后嫁给台北本地人，成为"外籍配偶"和"新住民"，但她的婚后生活并不如意，现已离婚。马尼尼为在台北留学生活十年后，开始以家庭生活为基本素材创作散文和诗歌，先后出版了散文集《带着你的杂质发亮》《我不是生来当母亲的》《没有大路》《我的美术系少年》，诗集《我们明天再说话》《我和那个叫猫的少年睡过了》《我现在是狗》《帮我换药》等。马尼尼为的作品出版后，因其独特的文风，"建构了一个具相当高辨识度的暗黑家庭剧场，带有风格意味"③，很快引起台湾文坛的关注，最早的散文集《带着你的杂质发亮》2013年出版后，就

---

① 刘叔贞：《裂缝与毯子：贺淑芳的小说迷宫》，《中山人文学报》2016年总第40期。
② 黄锦树：《迷宫与烟霾——序贺淑芳〈迷宫毯子〉》，选自黄锦树：《注释南方》，八打灵再也：有人出版社，2015年，第194页。
③ 黄锦树：《诗的空间——序林婉文〈我和那个叫猫的少年睡过了〉》，选自黄锦树：《时差的赠礼》，台北：麦田出版社，2019年，第173页。

入围了当年度开卷好书奖及法兰克福书展台湾馆选书榜，2020年马尼尼为又获OPENBOOK好书奖，2021年获钟肇政文学奖散文正奖和金鼎奖文学图书奖。马尼尼为无疑已经成为近年来台湾文坛开始受到瞩目的马华留台作家①，连黄锦树都在文章中表示自己"真的忽略了"她②。

马尼尼为的创作，"题材高度集中于生命经验，文字泼辣充满恨意，好用句号，断句斩截，有时意象突如其来如诗句"③，这使她的写作很容易归入到女性文学的范畴中，正如有的论者注意到的，"上一代马华文学创作者的文化家国意识，在马尼尼为的作品中，转为个人困厄与性别角色的挑战"④。但她的生命经验不仅局限于"女性"，还包括"再移民"/"后离散"，她在大量的诗文中都书写了自己作为"外籍配偶"在台湾社会所遭遇的种种"冷遇"，这就使她的写作又必然溢出女性文学的框架，严格意义上讲，马尼尼为的写作是女性与后离散者双重边缘身份叠加之后的自我突围。但这种"突围"，无论放在当下的女性文学中，还是马华留台文学的漫长历史中，都是少见而独特的："气汹汹横冲直撞，杀气腾腾，连标点符号都可听到金铁相碰之声。单是这点，就可让她在现代中文散文的历史里找到一个与众不同的据点，不论是否要标示她属马华，是女性。其怨愤，即便是'怨毒著书'的朱天心，相较之下，也是小巫见大巫。"⑤能让素以"坏孩子"著称的黄锦树都感觉到"杀气腾腾"，足可见马尼尼为为文之"狰狞"。

---

① 当然，马尼尼为在马华文坛还没有引起足够注意，这或许与她的书没有在马来西亚出版，以及她较少与马华本土文坛有交集有关。
② 黄锦树：《"我生来不是"——读马尼尼为〈没有大路〉》，选自黄锦树：《时差的赠礼》，台北：麦田出版社，2019年，第192页。
③ 同上，第194页。
④ 蔡玫姿：《漂移、贱斥与不满：在台马来西亚华裔女作家马尼尼为的小众创作》，《中外文学》2020年第1期。
⑤ 黄锦树：《"我生来不是"——读马尼尼为〈没有大路〉》，选自黄锦树：《时差的赠礼》，台北：麦田出版社，2019年，第193页。

　　除了以上女性写作者外，2000年以后赴台的马华写作人还有周天派、邢诒旺、吴道顺、谢明成、李宜春、邓观杰等。周天派1982年出生于马来西亚槟城，2001年赴台留学，在侨生大学先修班学习一年，2002年进入高雄中山大学中文系就读，2007年大学毕业进入东华大学创作与英语文学研究所硕士班深造，毕业后返回马来西亚。周天派主要创作诗歌，目前出版了一部诗集《岛屿派》，2019年获"第3届周梦蝶诗奖"。邢诒旺也是一位诗人，1978年出生于马来西亚森美兰州芙蓉，2002年赴台留学，插班就读于逢甲大学中文系三年级，2004年从逢甲大学中文系毕业，返回马来西亚，任教于华文独立中学，现为南方大学学院教师。邢诒旺是这一代写作比较勤奋的诗人，目前已出版诗集《锈铁时代：邢诒旺诗集（1995—2004）》《恋歌：七十首十四行与两首长诗》《家书》《盐：短诗和现代俳句集》《螺旋终站：邢诒旺短诗集》《法利赛恋曲：邢诒旺诗集》《副词》《行行：邢诒旺诗集》《背景音乐》等，2003年获"第7届花踪文学奖新诗奖佳作"。

　　吴道顺20世纪70年代末出生于砂捞越，2003年赴台留学，先后就读于埔里暨南国际大学中文系、东华大学中文所硕士班和台湾大学中文所博士班。吴道顺创作上以小说为主，目前已出版少年长篇小说《尼普顿手记》，2007年，小说《蓝一袜子》获"第21届联合文学小说新人奖佳作"，2009年，小说《藤箱》获"第10届花踪文学奖马华小说奖首奖"，并被收入张锦忠等主编的《故事总要开始——马华当代小说选（2004—2012）》中。谢明成1983年出生于马来西亚柔佛，2008年赴台留学，先后就读于中兴大学中文系和暨南国际大学中文所硕士班。谢明成赴台前就已开始在报刊上发表一些诗歌和散文，2007年获"台湾诗学十五周年新诗创作奖"，2008年获"第31届中国时报文学奖散文评审奖"，2009年获台湾省"二〇〇九年度优秀青年诗人奖"，此外还获大马青年文学奖（2013年）、第4届方修文学奖散文优秀奖（2021年）等，目前尚未有作品结集出版。李宜春1984年出生于马来西亚砂捞越诗巫，2007年赴台留学，就读于"中央大学"中文所硕士班，毕业后返回马来西亚。李宜春的创作以散文为主，2016年获第1届海鸥青年文学奖散文评审奖，散文被收入林春美等主编的《爬树的羊：马华当代散文选（2013—2016）》中，目前已出版散文集《散散步》。

邓观杰1993年出生马来西亚雪兰莪州万挠小镇，2011年赴台留学，在侨生大学先修班学习一年，2012年进入台湾大学中文系，后又考入政治大学中文所硕士班深造，2021年毕业，目前留在台北工作生活，曾担任《文讯》杂志编辑，现为台北Youtuber团队企划。邓观杰是近年新崛起的马华留台作家，九字辈新星，2013年获"第12届花踪文学奖新秀小说奖"，2017年获"第6届全球华文青年文学奖短篇小说冠军"，2018年获政治大学道南文学奖小说首奖和印刻超新星文学奖小说首奖。邓观杰的创作以小说为主，2021年在台北出版首部小说集《废墟的故事》，引起较大反响，同年入选"《亚洲周刊》2021年十大小说"，2022年易名为《故事的废墟》在北京出版。

邓观杰赴台留学以后才开始小说创作，当他2011年抵达位于林口山中的侨生大学时，"新世界正以迷蒙姿态在眼前开展，因为无知所以勇敢的我，几乎是蛮横地选择了文学，并且毫无理由地，决定要写小说。"①十年的留台生涯，改变了邓观杰对马来西亚故乡的认知，也形塑了他作为小说家的基本内质："我在台湾阅读有关家乡的史料与论述，在台湾学会书写与指称家乡的技艺，我的马来西亚因而早已无法和台湾经验区隔。"②面对台湾文学深厚的传统，刚起步的邓观杰保持了必要的清醒，他深知作为马华作家的自己与台湾本土作家是永远不可能相同的，"我们面对的终究是全然不同的问题"，"我羡慕你们攻坚那些问题的技法与身姿，然而似乎也仅

---

① 邓观杰：《后记》，选自邓观杰：《故事的废墟》，北京：北京联合出版公司，2022年，第269页。
② 同上，第271—272页。

止于此，对于这道门后的事物，我并不那么感兴趣，那毕竟是属于你们的门锁、你们的战争"，有了这样的认识，邓观杰提出："必须找到属于我方的战场、我方的问题、我方的语言。"[①]因而，十年时间里，这位年轻的小说家开始不断摸索，"我如今已经不再天真地追求彻底的拆毁与新创。我珍惜自己多年来收集的一切事物，我在眼前巨大的废墟中徘徊，竭尽所能地邯郸学步、东施效颦，用这样的方式重新述说我方的故事。"[②]于是就有了收入到《故事的废墟》中的八篇小说[③]：《故事总要开始》《巴黎》《Godzilla与小镇的婚丧嫁娶》《林语堂的打字机》《故事的废墟》《乐园》《洞里的阿妈》和《弟弟的游戏》。

邓观杰用三个"我方"宣示《故事的废墟》与台湾文学/台湾作家之间的差异，他似乎害怕因为自己的"留台"而被不知内情的批评家轻易地归入到台湾文学的范畴中，"你们"和"我们"的对立，邓观杰想说的无非是：《故事的废墟》属于马华文学而非台湾文学，但确切地说，他和他的小说都应该纳入马华留台文学的框架进行讨论，"双乡经验"和"双乡叙事"是这部小说集的典型特征。但是，九字辈的邓观杰，他的小说与作为马华留台前辈作家的李永平、张贵兴、黄锦树等的确有很多的不同，"他没有前几个世代留台马华写作者鲜明的离散和原乡色彩"，"邓观杰亲历有感的马来西亚政治社会经验，已是后马哈迪时代。他的家国之思和旅台经验，多少已不同于早前在台马华文学建立的图像。"[④]当然，这种不同并

---

① 邓观杰：《后记》，选自邓观杰：《故事的废墟》，北京：北京联合出版公司，2022年，第272页。

② 同上，第273页。

③ 值得注意的是，在台北出版的《废墟的故事》与北京出版的《故事的废墟》，除了题目有所变化外，其中八篇小说的排列顺序也不同，台北版《废墟的故事》八篇小说排序为：《故事的废墟》《巴黎》《Godzilla与小镇的婚丧嫁娶》《林语堂的打字机》《乐园》《洞里的阿妈》《弟弟的游戏》和《故事总要开始》。

④ 高嘉谦：《废墟里的火光与跃升：读邓观杰〈废墟的故事〉》，《OPENBOOK》（网络版）2021年10月25日。https://www-openbook-org-tw.translate.goog/article/p-65140?_x_tr_sl=zh-TW&_x_tr_tl=zh-CN&_x_tr_hl=zh-CN&_x_tr_pto=sc。2022年7月26日查询。

不是表面上的有没有写热带雨林、南洋题材等等，关键是他们之间对"战场""问题""语言"和"故事"产生了理解的差异。作为一颗马华留台作家新星，邓观杰"十年磨一剑，一出手就不同凡响，堪称高手"[①]，"同样就第一本书做比较，邓观杰甚至比龚万辉和张柏榗还老成、老练些。"[②]我们期待邓观杰未来的写作，能够在"我们的战场"上，继续探索"我方的问题"，并变幻"我方的语言"，书写新的"我方的故事"，抵达那个"你们难以想象的远方"[③]。

从1953年白垚就读台湾大学历史系，到2022年邓观杰在北京联合出版公司出版《故事的废墟》，马华留台文学走过了并不漫长的七十年，这七十年涌现出了大概八个代际的马华留台作家，他们有的"抱团结社"，有的"单打独斗"，有些一直坚持创作，有些只是短暂地书写，许多人严格意义上还不能算是作家而只是有过一段创作经历的写作人，但他们留下的文学作品，已构成了马华留台文学的一个部分，甚至整体作为一种离境的文学传统已经深刻地影响并改变了马华文学的整体面貌。我们相信，只要留台渠道不中断，马华留台文学发展的脉络就不会中断，马华留台作家就会一代接续一代延伸下去。

---

① 张锦忠：《在废墟迷雾中期待白马而显现白犬——评邓观杰的〈废墟的故事〉》，《联合文学》（网络版）2021年7月7日。https://www-unitas-me.translate.goog/?p=26332&_x_tr_sl=zh-TW&_x_tr_tl=zh-CN&_x_tr_hl=zh-CN&_x_tr_pto=sc。2022年7月26日查询。

② 黄锦树：《怪物、写作机器与废墟——序邓观杰〈故事的废墟〉》，选自邓观杰：《故事的废墟》，北京：北京联合出版公司，2022年，第II页。

③ 同上，第VII页。

第三章 | 马华留台作家的婆罗洲书写

21世纪以来，随着张贵兴《群象》《猴杯》，李永平《大河尽头》《朱鸰书》，潘雨桐《河岸传说》等的出版，雨林传奇成为其他中文世界的读者对马华文学的一种刻板印象。这种印象离真实的马华文学乃至马华留台文学有很大的距离，除了雨林，马华留台文学中还呈现了其他同样具有审美价值的马来西亚文学地景，当然，我们也必须承认，雨林传奇是马华留台文学中具有代表性的艺术特质，正如陈大为在《赤道回声》的序言《鼎立》中所说："他们至少创立了：历史反思、雨林传奇、南洋叙述、边陲书写等突出的文学地景。"[①]所谓的"雨林传奇"指的就是马华留台文学中的婆罗洲雨林书写。在马华留台作家中，潘雨桐、李永平和张贵兴是书写婆罗洲的代表作家，其中李永平和张贵兴都出生于婆罗洲，李永平在多个访谈中都谈及婆罗洲故乡是他的"三个母亲"之一，张贵兴甚至提出晚年在婆罗洲雨林旁搭个木屋终老，而潘雨桐虽然不是在婆罗洲出生，但他因为工作的关系，有很长一段时间都在婆罗洲生活。这三位作家都有一定的"婆罗洲情结"，他们的婆罗洲书写各具特色，代表了目前马华留台文学中婆罗洲书写取得的最高成就。本章将以他们的相关创作为例，解读婆罗洲如何成为马华留台文学书写的对象，这种书写呈现出怎样的特征。

---

① 陈大为：《序·鼎立》，选自陈大为、钟怡雯、胡金伦主编：《赤道回声：马华文学史读本Ⅱ》，台北：万卷楼图书有限公司，2004年，第ⅩⅦ页。

第一节　潘雨桐：生态主义视域下的雨林书写

潘雨桐的雨林写作集中在小说集《河岸传说》以及散文《东谷纪事》和《大地浮雕》，呈现出与李永平、张贵兴等同样擅写雨林的马华留台作家不一样的面貌。相比之下，潘雨桐并没有将雨林构建成一种展现大马幽暗历史文化或承载奇幻美学的隐喻性空间，而是把雨林当作自然生态系统，从生态主义的角度书写婆罗洲雨林在现代化面前所遭遇的困境。潘雨桐偏重农学的知识背景和他对于故土的情感使得他笔下的雨林呈现出"生态雨林"的面貌。这类小说书写现代化与工业化进程中人类对于雨林的破坏，他采用魔幻现实的写作策略，使用富有原住民文化色彩的鬼神传说推动故事发展，流露出浓厚的生态环保意识。此外，潘雨桐对于弱势群体一贯的关注使得他的"生态雨林"书写超越了简单的环保书写而具有了复杂的历史经济维度和人文关怀，体现出环境正义的立场。

一、潘雨桐的"生态雨林"书写

雨林是马来西亚的典型地景之一，直到当下，马来西亚还有百分之五十以上的国土面积被森林所覆盖，瑰丽神奇的雨林风情成为马来西亚的一张名片。与此同时，马来西亚许多原住民以雨林为家，依托其发展出多姿多彩的文化。作为主要的地理环境，雨林也不可避免地在历史中扮演重要的角色，例如马来亚共产党半个世纪以来的斗争即是以雨林为主要战场。凡此种种，又使雨林承载了多重意义。雨林由此成为马华文学中备受关注的书写对象之一，李永平、张贵兴等人都对雨林有过精彩的演绎。

马华文学中的雨林书写往往将雨林当作一个想象性和象征性的空间，

成为华人历史片段或在地文化展演的舞台，而其本身作为生态系统所具有的包容万物的广博和强悍的生命力量也被寓言化。相比之下，潘雨桐的雨林书写"返璞归真"，将雨林"还原"成为自然意义上的一种生物群系，首先从生态角度出发刻画出婆罗洲雨林被大肆砍伐掠夺的困境："空气干燥，已经一个多月不曾下过一滴雨了，砍伐后的雨林焚烧过，一溜的灰黑，裸褟着大地的肌理，在纵横交错的通道间，展现切割后的深浅弧度，沿着河岸往后方提升，缓缓的，形成一幅巨大的扇叶，直到山麓，而后猝然耸立——雨林断绝在山后"[①]"……雨林从山里赶到河岸边就戛然而止，一望无际的在泥炭沼泽地划了一道截然不同的弧道，以防止沼泽在雨季时泛滥成灾。而这样的处心积虑却随着日月的转换时光的流逝而改观，另一篇山峦的雨林在重机械的推进中缺了口，像一角沾了水的宣纸，急速的漫淹而上，雨林也就一棵棵，一排排，一片片的倒了下来，一直到湮远无际的天边，等待一场火浴之后，才猛然醒悟。天地不仁，人谋不臧，就嚎啕大哭起来。"[②]与此同时，小说中还写到了破坏雨林环境导致的恶果：原住民由于森林的减少失去了赖以生存的自然资源和稳定的居住地，不得不迁移到地势更险要的地方，人身权利无法得到保障；野象等本土野生动物同样失去栖息地，还会因为损害棕榈树等经济林而被人肆意射杀，导致种群数量不断减少甚至灭绝；森林覆盖率的下降和泥炭沼泽的消失还使得二氧化碳大量释放，导致极端天气。这些在小说集《河岸传说》中都被着重描写。

　　对于环境的恶化，人类显然要负首要责任，《河岸传说》同样将书写的重心放在破坏雨林的人类身上。《河水鲨鱼》中的工人杜维拉因为贪嘴捕杀了河水鲨鱼而遭到"天谴"被倒灌的洪水冲走；《河岸传说》中的

---

① 潘雨桐：《河岸传说》，台北：麦田出版社，2002年，第8页。

② 同上，第57页。

阿楚因为捕食了被视为山魅的山鹿而被暴涨的河水淹死；《沼泽地带》中的工头李奥因冒着暴雨开车前往镇上索要工程款而陷入危险之中——人因为自身的贪婪和欲望残害动物和植物，最终受到严酷的惩罚，这是《河岸传说》中常见的故事模式。但潘雨桐并没有停留在书写自然与人简单的二元对立上，小说中同样花费许多篇幅描述了雨林工人面对的种种压力和困境：在恶劣的工作环境中工人的权利同样得不到尊重和保障，《河水鲨鱼》中杜维拉意外身亡后，工头对一条生命的消逝却不以为意，只强调公司会提供保险金；而他们之所以会来到雨林工作常常是迫于养家糊口的经济压力，《旱魃》中的男人为了赚钱贴补家用不得不同意砍伐被视为守护神树的"伯公树"，最后被一根落下的树枝砸死。作者写出了他们被剥削的处境，增添了小说的现实感，也使得其中的伦理境遇更加复杂。值得注意的是，小说不仅刻画了人与自然的关系，还写到了人类内部工人男性和原住民女性这一组值得探究的关系。

综上，潘雨桐在《河岸传说》中的雨林书写呈现出几个基本特征：首先，放弃将人类的历史文化投射到雨林的叙述立场，将雨林本身提至关注的中心，书写人类为了工业发展和经济利益肆意破坏雨林、残杀生物的行径。其次，展示自然对于人类的惩罚，流露出作者鲜明的环保意识以及唤醒人们关注生态问题的愿望，在美学上也形成了独特的风貌。再次，作者也没有将人类作为一个纯粹的整体进行文学处理，而是深入书写了工人和他们的原住民伴侣们窘迫的生存处境，他们是"破坏者"的同时也是"被剥削者"，避免了简单的道德判断而引出更深刻的思考。

这样与众不同的书写立场依托于潘雨桐的专业背景和对于故乡现实的关怀。在20世纪70年代以前，马来西亚的经济以农业为主，依赖初级产品的出口，而其地处热带，森林资源极其丰富，因此林业相关产品成为马来西亚的主要出口产品。直到现在，他仍然是橡胶和棕榈油的主要生产国，并且是世界上最大的商业硬木来源之一。数十年来马来西亚虽然从伐木业和商业林种植中取得了大量经济收益，却也造成热带雨林大幅度受损——

除去直接的砍伐，橡胶林和棕榈林的大量种植也是以毁坏原始林为前提的，它们还导致泥炭沼泽等多样地貌的消失，造成生态环境趋向单一。2000年到2012年，马来西亚失去了百分之十四点四的森林，是全球丧失森林最快的国家，而对于森林覆盖率处在全国前列的沙巴和砂捞越地区则影响更甚，接近百分之八十的土地因伐木作业受到影响①。潘雨桐出身农家，后来又远赴国外学习，对故乡和故乡的土地怀有深厚的感情。他进入大学后专修农学，所接受的生物学训练使得他对故土的动植物有更深的了解，同时比常人也更能理解生态破坏的灾难性后果，后来又作为园丘经理长期在雨林中参与树木砍伐和种植油棕、可可等经济林的工作，可谓是目睹雨林生态被逐步破坏，同时其本人又是生态破坏中的一环。这样的生活经历与对故乡的爱使得潘雨桐深感无奈和痛心，并且产生了深重的忧患意识。

与此同时，他更意识到生态问题是全人类都需要直面的困境，任何人都无法独善其身，但人类却对其视而不见。在散文《东谷纪事》中，他眺望可可园时如此思索："那个常在电视上呈现的巧克力广告，美女巧笑倩兮，在衣香鬓影的生日酒会里，乍见精美的巧克力，轻尝一口，完美就终止在一个浅笑里。谁闻到了农药的气息？野蕨问天，天默默无言。河水空流，鲫鱼不知所踪。千百年来的生态体系，如何递嬗？"②因此，他才选择立足生态主义，在雨林书写中着重暴露人们对于环境的无度掠夺和破

---

① "马来西亚森林砍伐的祸首与人权：国内概观两个区域案例研究"https：//tapangrainforest. org/reports/%E9%A6%AC%E4%BE%86%E8%A5%BF%E4%BA%9E%E6%A3%AE%E6%9E %97%E7%A0%8D%E4%BC%90%E7%9A%84%E7%A6%8D%E9%A6%96%E8%88%87%E4%BA %BA%E6%AC%8A%EF%BC%9A%E5%9C%8B%E5%85%A7%E6%A6%82%E8%A7%80%E5% 85%A9%E5%80%8B%E5%8D%80/，2022年3月27日查阅。

② 孙彦庄、许文荣：《马华文学文本解读》，吉隆坡：马来亚大学中文系毕业生协会、马来亚大学中文系，2012年，第322页。

坏，呼吁保护自然。与此同时，他又采用了多种写作策略，使写作呈现出更丰富的层次。借助生态批评理论分析这一特殊雨林书写的形成过程，我们将更好地理解其深层的思想主旨和内涵。

二、"生态雨林"的写作策略

潘雨桐的"生态雨林"写作中不仅有自然，更融入了当地传说和鬼魅的元素，充满了神秘色彩。《河水鲨鱼》中开篇就叙述了工人李九在雨林中的离奇遭遇：李九不信原住民所说林中住着山鬼，执意要闯进山中，冒犯了雨林禁忌，结果目睹了诡异的流血藤蔓，迷失了七天七夜，最后在雨林外的旱溪里被人发现，后来另一个工人阿赖也在旱溪摔断腿。这样的叙述首先增强了文中鬼魅存在的可信度，为后面杜维拉捕食"河精"河水鲨鱼而遭到报复进行了铺垫。类似的叙述模式在其他小说中也有出现，《河岸传说》首先讲了工人们在树林中遇见画皮少女的故事，后文当读者惊异于阿楚伴侣罗伊丝的巫性时，作者在结尾更进一步，直接揭示罗伊丝其实就是画皮鬼魅。《山鬼》讲述了工人铁头在雨林开发工地的颠沛生活，中间荡开一笔，引入了铁头的工作介绍人阿巴历斯，他虽然是一个尊重雨林信仰的工人，却仍然逃不过精怪的报复，在锯树时被从天而降的"他十多二十年来锯树积累的锯屑"所掩埋，受伤严重，他锯的那棵千年老树却毫发无损，可见破坏雨林在"鬼魅"看来即是"原罪"。

可以看到，魔幻现实是潘雨桐雨林写作中一个突出的写作策略，他选择用雨林原始信仰的世界观来阐释人类破坏环境之后所制造的恶果。更高级鬼神力量的引入增强了大自然的震慑效果："神性书写往往体现了自然的神秘与破坏自然的因果惩戒。这种惩戒来自超验世界的神秘未知，是不可预测与规避的敌对力量，这无形中增加了人的恐怖体验。同时，神秘力量以敬畏姿态的可以规避性，又必然增强对自然神秘的伦理敬畏。"①

潘雨桐通过书写神秘意象将自然从沉默和被遮蔽的边缘引出，自然不再是任人宰割的客体而重新拥有了主体性和施事能力，这也消解了启蒙运动以来人文主义所宣扬的"人是至高无上的言说主体"的概念，背后体现的实际上是前现代的泛灵论思想。泛灵论主张现象世界中无论是生物还是非生物都是能够互相交流的主体，它们之间有着紧密而平等的关系。但它逐渐被人类中心主义所取代。在人文主义中形成的人类中心主义价值观"由于它片面强调分析方法，强调主客二分，强调人与自然的分离和对立，极力倡导人类征服自然、主宰自然，无视自然界其他生命的存在价值，一切均以人为中心，把人类的发展建立在对自然资源的掠夺性的开发利用基础上，因此，这种价值观具有明显的'反自然'性质，已将人与自然的关系引入了绝境"②。而快速发展的现代科技是人类宰制自然的工具，先进机械的发明和工业的兴起使得人有更多的手段更彻底地掠夺和剥削自然，而由此衍生的科学主义将一切关系简化为冰冷的物与物的关系，造成人与自然的异化。

作者借助魔幻书写重新召唤泛灵论思想其实是要完成对于自然的"复魅"，对抗人类中心主义和科学主义。这一点明显地体现在小说多次书写施工"蓝图"和挖掘机械所代表的技术规划和利用行为被或自然或神秘的现象干扰和打断，机械也被损毁，例如《河岸传说》里阿温向阿楚讲解在沼泽排水沟的蓝图，却被阿楚指出雨季对于开沟的不利以及蓝图不合理的地方，开工之后不久挖沟机又被红衣鬼魂弄坏；《山鬼》中铁头目击湖边的鬼火后，驾驶的推土机被急冲而来的卡车撞毁。

---

① 纪秀明、王卫平：《宗教神秘与世俗神秘——当代中西生态小说自然神性书写探论》，《东北师大学报（哲学社会科学版）》2015年第1期。

② 曹明德：《从人类中心主义到生态中心主义伦理观的转变——兼论道德共同体范围的扩展》，《中国人民大学学报》2002年第3期。

　　此外，小说在书写鬼魅传说时还有意突出其原住民文化的背景，许多传说都是借原住民人物之口说出：《河水鲨鱼》中的雨林山鬼来自原住民的传说；《河岸传说》中原住民女人罗伊丝讲述了"火球掉落树林里，进出树林的人就会有灾难"的传说，后来果然应验。这成为小说地方感构建的一部分，也让土著民族进入读者的视线。实际上，雨林被大量砍伐、土地被征用不仅仅导致动植物失去它们的栖息地，许多在森林中依靠狩猎和采集为生的土著民族的家园也正在被商业林用地和工业用地逐步吞噬，除了失去食物和洁净生活用水的来源，可生活的区域不断缩小，生活条件变得恶劣之外，他们的文化因此无以为继，逐渐消亡。

　　文化多元是生态多元的重要部分，这无疑是生态破坏严重性的又一个体现。小说中化用这些土著文化色彩浓郁而又颇具攻击性的迷魅异说，也许正是要提醒人们重视这一问题，使人们意识到破坏雨林所带来的广泛影响。除此之外，小说也有许多地方正面描写了原住民，主要是书写原住民女性。她们往往是工人们在森林中的伴侣，负责照顾工人们的饮食起居，甚至为他们生下孩子。也有一些是"水屋"里的性工作者。她们的形象呈现出两方面特征。

　　首先，区别于华人传统女性，这些原住民女性狂野而暴烈，往往展现出可以和男性角力的气势和力量，小说中多有此类对抗的场面描写："'你这个混账！'艾玛捞起刚才杜维拉用过的饭碟就甩了过去。不中，却甩到工寮外放着的一个拖拉机的轮框上，哐当一声，碎成好几片……艾玛一转身，又捞起一只饭碟甩过去，这一次打中杜维拉的脚踝：'你不去死？下午去河里抓鱼就让鱼吃了你！'"[1]"铁头正想开动推土机，而好几个盘盘碟碟，当头又对着他砸了过来……女人两手扬着，忽而又踢了踢大门……"[2]

---

① 潘雨桐：《河岸传说》，台北：麦田出版社，2002年，第30—31页。
② 同上，第154页。

其次，她们也和自然原始信仰有着密切的关系，大部分女性角色都笃信这些民间传说，更有甚者本身就是精怪化成。正因如此，她们持有的是维护自然的立场，往往作为工人的劝谏者，例如《河水鲨鱼》中的艾玛就曾劝说杜维拉不要捕捉鲨鱼，否则会冒犯神灵。可以看到，对于这一群体的描写体现了潘雨桐对于森林民族处境的进一步关注——不仅仅是整个族群在世界中的处境，也关注族群内部更弱势群体的处境。原始的游牧生活方式使他们常常缺乏资本的积累，在失去家园被强制进入现代社会之后只能跌落底层，而原住民女性由于生理和文化上的种种限制，可寻的出路更少，最终只能依附男性或出卖身体来生活。小说中两性相处的模式也多呈现为男性对于女性的强势压制和索取，最终引发女性忍无可忍的反抗。在这一意义上，原住民女性和自然一样都在被残酷地剥削，她们的形象由此也产生了同构性。

潘雨桐"生态雨林"写作中的魔幻现实书写策略大大增强了小说的故事性，其渲染出的诡异神秘也给予读者独特的美学体验。通过书写泛灵论思想下产生的自然迷魅力量，以及他们召唤自然灾害对残害雨林动植物的人类实施惩戒的故事，作者不仅仅引入了原始信仰中鬼魅的符号元素，更重要的是引入了因果报应的关系，人类以被纳入道德因果链条的方式被重新纳入自然整体的运行秩序之中，这将人类从高高在上的统治者位置拽下，警醒人们重新思考与自然万物的关系，从而对将自然化约为发展资源的现代思维进行反思。另一方面，对于原住民女性的描写不仅体现了对于在生态破坏中受害的弱势群体的观照，她们也成为同样被剥削掠夺的自然的代言人，用语言和行动进行抗争。作者在展现生态雨林时并没有拘泥于自然书写，抽象地书写自然和人类以及他们的二元对立，而是加入了文化与社会的维度，体现出作者持有的环境正义观念，这在作者书写自然的"加害者"工人群体时表现得更为突出。

三、"生态雨林"书写中的环境正义伦理

尽管《河岸传说》诸篇小说都密切围绕着生态保护的主旨，但作者对人的书写没有止步于一个模糊的"人类"整体，不仅描写了出于生态破坏受害者位置的土著民族，对于在雨林中工作和生活的底层工人们，小说也有详细的描写。尽管他们是自然生态的"破坏者"，但作者依然以客观的视角描绘出他们困难的生活处境：在《旱魃》中，因为仓库起火，工头就将包括娃希达男人在内的所有工人都赶去废弃的工寮居住，环境十分恶劣："这哪里是房间？裸地上放张木板床，一坐上去还晃呵晃，要是到了夜里男人烦躁一些岂不垮了下来。"①而娃希达一家的生活也相当贫困，男人为了挣钱养家被迫答应锯掉在习俗中不能被冒犯的"伯公树"，最后被掉下来的树枝砸死。可见对于工人而言，接受一份砍伐树木的工作很可能是他们生活唯一的出路，而他们在工作中几乎没有安全保障。

第二次世界大战之后，环境问题成为最突出的全球性问题之一，研究者也开始积极研究应对之策，生态学从20世纪60年代开始逐步建立起来，其他学科也产生了"绿色化"的思潮。随着西方环境保护运动的推进，将人类视为整体，认为每个人都同等负有对环境恶化的责任的普遍主义开始受到质疑："现实的问题是，破坏环境的人往往并不承担环境恶化的后果，同样，掠夺自然资源、对自然资源造成毁灭性破坏的强势人群也往往不需要负担生态危机和自然反扑的后果（至少不需要立即担负）。环境破坏的恶果常常会落到处于弱势地位的国家、地区或群体头上。"②人们不仅仅从科学和技术上，也开始从社会文化观念的深层反思环境危机，环境伦理

---

① 潘雨桐：《河岸传说》，台北：麦田出版社，2002年，第98页。
② 王韬洋：《环境正义的双重维度：分配与承认》，上海：华东师范大学出版社，2015年，第7页。

越来越受到重视。

　　潘雨桐雨林书写中对于处在生态破坏"前线"的工人们生存境遇的关注使他的写作克服了主流环境保护主义中简单化的整体主义倾向，将其中的歧视性暴露出来。小说中底层工人的困境正体现出国际层面（跨国）公司所代表的全球资本主义无限扩张，为了自身的可持续发展掠夺其他地区的资源，并由此将生态危机转嫁到落后国家，这无疑使落后国家人民的生存环境进一步恶化。这样的书写有其现实依托：直至近年，马来西亚本地木业公司所制造的产品大部分都出口至发达国家。以日本为例，2012年，出口至日本一国的原木、锯材、胶合板、饰面板、模造件总量相当于砂捞越原木出口量的百分之三十二左右，达三百六十万立方米，占这类商品出口价值的百分之三十六[1]。这些采伐企业还存在非法伐木的行为，所得的木材甚至占据出口的主要部分，而日本在这一方面却熟视无睹，却制定了完善的法规保护本国的森林资源。在另一位马华作家李永平的小说中也写到了日本木材公司在婆罗洲雨林里大肆砍伐树木。这实际上正是一种生态殖民主义行为，其权力结构的形成可以上溯至英殖民时期。正如黄锦树所说："一如当年（英殖民时代）的华人与印度人（苦力）在殖民地的作用——'开发'土地。殖民之为殖民其奥秘正在于，这些劳力经由殖民主和土地建立的契约关系极易结构化，一如殖民主因'需要'而引进的各种中南美洲热带植物，虽非原产，一旦大量繁衍之后，它/他们和土地之间的契约关系就会因为长期直接的作用、接触转而成为直接的，殖民主的中介角色无形中被抽离"[2]。在雨林开发的过程中，公司运行的逻辑也是相似的，他们雇用工人砍伐树木，毁坏沼泽，最后承受自然惩罚的则同样是这

---

[1] "监管缺位的行业"，https://www.globalwitness.org/en/archive/8528/。2022年3月27日查阅。

[2] 黄锦树：《新/后移民：漂泊经验，族群关系与闺阁美感——论潘雨桐的小说》，《中外文学》1995年第1期。

些为了生计别无选择的劳工，而从中获取了大部分利益的公司高层却可以全身而退。

另一方面，来自发达国家的主流环保主义也存在着隐秘的环境歧视。在《沼泽地带》中，工头李奥找到公司联络人老林要钱时，老林提出世界自然基金会去到李奥工程进行的地点沼泽地实地考察并拍摄了照片，要求公司将那片沼泽地恢复为森林。然而在李奥和老林的对话中，我们会发现基金会对于当地的情况并不了解："那里天天淹水，什么树种种下去都难活。"而如果进一步追问，森林恢复之后，当地人民的生存和发展却仍然是未解决的问题。在这一意义上，世界自然基金会的做法将环境和生存相剥离，只是简单地坚持让土地保持原始的状态，实际上仍是让环境和生活相剥离，罔顾当地人民的生存困境。不仅在国际层次，小说基于环境正义对于环境歧视的暴露还涉及国家内部层面。马来西亚有其特殊的政治历史状况，早期殖民者对于东马来西亚和西马来西亚开发的不均衡导致即便在独立之后，两个地区的经济发展也大相径庭，东马长期作为资源输出地支持西马的城市化和制造业发展，但联邦政府却没有给予东马相应的重视，导致水、电、公路等基础设施严重不足，发展滞后。在《沼泽地带》中，李奥随口问到沼泽地是否要用来"造两座高峰塔"[1]，引来了老林的戏谑之语："好主意，国家发展要平衡，西马有的，东马也要有。马来西亚——能！"[2]其中的反讽自不待言。除此之外，小说还涉及对城乡之间的生态不正义的描写，在《河口》中，渔民林芋头那进入城市生活的养子指责养父不讲环境卫生，遭到养父的控诉："我不懂什么环境卫生，你们城里的人懂，是谁把垃圾都倒到河边来？""我们脏，我们脏，你们却吃我们捞的鱼，我们抓的虾——现在就快没得吃了，大海里鱼虾都游走了。我们也钓

---

① 潘雨桐：《河岸传说》，台北：麦田出版社，2002年，第185页。
② 同上，第185页。

不到螃蟹，连水鬼也捞不到蛤了。"①

　　潘雨桐的"生态雨林"写作中不仅仅有环境破坏"受害者"的声音，也让"加害者"的声音能够被听到，从而在一定程度上超越了简单的二元对立，展现出对于生态问题的复杂思考。而结合马来西亚的政治历史情况，对底层和边缘群体施予的充分观照大大增添了小说的现实意义，也展现出潘雨桐作为知识分子深刻的人文关怀。

　　20世纪80年代，马来西亚进入经济快速增长时期，即使在20世纪90年代末经历亚洲金融危机，其经济也在短期内复苏。在这期间，国内工业和基础建设以及出口对于资源的巨大需求迅速地消耗着马来西亚国内的自然资源，而过度开发大大加剧了环境危机。潘雨桐基于对故土的感情和深重的忧患意识选择书写人类对于婆罗洲雨林的破坏，其所采用的迷魅书写策略使自然界"复魅"以对抗将自然客体化的科学主义与人类中心主义，所具有的土著文化色彩也构成了关怀原住民群体的一部分。此外，潘雨桐对于弱势群体的关注也延续到砍伐森林的工人群体上，加入对于这一群体的描写使其生态书写避免成为脱离实际的空谈，加入了历史和经济的维度，体现出其环境正义的伦理立场。

　　当然，潘雨桐的生态雨林书写也存在一定的局限。首先，以神秘书写将自然灾害处理为自然对于人的报复，固然有利于重新赋予自然以主体性，但在道德判断上却稍显绝对，客观上将自然与人类置于对立的两方，和后来对于人具体困境的书写产生了割裂——真正应当承担生态危机恶果的应该是背后由此而得利的资本家而非底层工人，在这一方面，小说也缺乏更深层次的揭露和挖掘。但总体而言，潘雨桐对于生态的观照使其雨林写作超越了对于单一国家民族和历史的观照而具有了世界性的视野，而其一如既往的对于弱势者的人文关怀将思考引入更深的层面：不同群体在环

① 潘雨桐：《河岸传说》，台北：麦田出版社，2002年，第237页。

境危机面前应该如何达到共同生存的目的而不是互相倾轧，因而对于处于现代化和全球化情境下的人类产生了普适性意义。

第二节 李永平："月河三部曲"中的婆罗洲地景 及其地方感

李永平是一位典型的跨域散居华人，他的一生都在漂泊流浪，早年从婆罗洲到台北，后来从台北又去了纽约，从纽约又返回高雄，即使在台湾岛居住期间，他也是"四海为家"，每隔几年就搬一次住所。这种跨域散居的经历影响了李永平对生命的认知，也形塑着他的小说创作。李永平自居为"浪子"，王德威也说他的小说是"浪子文学"①，正因为这种特殊的生命体验，使得李永平不断借助小说寻找生命和精神的"母亲"。"我的作品从《拉子妇》《婆罗洲之子》开始，也已经在呼唤母亲、寻找母亲。我后来就找到母亲，还一找就找到三位母亲。一个是生我养我的婆罗洲……"②李永平走上创作伊始，就在写婆罗洲，包括《婆罗洲之子》和后来收在短篇小说集《拉子妇》中的小说，创作了《吉陵春秋》之后，李永平转向书写台湾经验，创作了《海东青》和《朱鸰漫游仙境》，有意思的是，他在写完《朱鸰漫游仙境》后，又重新回到生养他的婆罗洲，连续创作了《雨雪霏霏：婆罗洲童年记事》《大河尽头》和《朱鸰书》，合称"月河三部曲"，这三部作品都是以婆罗洲为叙事空间，可以说是李永平在晚年重新回望故乡的寻根之作，也奠定了他在婆罗洲书写中的重要地位。这里就以李永平晚年创作的"月河三部

---

① 王德威：《原乡想象，浪子文学》，《江苏社会科学》2004年第4期。
② 李永平：《我的故乡，我如何讲述》，选自高嘉谦编：《见山又是山：李永平研究》，台北：麦田出版社，2017年，第17页。

曲"为例，探讨他在作品中如何借助动物、植物、族群等地方性景观，建构起婆罗洲地方感及其地方性。

一、感官与欲望交织的雨林动植物

"月河三部曲"中，动植物与人都构成了叙事的中心之一，李永平在小说中通过人物的眼睛不断聚焦各种动植物，这些动物被寓言化，除了参与推动故事的发展、深化叙事主题之外，李永平通过描写大量独具地方特色的动植物，为我们营造出了一幅深具地方性的婆罗洲图景。

通过文本统计，我们发现，在"月河三部曲"中，出现的大大小小的动物不下几十种，包括：天堂鸟（极乐鸟）、鹦鹉、婆罗门鸢、苍鹭、鱼鹰、翡翠鸟、矶鹬、乌鸦、白头鸥、鹭鸶、鹰、冠鹫（蛇雕）、大犀鸟、热带鱼、婆罗洲鲶鱼、婆罗洲野公猪（婆罗洲须猪）、公猪、母猿（猿猴）、猴子、红毛猩猩、山羌（黄麂）、巨型河蜥蜴、花海蛇（海蛇）、水蛇以及婆罗洲大蟒蛇（黄金蟒）等等。在这些动物中，婆罗门鸢、母猿和蛇是较具典型性的动物。

婆罗门鸢是"月河三部曲"中经常出现的动物之一，作品中称之为"神鸟"，这种鸟"生性凶猛，连婆罗洲最彪悍的马当族猎人都不敢招惹它们"[1]，因此婆罗洲原住民视它为雨林的守护者，当作神一样敬仰，因而婆罗门鸢某种程度上也是当地原住民精神信仰的一部分："一只婆罗门鸢王——伊班人的始祖、开天辟地的大神辛格朗·布龙手下最尊贵的使者。"[2]在小说中，那些单纯善良的伊班少女总是将它视为自己的守护神："他有发誓呀。他若骗我，他的两只眼睛就会被神鸟啄瞎。被神鸟婆

---

① 李永平：《朱鸰书》，台北：麦田出版社，2015年，第627页。

② 同上，第319页。

罗门鸢啄瞎双眼，是伊班大神辛格朗·布龙，对外邦人施予的最严厉惩罚。"①李永平笔下的婆罗门鸢是孤傲的，它常常单独在空中翱翔，这实际上是对以它为信仰的伊班土著精神性格的一种象征。李永平在小说中同时又赋予婆罗门鸢雨林的监督者、惩罚者和守护者三重角色，通过这三重角色的描写来隐喻婆罗洲在后殖民势力面前的种种溃败。例如《朱鸰书》中那个曾让白人向神鸟发誓不欺骗她的伊班少女，最终还是遭受了欺骗，神鸟并没有保护住她。

母猿即雌性猿猴，它在"月河三部曲"中常以母亲日夜呼唤孩子的角色出现。每当夜晚降临，"满天星光灿烂的夜晚，大地沉睡，只听见深山中母猿们拉长嗓子，噗呜——噗呜——召唤她们半夜还流连在外的子儿。"②有时是一两只母猿在呼唤，有时是一群母猿一同哀号："呜噗呜噗呜噗，那股声势，浩浩荡荡凄凄凉凉惊天动地，潮水般一波波不停向你涌来，整夜，从天黑直到天明。"③在《大河尽头》中，李永平虽从未真正地着笔描写过母猿的样貌，但每到夜晚，母猿的呜噗声便会如期而至，几乎伴随着少年永整个的大河之旅："雾中城外深山里，呜噗呜噗，哀婉地、凄清地又飘送出了母猿的啼唤，如影随形一声声缭绕在我的耳际，紧紧追踪我的脚步。"④同时，这声声呼唤也延续到了《朱鸰书》中，无论是身处伊班人的长屋抑或马来人的高脚屋，甚至是新塘的教堂中，朱鸰总能在黑夜来临后听到母猿的呼唤声，它们扯着嗓子啼叫个不停："呼唤在白天被带着猎枪、绳套、麻醉针和铁笼子的金发猎人捕捉，带到大河口的坤甸城，搭船前往欧洲动物园的猿娃娃。"⑤"月河三部曲"中，母猿是丧失

① 李永平：《朱鸰书》，台北：麦田出版社，2015年，第64页。
② 李永平：《大河尽头》（下：山），上海：上海人民出版社，2012年，第140—141页。
③ 李永平：《朱鸰书》，台北：麦田出版社，2015年，第94—95页。
④ 李永平：《大河尽头》（上：溯流），台北：麦田出版社，2010年，第334页。
⑤ 李永平：《朱鸰书》，台北：麦田出版社，2015年，第219页。

儿女的母亲的象征，那响彻整个夜晚的哀啼，既是在召唤它们被"金发猎人"和日本人掠走的儿女，对李永平这个浪子来说，也是婆罗洲母亲在向他召唤，期盼他重回这块生养他的土地。当然，这背后也包含了李永平对后殖民的批判，以及对失去家园的恐慌。

蛇是热带地区典型的动物之一，亦是李永平"月河三部曲"中的常客。作品中一共描写了三种蛇，分别是海蛇、黄金蟒和水蛇。海蛇主要出现在《大河尽头》（上：溯流）中，它经常伸出一颗"油光水亮南瓜般大的圆锥头颅，张开血盆大口，妖妖袅袅吞吐着她那根红涎涎的舌芯子"①，跟随在航行大河中的轮船左右。黄金蟒出现在《大河尽头》（下：山）《七月十一动物与垃圾》的篇章中，"两只（丫头，听好啰）黄白花纹的婆罗洲大蟒蛇，把尾巴勾住树梢一根枝干，从一株七八米高的大栎树上，双双垂吊下来，将两颗头颅伸入河内。"②相比起前两种蛇，水蛇的描写相对较多，在《大河尽头》上下卷以及《朱鸰书》中均能见到其足迹。有意味的是，作品中的水蛇常是以两条的数量同时出现，它们有的长约一米，有的长达六米，浑身雪白，三不五时出现在少年永与朱鸰的视野中："泼刺一声，只见两条水蛇灿亮着身上蕊蕊花斑，妖妖袅袅扭摆着五六尺长的皎白身子。"③有时，它们会"扭摆着十尺来长、通体雪白、满布着一蕊蕊花斑的身子，妖妖娆娆，倏地，从湖畔一株老栗树根部大窟窿里钻出来"④。蛇虽然是各个地方都常能见到的一种动物，但"月河三部曲"中描写的海蛇、黄金蟒和水蛇却具有典型的热带地域性，这些蛇的出现标识出了婆罗洲的地方性。

值得注意的是，"月河三部曲"中描写的蛇，往往充满性暗示。《大

---

① 李永平：《大河尽头》（上：溯流），台北：麦田出版社，2010年，第2页。

② 李永平：《大河尽头》（下：山），上海：上海人民出版社，2012年，第250页。

③ 李永平：《大河尽头》（上：溯流），台北：麦田出版社，2010年，第235页。

④ 李永平：《大河尽头》（下：山），上海：上海人民出版社，2012年，第234页。

河尽头》中描写的两条黄金蟒，便是以交配的形式出现在少年永的眼前。两条大蟒蛇"边晒太阳，边摇头甩脑溅溅泼泼地玩水，还一边紧紧交缠着两条裸白身子，光天化日下公然交配呢"①。《大河尽头》（上：溯流）的"七月初三"篇中，李永平直接以蛇比喻交媾的男女："梦中那对房龙兄妹，赤条条地互相追逐戏耍，两只白蛇样，嘶嘶磨磨蠕蠕蜷蜷满场子游走奔逃。"②小说中常成双出现的水蛇，更是性欲望的化身。水蛇每次都是互相纠缠、撕咬、追逐，"成双成对，劈劈啪啪交媾出没"③。女性失贞和欲望化书写是李永平在"月河三部曲"中反复铺陈的，他通过女性失贞来表达文化血缘被玷污的恐惧，而欲望化书写则赋予其笔下的婆罗洲以母性色彩，并将婆罗洲塑造成了充满情欲的"地母"，小说中不时出现的充满情欲的蛇，在美学上也渲染了婆罗洲的母性化。

除了动物之外，"月河三部曲"中还出现了大量的雨林植物：橡胶树、椰树、红树林、栗树、栎树、石榴树、木瓜、柚子、芒果、番石榴、红毛丹、山竹、榴莲、菠萝蜜、芦荟、水草、茅草和朱槿花等，这些植物共同构成了一幅绚丽多姿的婆罗洲自然景观。有意思的是，李永平在描写这些植物时，也特别突出了它们的感官和欲望化，例如对木瓜和朱槿花的描写。

"月河三部曲"中，李永平常用木瓜来形容女性的乳房："十几个西方大姑娘，齐齐弯下身子……抖荡她们胸口那一瓠瓠木瓜样的奶子"④，"那伊班婆娘胸口吊挂的一双硕大无朋，汗溱溱不停晃啊荡，好似两枚婆罗洲野生木瓜的咖啡色奶子。"⑤木瓜在小说中往往具有两重作用：一方

---

① 李永平：《大河尽头》（下：山），上海：上海人民出版社，2012年，第250页。

② 李永平：《大河尽头》（上：溯流），台北：麦田出版社，2010年，第98页。

③ 李永平：《朱鸰书》，台北：麦田出版社，2015年，第164页。

④ 李永平：《大河尽头》（下：山），上海：上海人民出版社，2012年，第279页。

⑤ 同上，第120页。

面，它是女性乳房的象征，充满情欲化，给整个小说渲染了一种情色氛围；另一方面，在婆罗洲原住民文化中，袒胸露乳是一种本真自然的表现，小说描写这些原住民女性坦露木瓜样的乳房，是对其文化的反映，从一个侧面折射出婆罗洲的本真。此外，"月河三部曲"中木瓜还是情欲的诱惑者，它诱惑《大河尽头》中白人艾力克森兄弟沉迷在天猛公儿媳的双乳中，最终犯下杀身之祸，头颅被狠狠地扭断。同时我们也发现，木瓜总以罪恶的见证者身份出现在各种土著女性遭受白人男性侵害的现场：《朱鸰书》中的伊曼告诉朱鸰，她是在木瓜园的高脚屋内被澳西性侵，"峇爸一边在我身上表演魔术，一边气喘吁吁地向我许诺：'等伊曼流一滴血，变成女人后，峇爸就把伊曼从长屋带走。'"①《大河尽头》中，"几十株木瓜树结实累累，那满树悬垂的一弧子一弧子黄澄澄熟透了的果实底下"②，克丝婷与一群红毛伙伴，三十余人在桑高镇的木瓜园内裸着身子举办淫乱派对。木瓜作为情欲的见证者，它见证了澳西所犯下的罪，也见证了克丝婷与红毛伙伴们的荒诞行为。

朱槿花在婆罗洲名为班葛·拉雅，是达雅克族和伊班族的神花，在《朱鸰书》中出现二十余次。朱槿花第一次出现在朱鸰初抵婆罗洲之时，满山的花朵开得灿烂且红艳，单是一朵鲜花就如饭碗般大，"那五片鲜红的花瓣中间，花心上，生出一枝五公分长的鹅黄花蕊。"③夏季朱槿花盛开时，"红红火火，艳阳下放眼望去，煞似森林发生大火灾，劈劈啪啪四处同时窜冒出万千朵火苗一般"④。这样的场景描写出现在小说中，立即把朱鸰和广大读者带入到婆罗洲的地方性中。《朱鸰书》中不仅将朱槿花作为婆罗洲风物来进行描写，赋予其特殊的地方性色彩，而且也将其作为婆罗

---

① 李永平：《朱鸰书》，台北：麦田出版社，2015年，第62页。
② 李永平：《大河尽头》（上：溯流），台北：麦田出版社，2010年，第97—98页。
③ 李永平：《朱鸰书》，台北：麦田出版社，2015年，第124页。
④ 同上，第611页。

洲原住民精神文化的象征，通过描写朱槿花来反映这一地区原住民特殊的精神信仰。朱槿花作为达雅克族的神花，他们的女性自十岁开始便在手臂上刺上朱槿花刺青："每年得刺上半片花瓣，到十九岁生日便完成一朵盛开的、五瓣的大红花，成为一个成熟的少妇。"①

二、去神秘化的婆罗洲土著族群

"月河三部曲"中的婆罗洲不仅拥有各种独具特色的动植物，而且还生活着多个尚未走出原始雨林的土著族群：达雅克族、伊班族、肯雅族、马当族、加央族、马兰诺族、普南族等，这些族群都有各自的生活方式和精神信仰，因为他们长期生活在雨林中，较少与雨林之外的世界接触，外界对他们的认识并不多，这就导致在很长的时期内，马华文学对这些族群的描写都趋向于陌生化和魔化，渲染了一种神秘主义和恐怖主义的色彩，尤其站在他者文化立场对猎人头文化和文身文化的描写，充满了负面价值判断，李永平早期的作品，如《拉子妇》对"拉子婶"的描写，就沿袭了这样一种写作策略。但到了晚期的"月河三部曲"中，李永平对婆罗洲土著族群的描写一改早期的魔化模式，采用去神秘化的视角，甚至融入土著文化中，重新发现和审视原住民。这种书写模式的改变，主要体现在对伊班族和普南族这两大婆罗洲土著族群的描写上。

伊班族是达雅克族的一支，属于海系达雅克族，他们主要生活在海上或沿海一带，是婆罗洲众部落口中的战士。《大河尽头》（下卷：山）中，伊班族鲁马加央长屋大屋长天猛公·彭布海年轻时与荷兰人在红毛城的激战被澳西当成婆罗洲的神话、传奇和冒险故事向澳洲的儿童讲述："这一则则异国故事，雄奇瑰丽……比《天方夜谭》迷人得多，每每让这群

---

① 李永平：《朱鸽书》，台北：麦田出版社，2015年，第325页。

澳洲儿童听得如痴如醉，一个个出神地张开嘴巴。"①在"月河三部曲"中，李永平将伊班人塑造成英勇善战的勇士，他们原是猎头族，小说在对其猎人头文化的描写中不再强调其中的血腥和恐怖，反而从伊班族的角度书写其中张扬出来的英雄主义情结。这是《大河尽头》中对天猛公彭布海的一段描写："人说，年轻时彭布海曾率领十四座长屋的勇士，出动五十五艘长舟，乘着夜黑风高波浪滔天，顺卡江呼啸而下直抵桑高镇，与荷兰人在红毛城激战，格毙四十八名来复枪兵。那次战役令红毛魔闻风丧胆，论功分人头，彭布海当仁不让，挑得最上好的五颗。其中一颗头颅硕大如冬瓜、满腮子长着赤红胡虬，是个军官，如今这件战利品还悬挂在鲁马加央长屋正堂的横梁上。"②这段关于天猛公猎人头事迹的描写凸显出男性的英雄气概，天猛公气势逼人的头衔和一连串精确的数字，以及战场上残酷的屠戮，字里行间无不显露了其辉煌的战史和英雄形象。

"月河三部曲"中伊班族及其文化的"发现"，还体现在对长屋的描写中。长屋是婆罗洲原住民建筑文化的重要体现之一，也成为外界想象婆罗洲的一个重要视角。"月河三部曲"中用大量的笔墨描写了鲁马加央长屋，它是卡江流域第一座真正的长屋。每逢傍晚夕阳余晖之下，长屋犹如"一条浑身着火的丛林大虫，庞庞然盘踞在河畔山坡"③，既展现了长屋的壮观，又通过对长屋日常起居生活的描写，还原了长屋的本来面貌。

李永平在《朱鸰书》中还大量描绘伊班族极具热带风情的服饰："我看到了'天猛公'的全身装扮：头戴一只黄藤盔，盔顶竖立着八根尖长、黑白两色的犀鸟羽……身披一袭云豹皮古战袍，胸前缀着各色贝壳……

---

① 李永平：《大河尽头》（下：山），上海：上海人民出版社，2012年，第116页。
② 李永平：《大河尽头》（上：溯流），台北：麦田出版社，2010年，第138—139页。
③ 同上，第127页。

腰系一条银缎带，挂着一支鹿角刀鞘。"①犀鸟羽毛、云豹皮、贝壳、鹿角等，这些热带雨林里独有的物种一起出现在《朱鸰书》中"伊班王"天猛公的身上，威猛华丽且具有雨林特色的服饰描写，让读者通过衣着对婆罗洲有了新的认识和了解。当然，如此华丽的服饰只有一定身份地位的首领才能穿。在平常的日子里，伊班男子的主要服饰是在胯下系一条布兜，而伊班女子则会在下身围一条纱笼，上身披一条围巾或者裸露着。当部落有重要的节日、场合或举办仪式时，如庆祝丰收节，伊班族的男子们会戴上由犀鸟羽毛制成的羽冠，上半身披着厚披肩，下半身则以花纹美丽的编织布料遮盖，并且会手持盾牌参加仪式。而伊班女子上身会披着由彩珠和布球制成的颜色绚丽多彩的披肩，腰间则会缠着银色腰带和银质装饰品，以在举办仪式舞动时，让银饰互相敲碰，发出悦耳清脆的叮当声响。无论是华服还是简装，都足以彰显伊班族的民族特色，李永平在描写这些服饰时，去除了观光客视角中的猎奇心态，在去神秘化的描写中还原了这一族群的真实面貌。

"月河三部曲"中李永平还专门描写了普南族。普南族靠狩猎和采集为生，世世代代居住在婆罗洲雨林深处，"在绿色巨伞遮盖下，终年不见天日。神秘的普南人，森林的游猎者。听说以前他们从不曾在太阳下暴露超过五分钟。"②因为常年不接触阳光，所以普南人的肤色很白，与婆罗洲其他土著深棕色的肤色形成了鲜明的对比。李永平在小说中称普南族是全婆罗洲最漂亮和最善良的民族，他们与世无争，在原始森林深处过着自给自足的游猎生活。直至印度尼西亚共和国成立，雅加达中央政府派遣的省长——伊布拉欣推动的婆罗洲现代化计划中，特地为普南族制定了"阳光政策"，他们才开始正式走出雨林，和外界展开交流。普南人居住的场所既不是达雅克族的长屋，也不是马来人的高脚屋，而是用茅草搭建的茅屋。

---

① 李永平：《朱鸰书》，台北：麦田出版社，2015年，第314页。
② 李永平：《大河尽头》（上：溯流），台北：麦田出版社，2010年，第15页。

值得一提的是，普南语中没有"再见"和"谢谢"一词。《朱鸽书》中的普南女孩阿美霞，虽与朱鸽是情同手足的结拜姐妹，但每次分别时却从未向她道别。因为普南族居无定所，下一次的会面全靠机缘和巧合。除此之外，普南人以部落聚居生活，部落里大家分工合作，女人负责做饭和照料孩子，男人负责打猎和采集藤条、松香等，所获的猎物和采集的物资，由部落全体成员平均分配。因此，互相帮助在普南族是理所应当的事情，所以普南族的语言里不存在"谢谢"一词。李永平对普南族的这些描写，已经超越了表面上的各种族群景观，如服饰、建筑、饮食等，深入到了他们的文化内部，以一种体认的姿态展开书写。

三、婆罗洲书写：地方感的生成

"地方感"，"是指人类对于地方有主观和情感上的依附"[①]，即所谓的"地方认同"。爱德华·雷尔夫在《地方与无地方》中提出："地方认同绝不仅仅是像地名索引中的地址，或地图上的点那么简单，而是人们地方经验里的基本特质，该特质既能对我们的经验构成影响，还会反过来被我们的经验所影响。并且，地方认同不仅是能认知各个地方的共性与差异，而在更基本的层面上，是去认同地方的差异性中所蕴含的共性。与此同时，不仅是'关于一个地方的认同'（identity of a place），更重要的是：某人和某群体'与某个地方相认同'（identity with that place），尤其是在考虑外地人或当地人对同一个地方的经验时更应当看到这一点。"[②]换言

---

① Tim Cresswell：《地方：记忆、想象与认同》，徐苔玲、王志弘译，台北：群学出版有限公司，2006年，第15页。

② ［加拿大］爱德华·雷尔夫：《地方与无地方》，刘苏、相欣奕译，北京：商务印书馆，2021年，第74页。

之，地方感是人们与某地的一种情感联系，"所体现的是人在情感上与地方之间的一种深切的连结，是一种经过文化与社会特征改造的特殊的人地关系。"[①]那么，对李永平而言，婆罗洲地方感就是他通过文学作品所建构起来的他与婆罗洲"特殊的人地关系"，一种精神和文化意义上的婆罗洲认同。

"月河三部曲"中虽然提到了大量的热带动植物、族群，以及他们的风俗文化，但如上文所述，李永平主要将笔墨集中在一些较具典型性的景物上。作品中，典型性的动物有神鸟婆罗门鸢、母猿和蛇，较具代表的风俗有伊班族的猎头文化、文身以及华人的鬼月，虽然作为多元族群杂居的岛屿，但华人、达雅克族和普南族在李永平的作品中更有研究性。这些景物被作者赋予神秘的力量，通过书写它们，作者向我们展示了婆罗洲在全球化的背景下发生的变化，以及婆罗洲自然和婆罗洲人所遭遇的种种灾难与不幸。景观背后不同的象征内涵，是作者对婆罗洲复杂情感的投射。

"月河三部曲"中李永平对婆罗洲的自然、人文、族群景观的塑造，一方面体现了作者与此地的情感联系，另一方面则建立起婆罗洲的地方感。诚如钟怡雯所言，书写婆罗洲最大的意义在于雨林中的动物、植物、以原住民和华人为代表的族群和风俗，它们的存在使马华作品"充分体现'地方感'，成就高辨识度的雨林传奇"[②]。"地方感是一个动态变化的包容性概念，包括地方依恋和地方认同两个维度。"[③]地方依恋是一个心理过程，强调人在心理上对某地的一个积极情感依附，如果某地给予人的感

① 朱竑、刘博：《地方感、地方依恋与地方认同等概念的辨析及研究启示》，《华南师范大学学报（自然科学版）》2011年第1期。
② 钟怡雯：《砂华自然写作的在地视野与美学建构》，选自钟怡雯：《马华文学批评大系：钟怡雯》，桃园：元智大学中国语文学系，2019年，第194页。
③ 朱竑、刘博：《地方感、地方依恋与地方认同等概念的辨析及研究启示》，《华南师范大学学报（自然科学版）》2011年第1期。

觉是安全舒适的，人会更倾向于留在这个地方，相反，人就会排斥这个地方；而人对某地的地方依恋会影响人在某地的地方认同。

　　当人对某地有较强的地方依恋和地方认同时，人会更倾向于叙述这个地方，反之则会减少叙述。换言之，当李永平对婆罗洲有较强的感情依恋和地方认同时，他会更热衷于将当地的景物展现出来。但李永平对婆罗洲的情感依恋却经历了由强到弱再到强的阶段，他早期以《婆罗洲之子》《拉子妇》为代表的婆罗洲书写体现了他对当地浓厚的情感依赖和美好愿景，在一定程度上认同自己是婆罗洲的一份子。但在"月河三部曲"第一部《雨雪霏霏：婆罗洲童年记事》中，作者的地方依恋感开始减弱，最直接的表现是热带雨林描写的减少。在《雨雪霏霏：婆罗洲童年记事》中，热带雨林叙事仅限于叙述者与田玉娘走进雨林寻找当了游击队的叶月明老师。直至《大河尽头》（上卷），有关雨林的描写才开始逐一增多，到了"月河三部曲"最后一部《朱鸰书》，整书789页，几乎每个篇章都涉及了雨林的动植物、人文和族群。

　　"月河三部曲"中雨林书写的递增，正是作者对婆罗洲的情感发生转变的结果，也是作者地方依恋和地方认同产生转变的结果。这种转变，使地方感的生成也相应地发生了改变。但地方感作为一种社会与文化的构建，"从来都不是稳定或一成不变的，而是不断被创造、被操纵的，归属的本质在于改变，而基于地方的认同也从来不是单一与固定的。随着经济、文化、社会的不断转型，以及社会关系的相应改变，地方感被不断重构，被赋予新的含义。从这个意义上说，地方感更多体现的是一种文化的过程。"①因为政治原因，早期的婆罗洲给予李永平的情感体验是负面的，他并不认同自己是马来西亚人。成年后，他离开婆罗洲，来到台北读

---

① 朱竑、刘博：《地方感、地方依恋与地方认同等概念的辨析及研究启示》，《华南师范大学学报（自然科学版）》2011年第1期。

大学，在美国读完博士后，便放弃了马来西亚国籍，在台湾地区就业定居，这大抵有一种与婆罗洲"老死不相往来"的感觉，这也是他对婆罗洲地方认同负面的体现。但到了晚年，漂泊流浪了一生的李永平重新建立起对婆罗洲积极正面的看法："一个是生我养我的婆罗洲……反正政治的事情，我们身为文人也是无可奈何的……我对婆罗洲的感情实在是太深了。反正可以这么说，去年八月回到婆罗洲以后，我心里的结就打开了。"[1]李永平通过小说将自己与婆罗洲连接在一起，他的婆罗洲书写，充分展示自身对婆罗洲的眷恋、依赖与怀念，并建构了独特的婆罗洲地方感。

第三节　张贵兴：以地方性文化重建婆罗洲

一方水土养一方人，婆罗洲特有的文化底蕴滋养了张贵兴等马华留台作家，也造就了他们不同于其他区域华文作家的人文特质，加之他们深处台湾文学的场域之内，"在一个喜欢另类文化消费的社会，旅台作家的南洋情调或马华性亦是打入台湾文化市场的最佳卖点。潘雨桐、张贵兴、黄锦树等旅台作家的小说，一再描绘渲染南洋热带雨林的神奇和异国情调。在旅台作家笔下，热带雨林故事的传奇魅力和婆罗洲家庭秘史的猎奇性表现得淋漓尽致。"[2]需要说明的是，长年定居在台湾地区的张贵兴不是单纯的以离家多年的游子身份来观照婆罗洲的历史和原始文化，而是以其中一员的姿势深切地融入其中。

---

[1] 李永平：《我的故乡，我如何讲述》，选自高嘉谦编：《见山又是山：李永平研究》，台北：麦田出版社，2017年，第17—18页。

[2] 刘小新：《华文文学与文化政治》，镇江：江苏大学出版社，2011年，第143—144页。

一、原住民的语言、文身与文化认同

张贵兴笔下书写的婆罗洲风俗文化，透露出马来族、伊班族与华族文化等多元文化相互渗透的现象，他对婆罗洲深层文化意涵的发掘与描述，进一步解开了土著文化的神秘面纱，甚至纠正了人们对当地土著习俗的种种误解。

一方面，张贵兴小说中的主人公子辈华裔不仅愿意与原住民交往，而且主动选择学习土著族群的语言，表现了与祖父辈们不一样的情感态度。《猴杯》中，猪仔苦力出身的余石秀，"操十种语言：米酒、香料、辣椒腌制的马来语、印尼语、印度语、达雅克语；充满树皮、草荄和泥土腥味的华语、广东语、客家语、福建语；雪茄、酒精和铅味混合的英语和荷兰语"①，在英殖民政府总督的同意下成为代理园主。那时的土著语言只是曾祖和祖父为了垦殖拓荒，乃至于获得种植园区的管理权的一种工具，是一种被动的生存需要，而余家后代余鹏雄却是以一种主动且赞赏的姿态学习达雅克族的语言。初次听见时，"让雉惊奇地发现达雅克语竟和外面的鸦声鸟鸣颇为情投意合，仿佛他们和本族人交谈时，也抽空和鸟群搭讪调情"②，与亚妮妮等达雅克族人相处时，逐渐地学会了掺杂华语、英语的原住民语言，"巴都的达雅克语说得颅骨撼动，胎记纹斑打成一片，恰似一道粗雷，细雨不降。不必亚妮妮迻译，雉也大致听懂"③，此时雉学习达雅克语言的姿态为子辈华裔主动、努力靠近土著族群作了生动的诠释。

另一方面，小说中的主人公更深入雨林腹地，试图了解原住民的生活

---

① 张贵兴：《猴杯》，台北：联合文学出版社，2000年，第179页。

② 同上，第879页。

③ 同上，第110页。

和文化，以平等和对话的姿态了解、再现和铭记土著族群的历史记忆，如原住民的文身文化史。张贵兴透过华人雄的视角，描述了一位视文身如命并为土著装饰艺术做出杰出贡献的文身师阿班班，从而展示了婆罗洲原住民源远流长的文身艺术。达雅克先人相信自己与婆罗洲的动物、植物或其他物体之间有着特殊的关系，于是他们把特定的动物、植物等视为自己的保护神，虔诚信仰。部落战争频发时，原住民们会把这些动物和植物等形象刻画在自身的武器上，希冀通过这种方法将所信仰的保护神附身于自己，从而获得庇护，如"出阵和祭典仪式兴隆，祭师戴上阿班班设计的面具后即不由自主起舞念咒，战士视死如归如有神助，因为战船、木浆、战盾、刀柄、刀身、枪簇上有阿班班设计的图案"[①]。

身处在这一原始文化背景中，十五岁的阿班班为了参透婆罗洲土著装饰艺术的奥妙精髓，"深夜独游雨林，呼妖扰灵，逐兽追月；白昼登树攀崖，观察花草树木，虫鱼鸟，趾蹄爪牙；漫游半个婆罗洲岛，拜师学艺，像变色龙拟态掠食在各族雕刻文身之幽幻斑斓。"[②]二十八岁时成为远近闻名的大师，而阿班班最感兴趣的装饰图案却是文身，他认为"人体俊美，最适合雕琢夸耀，如同湖滨点缀浮萍芦苇，枝桠歇秃鹰，晴空飘云"[③]。不仅用墨汁在自己身体上文满图案，甚至"将许多保留多年的文身印板应用在妻子身上，这使他妻子在不流行大量文身的达雅克妇女中感到尴尬害臊"，其一子四女一出生"身上都有五六块胎记，族人以为这是阿班班夫妇过度文身的结果"，包括孙子巴都"落地即爬满叶状或虫形胎记，达全身三分之一"[④]。实际上，文身是达雅克族人及其后裔民族心理特征

---

① 张贵兴：《猴杯》，台北：联合文学出版社，2000年，第108页。
② 同上，第107页。
③ 同上，第108页。
④ 同上，第109页。

的一种外在表现，也是他们社会意识形态的一种独特的审美范畴，不仅蕴含着丰富多彩的内涵与深刻的文化意蕴，同时孕育出许多和文身相关的风俗文化，"从古代美学的角度来看，文身是一种特殊的人体装饰艺术形式，是古代民族艺术发展史上的奇葩"。①当阿班班们用墨汁在人体上绘制出各种花纹图案时，就代表着他们对人体装饰美的初步认识，随着在婆罗洲生产、生活实践和认识的深入，原住民对装饰美的追求会越来越突出和明朗化，而阿班班在人体上纹绘图案正是这一审美意识的反映。

作者透过小说人物的眼睛看到了阿班班健美身材上文身图案的自然美，两次描述他的文身："胸腹万兽奔走如山林，四肢花叶鸟虫如树桠，背部日月风火雷电如晴空，脚掌手掌两栖爬虫类，屁股两座骷髅冢，满脸精灵，连男器也爬满纹斑，皮皮的像一只褶皱颈蜴。"②不难看出张贵兴对婆罗洲原始文化的认同与赞赏。正是这种发自内心的欣赏让作者，也让叙述者看到婆罗洲文身的艺术美，透出华人认为各个族群间应该相互包容的诉求，即："华人渴望各族群之间的隔膜和对彼此的刻板印象能够打破，大家和睦相处共同建造'一个'以多元种族多元文化为傲的马来西亚。"③

张贵兴的婆罗洲历史书写通过叙述者与达雅克族人的交往，回溯了华人移民者的垦荒史，但小说没有落入单纯追忆家族历史的窠臼，而是将父辈华人的拓荒史与原住民的历史交织在一起，显示出时过境迁后子辈华裔在与少数族群的交往中不断接受原住民风俗文化的事实，表征了华人群体对马来西亚异族文化的认同。

---

① 林琳：《论古代百越及其后裔民族的文身艺术》，《广西民族研究》2005年第4期。

② 张贵兴：《猴杯》，台北：联合文学出版社，2000年，第109页、第296页。

③ Wong Yann Hann：《华人视角下的马来西亚族群关系中的关键议题分析》，华东师范大学，硕士学位论文，2019年。

二、本土文化焦虑：婆罗洲的过去与现在

华人对婆罗洲这块土地的认同本就有着极其复杂的历史因素，到了20世纪60年代，由于"大马计划"的提出，更是使其深陷于认同的另一层困扰，不少身处于东马的华人在合并的过程中有一种沦为二等公民的屈辱感。"虽然砂捞越加入马来西亚已经半个世纪了，但是有很多方面，除了在政治、经济方面，我们有那种边缘化，甚至以前有人说好像是二等公民的那种想法或者心态，在文化上，也有一些边缘化的现象"①，"一个南中国海，便把马来西亚分割成以西马为中心的两个地理世界，各种资源的分配都很不公平，其中最明显的差异是：所有的国立大学都在西马"②，东马的砂捞越虽说是脱离了被殖民的命运，实际上却身处于一种糅杂了历史创伤的独立。砂捞越的地理环境及历史因素，与西马的政治、社会、历史文化等方面都截然不同，布洛克王朝的统治，英国人的殖民，马来西亚的成立……都是权力介入转变社会体制的历史因素。权力以制度的呈现方式形塑了人们关于中心与边陲关系的认知，因此人们在集体认同感的建构过程中必须处理不同历史记忆间的冲突，不同利益阶层的角力以及不同信仰间的对抗，而这很容易让马来西亚的华人族群产生一种漂泊感，迷失在当地的单元话语的叙述里。

直至今日，砂捞越华人的这种历史认知更加强了他们对婆罗洲这块土地的依恋感，其中寄托着浓厚的家园意识，这个家园可以指向砂捞越，也可以是婆罗洲。在张贵兴的笔下，家园意识不仅是对婆罗洲历史记忆的整

---

① 田思：《砂华文学的本土特质》，雪兰莪：大将出版社，2014年，第47—48页。
② 陈大为：《序：鼎立》选自陈大为、钟怡雯、胡金伦主编：《赤道回声：马华文学读本Ⅱ》，台北：万卷楼图书股份有限公司，2004年，第Ⅱ页。

理、记录，或是通过原住民、雨林景观和风俗文化来建立所谓的"南洋"特色，它的深层意义还包括对马来西亚官方话语的内在抗议，由此必须弱化和转化政治上的认同，找到另一种安身立命的方式。于是，婆罗洲雨林成为张贵兴作品中独特的心灵和精神图腾，在无奈地被推进追寻自我与族群历史身份的旅程中，找到了自由呼吸的想象空间，也成为张贵兴等马华作家"'替代认同'（alternative identity）的精神寄托所在"[1]。为此，砂捞越知识分子的书写里有一种强烈而浓郁的乡愁，借此摆脱所有的外围权力包袱，回到家乡审视地方文化，追溯自我族群的根源，以舒缓羁旅之人的身份焦虑感与恐惧。从这一层面上看，重返雨林无疑成了遭遇生存困境的张贵兴等现代主体度过危机的重要手段，"拯救自我的药方，是一抹深深的乡愁。"[2]于是，张贵兴将目光转向婆罗洲，强调家乡砂捞越的独特性，通过个体历史与家族历史的"小叙述"展现华人移民历史的宏大魅力。

一方面，张贵兴透过文学书写的力量来铭记南洋的历史与风俗文化，只要连续的历史情境的需要没有受到阻碍，婆罗洲的本土文化精神就仍能保存下来。正如陈大为所言，婆罗洲雨林内部最吸引人的核心元素，其实是以当地伊班人等原住民为代表的土著文化图像，"伊班的长屋生活形态，以及猎人头的习俗，早已被视为婆罗洲原始部落文化的象征，它让这座原始雨林变得更蛮荒、更神秘、更具魅力"[3]。加之，张贵兴定居台湾地区多年，他热衷于建构热带雨林，不仅是由于题材的熟悉，更加主要的是雨林，"作为童年伴随他成长的回忆，恐怕已经成为他本人情感中最集中、最

① 魏月萍：《告别与认据：砂华文学的聚落与离散场域》，选自田思：《砂华文学的本土特质》，雪兰莪：大将出版社，2014年，第4页。

② 田思：《砂华文学的本土特质》，雪兰莪：大将出版社，2014年，第217页。

③ 陈大为：《婆罗洲"场所精神"之建构（1974—2004）》，选自潘碧华主编：《马华文学的现代诠释》，吉隆坡：马来西亚华文作家协会，2009年，第107页。

纠结的载体。"①然而这一切珍贵的丛林资源，都在现代化文明的侵袭下迅速消逝，最蛮荒和神秘的文化成分早已成为过去式。

当现代文明的力量与资源逐渐深入雨林，势必会重创且重整原住民的世界观，新世界对年轻的土著子弟的吸引力远大于闷热潮湿的雨林。婆罗洲原有的核心文化，如巫术、占卜、猎人头，又如大耳垂文化，"达雅克女孩从小戴大耳环，耳环重量随年龄增长而逐渐加重，耳垂也逐年被拉长，有的耳垂甚至长及肩膀。这丰满修长、柔软细嫩的肉瘤是达雅克女孩魅力和美艳的象征，据说耳垂越长越能吸引达雅克男人"②，都成为被现代社会价值贬斥的行为，"达雅克人生活逐渐现代化后，这习俗也逐渐式微，大部分年轻女孩将耳垂拉到相当长度后即停止，有的女孩甚至从来不拉耳垂"③。马来西亚的现代科学与现代司法的存在，否决了原住民的传统文化，相对地，现代的物质文明却引诱土著青年，原住民后代大规模出走已是大势所趋，只留下老一辈固守家园。因为婆罗洲雨林原有的奇异感、原始文明急速消逝后所产生的那种无法再现的焦虑感，以及原住民文字创作的弱势，种种大环境的现实因素为张贵兴的婆罗洲书写造就了可遇不可求的经验优势，同时也使其背负起了一项使命，即透过中文书写去记述、还原，甚至去建构婆罗洲雨林消逝中的风俗文化。

另一方面，张贵兴小说在书写婆罗洲的原住民文化和历史时，不仅仅是在描述这块土地，更是透过文字书写历史的方式来创造这块土地，这是一次深刻的话语建构。在书写历史时，作者着意凸显土著的原始文化魅力所在，尤其是珍惜婆罗洲的多元生态和多元景观，从"禽兽大观园"式的

---

① 张欣鹏：《热带雨林的性/刑伐旅者——论张贵兴的马来本土同想象中国的吊诡》，选自潘碧华主编：《马华文学的现代诠释》，吉隆坡：马来西亚华文作家协会，2009年，第41页。

② 张贵兴：《猴杯》，台北：联合文学出版社，2000年，第82页。

③ 同上，第82页。

动物图腾、"野生植物园"式的生态地标到南洋特色的风俗文化，实际上可视为张贵兴历史身份认同构建的过程，赋予了书写婆罗洲历史丰富与多元的指涉和意涵。其对婆罗洲本土特质的勾勒，无论是自然雨林、人文风俗，还是族群关系史等，都同步在形构婆罗洲或砂捞越的在地知识。如此一来，书写婆罗洲的历史可以既是文学的，也是文化的，甚至是政治的，这样的历史书写，才能成为多方对话的话语空间。同时，婆罗洲的多元种族文化与无比丰沛的地理内涵使得张贵兴小说的历史书写增添了婆罗洲的传奇性，吸引了众多都市读者的目光，作品从在地三代华人的生活视角，记述了具有非凡文化吸引力的婆罗洲雨林与华人移民史，"却没有为了强化自身的在地色彩，而置入争奇斗艳的原住民文化因素"[①]。

张贵兴小说中的南洋色彩，即南洋风俗景观、文化习惯、人名等自然地融入对华人移民历史的书写中，令人耳目一新，情节曲折紧凑、扣人心弦，值得注意的是他借由书写历史对种族歧视事件强烈的介入姿态和独特的观照：历史身份的构建折射的其实是马华关注的华族平等地位、利益身份确认的问题，同时其也从文学立场追问了与马来西亚华人息息相关的"融入"的可能性、障碍及未来等课题，令人深思。

三、从"边缘"到"中心"：重建"南洋"

张贵兴的小说主人公在雨林之旅中，极其关注从外部世界通往雨林的通道及雨林四周的自然环境，对这地理生态空间的描述是细致而准确的，而且包含了视觉上的焦点变换。他跟着原住民向导由远而近，自边缘到中心，带领读者停留在小说中的主要场景——原住民的住所长屋/雨林中心，

---

① 陈大为：《婆罗洲"场所精神"之建构（1974—2004）》，选自潘碧华主编：《马华文学的现代诠释》，吉隆坡：马来西亚华文作家协会，2009年，第123页。

来欣赏和领略婆罗洲原始文化的魅力，而故事中的人物也随之在此历史和地理的交汇点上渐次出场。小说的叙述者就像长屋的导游一样，在介绍土著原始文化时加上自己的意见，他以亲切的语调和欣赏的姿态详细表述这个地区的资料，如《猴杯》的主人公余鹏雉。

作为婆罗洲原始文化象征的长屋，在张贵兴的书写里，其形而下的建筑结构某种程度上即等同于土著族群形而上的民族文化结构。张贵兴将自己了解的原始风俗文化内容，融入雨林包围下长屋的空间叙述里面，成为一体。他将原住民日常生活和节庆时的点滴见闻仔仔细细地道出，如此一步步地展现了南洋风俗文化的传奇性，并把"长屋这个高度可意象性的空间过渡到文化层次，转而去写长屋文化，经由真正的'生活经验'去呈现其'感觉结构'"[1]。

一方面，其小说写出了依靠着热带雨林的天然屏障，以长屋为代表的原住民文化空间用一种平静且强韧的状态抵御着现代性影响的过去与现在。土著猎人头的行径、崇拜图腾的思想以及欢度节庆的自由自在，在张贵兴的婆罗洲书写里交织出一种强烈的文化精神空间，其话语范围内产生了一定的保护性机能和对外的抵御性。作者从伊班族生活的核心场所长屋入手，借由主人公的视角把原住民的各种奇异传统一个接一个地展现出来，"长屋让数百根腿粗二人高的弯曲树干撑在空中，屋顶上披着茅草、椰叶和树皮，屋子用竹竿和树枝像背篓或鱼罟织成，随兴得像麻雀筑巢。……长屋四周稀落或茂密栽种各式稼穑果树，东一丛西一簇，菜畦瓜棚豆架和围篱等星布，莽丛野草参差，颇有五行味道"[2]，小说宛若推介达雅克族文化的旅游手册。

① 钟怡雯：《砂华自然写作的在地视野与美学建构》，选自钟怡雯：《马华文学批评大系：钟怡雯》，桃园：元智大学中文系，2019年第198页。
② 张贵兴：《猴杯》，台北：联合文学出版社，2000年，第120页。

　　现代化的历史进程在文本里呈现为一种负面力量，逐渐侵害婆罗洲土著族群田园牧歌式的安稳生活，"这是一座现代化的样品长屋，专职伺候显要和观光客，上等建材，水电齐全，楼下饲几种样品家畜，走廊挂满样品传统器具。游客一到，电视音响像罪犯藏躲，牛仔裤洋装换成了丁字裤沙龙，大小住户车屁股没傍过似的迎客，得了脑疝似的装得愣头愣脑。付点钱，还可以合照，听赏成年礼、丰年祭、祭人头舞。国家大力饲养观光事业的巨龈下，这批达雅克人成了囚栏里只会缩头刨乳的小崽猪。"①只有在靠近雨林深处时，才依稀延续着那种悠游自在的淳朴山居生活，张贵兴在其婆罗洲书写里竭尽所能地把原住民文化的消逝于外在的现代化压迫、异化表现得淋漓尽致，"普南、肯雅、加拉必和我族正组织抗议团体，阻止日本人伐林，可是日本人拥有政府批准的垦伐执照，敢向政府抗议就是颠覆分子，坐牢一辈子。西马中央政府正在这里造大水坝发电，生态大浩劫"。②文本既描述了土著原始文化未受现代化冲击之前的独特魅力，更从历史与现实的张力间叙说了原住民在现代化之下的困窘。

　　张贵兴在其作品里，借由小说形式赋予的较大弹性和自由的叙述框架穿插于婆罗洲的历史时间中，着力描绘的是一个相对微观的乡土空间。这个空间以雨林为中心，配以近郊的小镇，属于边陲的东马——相对于西马，尤其显得落后与边缘化。但这个空间却是一个历史的空间，而非是抽象的存在，是充满动力与矛盾的，华人族群与原住民之间的冲突和交流就在这里发生。

　　另一方面，作家所想要叙述的，不单是重大的政治、文化事件，而且是当地变化的整体性，其地方色彩极浓，又不逆时代性地发生着转变。纵观张贵兴的小说，不难察觉现代化已悄悄地走进这块土地，并不断逼近雨

---

①　张贵兴：《猴杯》，台北：联合文学出版社，2000年，第113页。

②　同上，第115页。

林深处，原住民跟外面世界的联系越发紧密，令婆罗洲无可避免地发生翻天覆地的变化。在长屋里看到的物品，不论是本地的产品，如《猴杯》亚妮妮家中待客的象肉、米酒、糯米饭，番刀，药草，兽牙，红毛丹……或外来的商品，雉送给亚妮妮妹妹们的玩偶，送给亚妮妮家人的五包洋烟和两瓶洋酒，罗老师送人的廉价首饰、香水等外国进口的化妆品，西药……都可看到婆罗洲原始文化因受到外来文化的影响而产生的转变。比起历史上的大事件，婆罗洲原住民日常生活的变化更受张贵兴的关注，他在历史书写里想要追忆、重现被人误解和遗忘的风俗生活，甚至想要捕捉土著集体活动时喧闹的声音与活力，做到绘形绘声。因为只有通过对日常生活的观察，才能找出那隐藏在南洋风俗文化之下细微难察的原始与野性生命力的根源所在。

颇有意味的是，正是历史书写的主题形式，容许叙事者时而抛开主线或多线的个体和家族故事，而肆意地出入于雨林长屋间，见证地方过去的生活。这自由令作者将许多有关历史故事的细节堆砌起来，小说除了描述长屋里原住民生活的物质条件，也同时借由回忆、分享故事的方式带我们走进家族/族群秘密。如在洪水来临期间的长屋，屋长和亚妮妮的族人们诉说狩猎、抗击敌人的故事，余鹏雉讲述祖父母之间不和谐的性秘密。将各色各样、生活殊异甚至是有矛盾的社群，呈现在小说的历史想象中，迟缓而渐变的南洋风俗文化跟大的政治历史构成的辩证关系，才是张贵兴书写的重心。

张贵兴笔下建构的婆罗洲空间，是由真实存在的地理环境跟虚构想象的空间混合而成的，有意勾勒不同风俗文化来传达婆罗洲的区域性和本土特色，形塑出书写婆罗洲历史的社群认同。这种心理背后揭示出作家向往着借由想象历史与话语建构的力量回到自己幼时的家园，让焦虑的灵魂有一个安定之所。他对婆罗洲大历史形式及其内涵的探索和创制，尝试以西方小说的结构和体制为雨林小说注入恢宏的视野和时间向度，同时又以细密的笔法勾勒出一幅幅富有地方色彩的民俗风情画。在这样的书写策略中，张贵兴将其对故乡的追忆演化为对地域性的一再书写和发现，其作品的南洋风味进而与小说的形式格局和历史时间的进程层层衔接，紧密构成互动、复杂的关系网。

第四节　浪漫化及魔幻化：雨林美学反思

张贵兴所营造的雨林美学奠定了他在世界华语文坛的独特地位，他对婆罗洲的塑造受到新历史主义、解构主义等思潮的影响，突出语言的绚丽、故事的魔幻、人性的幽暗，大肆铺陈欲望化的叙事场景，使得他笔下的婆罗洲及其美学呈现出浪漫化和魔幻化的特征，同时也遭到了部分读者对其书写失真的指责。

一、瑰丽的文字之外：叙事的"浪漫化"

打开张贵兴的小说，不仅看见热带雨林的莽荒、野性，更可感受一个生机勃勃、真实又魔幻的世界，其间能折射出人类文明史的残酷与血腥。王德威曾评价，张贵兴的叙事是以一种最华丽而冷静的修辞来写出"生命最血腥的即景"[①]，因为叙事者以不同方位的感知参与历史故事的探索，而作家总是有意无意地调动极端风格化的文字来讲述故事，由此形成了张贵兴小说浪漫化的美学特质。

张贵兴十分注重故事的虚构性质，并充分利用想象，将夸张的手法运用到极致来描绘各种魔幻现实。通读张贵兴的小说，不难发现最初创作的

[①] 王德威：《序论：失掉的好地狱》，选自张贵兴：《野猪渡河》，新北：联经出版社，2018年，第5页。

小说尝试书写各类实验性题材，以求新求奇的手法来拉开作品与现实、历史之间的距离，如《伏虎》收录的短篇小说，从这些作品的文笔可看出少年人的才气及作者的狂想。然而在这些作品中，张贵兴并没有流露出对马来西亚华人历史、族群、道德等宏大命题的思考，这一阶段的张贵兴在创作上"有一种与生俱来的美学上的纯粹性，对于意识形态领域和社会议题的介入则用笔不多"①。为数不多的小说也只是透过一系列的短篇故事以散点的形式展示子辈华人的童年记忆与家园意识，类似的还有1988年出版的第二部小说集《柯珊的儿女》，如《如果凤凰不死》写20世纪40年代的中国土匪横行，战乱和兵患不断，用粗粝乖张的语言书写了小麟儿的传奇故事；又如《柯珊的儿女》用离奇的情节将柯珊一家的家族史进行铺排、演化，展现现代人空虚、纵欲和尔虞我诈的精神状态，别有一番华丽与堕落的"世纪末"景象。

《顽皮家族》《群象》和《猴杯》等"家族"长篇小说的出现，标志着张贵兴小说的成熟，也展示了作者在叙事上的浪漫化趋势。《顽皮家族》中，作者将天降动物、海盗船与顽虎在风暴中依旧生存的场景虚构得十分惊心动魄：突如其来的一阵怪雨，活生生的鱼、水母、公鸡、鹅、海豚、鸭子、猪和海龟从天而降，随之而来的还有各式的家具，如茶壶、椅子；在躲避掉落的大海盗船之后，不到两岁但清楚记得父母亲形象的顽虎向顽龙夫妇伸出了小手。这些是张贵兴在叙述家族历史时用想象力创造的奇观，类似的奇迹在张贵兴的小说中比比皆是：顽龙一家都有异于常人的能力，甚至家里饲养的动物也有奇异表现，如母鸡本领高强，常使人雌雄不分，会司晨，也会攻击人类。

《群象》里，小说用叙述者的听觉、触觉、味觉等感官系统向读者描绘了一群只闻其声而不见其影的象群，随着男孩的探索读者也看见了情欲

---

① 王立峰：《从"马华"到台湾——论张贵兴的文学创作之路》，《华文文学》2014年第6期。

化的历史场面，如对余家同在生死时刻沉迷于性爱的场景叙述，"当家同射出精液时，两位扬子江队员正窜向丝绵树，在丝绵树下被机关枪和手榴弹轰得不成人形，血液像雨降旱地漫入泥土，染红树根和家同宜莉缱绻的整个穴，渗着宜莉的处女血"。①《猴杯》中，张贵兴用绚丽的文字将叙事图像化，将一幕幕残忍的画面加以诗化表现，如被肢解成肉块的婴尸、荒野上断首残肢的弃尸，尤其是细致地描绘杀猴屠兽的手法和过程，而肢解与穿肠破肚带来的恐怖和恶心被作者赋予了美感。张贵兴在书写过程中，擅长将叙述的笔触聚焦于人物的五官和躯体，用充满色彩的词汇加以修饰和铺陈，形成感官化与图像化的身体美学的同时，死亡的气息也被极度冲淡了。

　　同时，张贵兴有一个充满魔力与个性的词库可供调动：死亡、血腥、爱欲、暴力、情仇、杂种、杀戮、强暴、乳胎、尸体，和残缺的意象（如断头）等等；婆罗洲的相关用语则是野象、野生犀牛、野猪、鳄鱼、野火、烈日、帕朗刀、高脚楼、吹矢枪等南洋意象。如《野猪渡河》中关亚凤返家途中见闻的描写："太阳黯淡，云彩密稠，半身化脓和淌着黑血的野猪奔窜着露出骨骼的四蹄，拖拉着暴露肚皮外蝇虫蜂涌的腐烂肠子，网着一批猪芭村人和鬼子骷髅、两支昏愦颠顸的帕朗刀和武士刀，再度在茅草丛上方刮响了墨绿色的磷火旋风。"②张贵兴特别偏爱稠密新奇的文字，无论是叙事还是抒情都喜欢用瑰丽的文字再造新境，炫才式地用诉诸直觉的强烈情感、浓艳华丽的诗性修辞和小说巨篇长制的形式来刻镂婆罗洲雨林的凶猛、暴烈与精彩，从而能在想象华人历史时将其风格强烈的浪漫主义发挥得淋漓尽致。可见，张贵兴调动的语言来自心中的怪异景象和天马行空的想象，在这些语言之上婆罗洲的历史得以建构、组成内部场域，形

① 张贵兴：《群象》，台北：麦田出版社，2006年，第144页。
② 张贵兴：《野猪渡河》，新北：联经出版社，2018年，第352页。

成了独特的魔幻空间。

张贵兴小说展现出的"浪漫化"趋势，与其在描写动植物时的奇观化、描写历史场面的主观化与情欲化、追求语言的绚丽以及魔幻手法的运用等密切相关，使小说呈现出浪漫化的美学特征。作家擅长用强烈的情感意象渲染文本，彰显出一种非常强的浪漫主义特征。

二、魔幻之下：荒诞的超现实

如前所述，脱离早期书写时的青涩，张贵兴在书写时趋向于可以营造神秘主义氛围的魔幻手法。这一书写策略在他的创作实践中被普遍地运用，企图建构关于婆罗洲的史诗传奇。如张贵兴的小说热衷于展开历史场域中的离奇事件、重复描述似假又真的梦幻世界、赋予婆罗洲雨林自然神秘的色彩及营造浪漫幽秘的意境等，这使其小说产生一种奇异的阅读体验。即在一定程度上，小说叙事往往脱离了现实的常理范畴，跨进一种神秘又奇幻的、荒谬怪诞又极其夸张的超现实的浪漫氛围里。

一方面，张贵兴小说在叙述情节时大肆铺张的感官经验诠释了婆罗洲的神奇，也造就其小说的魔幻色彩。如《群象》对雨林的描述：它有多情的啜吻、鸭般的唇齿刨耳和水鸟般的长喙掏耳屎，它的乳房像熟烂野果等人们去撷、去吮。这类极度膨胀的感官刺激性语言越过了故事情节，而成为读者注意的焦点，作品对感官经验的放肆描摹让历史的叙述从历时性转化为当下的生命感受。同时，也使由总体化原则建构起来的华人移民叙事链断裂为一种对瞬间感官的经验碎片，借由作者赋予叙述者的夸张感官和他们的主观感受展示了这个神奇的世界。因而，张贵兴笔下的婆罗洲变成了一个富有刺激性的、支离破碎的感性化空间。目不暇接的夸张视觉效果和强烈感官刺激性的感受是张贵兴小说在讲述故事时给予读者最直接、最强烈的阅读印象与审美体验。不难看出，张贵兴运用华丽繁缛的文字词藻和黏稠丰富的意象想象历史时刻意营造魔幻效果的美学策略。

　　另一方面，张贵兴小说继承了传统英雄传奇与历史演义的特点，充满了浪漫主义的激情和不羁的想象。《顽皮家族》里，作者用戏谑的口吻转述以正史面貌出现的华人移民高潮的经过及描述日军侵入时英国人慌忙撤离岛屿的懦弱无能，却主要以一系列虚幻的场景来讲述顽龙一家极其传奇性和神话色彩的迁移故事。在《猴杯》中，张贵兴将历史的场景安排在充满想象空间的曾祖和祖父的时代，借由打乱时空顺序和情节逻辑的叙事结构，让读者随着叙述者的情绪流动自由自在地体验故事和感受婆罗洲的历史，从而使小说具有强烈的主观性，与童年记忆里热带雨林那种自由自在、野蛮生长的精神一致。

　　《野猪渡河》里，作者以虚拟猪芭村族群回忆的形式讲述了二十七位华人村民与原住民一起反抗日本侵略势力的英雄传奇，主要的人物虽然身怀各种绝技，却容易陷入个人原始的欲望和盲目的暴力中。在塑造一群草莽乡民形象的同时，也质疑了英雄传统的合理性，由此展现了婆罗洲充满原始暴力与正义的民间性质。于是，在张贵兴这里，历史成为可以借助幻想得以触及的主题，包括被马来西亚主流禁止和压抑的历史事实。在张贵兴的小说中，作家展开丰富的想象力诠释了婆罗洲雨林原始的暴力和野性、自然的一面，虽然这种对婆罗洲的感受是由田思所谓的"不在地"经验造就的，然而在地经验的匮乏对张贵兴书写婆罗洲的历史而言是必要的条件，匮乏可以超越现实的时空限制，充分发挥作者的浪漫想象。在他的笔下，各种乖离现实的魔幻书写隐含着对历史的质疑，实质上成为张贵兴对权威历史言说颇具效果的反论述策略。

　　在张贵兴的笔下，其浪漫风格发挥到极致时，一方面发展为一种浪漫主义的情结，另一方面延伸出为马来西亚华人做点事的使命感。当下马来西亚华人族群最为迫切的是为主体文化和历史定位，张贵兴想出的解决方法便是将"婆罗洲"历史化，甚至是浪漫化。这种书写策略有作家的主动选择，更源于对生存现实的焦虑，因为魔幻手法超越现实的性质可以营造有异于现实世界的空间。正如詹姆逊谈论魔幻叙述时所言，人们渴望传奇就是力比多本能在寻找某种转化现实焦虑的满足，在现实主义的具体语境中人们再次感到传奇是叙述的异质性所在，"传奇现在似乎又提供了感觉其他历史节奏的可能，提供了以超凡的或乌托邦的方式转变一种真正的、不可动摇的固定的现在的可能"①，因而想象和重构理想的婆罗洲家园只有透过象征符号与历史连结才能启动和发挥。于是作者以魔幻手法来建构关于婆罗洲的蓝图时，这一蓝图必须得避开现实，或至少把现实涵盖到历史的想象中才能再现浪漫化和个人的婆罗洲。

张贵兴所借的其实是他想象的婆罗洲，其小说以魔幻写真实，以叙事加抒情的手法实现他的想象。有时叙事者成为旁观者，俯视祖父辈华人移民定居婆罗洲的过往。而无论旁观或叙事，张贵兴追寻的是一种存在于雨林的情怀和意境，现实的一切都要被历史化和被符号化才能进入婆罗洲空间，也才能以另一种隐蔽的方式建构和重现婆罗洲家园。

三、失真：被质疑的美学

读张贵兴的小说，一个突出感觉是婆罗洲的雨林引人入胜，如同莫言笔下的红高粱地，作者用文字技巧让它变成一个光怪陆离又动人心魄的雨林奇观。其中，种种带有传奇色彩的华人移民史以富于感官刺激性的笔触展演在婆罗洲的舞台上，构成一幕幕瑰丽、绚烂又血腥的魔幻历史叙事，给人留下鲜明、独特又难忘的印象和审美感受。于是，张贵兴一跃成为雨林美学的代言人。然而，仅仅依靠创作者对婆罗洲的童年记忆、传奇性的故事情节和荒诞别致的语言文字来支撑小说对雨林的架构，忽视对历史沉积、社会背景的深入阐发，容易削弱小说叙事的内蕴和思想魅力，也落人

---

① ［美］弗雷德里克·詹姆逊：《政治无意识：作为社会象征行为的叙事》，王逢振译，北京：中国社会科学出版社，1999年，第91页。

口舌：不够在地，文字技巧过于美学化，书写的是失真的婆罗洲。

一方面，在张贵兴笔下，原本熟悉又陌生的婆罗洲被其放置在热带雨林空间里进行想象虚构更添加了几分怪异和神秘。同时，作家又沉迷于极具魔力的文字，这使小说具有一定的新鲜感和可读性，让读者体验到了婆罗洲的新奇，但将婆罗洲浪漫化、魔幻化的写法也使婆罗洲的内蕴和思想力度大打折扣。《野猪渡河》名义上是一部反映砂捞越被日侵占三年零八个月的小说，然而小说除了零散地描写了二战前后猪芭村华人武装对日寇的伏击战和日本侵略者对村民的扫荡虐杀之外，充斥小说的全篇几乎全是华人族群与其他族群之间的性爱纠葛、吞并凶杀、多角恋情以及帕朗刀、江雷、油鬼子、比武、神技、奸情等诸如此类的民俗风情、奇闻轶事。在张贵兴看来，这种回避直接描写历史战争，而着意于细致地描摹死亡的场景、地方风俗和民间传说的写法，应能从侧面诉说婆罗洲历史中极其残酷、暴力的写实面，传递出整个战争的氛围与本质。

可是，当我们扫视小说书写的这个历史场景时，发现作者的兴奋点显而易见地集中在那些传奇的人物经历、生理欲望的刺激、扭曲的人性描写以及充满血腥气息的残破尸体上，并非婆罗洲的背景、人物和族群交往的历史真实与典型。纵使婆罗洲族群反抗殖民的战争有不同的历史侧面，创作者也可以有不同的立场和角度，但婆罗洲的华人族群在日本殖民者的蹂躏下，所遭受的艰辛苦难以及绝望中与原住民一起团结奋起、顽强战斗的乐观精神是抹不掉的事实。而张贵兴书写婆罗洲时把大量的笔墨和强烈的激情倾注在华人移民的性欲、家族伦理和传奇经历的铺陈上，从中难以让人看出这些描写与那些特定时代有什么必然的联系。因为读者既看不到处在尖锐激烈的生存环境下华人族群慷慨悲壮的觉悟与反抗，也感受不到他们被迫逃散、丧失家园的痛苦和悲伤。反而将视线和注意力转移到了巨细无遗的死亡与情欲描写，悲壮的历史浩劫被吃喝拉撒生殖死亡的原始行为所代替，虽然奇异魔幻，但读后终觉游离，更有荒诞、不伦不类之感。因而，将历史的沉淀、时代的风云和华人族群的心态变化放在边缘位置，且进行虚化处理，这在某种程度上影响到了小说书写婆罗洲的深度和思想力度。

另一方面，张贵兴小说建构的马来西亚华人移民记忆及其展现的令人深思的幽暗侧面是建立在某种偏颇和不足之上的。在张贵兴之前的小说中，现实和历史想象是紧密结合的，如《伏虎》《赛莲之歌》《群象》中对少年童年记忆的描写，可以从中感受到一种对婆罗洲的眷恋与怀念，而环境与"我"的那些动作、心态和语言又是以写实的笔触加以展示。《猴杯》里主人公对祖父辈过往的想象和感觉，是精细传神的诠释，其中又有隐秘的寓意。子辈华人的成长经验和祖父辈的传奇细节、婆罗洲华人族群的交往史融合起来，构成一个包含一定历史内容的独特空间，从一个侧面反映了不同历史时期中华人族群移民定居婆罗洲的心态变迁。但令人遗憾的是，其书写对某些历史的重现和虚构因过于强调美学化而显得片面、简单。此外，创作者过于主观化地介入和激活历史文本的方式使婆罗洲变得歪曲和失真，而难以升格为艺术的真实。正如田思所质疑的，张贵兴书写婆罗洲失败的原因是"扭曲了婆罗洲的真实面貌"，作品某些离谱的描写读来令人"只觉得造作、恶心，不由自主地心生抗拒"[①]。

可以说，张贵兴小说在书写婆罗洲时形成的独特美学风格，在另一方面也成为其致命的问题。从复杂的人性视角切入婆罗洲，以民间写作的立场来审视婆罗洲历史的幽暗面从而重建婆罗洲的历史是张贵兴小说进行婆罗洲书写的主要特征。然而，作家在远离婆罗洲和历史现场的台湾地区进行创作时，将空间集中在婆罗洲雨林，时间则截断在华人移民历史的几个重要节点，并将这里面所有个体的生存困境和所有事件的发生都归因于原始欲望的无法遏制。这是对正史所要求的时空维度的一种颠覆，也是对历史自由且过度的回忆与想象，明显表现出对历史真实缺乏敬畏的特征。创

---

① 田思：《砂华文学的本土特质》，雪兰莪：大将出版社，2014年，第35—36页。

作《群象》和《猴杯》时，其小说更多发挥的是其抵抗主流历史而重现华人移民史的文本功能，到了新作《野猪渡河》这里，其重构历史的功能有所减弱，耽迷于审丑的残忍和暴力进而满足世俗的猎奇心理。种种迹象表明，张贵兴的小说深陷在热带雨林的题材、浪漫化的美学策略以及失衡的价值批判中，正步入盲目想象婆罗洲而取媚世俗的趋向。

综上，张贵兴小说的独特之处在于其展现出婆罗洲的多元面貌，可是某些失真的叙述又使文本产生负面的社会和文学效果。作家对文字技巧和语言暴力的热衷使作品只停留在对感官痛苦、身体美学的渲染，张贵兴的想象力被封闭在一个夸张化书写的空间之中。于是，文本激活的婆罗洲雨林及其承载的历史意义也就经不起仔细推敲，以至于为论者质疑。

第四章 | 马华留台作家的族群创伤书写

　　黄锦树在1997年出版的小说集《乌暗暝》序言中说："我们是被时代所阉割的一代。生在国家独立之后，最热闹、激越、富于可能性的时代已成过往，我们只能依着既有的协商的不平等结果'不满意，但不得不接受'地活下去，无二等公民之名，却有二等公民之实。"①这是包括黄锦树在内的大部分马华留台作家被迫到台湾地区留学的理由之一，也是他们的创作"非写不可的理由"，写作很大程度上成为这一批作家操演身份政治的仪式，用以抵抗种族政治所带来的族群创伤。就黄锦树而言，在他的中文现代主义背后，有着比形式或者美学更为重要的伦理关怀，这正如有的论者所言："现代主义在他那里，不仅仅是一个'如何做'（how to do）的问题，而是在更大意义上被'为何做'（why to do）的命题所覆盖。'为何'现代主义？这个问题本身即默认了一个目的对象物，并使它周边的美学系统皆服膺于它；围绕着此一对象物，身份、父族、国家以及离散，种种命题于焉被辐射张开。"②黄锦树的小说整体上其实都可以命名为"问题小说"，他将南洋华人的命运/结构性困境拆解为一个又一个相互缠绕的"问题"，然后借助/转化为"美学"，开始思考：他们在现代民族国家中的遭遇如何？为什么这样？因而可以说，黄锦树创作中念兹在兹的南洋华人所遭

---

① 黄锦树：《非写不可的理由》，选自黄锦树：《乌暗暝》，台北：九歌出版社，1997年，第11页。
② 刘淑贞：《伦理的归返、实践与债务：黄锦树的中文现代主义》，《中山人文学报》2013年第35期。

受的族群创伤、文化政治及生存的结构性困境，是他创作的伦理诉求、非写不可的理由乃至最终的谜面。当然在创作中书写南洋华人的族群创伤，将写作上升为一种身份的政治，并非黄锦树一人，在张贵兴等人的小说和陈大为等人的诗歌中，都有所反映。在这里，我们将以黄锦树和张贵兴的小说为例，来解读马华留台作家有关族群创伤的书写。

第一节　"前写实—现代主义者"的华人底层叙事

20世纪90年代末，马华留台学者林建国曾将黄锦树纳入"美学现代主义"的作家行列①，但在后来"告别林建国"的一篇文章中，黄锦树自陈："我吗，开个玩笑，其实是个前写实—现代主义者。"②似乎在自我宣示：在现代主义的背后其实有着写实主义作家对于现实的深切关怀。当然最早看出这些的，或许是王德威，他在那篇著名的文章《坏孩子黄锦树：黄锦树的马华文学论述与叙述》中，认为："黄锦树斤斤计较原道负担的必要——不论他的道是从多么否定批判的方法下手。从这个意义上来看，黄锦树纵然天生反骨，却反而是晚清、五四传统的意外传人。"③王德威并没有深入展开论述黄锦树为什么是"晚清、五四传统的意外传人"，但我们从他小说中描写的华人阶层和伦理诉求，倒也能看出他身上的"晚清、五四传统"。黄锦树的小说所描写的华人基本上都是远离都市、居住在胶林中靠务农为生的底层华人，他很少写中产华人，

① 见黄锦树1998年出版的学术论著《马华文学与中国性》的序文：《现代主义者黄锦树》，作者林建国。

② 黄锦树：《该死的现代派——告别一位朋友》，选自黄锦树：《焚烧》，台北：麦田出版社，2007年，第153页。

③ 王德威：《坏孩子黄锦树：黄锦树的马华文学论述与叙述》，《中山人文学报》2001年第12期。

更几乎不涉及经商成功的华人富豪。

在黄锦树最早出版的两部小说集《梦与猪与黎明》与《乌暗暝》中，如他本人所说都有一个明显的胶林背景，除与马华文学相关度较高的《M的失踪》《死在南方》和"故事新编"系列的《少女病》《伤逝》《新柳》外，其余16篇都以底层华人的视角展开或让底层华人成为小说的主角。有的篇目书写了底层家庭的生活状况，如《梦与猪与黎明》《大水》；有的描摹久居异乡的游子归家所见，如《错误》《乌暗暝》《落雨的小镇》；有的则涉及底层华人与其他族群的接触及其创伤，如《说故事者》《色魔》《山姐》《非法移民》。其后的小说集《由岛至岛》增添了许多政治狂想的色彩，但多篇的写作焦点仍是底层华人的处境。其中的《旧家的火》《公鸡》《槁》延续了之前的写作风格，以回忆或是归家的方式，以胶林中的家庭为对象展开故事，以此透视底层华人的境遇。2005年出版的《土与火》中，相当多的故事遍布葬礼与尸体的意象，展现出底层华人发展的困境。到了晚近出版的小说集《雨》，对于胶林的书写更为突出，以辛一家为故事背景的八篇作品，正是底层华人家庭在胶林中生活的多种可能性的变奏，以各种形式袭来的死亡及如真似幻的梦境，揭开了底层华人从历史手中接过而难以释怀的创伤。作为"前写实—现代主义者"的黄锦树，其小说聚焦底层华人的生存困境，展现出一位有良知的作家对苦难和创伤的关怀。

一、火及危险事物

作为故事背景的胶林，是黄锦树大部分小说中主人公的居住地，见证了他们的生活，也构建了底层华人的历史空间，隐喻底层华人的处境。"胶林小镇总是他构思的始原场景。潮湿凝腻的氛围，简陋质朴的市井人物，阴鸷凄迷，而且时泛凶机。"①黄锦树笔下的胶林，是照亮家的所在的那一点灯火，也是创伤发生的地方。

胶林无疑是荒凉而又弥漫着危险的。在与外部的现代社会有一堵无形的墙的胶林中，一户人家与另一户人家距离很远，只能与家人相互依靠。入夜的胶林仿佛藏匿鬼魅般，赋予视野以无尽的黑，只有微弱的煤油灯带来一点亮色。危险可以在其间穿梭，悄然而至，不给人以反应时间，由此带来一股沁人的寒意。林中飘荡的鬼火，会噗噗笑的火声，不知来者的脚步声，更给底层华人带来担惊受怕的情绪。《乌暗暝》里，母亲看见"火笑了"而惶惶不安，那通常象征着有来客。不速之客可能是凶猛的野兽，可能是心怀不轨的日本人、军警，可能是怀疑父亲帮过日本人的抗日军，还可能是充满敌意或带来危险的非法移民。

女儿一篇名为《戒备》的课堂作文，为我们道出生活在胶林中的真实情境："即使是白天，我们也养成了警戒的习惯。一点点风吹草动，狗吠、鹅叫、火鸡的回声和我们紧张的神经，共同组织了胶林家居的日常戒备。"②这常被忽略的胶林自然环境，其中藏有许多野兽，如《胶林深处》中林材所说："林中常有野兽出没——野猪、蟒蛇、狗熊、老虎、大象——以前还有马共……"③它们偷走家禽甚至威胁到人的生命安全，黑暗又往往成为这些野兽的保护伞。

再者，无人的胶林被快速地自然化，"一如邻园'潮州芭'，当年被园主卖掉后，很快的我们的目光就无法穿透它。整理得干干净净的胶园，目光可以穿透得很远。……但它变成丛林，四脚蛇和山鸡快速繁殖，野鸟猴群栖

---

① 王德威：《坏孩子黄锦树：黄锦树的马华文学论述与叙述》，《中山人文学报》2001年第12期。

② 黄锦树：《乌暗暝》，选自黄锦树：《乌暗暝》，上海：上海文艺出版社，2020年，第394—395页。

③ 黄锦树：《胶林深处》，选自黄锦树：《乌暗暝》，上海：上海文艺出版社，2020年，第283页。

息。它成了一片凶险之地。"①（《火与土》）底层华人被迫居住于封闭的胶林中，无法像城镇那样享受便利的设施，亦无法保证生命的安全。

《乌暗暝》中那个黅夜回家的游子，在归途中感受到的不是对亲情的热切期盼，而是暗黑的胶林给他带来的恐惧："摸黑的他被卷入了胶林的夜的稠密，在他无法以肉眼看穿夜黑的同时，似乎已被一种无所不在的目光监视着。"②正如黄锦树对此篇的自我评价："或者像《乌暗暝》里意识惊醒于噩梦般深沉的夜仿佛是永夜，只有流萤是鬼火般的希望。那都是巨创永续的效应，让生者恒存活于意识的残缺状态，即使在太平日子里精神上仍洸漾着惘惘的威胁。"③黑夜、灯火、野兽的吼叫、身份不明的身影、泥泞而起伏的路，共同构成了隐喻底层华人处境的这片胶林，而不只是单纯的生命体验。

当真正的危险来临，在胶林中消息闭塞的底层华人将错过更多逃生的时机，一如《拿督公》中日军来临，一些社会贤达或富商已经逃往新加坡或登上英国人的弃船，而辛一家困于胶林，只能等待命运的安排。而家庭成员的死亡，就像熄灭了微弱的灯火，胶林重又陷入无边的黑暗，如《归来》中失去妻子又没有孩子的二舅，文字和话语逐渐变得破碎，甚至陷入"失语"的状态。胶林之所以是荒凉、危险而又孤寂的，并不只是由于地理位置的偏僻，更是由于种族政治对底层华人的边缘化。他们不受重视，水电和各种设施绕路通向马来人，他们无法保证生命安全，需要面对野生动物的威胁和他族的劫掠，战战兢兢地过日子。可以说，黄锦树小说中的胶林空间是对南洋底层华人生存困境的最佳隐喻。

---

① 黄锦树：《火与土》，选自黄锦树：《土与火》，台北：麦田出版社，2005年，第36页。

② 黄锦树：《乌暗暝》，选自黄锦树：《乌暗暝》，上海：上海文艺出版社，2020年，第399页。

③ 黄锦树：《从个人的体验到黑暗之心：论张贵兴的雨林三部曲及大马华人的自我理解》，《中外文学》2001年第4期。

二、"算不上'小康之家'的华人家庭比比皆是"

"即使是在那么富足的州（指其家乡柔佛），一直到八〇年代，算不上'小康之家'的华人家庭比比皆是。"[1] "有钱人可以四海为家，口中高喊维护华人权益，却置产国外，儿女都是小留学生，长大后是说纯正英语的'高级华人'。而小老百姓可是哪都去不了。"[2] 黄锦树在《非写不可的理由》中所道出的实情，正揭示了南洋底层华人的生活状况，他们面临着经济上的不平等和发展机会的缺失。

在黄锦树的小说中，胶工、作家、华校教师的形象对展现底层华人的命运有着不可忽视的作用。底层华人最需要考虑的是生计问题，他们大多依靠劳动养活一个家庭，常常是收入微薄而子女众多。他们辛劳地割胶、或在油棕园里帮工，或养猪、鸡、鸭及种植各种作物和果树以补贴家用。多以割胶为生的他们生活并不富足，马来半岛多雨的气候又时常影响胶的产出，使其经济来源更加不稳定。"父母都是胶工，但自己没芭，割了胶汁得和头家四六对分，头家六，胶屎也得拆分。"[3]（《我家附近有只狗叫"去呷赛"》）他们没有属于自己的土地，只能通过出卖劳力占有小部分的收成，多年来早出晚归的劳作赚来的只能满足最基本的吃喝上的需求。"父母亲上街，除了少许鱼和肉，就是米盐油糖茶咖啡粉，小鱼干虾米咸鱼及中国进口的干货，一些罐头饼干。没有奢侈品，过年也不见得买新衣。"[4]（《火与土》）他们的消费结构自然以食物为主，属于生存性

---

[1] 黄锦树：《非写不可的理由》，选自黄锦树：《乌暗暝》，上海：上海文艺出版社，2020年，第437页。

[2] 同上，第440页。

[3] 黄锦树：《我家附近有只狗叫"去呷赛"》，选自黄锦树：《犹见扶余》，台北：麦田出版社，2014年，第135页。

[4] 黄锦树：《火与土》，选自黄锦树：《土与火》，台北：麦田出版社，2005年，第35页。

消费，毕竟没有多余的钱可以花费。

《梦与猪与黎明》中母亲的为难就凸显了这种物质匮乏和经济拮据的处境。面对儿子想要到台湾地区读大学的愿望，母亲只能回应："唉！我哪有钱，三餐吃得饱就可以偷笑了。"①"咱两个人割一个月胶也只是刚刚够吃——一个月只能吃两次肉，有啥办法！"②母亲日夜所想，皆是为钱发愁，她只能带着儿子在一户户人家之间奔波，低声下气为儿子筹来上学的钱。长期存在的金钱上的焦虑，甚至让她在半梦半醒间看见儿子阿兴为补贴家用背回一麻袋的钞票，这正是她内心深处的渴望，因为缺乏而渴望。而母亲生火时变得恍惚，她看见"无数个愤怒的自己在渐烧渐旺的火中忙碌"③，那忙着不同的活的许多个母亲，令读者看见底层华人的辛勤与疲惫。

知识分子同样不免为生活的贫穷所限制。黄锦树笔下最为出名的作家形象莫过于《胶林深处》中的林材，读者最先从编辑王君的口中了解到林材的情况：白天养家糊口，夜里坚持写作，产量多而最近骤减，渴望评价与交流。这为我们勾勒了一个在写作上出现问题而痛苦的作家形象，而由"我"的搜集资料和采访继续进行解密："因家境清寒，小学毕业后即投入社会。曾当过脚踏车店学徒，杂货店店员，矿场工人等。"④林材在没有读书机会的情况下，通过革命青年接触了许多文学作品，他又积极自学，攒钱买下字典和各种书籍，并在割胶的忙碌生活中坚持写作，是个热爱学习和写作的人。"身为长子，我必须帮父母承担……"⑤清贫家庭给林材带来的有心无力：没有向上求学的机会，需要抚养孩子，没有技能找新的

---

① 黄锦树：《梦与猪与黎明》，选自黄锦树：《乌暗暝》，上海：上海文艺出版社，2020年，第58页。

② 同上，第62页。

③ 同上，第63页。

④ 黄锦树：《胶林深处》，选自黄锦树：《乌暗暝》，上海：上海文艺出版社，2020年，第272页。

⑤ 同上，第276页。

工作，这种贫与困是相互交织的。林材想要在文学史中占有一席之地，并自以为找到现实主义的书写策略这一捷径，其后又将此彻底否定。其写作的野心和与之不匹配的缺乏文化的根基，其实是矛盾的，而文章能不断发表的待遇又给他罩上了朦胧面纱。

三、被种族政治固化的阶层结构

生存影响着发展的观念、资源和高度，这些也反过来制约着底层华人的生存，他们除了面对贫穷的生活，还受到发展机会的限制。《凄惨的无言的嘴》中的刘先生需要依靠出卖同伴获得官方政权的扶持才得以成为富翁，移居澳洲，摆脱底层马共受困的情形；《我的朋友鸭都拉》中的鸭都拉需要娶马来妻子才能接手底层华人难以涉足的产业，从而发家致富；而《如果我的父亲写作》需要将父辈面临的种种困难撤除，甚至将作者本身取消，才得以让父亲有个美好的未来。这道出了底层华人发展的外部困境：在马来种族主义政策下，底层华人难以跨越自身的阶层向上流动，甚至难以通过自身努力获得较好的生活条件。

在《火与雾》中，母亲中风后对子女变得十分依赖，然而又怀疑子女不孝，对她的财产有所图谋，大半生被金钱束缚了手脚的母亲，到年老了还耿耿于怀，受到金钱的诅咒。《水窟边》中，"母亲不认为问题在于孩子生太多——父亲如果是个成功的商人，再多也养得起吧。反正都是他的错"。[1]《旧家的火》中，母亲抱怨父亲："伊人有读册，要不有在外面和人交往，不像你，一世人关在芭里，像一只山龟。你想备把仔关在芭内一世人——像你？"[2]总是抱怨父亲的母亲，其实是底层生活不如意的写

---

① 黄锦树：《水窟边》，选自黄锦树：《雨》，成都：四川人民出版社，2018年，第127—128页。
② 黄锦树：《旧家的火》，选自黄锦树：《刻背》，台北：麦田出版社，2014年，第158页。

照。现实的贫穷除了为母亲增添许多的心理负担外，还让她将希望寄托在儿女，特别是儿子身上，希望他们能有所作为。黄锦树在这里写出了上一代底层华人为了生活被围困在胶林中，相比子辈而言，他们缺少了很多接触外界和向上求学的机会。贫困的生活使多子多福的观念仍然在华人底层家庭中发挥着影响，在他们的观念里，孩子（尤其是儿子）可以成为劳动力帮补家里和外出挣钱。但众多的子女又需要花费更多的精力和金钱去供养，使得财富无法积累，"穷"代代相传，底层华人陷入了一种恶性循环。

在黄锦树的小说中，部分孩子常被要求让步于其他兄弟姐妹而放弃自己的某些权益。父母秉持女孩长大嫁人而无须读书的想法，女儿们只能被迫辍学，即使成绩优秀。因此，在多子女的家庭中，生存空间被挤占是常有的事，正如贺淑芳所说："一如《火与雾》中的反思，人占据的位置、命运与资源紧系。"[1]同时，多子女的状况让父母困于抚育的义务中，而没有时间和心力去学习技能从而找到更好的工作，自然也就无法改善当前的生活。《火与雾》中的二姐，就是多子多福和重男轻女观念的牺牲者，她在小学二年级时辍学，还因为母亲的关系被兄弟姐妹疏远。《火与土》中，"我"重回被烧毁的旧家，忆起少年生活，众多子女的困境不仅让许多兄弟姐妹早早失学、怨怼终生，也让双亲困于园内，终日经营繁杂的种植而没有休息的机会。"父亲面对孩子，总是沉默，不曾严肃地给过什么人生的建议。"[2]父亲因为是独子而被祖母留在身边，他所经历的就是园子里的生活，他没有什么文化能为孩子提供以更开阔的眼界看待生活和未来的建议。父亲对土地的坚守，是为养活儿女而自己没有文化所作的所有努力；是对上一代人"找土讨吃，莫要找人讨吃"观念的坚守。在家庭中相对弱势的父亲，其实是一种经济上的弱势带来的，没有能为家人带来富裕的生

---

① 贺淑芳：《鱼之迹》，选自黄锦树：《鱼》，台北：INK印刻文学生活杂志出版有限公司，2015年，第9页。

② 黄锦树：《火与土》，选自黄锦树：《土与火》，台北：麦田出版社，2005年，第36—37页。

活，似乎就失去了属于父亲的一种强势话语。由此，我们看到一个没有权势和文化，被牵制在胶林中、靠劳动养活孩子的父亲。"父亲的重生建立在儿女生命的消失之上，风光无限的代价是失去子女，或者说，正是失去子女令父得以获得新生。"①底层华人家庭中父母与子女相互依赖，又相互埋怨，双方在被限制的人生中都艰难生活着。贫穷的生活影响了底层华人的观念，这种家庭观念限制了底层华人的发展，发展的困境又反过来加剧了贫穷。

在这种家庭环境中成长起来的第三代华裔，各自外出求学或寻求工作机会，特别在结婚生子后，逐渐以自己的小家庭为第一位。"新马华人社会的家庭结构，在新时代的潮流当中，明显地松散了。新一代的年轻人，不再死抱着家传式的生活方式，他们有更多的机会接触更广大的世界，而深入社会的各层面去。最显著的是乡下的家庭……"②于是在黄锦树的小说里，子女忙于工作而无法抽身，出现了父母被遗弃、生病无人理会，子女拒绝照顾失智的父母的情况。更多时候，主人公到外地求学而长期与父母分隔。因此我们能看到，传统的家庭结构发生变化，底层华人的家庭不再是一代代如盘桓交错的树根的大家庭，而渐渐走向松散。这些第三代华裔自愿或被迫地选择了逃离，他们走出胶林，甚至走出马来西亚。如果说从归家可以重新回望底层华人的生存空间，那么青年们的出走则可以洞见底层华人发展的窘况及其抉择。早婚早育只会让人生过早地一眼望到头，这是他们对重复上一代命运的拒绝。

底层华人被牵制在胶林中无法接触外界的尴尬、多子女家庭中资源的挤占和家庭的离散，从底层华人内部揭示了发展的困境，但归根到底，这种发展的困境是由于外部环境没有给底层华人分配足够的生存资源、留存相应的发展机会。

---

① 温明明、王天然：《从失踪到重写——论黄锦树马共题材小说中的"父"》，《华文文学》2018年第6期。

② 潘碧华：《马华文学的时代记忆》，吉隆坡：马大中文系，2009年，第44页。

四、种族政治下华人的政治创伤

马来西亚底层华人的生存困境并非自身的懒惰或不求上进造成的，如黄锦树在《非写不可的理由》中所说，胶林不通水电是因为政府偏心马来村庄而以不顺路为理由拒绝提供相应的服务。资源分配的不平等加剧了马来西亚种族间的冲突与矛盾，也加深了华人的恐惧与屈辱感，底层华人如困于浅水中的鱼，艰难生存，难以脱困。

《旧家的火》中的父亲，认为种子发芽就是其与土地的双向接受，然而他所深爱的土地最终成了被遗弃的家园，无法成为他的坟地。《撤退》中的主人公看到他的一生被分成许多碎片，日本人、英国人、马共在他人生里来来去去，他扎根的这片土地没有认可自己，他只能如过客一般从这片土地上撤退。父亲不被土地接受正说明了底层华人没有被国家所接受，他们还是处在被边缘化的状态。而这种隐喻在黄锦树的小说中随处可见，《树顶》中，马来军官告诉刚刚丧夫的母亲："这国家以后都会是马来人的。"① 《火与土》中，同样作为外来者的印度青年甚至也认为："那又不是你们的地，是国家的土地。"②

种族政治给底层华人带来的屈辱感还表现在教育上。正如《旅台侨生杀人事件》中所说："尤其是低下层的华人尤其愤怒——他们无法经由考试的公平性而成功地改善社会地位——即使中学会考考到九个A也没法顺利进入本地大学自己想念的科系。"③ 《第四人称》则书写了华社很重要的一个群体：独中生的艰难处境，他们在华文中学获得的学位和前往台湾

---

① 黄锦树：《树顶》，选自黄锦树：《雨》，成都：四川人民出版社，2018年，第83页。

② 黄锦树：《火与土》，选自黄锦树：《土与火》，台北：麦田出版社，2005年，第41页。

③ 黄锦树：《旅台侨生杀人事件》，选自黄锦树：《民国的慢船》，八打灵再也：有人出版社，2019年，第38页。

地区进行深造获得的学位并不被大马政府所承认，这使得他们难以在社会中获取相对优越的工作待遇，而被教育体制淘汰的学生更是过早地投入社会，一直在底层摸爬滚打。

在此种形势下，底层华人难以感觉到自身是国民的一份子，明显表现出不甘心被马来人同化的心理，由此形成了普遍的失语、失根的焦虑。在《阿拉的旨意》中，他们宁愿乱伦也要保持血统的纯洁，"唐人就是唐人，番仔就是番仔"①。华人与外族的结合是不道德且不被允许的，《W》中，母亲曾告诫阿兰不要对马来青年阿里动真心。《小说课》中，小乙的继父曾在年轻时爱上一个马来女人，但遭到母亲的反对。这种"排外意识"是不甘心被同化，对与外族进行交流和融合的拒绝，也是种族政治下的一种自我保护。

《阿拉的旨意》中，成为国家高层的马来人朋友认为"我"争取华人的权益是过分的要求，试图对参与革命的"我"进行文化换血。"我"以马来人的身份活着，因为不能使用而渐渐忘记如何书写华文，但心中仍有残存的中华之火。"我"既不是彻底的华人，也不是彻底的马来人，小说道出了同化政策的不可行及华人在社会中的边缘位置。这篇小说中，"黄锦树是大声呼吁走出'华极'思维的新生代，但他在这个马来化趋于极端的孤岛'寓言'中清醒感受到的仍是华人异教徒般'他者'化的命定。"②相比之下，《我的朋友鸭都拉》中开公司的鸭都拉，与底层华人的心理有所不同，为娶马来新妻而甘愿入伊斯兰教，"只怕为的是背后牵涉的不言而喻的属于土著而非土著无缘染指的庞大利益——从贷款到土著保留地，及各种执照申请的便利。"③但鸭都拉在与马来妻子离婚和经济不景气的背景下又被收回经营权，甚至被追捕。这些小说与另一位马华留台作家贺淑芳所写

① 黄锦树：《阿拉的旨意》，选自黄锦树：《刻背》，台北：麦田出版社，2014年，第119页。
② 黄万华：《黄锦树的小说叙事：青春原欲，文化招魂，政治狂想》，《晋阳学刊》2007年第2期。
③ 黄锦树：《我的朋友鸭都拉》，选自黄锦树：《土与火》，台北：麦田出版社，2005年，第61页。

的《别再提起》都将批判的锋芒指向了马来种族政治，华人为了生存的需要被动地伊斯兰化，最终却造成了自我的异化，成为一出人生的荒诞剧。

五、华人的文化危机

政治创伤将马来西亚华人引向对未来的警惕和对没有未来的恐惧，他们借用文化的留存来对抗文化之"根"所面临的威胁。就像《后死》中的M流浪到后死岛，转向对辞源的探究。"由于过去在语言与文化上的权益不断的被官方所削弱，使华人产生了一种文化的危机感，在这种危机感的驱使下，大马华人不得不对自己的母语和文化的生存高度戒备，以免进一步被'外来势力'（表征官方霸权）所侵犯，失去自己文化家园，沦为无根的民族，或者像印尼华人一样几乎完全被同化。"[1]这种语言与文化上的趋势，既体现在华文的边缘处境、教育政策倾斜导致的不平等上，也体现在马华文学的贫瘠及马华创作的尴尬处境上。

张斯翔在分析《大卷宗》时认为，马华族群逃不开早衰的征兆，"马华族群在建国之初，早已输在起跑线上，后代子孙只能在既定的现实上守护着最基本参与的文化与文字。"[2]简单来说，大马华人所继承的华文不能在原有文化的基础上去发展，而只能重复又重复那最基本的部分，这是无奈之举。此外，华族历史产生的文化、政治蕴涵对于底层华人心理的作用逐渐淡化。[3]

---

① 许文荣：《南方喧哗：马华文学的政治抵抗诗学》，新山：南方学院出版社，2004年，第151页。

② 张斯翔：《论黄锦树"后"马共书写中的抒情意识：从〈火，与危险事物〉谈起》，《中外文学》2019年第1期。

③ 见余禺：《和历史对话——一份阅读报告：试析黄锦树小说的时间结构》，《华文文学》2004年第6期。作者对《乌鸦巷上黄昏》《鱼骸》《我的朋友鸭都拉》三篇小说进行分析，他认为这种"华族蕴涵的淡出"，是"华族在长期的历史过程中遭受种种变故而从政治弱势到精神去势——双重挤迫"造成的。

"苦闷的青春期，七〇、八〇年代的大马，新经济政策如火如荼实施的年代，华裔青年的成长空间被严重挤压。不合'国策'的华文学校也有迫切的生存危机，华校生自然感同身受。"①《第四人称》就以独中生的经历和心理表现出马来西亚华人在教育上的一种困境。大马政府教育政策偏向马来人，实行对华人不友好的固打制，学位分配不均的背景下，独中的存在本身是一种反抗。而国家将不承认独中文凭作为反击，底层华人无法像家境好的学生一般留学发达国家，便只能选择从事一些低阶的工作或者到台湾地区留学。但是，留学后他们又将面临艰难的选择：一是返回大马，但是不被承认的台湾文凭不具有社会竞争力，仍然难以找到好工作而只能过着平庸的生活，二是让下一代在台湾地区出生，接受教育，彻底与不公平的待遇决裂。他们想要凭借教育改变自己的生活，拯救民族文化的消亡，然而在现实面前却进退两难。

既然在现实中无法找到出路，那么至少要借由教育延续族群的集体文化心理，以此作为反抗。如《鱼骸》中，在马来西亚建国的背景下，"担心下一代没有机会学华文的父母毅然地把他送进华文中学"。②黄锦树的许多小说中，都写到了马来西亚华人对华文教育的坚守，尤其是处于社会底层的华人。《风景》中的"胶林小学"，即是在战争初期由同一条路的园主共同筹建的华文小学，虽然设备和师资不完善，学生也不多，在后来又被政府放火烧掉，但是仍对华文教育的发展发挥了作用。如在《阳光如此明媚》中对女孩文学之路有所启迪的华文教师，又如《在港墘》里的天才画家L，正是受到华文教师的支持和赞助，才得以在家庭条件困难的情况下继续画画。华文教师的报酬不高，但他们仍然敬业，以自己教授华文而感到骄傲。《繁花盛开的森林》里身为乡村教师的父亲，辛勤地完成教学任

① 黄锦树：《贫乏年代的阅读》，选自黄锦树：《焚烧》，台北：麦田出版社，2007年，第217页。
② 黄锦树：《鱼骸》，选自黄锦树：《乌暗暝》，上海：上海文艺出版社，2020年，第419页。

务，又因抄写员的身份而在小学里被称为作家。这个告诫儿子要面对现实的卑微的父亲，也有自己的骄傲："我教的，可是华文。多重要的一个科目呵。"①在那个年代，稍微有点文化的底层华人都容易被激发起守卫华文的意识，这是一股基于民族集体心理的天然的力量。底层华人的父母一辈虽然可能自己大字不识几个，但大多数都支持儿女进行华文教育。这位父亲就是在他不识字的母亲的教育下，最终成为一位乡村教师。马来西亚华人以各种方式支持华文教育，以此对抗不断被削弱的文化权益，对抗文化的霸权，这些努力传递了他们在种族政治和边缘处境下的心声和诉求。

第二节　种族政治下华人混杂文化的断裂与延续

在马来人主导的民族话语霸权下，马来西亚的华裔被定位为移民族裔，不仅不能享有土著的同等权益，还必须承认马来人的支配地位。这在一定程度上"促使华人对主导话语有着深刻的抗拒与反感，在文学书写中逐渐形成了独特的话语范式"②，而马华留台作家张贵兴关于种族政治的表述是一种隐喻性的文学书写，经由建构一个"符号空间"来为现实中的华人困境提供创造文化意义的力量。其主要通过回溯、书写和重构个体、家族与华人的族群交往经验，使历史缝隙中的幽暗面浮出水面，从而保留了诠释自我与族群历史的权利。在这个空间里，张贵兴的小说参与了对现实的构塑，具有种族政治的色彩，是一种带有政治意识形态痕迹的创作。这一节将围绕张贵兴小说尤其是其中有关历史书写的内容，探讨种族政治下华人混杂文化的断裂与延续。

---

① 黄锦树：《繁花盛开的森林》，选自黄锦树：《土与火》，台北：麦田出版社，2005年，第112页。
② 许文荣：《论马华文学的反话语书写策略》，《外国文学研究》2012年第4期。

一、种族的混杂:"混血儿"的出生

独立五十多年来,种族政治一直贯穿于马来西亚的发展史,常常左右着该国政治、经济与文化的发展。童年与少年时期的张贵兴一直受到马来西亚种族政治环境的影响,他的个人体验难免会烙下政治意识形态的痕迹。加之,到台湾地区留学的经验使其作品经常游走于台湾地区和马来西亚的时空。一方面,小说的人物时时不忘他在马来西亚的身份/地位和政治属性,不断地与马来西亚的土著作比较,如"雉带着落难的华语和英语子嗣,巴都牵着达雅克语皇族,寻找谈话对象"①。另一方面,张贵兴塑造不同种族的混血儿形象及其夭折与自杀的结局来隐射马来西亚复杂的种族命运和多种族多元文化主义的种族政治思想。从这一层面上观照张贵兴小说,会发现其历史书写折射出马来西亚建国以来最为敏感的种族政治问题,表明张贵兴对马来政府长期限制华人社会发展政策的复杂情感。

张贵兴的小说先是借文字话语建构了华人族群在马来西亚这块土地上无法延续后代的政治隐喻,即使是能够孕育华人子弟,其后代的身体也会出现各种残缺。《群象》中的施余两家便是如此,余家同在他留下的札记中写道:"父亲和亲家翁大部分子女出生后不久或二、三岁稚龄即夭折。姊姊大病后存活,不幸又聋又哑。"②屈服于债务折磨和种族繁衍的施余两家长辈,完全眼不视耳不闻地默认母亲以出卖身体的方式来让施家"后裔"源源不断地出生,道出了华人族群在当地的生存困境。一方面由于中华文化传统观念的束缚及清政府对女性移民的限制,华人移民中的男性远比妇女多。另一方面,在砂捞越的华人大多数从事商业活动,充当买卖活

---

① 张贵兴:《猴杯》,台北:联合文学出版社,2000年,第144页。
② 张贵兴:《群象》,台北:麦田出版社,2006年,第177页。

动的中间商。他们从原住民的手中收购土产后售给大商贩，最后将批发进货的日常产品卖给土著。

而19世纪的砂捞越民风甚为彪悍，人们为争夺土地时常发生战斗、猎人头的事件，"势单力薄的华人不得不亲近与融入占多数的土著，因此早期的华族商贩必须凭借智慧与勇气，与广大土著社会建立亲善关系。通婚是一种近便而有效的方式。"①为了种族的繁衍与生存，华人与当地土著的结合可说是一种无奈选择。而在张贵兴的小说中，借由混血儿形象的塑造表征着自身对华人政治命运的思索：混血子嗣既是华人与其他族群的后代，同时他们也往往父不详且因各种原因而早夭，其中透出了张贵兴对马来西亚种族政治独特的理解。

在《我思念的长眠中的南国公主》中，苏其的弟弟是母亲与达雅克青年短暂结合的子嗣，他"浓眉大眼，鼻挺唇厚，肤色如枣，一望而知是个野种"②。所以他一出生便被父亲趁母亲熟睡时抱入雨林，成为父亲狩猎时吸引野兽从而逃命的求生工具。《猴杯》中，丽妹与祖父的混血畸形儿从出生起便只能待在医院的氧气箱中，"这孩子还在母亲肚子里就四肢骨折，头颅因为受到挤压而畸形，其他骨骼也无一完整。"③"孩子长大后，不但是白痴，也是残废，既不能站也不能坐，不会说话不会吃喝拉撒，完全没有行动和沟通能力，和植物人差不多……最可怕的是，孩子外表根本不像人，像某种野兽……"④这些混血儿形象的塑造显示出华人在这块土地上逐渐站稳脚跟后努力本地化的破产，折射出祖父辈华人在马来西亚的本地意识存在的局限性。

---

① 贾颖妮：《去污名化：1990年代以来马华文学中的混血儿书写》，《世界华文文学论坛》2016年第1期。

② 张贵兴：《我思念的长眠中的南国公主》，台北：麦田出版社，2001年，第43页。

③ 张贵兴：《猴杯》，台北：联合文学出版社，2000年，第64页。

④ 同上，第65页。

在殖民时代以来的现代化进程中，东马的原住民由于无法适应资本主义经济体制而被边缘化，逐渐处在马来西亚不平等的社会结构中"最低等级"的位置。在这一情况下，华土结合的混血儿的生存处境变得十分尴尬。"杂种"对于华人来说，象征着种族不明的"野种"，既挑战华人族群的宗族观念，也玷污了他们的种族纯正性和民族优越感，而混血儿也属于杂种之列。所以，在华人族群的历史里，混血儿形象具有的种族隐喻性是显而易见的。在很长的时期里，华土混血儿在政治、种族和文化等多重压力下被视为"杂种""野种"。张贵兴笔下的这些混血儿往往由于华人的文化歧视与性暴力而畸形早夭，无法存活，揭示了华人利用土著扎根马来西亚的种族意图，也影射了其对华人族群如何适应马来西亚种族政治的历史性思考：当华人选择马来西亚作为自己的家园后，自身的文化观念、价值规范需要加以调整，才能更好地融入当地，一味地抱残守旧、依靠文化暴力故步自封不利于华人的落地生根。

时隔十七年，张贵兴重新审视马来西亚的政治环境，其笔下的混血儿形象有了新的变化，也彰显了时代的新面貌。20世纪90年代以来，马来西亚种族关系的缓和、兴起的多元文化思潮让人们对跨种族交往有了更包容的态度，种族观念不断被刺激、更新。混血儿作为跨种族结合的后代不再被视为带有侮辱意味的"杂种"，而是融合了不同种族优点的结晶。《野猪渡河》中的关亚凤是朱大帝强暴母亲叶小娥后的华土混血儿，不仅身强体壮，英武挺拔，而且颇受女性的喜爱，曾与三位女性有过情愫。他在猪芭村被日军占领的"三年八个月"期间度过了无数的考验与苦难，是猪芭村的英雄人物。小说结尾，关亚凤独自一人抚养柏洋的人生经历，再一次展现了华人父亲红脸关养育儿子亚凤的经历，亚凤的成长见证了华土混血儿逆转的宿命，虽然其最终选择在一九五二年自杀。

在小说中，不难看出张贵兴对混血儿在种族斗争下的生存境遇投去的关怀与同情目光，早期书写中混血儿的悲惨遭遇到塑造关亚凤时发生了转变。这些混血儿从早夭到成年的命运见证了华土后代身份沉浮的历史轨迹，也折射出马来西亚族群关系的转化和华人文化心理的调整与适应。混血儿关亚凤近乎英雄的形象特征隐喻了张贵兴感知到的华人移民对砂捞越多元文化的认可与追求，这是一种混杂多元的新质文化，其中蕴含蓬勃的生命力。它使过去与现实的种族混杂在跨越时空语境的历史书写中得到延续。

在多元族群和多元文化构成的马来西亚社会中，张贵兴致力于塑造马来西亚华人族群史上的混血儿后代，透过想象混血子嗣的历史建构了当下华人族群生存的政治历史之维。作者借由书写种族政治下混血儿的生存踪迹，隐喻了种族之间政治历史的话语建构。在其笔下，混血儿的生存条件随着马来西亚种族政治史的发展而发生相应的变化，它是张贵兴在叙述华人族群历史时反复述说的对象，具有多重含义。从这一层面出发，张贵兴的历史书写在马来西亚种族政治的背后蕴含着的核心命题是：如何协商"我"（华人族群）的历史与"你"（原住民族群）的历史之间的区别？又该如何找回"我们"之间的共性？

二、混血儿的表征："无意识"的抵抗

马来西亚独立后，华人精英所面对的是土著精英的文化霸权，马来学界不仅回避马来—印度化时期的历史记忆，也否认了殖民主义促成现代马来西亚的历史事实，"这种追求干净马来人（Melayu bersih）的偏执史观不仅不符马来西亚当下的现实情境，也直接否定马来西亚华人及其社会与人文建制的存在合理性。"[1]这在一定程度上使华人"一方面反对他们单元的知识——文化话语建构，另一方面又必须与他们携手建国，不能完全与他们决裂，以

---

[1] 庄华兴：《国家文学——宰制与回应》，雪兰莪：大将出版社，2006年，第15页。

免发生类似一九六九年的种族流血冲突。"①因此，华人话语中蕴含着对抗的符号和象征，作为华人话语机制之一的文学创作自然也折射出这种抵抗，其中承载着华人族群主体的焦虑和不满。这同样是张贵兴历史书写的核心焦点，主要表现为"无意识"地抵抗官方政治，更多地运用寓言、象征及隐喻的表征形式来展现自身关于马来西亚种族政治的观察和思考。另外，由于受到现代主义、后现代主义的影响，他更懂得透过历史话语的生产来推进对现实政治的抵抗。正如福柯所说，话语生产就是一个权力的生产，张贵兴的历史话语企图冲破主导话语的垄断，从而建构自身的族群反抗符码，即通过创造、书写马来西亚华人的历史去揭示现实中华人族群的政治处境。

由于历史发展的复杂因素，占比约百分之二十五的华人的政治权益并没有随着政治认同/国籍的转变而获得相应的保障。大致而言，从20世纪50年后期开始，当地华人社会愿意随着国籍身份的转变放弃中国民族主义的认同，从而适应新的国家需要来表明自我在政治上的效忠和建立新的马来亚国家认同。但同时他们又因为中华文化特性形成了"一种强烈的村社认同来维护这个社会集团在国家中分享权力的权利"②，而这在政治上对马来人造成极大的挑战，马来当局（他者）对华人采取较为强硬的遏制政策。黄锦树直言，从中国人→华侨→华人（华裔）是一种已在历史发展中完成的净化，其中被去除的是所谓的"中国本质"，尤其是对"中国"的政治效忠，如今"他者"所谓的净化是"企图还原至人类学意义上的种族定义"③。

马来执政精英的话语霸权同样体现在马来人创作的文学作品当中，经

---

① 许文荣：《南方喧哗马华文学的政治抵抗诗学》，新山：南方学院出版社，2004年，第19页。

② 王赓武：《王赓武自选集·华人与中国》，上海：上海人民出版社，2013年，第298页。

③ 黄锦树：《马华文学：内在中国、语言与文学史》，吉隆坡：华社资料研究中心，1996年，第55页。

由华人形象在作品中的塑造来继续对华人持有消极、刻板的印象和高举马来文化的优越性，从而使其作为国家文化一体化核心的地位得以合理化，且将华人视为移民/寄居者。马来文学的主导思想是"为政治而文学"，企图借由文学话语来"建构单元的国家特征/符号与国族身份，并生产有利于建构单元'民族—国家'的话语框架。"① 可见，马来当局的政治精英既通过制度化的立法形式来建构马来民族的主导权，又利用文学书写来确认与深化这种主导权的合法性。

相应的，长期以来华人在立法与政治上的挫败，推动他们自觉地运用民间的力量去对抗官方，在这一层面上，文学创作是该民间力量的重要组成部分。某种意义上使文学书写也具有鲜明的政治意识形态，当华文书写逐渐变得不可能时，"创造"便会"作为动员族群的一种意识形态的斗争工具"②，"是弱势族裔文化参与和政治参与的一种形式"③。文学话语的创造在马来西亚的政治抗争中具有不可低估的作用，特别是由于语言的隔阂，主宰的马来民族对马华文学的干扰相对微小，使张贵兴拥有更大的空间表达自我，更真实地诠释其政治意识。《野猪渡河》里关亚凤的叙事活灵活现地展现了"残酷版的华夷诗学"，历史在其间影射了混种后代的命运。其小说中频繁出现的混血子嗣透出张贵兴历史书写的另一种话语建构的尝试，以华人与当地土著生育混血后代的行为来隐喻其对当下和未来的马来西亚种族政治的思考与探索。"太平洋战争结束，再给他们二十年、三十年时间，恐怕也是介入一次又一次反殖民，反东马政权，反马来化……的斗争里，绝难全身而退。"④

---

① 许文荣：《南方喧哗马华文学的政治抵抗诗学》，新山：南方学院出版社，2004年，第30页。

② 安焕然：《本土与中国：学术论文集》，新山：南方学院出版社，2003年，第291页。

③ 刘小新：《华文文学与文化政治》，镇江：江苏大学出版社，2011年，第104页。

④ 王德威：《序论：失掉的好地狱》，选自张贵兴：《野猪渡河》，新北：联经出版社，2018年，第12页。

到了20世纪90年代，马来西亚当局先后提出"新发展政策""2020国家宏愿"和"全民的马来西亚"等发展理念，致力于逐步改变马来人的特权地位，构建和谐社会，如"在政治上，逐步淡化意识形态的色彩，放宽华人到中国旅游探亲的限制。在经济上，鼓励华巫合作，华商到中国投资不再被视为不效忠的表现。在文化教育上，提倡回儒交流，鼓励马来人学习华文，对华文教育采取灵活的政策，批准设立南方学院和新纪元学院等。在民族关系上提出建设马来西亚国族的概念，冲淡非土著的不满情绪。"①一系列的政策使马来西亚的政治及族群关系趋向于缓和，但马来西亚的种族政治由来已久，马来族的政治特权、经济特权与文化特权已根深蒂固，想从根本上改变种族政治需要废除相关特权，这必然会引起马来人的不满，毕竟马来西亚的种族冲突是一个严重的潜伏性问题。

新世纪的到来与全球化进程的推进，不同族群间的边界日益模糊，多元文化间的互动逐渐频繁使混血儿的身份和命运发生了转变。早期作品中混血儿畸形早夭的宿命，到《野猪渡河》出现了逆转，男主人公关亚凤是华人与土著的混血后代，虽因日军侵入猪芭村等客观因素的影响，丧妻、丧子并失去了双臂，但其最终还是长大成年，并与日本女性爱蜜莉有了混血后代柏洋。而混血儿关亚凤的成年既显示了"香火"的变异延续，也表明混杂文化在马来西亚能拥有一定的未来发展空间。因为柏洋的存在戏剧性地打破了混血华裔无法传承香火、绵延子嗣的隐喻，即华人无法在这块土地上真正地落地生根。

张贵兴坚持以马来西亚官方不认同的文字书写当地华人的历史，以华人与土著的"混血"后代隐喻自身对现实中华人生存出路的探索。他"以

---

① 张应龙：《百年回眸：马来西亚华人政治史之变迁》，选自何国忠编：《百年回眸：马华社会与政治》，吉隆坡：华社研究中心，2005年，第13页。

更曲折含蓄的微观抵抗诗学介入政治与干预现实"①，显示在建国的过程中华人族群与土著、华人文化与土著文化之间的混杂与张力，表达了其对马华族群何去何从的思索与关怀：华人族群必须调整自己去适应这种新的生存情境。

三、种族命运的镜像："同是天涯沦落人"

华人族群以移民者的身份进入马来西亚社会，为了生存他们试图寻找到融入当地语境的方法与途径，比如与当地土著结合。然而这一历史选择的背后包含种族繁衍的现实因素，难免存有华人利用土著族群的政治象征。张贵兴的小说着眼于书写马来西亚华人族群与原住民混血后代的命运沉浮，是一种审视、反思过去后指向当代华人现实处境和政治困境的历史寓言，也是一种"对于'谁的历史''谁叙述的历史'的追问和思考。"②

张贵兴的小说一方面抨击马来人过分主导政治造成族群之间的不平等，如马来人垄断话语的形构与诠释权。在东马，砂捞越的人口约五成是原住民，达雅克约占其中一半，"马来人只有区区百分之十五，而且除了曾经是英国殖民地，砂捞越几乎和马来亚八竿子打不着。从被英国人统治，突然被少数民族的马来人统治（从英国殖民地变成马来亚殖民地），此一政治分赃，自然引起砂捞越人民反感和暴动"。③作为砂捞越土生土长的华人，张贵兴在作品中以达雅克人来代表砂捞越的十多种原住民，并从历史的角度指出东马砂捞越真正的主人是原住民而非马来人与华人，"原住民才是砂捞越（或整个婆罗洲）主人，但权力和资源掌握在马来人和华人手

① 许文荣：《南方喧哗马华文学的政治抵抗诗学》，新山：南方学院出版社，2004年，第32页。

② 张清华：《中国当代文学中的历史叙事：海德堡讲稿》，北京：北京大学出版社，2012年，第3页。

③ 高嘉谦、胡金伦：《野兽与婆罗洲大历史：张贵兴的小说世界（笔访）》，选自张贵兴：《猴杯》，新北：联经出版社，2019年，第311页。

上（更早以前，在白人手上）。国家有难时，他们是站在第一线的护土英雄（如对抗布洛克王朝和日寇）"。①这一族群认知背后透出的是张贵兴对马来西亚华人史，尤其是砂捞越华人族群历史的独特见解。不为别的，因为张贵兴身处其中。"马来西亚成立后，大马的吉隆坡中央政府开始复制西方国家，掠夺剥削砂捞越丰富的天然资源，造成砂捞越至今仍贫瘠落后，甚至一度被西马人取笑：你们砂捞越人是不是住在树上？"②西马人对砂捞越的嘲笑同样揭示了马来人对婆罗洲原住民的轻视，种种行径与其口中的"外来者"华人无异。

另一方面，张贵兴的小说又通过隐蔽的文本表述微妙地抵抗官方主宰话语的霸权。早期华人常用"杂种""野种"来称呼华人与原住民的后代，华土混血儿也常以畸形、早夭的形式出现在文本中，这背后透出的是一种种族与文化优越的意识。它鲜明地展现了华人以"开化""文明之人"自居以及将异族看作"化外之人"的文化心态，表明曾经的华土结合只是华人落地生根的历史选择。但随着历史的变迁，华人的心态发生了巨大的转变。受殖民者压迫的历史遭遇，加上受到马来西亚种族政治的影响，让华人深感与婆罗洲的原住民同为天涯沦落人。故而，张贵兴常将土著塑造成反殖英雄，对他们的不幸遭遇表达深沉的同情，其中包含着一种对自身生存命运的焦虑，而异族的反抗精神又使华人深感到一种精神上的鼓舞和激励。

《野猪渡河》里作者直接表达了对土著的同情，为他们被殖民者踩踏的悲惨命运鸣不平，"二十多个无头的鬼子和十多个无头的达雅克人倒卧血泊中"③。同时，张贵兴又对原住民团结一致抵抗侵略的行为表示了赞赏

---

① 张贵兴：《雨林就是我从小流血撒尿的土地：答客问》，选自张贵兴：《猴杯》，新北：联经出版社，2019年，第320页。

② 高嘉谦、胡金伦：《野兽与婆罗洲大历史：张贵兴的小说世界（笔访）》，选自张贵兴：《猴杯》，新北：联经出版社，2019年，第311页。

③ 张贵兴：《野猪渡河》，新北：联经出版社，2018年，第326页。

与钦佩，"达雅克人蹙着深度一致的眉头，眼睛酝酿着温度一致的寒光，锉尖的牙齿好像拓自同一个齿模，身上的刺青复制着巨大的沉默，连手里的每一颗头颅都复制着相同的龇牙咧嘴的痛苦"①。在文本中，张贵兴将土著视为同被侵略者践踏的受害者，是与华人有着共同命运的"他者"，对他们的痛苦感同身受，"朱大帝等人举枪射击时，鬼子狂叫不已，挥舞军刀、刺刀和步枪，一步一步接近他们。他们开枪射倒几个鬼子后，三十多个手握帕朗刀的达雅克人斜刺里冲出来，兴奋的啸叫淹没了鬼子的骇声"②，"小林二郎带领鬼子践踏猪芭村，罪大恶极，我剁下小林的头，交给伊班人了"③。诚如许文荣所指，"在殖民统治的宰制下，华人（当时仍是华侨）、马来人、印度人都有着不能自主、被歧视被边缘化的共同命运。华裔作家笔下的弱势民族，经常被形塑为与华人有着共同命运的'他者'。实际上这个'他者'经常是内化为华人的自我形象，或者是与本身有着血肉相连、同仇敌忾的战斗伙伴。"④显然，张贵兴通过书写华人与土著之间共同抵抗侵略的历史巧妙地传达出打破种族隔阂以建立伙伴关系的意识，也隐秘地传达出华人族群想要获得平等对待的愿望。

张贵兴在其小说中将婆罗洲的原住民（以达雅克人为代表）设置为砂捞越华人应该真正对话、协商的对象，而非一直视华人族群为"外来者"的马来人。借由文学创作，张贵兴建构了有别于主导民族的历史/过去，在其中总是强调婆罗洲与原住民被压榨、被剥削的受害者形象，和官方话语中强调的华人族群是马来西亚这块土地上的"外来者"论调产生龃龉以作为突破与消解官方话语霸权的武器。同时，这也是在建构华人主体性和安身立命的堡垒，毕竟同为"外来者"，华人族群应和马来人一样，可以

---

① 张贵兴：《野猪渡河》，新北：联经出版社，2018年，第326页。

② 同上，第338页。

③ 同上，第343页。

④ 许文荣：《马华文学的弱势民族书写：一个文学史的视野》，《中国比较文学》2011年第1期。

在这块土地上名正言顺地落地生根。文学并不直接反映历史，而是生产和介入历史，"表述本身是有力的政治行为"①，作品对不同时期的混血儿有不同的形塑与表达源于张贵兴对马来西亚华裔政治处境和文化认同等问题有着不同的理解。在重新建构"过去"以参与政治话语的博弈时，张贵兴还超越族群界限，关怀其他族群的生存问题，展现其对家乡婆罗洲深切的情感。

第三节　困惑与追问：跨域散居视域下的华人身份探寻

张贵兴的小说蕴含着对自我身份的困惑与追寻。作为出生在马来西亚的华人后代，张贵兴等马华留台作家在台湾地区现代化的城市条件下留学、定居、就业，使他们有了依据历史文化和社会地位的差别而重新思考自我身份的现实需求。20世纪80年代的初中期，身处于台湾地区的大马旅台学子们的身份认同趋向发生很大的转变，他们希图努力摆动方向盘航向自己成长的故乡：马来西亚。张贵兴是这一批人中的佼佼者，他虽然后来放弃了马来西亚国籍，"但一本新的护照或身份证显然不能标明张贵兴的身份认同，让他追怀不已的还是婆罗洲的雨林长河，以及其中'横撞山路的群象与猴党'。"②在一系列有关婆罗洲的书写中，张贵兴的身份意识常在土地与族群，即马来西亚与华人之间徘徊。回望婆罗洲故乡后，他选择重新定义自我的主体身份。

---

① 张进：《新历史主义与历史诗学》，北京：中国社会科学出版社，2004年，第91页。
② 王德威：《序论：在群象与猴党的家乡——张贵兴的马华故事》，选自张贵兴：《我思念的长眠中的南国公主》，台北：麦田出版社，2001年，第10—11页。

一、身份的"不明"

从社会学层面来看，小说的叙事主要通过创造形象来使自我（个体的自我和集体的自我）获得身份的界认，并进行自我说服与他人说服，"从而达到有效地纳入社会结构和文化语境中，建立起自我的身份归属和生存安全感"①的目的。而自我认同的关键在于选择何种身份定位自己的位置，"华人之所以为华人牵涉到一个自我选择和自我认定的过程，相对地，他们也可以做其他的选择。而中国人就毋需做这种选择。选择作为一个'华人'往往也就选择了一些客观上可以认定的指标：血缘（历史）——文化（大、小传统）等。这就需要一些特定的管道，以及一个不断建构的过程。"②张贵兴小说对历史人物的书写也隐含着一种"我是谁？"的追问与建构的过程，具体到小说中便是通过马来西亚华人形象的创造达到对当代马来西亚华人身份的追问。在其历史叙述中，可以看见马来西亚华人族群的身份认同随着历史条件以及自我选择的转变而产生一定的演变。

一方面，二战结束后冷战格局的形成以及1949年中华人民共和国的成立，马来亚的大多数华人移民无论是个人还是政治上的返乡之路被慢慢阻断。随着1955年中国宣布取消双重国籍的政策，长期生活在马来西亚并对其产生深厚情感的华人选择放弃中国国籍，入籍马来西亚，他们的政治身份从寓居马来西亚的华侨转变为马来西亚华人。作为其后代的子辈华人也自然而然地成为马来西亚公民。继续留在马来西亚的华人族群在这块土地上落地生根就意味着其对这一新生国家宣誓效忠，他们逐渐拥有了对马来

---

① 易晖：《"我"是谁——新时期小说中知识分子的身份意识研究》，南昌：百花洲文艺出版社，2004年，第12页。
② 黄锦树：《马华文学：内在中国、语言与文学史》，吉隆坡：华社资料研究中心，1996年，第102页。

西亚的国家意识与国家观念。如《弯刀·兰花·左轮枪》（1983）中的主人公名为沈不明，当被人询问是哪国人时脱口而出自己是马来西亚人。然而在马来人看来，让身为外来移民的华人族群在这块土地上落地归根已然是一种慷慨，要效忠马来西亚一切就应该本土化/马来化。坚守对中华文化的认同被认为是对这块土地的不忠，这些未被马来西亚社区同化与认同的华人，无论从前的身份是什么，现在都面临着重大的政治认同问题。张贵兴以"不明"二字来为主人公命名，隐晦地点出了马来西亚华人的身份困境，即当地人对华人族群的身份界定是模糊不清，是"不明"的。沈不明在台湾地区留学四年后返回马来西亚探亲，1982年在机场办理入境时，被"马来猪"（主角称）怀疑，"先生，你的国籍是马来西亚，但是你是中国人"[1]；被公车售票员多次询问，"你是马来西亚人，为什么不会讲马来话？"[2]并被对方称为"窝囊支那"。正如回国前马侨同学的告诫，在马来人看来离开马来西亚在外留学多年又不会讲马来话的华人学子，"就像家里死了老公的小淫妇，贞洁有问题"[3]。在搭乘公车前往文莱的路上，一位讲客家话的老人告诉不明，"马来鬼不承认台湾的文凭喔"，台湾地区留学回来的学子们"闲得像疯子"，"活得像一只无头幽魂"；"你回台湾没错，在这边帮马来鬼擦屁股才有饭吃，回台湾好，那些马来人，一个个都没有用"[4]。从张贵兴小说塑造的人物形象的话语中，不难想见华人族群的生存困境：政治层面上，他们是马来西亚公民，而在文化身份上，身为华人的他们被视为中国人，受到当地政府与人民的敌视与抵制。故而现实困境中的马来西亚华人族群为了生存，不得不依靠自身的努力保存中华传统文化以栖身于这块土地，同时把留学台湾地区作为后代的出路。在一定

---

① 张贵兴：《柯珊的儿女》，台北：远流出版社，1988年，第176页。

② 同上，第175页。

③ 同上，第177页。

④ 同上，第187—188页

程度上，这种无奈选择更加剧了马来西亚社区对华人政治忠诚的怀疑，认为他们确实不值得信任，使不明代表的马来西亚子辈华人不禁对自己的族群身份产生困扰，我应该是谁？

另一方面，马来西亚华人学子在台湾地区完成学业后面临着多种选择。其一是返回马来西亚就业，其二是到其他国家或地区继续深造、就业，其三是选择留在台湾地区定居、就业。张贵兴小说塑造的华人形象既有像《我思念的长眠中的南国公主》的父亲一样选择返回婆罗洲，也有与《猴杯》的余鹏雄一般在台湾地区就业生活多年后选择重返故乡。张贵兴的作品里的这部分华人学子在台湾地区面临的身份焦虑一点都不亚于在马来西亚的身份困扰，如《雄辩的魂》中，张贵兴描绘了"我"与自己内心"他"的痛苦对峙与辩驳，向读者淋漓尽致地展示了其内心的矛盾、恐慌和委屈。"我"时刻处在一种快要发疯的压抑状态，做梦"看到我的家乡，浸在彼岸一片火光中！"[1]"我的家被火烧了，我的亲人的呼声，十分凄厉地从四面八方传了过来"[2]。生活的环境让人时时警戒，"我觉得床尾老是有人在拉我的双脚"，"四周的墙壁好像正在慢慢地向我挤过来"，"我看见几个陌生人持着刀守在我的房子四周，我的家人，全倒在一片血泊中！"[3]这使"我们"产生一种对方与自己是两头掉入陷阱的困兽的错觉，正在主动且不停地寻找出路，"故乡的路往哪里走？"[4]主人公怀着惊喜的心情奋发地寻找通路，胸怀"我们必须替自己辩护，一直到我们辩哑整个世纪"[5]的决心，他们勉励自己与一个仿佛不是人的世界对抗，一直走着证明自己的存在。然而，他们突然发现走着的路，是一条"黑暗的

---

① 张贵兴：《伏虎》，台北：麦田出版社，2003年，第265页。

② 同上，第265页。

③ 同上，第265—266页。

④ 同上，第266页。

⑤ 同上，第267页。

路""空中的路",更是一条"来生的路",因为"我们"已经死在了路上!现在的自己不过是一具幽魂,不记得自己是谁,只能时刻询问"我呢?他就是我吗?那我是谁呢?我们到底是谁?"①从中不难发现张贵兴透过小说人物形象的自我争辩,试图解答自我身份难题的努力。

故身处台湾地区的场域内,张贵兴的小说在书写马来西亚华人族群历史时特别关心与热衷于呈现人物形象的时空位置与文化混杂,如《猴杯》中雉的意识时常出入婆罗洲雨林与台湾地区来讲述自己与家族的历史;又如在《我思念的长眠中的南国公主》中透过苏其的视野穿插讲述婆罗洲家园与台北的故事,其中蕴含着张贵兴因先辈移民和马来西亚官方"文化抹黑"的危机感和迫切关心寻找与明确自我位置的身份意识与身份焦虑。正如黄锦树评价李永平时指出,"强烈的中国意识(与文化母体撕裂的精神创伤)令李永平和他精神上的同路人把现代主义的语言命题承接到古中国文化词库的联想轴上,那是他们兼具放逐与回归双重历程的自由之路"②。作为李永平同路人的张贵兴,其独特之处在于其小说的历史书写虽初期尝试运用古中国文化词库进行创作,后来却自觉地选择以长句子与婆罗洲特色景物来填充作品,这表明作者寻根的转向:从东马到中国,再由中国转回婆罗洲雨林。

二、走向文化身份的"寻根"

张贵兴小说中存在的身份意识很大程度上来源于马来西亚种族政治而导致的身份焦虑,使作品透出"在追寻自我过程中反而更彻底地丧失了自

---

① 张贵兴:《伏虎》,台北:麦田出版社,2003年,第285页。
② 黄锦树:《马华文学:内在中国、语言与文学史》,吉隆坡:华社资料研究中心,1996年,第67页。

我"的意味，"这是一种'失声而导致失身'的文化焦虑"[①]。

张贵兴留学台湾地区前的时间里，接触到的是像马来西亚全面推行"马来化"政策后的社会环境：华人文化处于困境，即马来西亚当局推行的土著化政策，包括华文教育的限制和国家文化内涵的明确使华人文化面临着覆灭的危机。华人文化不能直接纳入马来西亚的国家文化意味着当地政府没有义务去发展它，华人需要依靠自身努力去坚守自己的文化。更为严峻的是，"政府不只不支持发展华人文化，它还推前一步，不允许华人发展自己文化"[②]。许多不合理的条文直接限制华人的"自我娱乐"，甚至不允许华人在公众场合表演舞狮。马来西亚父辈华人本来就不怎么懂传统中国文化，至少对正统文化并没有什么太深的了解，"舞狮在许多华人甚至马来人来说就是中国文化"[③]。舞狮表演受到刁难激起了当地华人族群反抗与自我振作之心，各类文化活动逐渐演变为华人争取尊严的角力场。由于担心文化被消灭，20世纪80年代，"华人的文化活动此起彼落，文化展览会成了许多团体的主力活动，如寻根系列展览会，春联、传统中国绘画、书法展览等；许多传统技艺或民俗活动都被重新挖掘，中国棋艺、民族舞蹈、武术、灯谜、地方戏剧、华乐、民歌、诗歌朗诵的比赛或表演时常可见。即使是一些传统佳节，如新年、端午节、中秋节、中元节等，也被规模化地大肆庆祝"[④]。各种各样的文化表演是华人社会对自身文化发展的无奈心理的表征，更是华人文化被排除在马来西亚国家文化外的反弹。

在这种情况下文化与国家的龃龉愈加强烈，二者出现分隔。对马来西亚的华人来说要效忠新的国家，也要保护华人的文化，"而这国家是马来人

---

① 刘小新：《华文文学与文化政治》，镇江：江苏大学出版社，2011年，第111页。

② 何国忠：《马来西亚华人：身份认同、文化与族群政治》，吉隆坡：华社研究中心，2002年，第104页。

③ 同上，第113页。

④ 同上，第113页。

的国家，文化则是华人的文化，成了一种次文化，少数民族的文化"①。
这种吊诡的社会气氛使马来西亚这块乡土成为张贵兴等人不得不逃离的地
方，他们选择出走的同时苦心追寻着自我的文化身份，而在当时的冷战环
境中，台湾地区是他们的最佳去处。于是，满怀理想与抱负的张贵兴等人
来到了台湾地区，希冀在这里实现他们的期盼。对于马来西亚华人学子而
言，台北是一个现代资本主义化的都市文化空间，他们的作品急需在台湾
文坛获得认可，以期鱼跃龙门，荣归故里，"用华语书写，可以视作一种对
老祖宗在异域孵育汉字的热力回馈"②。然而矛盾的是，踏足在台湾地区
土地的马来西亚华人学子，在台湾文化环境中触碰到的"中国"只是虚构
和被外化了的中国印象，或说是幻象。在独立多年的马来西亚环境中，华
人学子被华文文化和华文教育唤醒的可能是一种文化乡愁，也可能是一种
以"南洋情境"为核心的乡土意识。如若是前者，那种虚构的中国印象就
会被放大，若是后者，幻象则是逐渐被打碎、萎缩。同时，大多马华青年
逃离匮乏现实的结果是切断了与马来西亚的联系，造成他们无暇关怀当地
华人的现实，结果那块乡土留给他们的只剩下片段式的回忆与挥之不去的
乡愁，以及对童年记忆与少年时代的追缅和怀思。换言之，马来西亚最多
也只是化作他们作品里带有异国情调的背景，那块土地的社会现实被抽离
了，历史被割舍了，马来西亚的文学土壤在子辈华人的创作过程中被出局
了，如温瑞安笔下的"神州"。与此不同的是张贵兴在出走台湾地区多年
后反而以其独特的视野回望马来西亚，那一块文学土壤仍然深埋于张贵兴
的作品，小说中的马华历史不断被滋养。他曾言，"离开婆罗洲十多年后，
地理和时间的隔阂，让我可以更高度地凝视婆罗洲，同时激起书写欲望。

---

① 王赓武：《天下华人》，广州：广东人民出版社，2016年，第112页。
② 高嘉谦、胡金伦：《野兽与婆罗洲大历史：张贵兴的小说世界（笔访）》，选自张贵兴：《猴
杯》，新北：联经出版社，2019年，第314页。

这种凝视是炽烈的，也是冷峻的，几乎把婆罗洲视为一个异国"①。对于这一时期的张贵兴来说，文化身份寻根的结果就是内在中国的幻象被现实的乡愁打碎了，而当他把观照的视域转至自己出生的乡土——马来西亚时，婆罗洲便成为其书写的对象。这表明了张贵兴作为华裔子弟落地生根的愿望，"来台前，我是砂捞越的华人，非'马来西亚人'。我是出生在南洋的第三代华人，和中国的脐带早已切断，在精神和血统上，只有藕断丝连、神经分分的连接。乡愁对我是一种朦胧飘摇之物，但我对砂捞越还是有乡愁的"，"雨林就是我从小流血撒尿的土地，任何资讯和生态考察都衍生不出这种地气"②。

由马来西亚华人的文化危机逐渐形成的忧患意识促使在地的华人创作、出书，创作之余他们积极参与推动校园的文学活动，结社、举办文学活动和设立大专文学奖等以表达维护文化的决心。处于多变年代的子辈华人用他们身为知识分子特有的文化认知感，在作品中透过感性的文学素养为命运多舛的大马华人社会发出痛心疾首的呼声，"这种从个人的感知，引发出来对民族前途、文化危机、社会现象关心的情感，形成八〇年代马华文学作品中独特的'忧患意识'"③。马来西亚20世纪80年代的校园文学作者，并没有因为大专法令的严格限制，而放弃用文学方式来抒发内心的不满与悲愤，"良好的教育与恶劣的处境，很容易地让他们与这一股意识达至共鸣"④。而这一忧患意识也是张贵兴等出走在外的马华学子自觉追求自我文化身份的内在驱力。响应在地大马学子维护与传承文化的创作，张贵兴站在相对客观的立场

---

① 张贵兴：《雨林就是我从小流血撒尿的土地：答客问》，选自张贵兴：《猴杯》，新北：联经出版社，2019年，第321页。

② 同上，第319、323页。

③ 陈大为、钟怡雯、胡金伦主编：《赤道回声：马华文学读本Ⅱ》，台北：万卷楼图书股份有限公司，2004年，第294页。

④ 同上，第294页。

凝视马来西亚的政治局势、文化危机、种族两极化与民主真谛，是希望透过历史书写来明确自身族群的文化地位与尊严，更是希冀借助书写让华人在这块土地上的历史得到承认。正如王德威曾言："张贵兴九〇年代以来的小说致力营造系列史话或神话，为家乡及家乡的华人留作见证。"①

大致而言，张贵兴等马华留台作家对自我文化身份的探索是经历多元文化交流、碰撞之后的一种自觉式追寻。在现代文化的强势压迫下，他并没有一味地否定或肯定单一的民族文化，而是在以更加包容的心态来对待不同文化的混杂。在张贵兴的创作中既有对华人族群文化偏见与代际观念差异的反思和批判，更有对马来西亚土著族群文化的重新发现，即其书写对"猎人头习俗的由来、文化意义作了正本清源式书写，旨在解构殖民话语的权威，对一种刻板化甚至污名化的原始文化还原它本来的意义与内涵"②，从而透过历史话语颠覆了原有的文化身份，赋予了当地华人族群新的文化身份：一种混杂的文化身份。从《赛莲之歌》对外来者安娜与凯瑟琳带有南洋风情的描述："有南国姑娘早熟的粗犷和壮大，有北欧姑娘从磨坊和主日学课程里陶冶出来的好劳性和教养，而没有华侨的土味和富家子弟的故作姿态"③；到《顽皮家族》对顽凤被南洋化的形容，"比起年轻时候的母亲，女儿显得成熟黝黑，眉间深藏着某种属于亚热带的气质"④；再到《群象》中对那幅《风雨山水》画由浓稠的中国性渐渐被幻想的南洋所替换的书写："长屋和高脚屋取代了琼宇绣阁，游山玩水的文人书童换成了戏水的伊班半裸少女，整幅南宋山水画变成了以渲染南洋风情为主的蜡染画"⑤；甚至是《猴杯》

① 王德威：《序论：在群象与猴党的家乡——张贵兴的马华故事》，选自张贵兴：《我思念的长眠中的南国公主》，台北：麦田出版社，2001年，第11页。
② 贾颖妮：《"拆解殖民后果"：张贵兴小说的雨林文明书写》，《小说评论》2016年第2期。
③ 张贵兴：《赛莲之歌》，台北：远流出版社，1992年，第137页。
④ 张贵兴：《顽皮家族》，台北：联合文学出版社，1996年，第90页。
⑤ 张贵兴：《群象》，台北：麦田出版社，2006年，第129页。

中对那群在余家种植园中备受欺凌的妇女结局的交代，"她们下嫁达雅克男人，生下一群子嗣"，"从此口吐达雅克语，言行表里宛如达雅克，黑壮勤劳，认命干活，不再细皮白肉"①，都折射出华人文化逐渐融入婆罗洲土著文化的混杂过程。可见，这一文化身份中的文化不是纯粹的原乡文化/中华文化，也不是马来文化，而是以中华文化为基础融合马来西亚尤其是婆罗洲多元族群文化的华人文化。

三、参与并融入的"外来者"

马来西亚作为一个由多元族群与多元文化构成的国家，身份认同意识自然而然与政治制度息息相关，官方政府的承认尤其是文化层面的承认与否直接影响华人族群的生存利益。须知身份意识的核心指涉的是个体或族群对自己是谁的认知和定位，以及自己作为人或群体的本质属性的理解。而马来西亚华人族群对自我的定位没能得到当地社会与政府的承认，或者说彼此的认知出现了龃龉，伤害了这一群体的身份认同和造就了华人群体的身份焦虑。张贵兴小说一方面凸显了马来西亚华人族群选择中华文化的现实困境，另一方面又折射出其为自我与华人族群进行自我认定的努力。他从子辈华人的个体历史追溯到祖父辈的家族史、华人族群和其他族群的交往史，企图透过这一特定的历史建构过程来明确华人族群在马来西亚真正的位置：华人是参与并积极融入马来西亚的"外来者"，也是真正的马来西亚人。

在张贵兴笔下，"华人在婆罗洲近三百年的移民史就是一部痛史"②。从《群象》《猴杯》到《野猪渡河》，婆罗洲砂捞越的历史事件、种族关

---

① 张贵兴：《猴杯》，台北：联合文学出版社，2000年，第277页。

② 王德威：《序论：失掉的好地狱》，选自张贵兴：《野猪渡河》，新北：联经出版社，2018年，第11页。

系与外来侵略者一直是张贵兴小说舞台演出的主角。《群象》里，张贵兴借由文字书写了一个婆罗洲野生象群被英殖民主义者大肆屠戮后只留下大批象骸和象牙的传说，且透过男孩数度深入雨林的沿途所见，张贵兴又塑造了余家同这一堕落的革命者形象：玩弄女青年，残杀动物，漠视同伴生命，利用达雅克人……《猴杯》中，张贵兴设计让主人公余鹏雄为了救赎而进入雨林，从而塑造了华人移民历史中令人畏惧和厌恶的曾祖与祖父形象：作为拓荒过程中的剥削者，他们呼风唤雨、有钱有势又苍老多欲，从男人的力气到女人的身体，从物质金钱到宝贵人命，从华人移民到土著族群，都逃不过他们的意志与欲望，由此建构了一个涉及族群、性别与阶级复杂关系的历史寓言。小说强调了作者自我理解中的华人移民史幽暗面，"华人移民砂捞越虽然最早可以追溯到明朝，但大量移民是在清朝和民国，移民的原因大致分成两类，从逃躲内乱和当权者追杀（戊戌变法、太平天国、军阀倾轧等等），到南下寻找牛奶与蜜的垦荒福地"①，从而追溯华人垦荒者的罪与罚。相较于《群象》与《猴杯》，张贵兴在书写《野猪渡河》时将小说置于更宽广的历史脉络中，讲述了"三年八个月"里砂捞越华人的抗日血泪史，以血腥暴力的美学呈现日本人大肆屠杀华人与原住民、压迫土著进行军备生产，猪芭村人组织反抗却遭到血腥报复的故事。

如前所述，华人是外来者，但他们也参与了近代以来马来西亚的现代化进程，华人在马来西亚垦殖拓荒的历史，也是马来西亚开发和发展的历史，他们以"外来者"的身份参与了这一进程，在马来西亚独立之后又努力融入其中。近代以来马来西亚的辛酸荣辱，华人不仅感同身受，它更是几代华人共同的历史记忆。历史造就了马来西亚华人族群特殊身份的同时，也造就了张贵兴借由书写争取身份的基本任务，毕竟塑造身份时，作

---

① 高嘉谦、胡金伦：《野兽与婆罗洲大历史：张贵兴的小说世界（笔访）》，选自张贵兴：《猴杯》，新北：联经出版社，2019年，第311页。

家不能将过去非历史化。为了当前的生存，既要解决面对的现实问题，也需要处理过去的遗产。正如后殖民理论家德里克在《本土历史主义视角中的后殖民批评》一文中所言："特别对于受压迫、被排斥到社会边缘、其历史被强权抹杀掉的人而言，在他们努力使自己在历史上拥有一席之地时，重温过去或重修历史便显得尤为重要，因为只有拥有了历史身份，跻身于历史舞台的斗争才会有用。"①在这个意义上，张贵兴小说以其个人化的理解努力书写历史是为了登上"历史舞台"，重新建构当代马来西亚华人的历史身份。

对于张贵兴等马华留台作家而言，在创作中建构自我身份时更为积极的一种策略是汲取其他族裔文化、中华文化及西方文化的精华，将其视为自己的文学资源并转化为文化资本。当书写历史成为一种言说策略时，本身就已经经历了严重的内在质变，一变而为一种对抗策略。因为历史的事实是什么不重要了，叙述者的创造与虚构开始渗入、填充甚至解构原有的历史叙述，一些臆想、轶闻和传说植入使原有的历史人物形象、历史事实的起因、过程与结果被颠覆了，历史成为舞台。而在这一历史舞台上，张贵兴展演的是其如何解构与重构马来西亚华人族群过去与现在的身份，也表明了自己的历史认知，"吾等在南洋的身份，不是简单一个华侨、华裔、侨民或侨生可以概括。华人也许不是侵略者，但绝对是外来者，而砂捞越这块土地，乃是外来者掠夺的一块土地。在某种意义上，华人也成了掠夺者的帮凶。"②通过书写马来西亚华人族群历史，在解构与建构自我历史身份的链条上，张贵兴叙述了华人参与并融入这块土地的过程，他"在身

① ［美］德里克：《本土历史主义视角中的后殖民批评》，选自德里克：《跨国资本时代的后殖民批评》，王宁译，北京：北京大学出版社，2004年，第41页。

② 高嘉谦、胡金伦：《野兽与婆罗洲大历史：张贵兴的小说世界（笔访）》，选自张贵兴：《猴杯》，新北：联经出版社，2019年，第312页。

份、种族、现实等压抑与挣扎中选择了梦回婆罗洲作为自己的情感表达方式"①，从而明确华人的身份：他们虽是"外来者"，也同样深爱着马来西亚，希冀融入当地。

出于对哺育自己的这片婆罗洲热带雨林的追寻，张贵兴在小说中尝试跳脱出马来西亚本土语境中的种族藩篱，透过主角人物的眼睛看到更原始的森林和更真实的风俗文化。所以，小说中的华人主角有一个念念不忘的新家园，无论何时何地它都会成为子辈华人心向往之的归处。在这个新故乡，华人移民展现了一种自在的生活形态，他们既传承祖籍地的文化传统，也努力和其他族裔和谐相处，共同开创属于"同一个婆罗洲"的过去和现在。同时，为了建构这一种自我认知的华人移民在婆罗洲的主体性身份，张贵兴在小说中，从子辈华人、父辈华人和华人族群的交往故事入手，重视梳理和阐释华人的拓荒经历、华人与当地原住民的关系和华人与殖民地统治者等史实，从而揭示了其在多元族群语境中重建自我族裔身份与历史的努力和创作意图。而在小说中，书写婆罗洲是以在地化的写作来表达作家在全球化及马来西亚种族政治背景下建构"婆罗洲"主体身份的努力，主要体现在其小说坚持跨越族群限制，刻画婆罗洲原住民的风土人情和生活形态，还有华人与当地族裔的交往和通婚以及混血儿形象的塑造上，彰显出华人在婆罗洲本土化过程中的和谐与混杂。

---

① 金进：《从出走台湾到回归雨林的婆罗洲之子——马华旅台作家张贵兴小说精神流变的分析》，《华文文学》2009年第6期。

第五章 | 马华留台作家的华人历史叙事

　　"任何历史都只是一种论述"，必须借助言说，"也就是文本化之后才能被理解"。[1]华人下南洋始于15世纪的马六甲王朝时期[2]，19世纪中期以后更是形成了成规模的华人移民潮，他们在马来西亚垦殖拓荒、落地生根、繁衍后代的历史，恰也是马来西亚开发发展、走向独立建国的历史，但在马来西亚官方的霸权历史中，华人作为马来西亚三大种族之一，却长期缺席或部分失语，"在南洋历史饿得瘦瘦的野地方/天生长舌的话本连半页/也写不满"[3]。对于马来西亚华人而言，"下南洋"的历史既是"我们来自何处"的历史，也是华人与"南洋"建立新的生命关系的历史。"过去不仅是我们发言的位置，也是我们赖以说话的不可缺失的凭借。"[4]建构华人在马来西亚的身份合法性，华人移民史无疑是"赖以说话的不可缺失的凭借"。

　　面对华人史在马来西亚官方历史话语中的缺席，20世纪90年代以来，

---

① 钟怡雯：《历史的反面与裂缝——马共书写的问题研究》，选自钟怡雯：《马华文学史与浪漫传统》，台北：万卷楼图书股份有限公司，2009年，第5页。

② 华人下南洋的历史最早可以追溯到两千年前的汉代，但华人移民到马来西亚一般认为开始于15世纪的马六甲王朝时期，大规模的移民则始于19世纪中期。

③ 陈大为：《在南洋》，选自陈大为：《方圆五里的听觉》，济南：山东文艺出版社，2007年，第172页。

④ 李有成：《〈唐老亚〉中的记忆政治》，选自单德兴、何文敬主编：《文化属性与华裔美国文学》，台北："中央研究院"欧美研究所，1994年，第121页。

马华留台文学中出现了大量参与马来西亚大历史建构性质的华人史文本叙述。张贵兴和陈大为是参与这股华人史叙述热潮的两位代表性作家。张贵兴从《群象》到晚近的《野猪渡河》等小说，以马来西亚建国前史为大背景，再现华族第一代和第二代移民历史中的幽暗面，深刻描绘在当地历史进程中沦为"欲望奴隶"的祖父辈群像，反映出张贵兴对于历史的思考和驾驭历史叙事的野心，无疑，张贵兴的大量小说都建立在历史叙事的基础上，他曾经坦陈："我的文学历程和我生长之地砂捞越息息相关，所以谈我的文学梦，必得从砂捞越的历史讲起。砂捞越大历史背景之下的小历史，最终成为我小说的支撑。"[1]另一位作家陈大为则自称"三百年后迟来的说书人"[2]，回到历史大河的尽头，"带着记忆的勘误表"，"循入移民史的大章节"[3]，不停述说祖父辈在马来西亚的开拓史、落地生根史，推演家世源流的可能路径，并试图从幽深曲折而又断裂的历史中找寻真相，确证华人在马来西亚的身份合法性。本章将以张贵兴的小说和陈大为的诗歌为例，探讨马华留台作家华人历史叙事的内涵及特征。

第一节　从个体、家族到族群：张贵兴小说中的多重历史

张贵兴是一位有着历史叙事情结的作家，热衷于从故乡砂捞越华人族群史实中寻找题材，在婆罗洲雨林重塑南洋与族裔的历史传奇。有些创作

---

① 张贵兴：《蛮荒婆罗洲和我的文学初体验》，上海商业储蓄银行文教基金会与纪州庵文学森林共同主办的"我们的文学梦"系列讲座，张嘉珊整理稿，2020年8月7日。

② 陈大为：《在南洋》，选自陈大为：《方圆五里的听觉》，济南：山东文艺出版社，2007年，第173页。

③ 陈大为：《我出没的籍贯》，选自陈大为：《方圆五里的听觉》，济南：山东文艺出版社，2007年，第176页。

涉及马来西亚华裔青年面对现实选择的困境，如《赛莲之歌》《群象》《我思念的长眠中的南国公主》等；另一些作品则敷演祖辈离乡漂泊到南洋拓荒定居的家族历史，如《顽皮家族》《沙龙祖母》和《猴杯》等；一些作品讲述华人与当地原住民文化交流的历史，如《弯刀·兰花·左轮枪》《猴杯》《野猪渡河》等。

一、个体历史叙事："子"辈华人的成长之旅

张贵兴小说中的个体历史叙事折射出马来西亚"子"辈华人的成长之旅，这旅程常呈现跨域性的特点：小说叙述者出生于东马，在婆罗洲雨林度过自己的童年时期，留下影响心灵最大、印象最深刻的记忆；曾赴台湾地区留学，在该地区接受大学教育、定居生活，这使其在养成现代性人格的同时，被台湾地区的都市生活所异化，丧失童年时期的本真与朴素；后选择重返雨林，寻找失去的故乡并最终完成精神与心灵的重新蜕变，真正获得成长启蒙。借由重返雨林而完成的少年成长之旅实际上象征着部分当代马来西亚华裔的成长史，是他们人生经历的缩影。

（一）童年记忆：家园意识的形成

一般来说，童年记忆作为人生经验的源头在人的一生中有着极为重要的影响，每个人都拥有一个由童年经验所搭建的内在世界，故而大部分的文学作品常起笔于小说人物的童年，张贵兴小说中的个体历史叙事也是如此。

童年记忆在张贵兴小说中表现为子辈华人对婆罗洲生活片段式、零散的印象，凭借这种童年印象，作品以一种个人化的话语表达少年朦胧视野里的历史，展开想象，层层叠叠地描述故乡。如《空谷佳人》讲述的是十四岁少年眼中婆罗洲西北部的小镇故事。这个小镇有几百户人家，五六千人，大部分以耕田捕鱼割胶为生，部分则是海外油田公司负责钻油井的工作人员，他们常去名为"迎风楼"的娼妓馆。在"我"的眼中，小

镇就像一个战后的废墟，所有的一切带着孤寂和凄绝，唯一令他感到难以忘怀的是童年时期无拘无束地和同伴们一起嬉戏玩耍，以及小镇优美的自然环境孕育出的美丽神秘的胡幽沁。然而，这位佳人被海外油田公司的男人逼迫，服药而死，小镇最终给少年留下的印象是比荒凉更令人难忘的孤寂、凄绝。

而不同于《空谷佳人》诉说的荒凉、孤寂的童年记忆，《最初的家土》描绘的是"我"在婆罗洲西北部平静安谧的乡镇生活。十六岁的主人公在舅舅的农场里，想起祖父喜欢在夜晚坐在牛栏上给自己和弟妹讲故事，并在河边看到许多美丽脆弱的玻璃鱼、红钳的旱蟹在河岸上横行霸道。在他的眼中，这里的一切都是那样的令人着迷：白鹤会在傍晚时分飞下来，成群结队的野鸽子也从山林里飞出来，"咕咕咕地在天空和草地上乱叫着"[1]，"天空上的白云又厚又软，看起来塞满了潮湿的棉花"，小孩子们相互追逐着，"嘻嘻哈哈地从我们中间、左右穿了过去"，风很和煦，在远远的菜圃上有人双手叉着腰遥看过来，"我从来没有呼吸过这么平静的空气"[2]。

经由童年记忆和成长经验，张贵兴小说的子辈华人历史叙事不仅仅建构了"婆罗洲"家园，同时也将它作为一个时间的起点、世界的本原呈现在作品中。当这样的一个"空间"在他的小说里启动的时候，就是进入了一个历史化的过程，即婆罗洲"空间"自然态的被侵蚀，原始态的被欺凌，其一是表现为殖民史，其二则展示为现代化过程。《赛莲之歌》延续了小说集《伏虎》的小镇故事，讲述出生于婆罗洲西北角的马来西亚华裔少年的往事。小说从雷恩在水里出生始，他自述自己上一秒站在湖边的菠萝蜜树下，下一秒湖水就会涨到肩膀。这一成长体验来源于婆罗洲故乡独

---

[1] 张贵兴：《伏虎》，台北：麦田出版社，2003年，第150页。
[2] 同上，第155页。

有的地理环境和气候，那里处于洼地，"欠缺完善的排水系统，每年长达三四个月的雨季，小镇就会局部性成为泽国"①。更为重要的是，作品将《伏虎》集里对婆罗洲雨林的认知和小镇的生活经历进行了扩充，子辈华人关于家园的记忆不再只是纯粹的美好。如华人少年雷恩看到了一个落魄惆怅的婆罗洲小镇，曾经长时间被他国殖民，到处残留着衰败的气息，新建不久的中学母校就坐落在一座废弃的机场附近，"建校时从野草堆里挖出众多二次大战时日军掷下的没有爆破的炸弹"②。

同时，常青乔木、蓝色海洋、白色浪花和炙热得可以烧穿瞳孔的阳光不再是少年们关注的对象，日常生活的重复与精神贫乏，使他们只能希图从日本帝国主义遗留的物件中寻求满足。每一次学校引爆炸弹都会使学生们做出各种古灵精怪的反应，一艘将近三十年前搁浅或被炸毁的日本战舰尸骸成为他们经常寻欢作乐的场所。而"我"只能依靠阅读书籍沉浸在想象的世界中，以放纵自我的方式抵抗庸常的世俗，于是这名生活在婆罗洲的文艺少年时常出入在懵懂与清醒之中，幻想希拉诗和水妖、安娜的躯体、大小乔与周瑜、大蜥蜴与少女、同学的姐姐凯以及小提琴少女的故事，甚至先后与三个女孩子产生暧昧关系。青春期对异性的过敏与排斥使雷恩将周围的一切都升华为充满死亡诱惑和自恋畸想的南洋想象。所以，当西方通俗文化来到这座蛮荒岛屿时，它便成为马来西亚华人学子痴迷的对象："一小块文化上、艺术上的小投掷，就能使我们沉寂太久的高脑层的精神湖泊激起广泛的感幅和深度的知性沉荡，使我们拥有诡异表情的骷髅更具辩质和质疑精神，有如一辆劳斯莱斯冲进石器时代原始人居住的洞穴中。"③

---

① 张贵兴：《序：假面的告白》，选自张贵兴：《赛莲之歌》，台北：麦田出版社，2002年，第3页。
② 张贵兴：《赛莲之歌》，台北：麦田出版社，2002年，第24页。
③ 同上，第124页。

张贵兴小说大量叙述带有童年经验的生活记忆体现出马来西亚华人学子对童年时期婆罗洲家园的集中展示，这些记忆实际上是他们在对个体的生命过往进行历史性的还原，更深层次则是为了考察"我从哪里来"的问题。通过对往昔生活的回忆、描写寻找童年乃至青年时代生活过的地方，实现文化与精神上的还乡，其中充满对过往的回顾、眷恋与沉思，这也标志着马来西亚华人学子家园意识的形成，而也正是在他们回望婆罗洲与感知家园逐渐现代化的过程里面，折射出华人族群和华人个体进入婆罗洲的轨迹。

（二）出走台湾：现代性的洗礼

张贵兴的小说中许多的人物都是马华留台生，因而他在历史叙事中也回溯了他们的台湾经验。《我思念的长眠中的南国公主》中，苏其的父亲是马来西亚土生土长的华侨，母亲来自台湾地区，他自小便生长在"家土广大肥沃，莽丛生命力坚强，热带植物恶斗成性"[1]的婆罗洲。苏父是最早的一批回祖国求学的学子，"五〇年代中期，父亲在台湾完成大学学业后带着他的台湾女友回到侨居地北婆罗洲成家立业"[2]。绝顶聪明的父亲本可以在高中毕业后轻易获得国外各大学提供的奖学金，"但他独排众议在祖母的怂恿下回到'祖国'台湾完成大学学业"[3]。同样，高中毕业后的苏其选择离开婆罗洲，到台北开始大学生活，"入学之前，我暂宿母亲台北朋友家里，并且在台北一所补习班挂了学籍，每天浑浑噩噩上课，像填意见调查表随兴考试，考上大学以后我整理行当时看着一本本崭新的补习班讲义仿佛大梦一场"[4]。《猴杯》中的余鹏雉高中毕业一年后，被祖父送到台

---

① 张贵兴：《我思念的长眠中的南国公主》，台北：麦田出版社，2001年，第45页。

② 同上，第44页。

③ 同上，第45页。

④ 同上，第117页。

湾地区念大学，毕业后留在当地成为中学英文老师。在张贵兴的小说中，台湾经验滋养和孕育着马来西亚的华族青少年，现代化的教育体制与文学资源使他们不仅获得必要的生存技能，也在精神上触摸到西方先进的文明成果和文论思想，使他们站在更客观深刻的立场去思考自我生存的现状，以不同的方式去观照现代化的生活，也拓宽了他们思考人生和历史的维度。

另一方面，台北的现代化生活同样也在某种程度上异化了马来西亚的华族子辈，他们在当地居住与生活时既感到格格不入，又深受都市文化的影响。《我思念的长眠中的南国公主》的苏其根据分数选填志愿莫名其妙地进入了师范学院，在台北的大学宿舍里，看到的是男女同学们学习的荒谬与生活的穷极无聊。"宿舍制定的一套管理制度迂腐可笑，把大学生当初中生，准备在四年内把我们这些毛毛躁躁的小伙子塑造成道貌岸然的夫子模样"[1]，然而保守死板的管理制度使学子们无聊之余只能追求刺激，吃喝玩乐无所不用其极，"既朝气蓬勃又了无生气"[2]，充满了不安定与怪异的氛围。

《猴杯》中的余鹏雉在大学毕业后留在台北成为中学教师，看到的是校园里各种怪异与失控的现象，学生的心灵饥荒已经难以救济。学校内的臭河满载各种垃圾，"常有一些猫、狗、宠物猪、婴孩和中学生尸体点缀其间"，被两名初二男生翻墙出校发现的死者，"是上游郊区一所流氓中学高中一年级在学生"，死于寻仇械斗，生前受过酷刑；"太多中学女生瞒着父母师长怀孕，没知识、没钱、没胆或来不及堕胎，生子弃于河中"；教师老萧瞒着教育局开了家小贸易公司，"上课授货，下课兜货，三十六年的初中教师资历使他囤积了丰富人脉，连校长也礼让他三分"[3]。快节奏的都市生活使来留台的马来西亚子辈华人在感受丰富的都市文化的同时，也深

---

① 张贵兴：《我思念的长眠中的南国公主》，台北：麦田出版社，2001年，第118页。

② 同上，第122页。

③ 张贵兴：《猴杯》，台北：联合文学出版社，2000年，第20、21、132页。

刻受到都市文化危机的影响，表现为都市人的异化。在一定程度上，马来西亚子辈华人追求与向往的美好台湾成为他们的异己力量，因此家园记忆一直贯穿张贵兴小说的历史书写，折射出马来西亚华裔青少年情感组成的复杂。

（三）重返雨林：少年的成长启蒙

对于到台湾地区留学、定居生活的马来西亚子辈华人来说，最为痛苦的是作为自然的人与作为社会的人在台湾地区这一特殊的都市场域中出现分裂，发生异化，造成了他们精神家园的丧失。正如《猴杯》中马华青年雉的自白："我看见台北高楼大厦里的猪笼草空着肚皮流口水，捕不到虫，食不到肉，光洁滑亮，灵肉分离，徒留一袋臭皮囊。"[①]

接续《赛莲之歌》中马来西亚华裔少年的故事，《群象》的主人公施仕才，自小生长在婆罗洲雨林之中，高中毕业后的人生仍然在雨林舞台中展演。他作为莫名种（生父不详），能十分敏锐辨别出兽声。为了向小舅余家同（间接或直接害死四个哥哥）报仇止战，在十九岁时选择与伊班族好友德中到拉让江寻找小舅。而真正使男孩长大的是和舅舅余家同重返雨林猎象。在猎象这一旅程中，男孩不断地接受雨林的试炼，"哗啦啦。水声四个多月来充塞男孩两耳。进入暗无天日、与世隔绝的雨林腹腔时，水声成了和外界联系的唯一依据……男孩再次离开舅舅，行走于暗无天日的雨林"[②]。狩猎结束后从雨林归来的他，不仅从舅舅身上继承雨林的生存技能、知道施余两家的纠葛，更在意识模糊中完成了性的启蒙，在心理与生理上真正的成年："雨林归来，'男孩二十岁。……遥望雨林芒草丛灌木丛，忆起孩提时代交错于现实和想象的象群奔走声。'上岸，安坐家中风

---

① 张贵兴：《猴杯》，台北：联合文学出版社，2000年，第237页。

② 张贵兴：《群象》，台北：麦田出版社，2006年，第156页。

雨如晦风雨楼，跨过了雨林线，男孩成年。"[1]

　　而《猴杯》中的余鹏雄，只有回到家乡婆罗洲，深入雨林核心，通过与保留文化雏形的原住民达雅克人的来往，才真正地解开了现代社会和家族幽暗加诸他身上的束缚，重新获得新生。高中毕业一年后，余鹏雄离家到台湾地区念大学，期间虽也曾回家看望，但多数时间都是留在台湾生活。离开婆罗洲的余鹏雄，和自己水族箱里的鱼儿一样，在台湾地区是"婆罗洲的偷渡客"，"入籍后娇生惯养，忙碌地繁殖游戏"[2]。而与婆罗洲雨林原住民族群的短暂交往中，尤其是和亚妮妮的亲密来往使身心俱疲的余鹏雄重新感受到了旺盛的生命力，像马来西亚土生土长的少数族裔一样装扮、行动，"穿短裤打赤膊赤脚腰挂番刀的雄两手各抓着一根秋千索仿佛从天而降突然站在秋千座上"[3]。雄身上所呈现出的生命能量，迥异于重返雨林前的状态，从萎靡不振走向了生机勃勃，这一切都是因为其从原始生态的热带雨林的自然环境与原住民文明中汲取了养分。

　　《野猪渡河》里，关亚凤的身上重演着相似的人生经历，在雨林中汲取营养，不断学习、成长，直到在身体和心理上成年。他的人生高潮上演于1941年，一万名日军从南中国海登陆婆罗洲西北部的华人村落猪芭村，惨遭日军杀戮的村民只能躲进雨林。关亚凤跟着父亲红脸关等人在雨林里历经残酷的战斗，目睹和耳闻村民和石油公司职员被鬼子枪毙、孩子被鬼子劈杀以及妇女被奸污的种种悲惨情形，更在猪芭村人的恩怨纠葛中感悟人性善恶的争斗。从雨林回到猪芭村的他，人生发生了巨大转变：父亲红脸关被山崎杀害，自己因情人爱蜜莉的恶行被白孩砍去双臂，和爱蜜莉有个混血儿子（名叫柏洋）。双重环境的变化，使关亚凤的身份也发生

---

① 苏伟贞：《序：也是重启——再读〈群象〉》，选自张贵兴：《群象》，台北：麦田出版社，2006年，第8页。

② 张贵兴：《猴杯》，台北：联合文学出版社，2000年，第280页。

③ 同上，第303页。

转变，从儿子到父亲，从孩子到家长，从接受人生教育到传授生存经验。随着马来西亚子辈华人的个体历史叙事主舞台转移到了故乡——马来西亚的婆罗洲雨林，张贵兴笔下的马华主角也真正完成了身份上的转变，从少年到青年再到中年，从男孩到男人，他们在雨林中一再完成的自我成长启蒙，使婆罗洲雨林成为展演马华青少年成长之旅的重要舞台。

张贵兴小说中的主要男性角色多有相互呼应的关系，"串联一个男性马华（文学）主体成长的心影录"[①]：马华青少年在历史变革、种族政治中经受磨难，为对抗不公平的命运，不断旅行——从南洋到宝岛台湾，再从台湾返回婆罗洲雨林，他们不断追寻自我身份和寻找出路，从而造就了马来西亚华人学子独具特色的成长轨迹。从雷恩到苏其，到施仕才、余鹏雉，再到关亚凤，这一系列人物所经历的一切，揭示出张贵兴作品中马来西亚华裔青少年面对华人族群离散境遇时所做的努力与历史选择。它表明，对这一群体而言，他们虽因不同的理由和方式从婆罗洲出发，寻找"我"的来处和去处，但终归于原点：只有重返雨林，才能继续生存，因为婆罗洲雨林已经成为他们实实在在的"根"，成为他们抵御现代文化侵蚀的精神家园，故家族所具有的"家"和"家园"意象成为子辈华人安置失落灵魂的精神领地，只有将寻找与返回家园的宿命融于对家族历史的追溯和叙述里，马来西亚的子辈华人敏感孤独的心灵才有了寄托之处。

二、家族历史叙事："父"辈华人的移民之旅

在重新激活马来西亚华人移民的历史文本时，不同于以方北方的"马来亚三部曲"为代表的"史诗"式历史书写致力重现华人祖辈的开创之

---

① 王德威：《序论：在群象与猴党的家乡——张贵兴的马华故事》，选自张贵兴：《我思念的长眠中的南国公主》，台北：麦田出版社，2001年，第15页。

功，张贵兴响应马来文学、东马华文文学中叙述华人拓荒史不同侧面的创作传统，融入自身对马来西亚华人历史的独特见解，在历史书写时重描华人移民南洋的幽暗面，以上下三代的家族历史来想象华人的移民历程，其中充满暴力、血腥和杀戮。

（一）离乡漂泊：南来

史料记载，砂捞越（位于马来西亚加里曼丹北部）早在一千五百年前就与中国有朝贡贸易的关系，当时少有华人在岛上定居，"直到十八世纪中期，当这里来开采金矿的客家人开始结成伙伴关系和组成兄弟会后，该岛才可说有华人聚集区的出现"①。到19世纪初期华人人口仍然不多，此后却有显著的增长。西方世界进入工业时代后，对锡的需求不断增长，从而改变了马来亚大量金属矿藏原有的开采模式，而新的模式需要大量的劳动力。19世纪50年代，马来苏丹、贵族和首领已经意识到华人劳工的价值，他们直接从中国或通过新加坡代理人吸引华工南来。"当19世纪70年代英国开始卷入的时候，可以明显看到中国工人和商人的持续涌入。"②这一时期大规模的华工南移是中国人移民东南亚的第二个高潮，也被称为中国苦力贸易。19世纪40年代至20世纪初，华人劳工是出国华侨的主体，他们绝大多数以契约形式通过华商"客头"招引出国，即以出国后的工资为抵押，替换出国费用，称为"契约华工"。据史料记载，从1881—1915年，进入马来亚半岛的契约华工，总计超过七十七万人；1884—1904年，每年进入勿里洞的华工苦力超过五千人；1905—1922年，每年过万名华工进入该地区，最多时年进入量超过两万人。③

---

① 潘翎主编：《海外华人百科全书》，香港：三联书店，1998年，第184页。

② ［澳］米尔顿·奥斯本：《东南亚史》，郭继光译，北京：商务印书馆，2012年，第102页。

③ 庄国土：《论中国人移民东南亚的四次大潮》，《南洋问题研究》2008年第1期。

大量的华人成为廉价的"商品",被新加坡代理人通过欺骗、绑架等方式卖到南洋成为华工苦力,这在张贵兴小说的家族历史叙事中有所描绘。如《群象》余施两家的祖辈少年时代相识,"十七八岁时被人在暗街袭击绑架到一艘千吨帆船底舱,和数百猪仔卖到南洋爪哇当华工。时值清朝末年。父亲在甘蔗园、咖啡园和矿场染上赌博,亲家翁则染上一生不曾戒除的鸦片瘾。猪仔契约期满,二人乘船至北婆罗洲当伐木工,成家。"① 《猴杯》中的曾祖"搭乘载满苦力暗无天日臭气熏天的船舱"②来到南洋,其一生始终记得的是"苦力汗臭尿屎味弥漫一艘载运猪仔的帆船底舱"③,余家种植园大量的华工也有相似的被奴役与被剥削的遭遇,他们都是签订了长期契约的苦力,只有等契约满了才能离开。尽管艰苦的生存条件使华工苦力的死亡率较高,但华工仍源源不断南来,其中也有相当多的华工契满回到中国或者成为自由劳动力留在当地另谋出路,如《猴杯》中的曾祖余石秀苦力出身,以猪仔华工的身份来到南洋,早年在矿区卖力气糊口,后靠狠劲与野心,九死一生逃出矿区,成为种植园的头家。

除契约华工外,也有其他类型的中国移民大量进入马来亚,从事小商贩、工匠、种植等行业。《顽皮家族》的夔家便是如此,"顽龙和哥哥顽骏、弟弟顽牡携家带眷离开广东龙川县'火烧水淹窖相穷酸不改'(这是顽豹练习作文时的说法)的家乡时年方二十五,三家人眺望'希望无穷太平永远'(这是顽豹练习作文时的说法)的南中国海,更坚定了抛国弃家渡海寻找一块吃拉地的伟大愿望"④。这些祖父辈离乡漂泊与南来的遭遇,并不是由历史的经历者直接讲述,而主要是经由子辈华人的追忆与想象来叙述。《顽皮家族》的叙事开始于夔家落地南洋后出生的子辈顽豹

---

① 张贵兴:《群象》,台北:麦田出版社,2006年,第177页。

② 张贵兴:《猴杯》,台北:联合文学出版社,2000年,第267页。

③ 同上,第72页。

④ 张贵兴:《顽皮家族》,台北:联合文学出版社,1996年,第11页。

的日记："我的父亲出生在中国的一个省，叫广东省。我的父亲是一个很有名的人，因为他会打功夫，所以坏人怕我的父亲。我的母亲也很有名，她很会养鸡鸭牛羊，养到大家都爱买，所以鸡鸭牛羊都喜欢被我的母亲养。"①随后关于夔家如何在"日月出没不定时，地壳还未成型，岛屿一年东移西迁几次，蛮人吃人肉猎人头"②的南洋生活的故事，多是经由其他兄弟姐妹的回忆与补充而成的，"一百岁以后，顽虎仍然记得父亲夔顽龙说的那个夔家第一座房子的故事"③。《群象》里，男孩从舅舅余家同记录的札记中了解到施余两家之间的家族纠葛；《猴杯》中，雉通过祖父余翱汉的讲述得知曾祖与祖父掩藏的家族罪恶史；《野猪渡河》中，关亚凤自杀前将自己的身世遭遇以讲故事的方式告知儿子柏洋。

由此不难发现，在张贵兴的小说中，子辈华人的个体历史叙事进一步推动了父辈家族历史的书写，通过对旧家族史的梳理，尤其是对马来西亚父辈华人移民家族形象的重塑来表达和叙述子辈对历史的记忆，《顽皮家族》的两代夔家历史，《群象》的施余两家纠葛，《猴杯》则以余家三代人的生活为主线，等等，家族的兴衰演绎了华人族群移民历史的兴衰。

（二）拓荒定居：奋斗

不少来到马来西亚的华人群体通过自身的艰苦奋斗为马来西亚的发展添砖加瓦，他们在马来半岛和婆罗洲雨林从事艰苦的拓荒工作，把原始森林变为种植园区。契约华工们努力开发矿场，很快使19世纪70年代马来亚的锡矿产量占据世界锡产量的一半之多④。《顽皮家族》中的夔顽龙夫妇和《沙龙祖母》中的祖母便是缩影，他们依靠自身的顽强毅力，自力更生

---

① 张贵兴：《顽皮家族》，台北：联合文学出版社，1996年，第7页。

② 同上，第12页。

③ 同上，第9页。

④ 庄国土：《论中国人移民东南亚的四次大潮》，《南洋问题研究》2008年第1期。

支撑一家老小的生活，重现华族在婆罗洲出生入死的拓荒史。然而在张贵兴小说的家族历史书写中，重点关注的不是华人下南洋谋生的缘由与"辉煌"的拓荒历史，而是意图透过书写兴衰起伏的家族秘史来折射华人祖辈艰苦创业的幽暗面，即对华人底层劳工苦力的控制与剥削，对原住民的压榨和侵害。正如张贵兴曾言："在马来西亚的华人奋斗或生长的过程，有很多人去那边是被像卖猪仔一般地卖过去的！当然他们是被利用的，但是当他们取得权力之后，也采用相同的模式，运用狡猾的智慧剥削当地的土人，占领他们的土地。……许多写华人移民史的都没有写到这一点。大多数都写其中的血泪与辛苦，当然这部分也是有的，但是不为人知的一面也是存在的！"①这折射出张贵兴观照华人族群移民历史的独特角度。

《群象》的主人公施仕才从札记中得知在祖父和外祖父的漠视下，母亲曾被父亲当作抵还赌债的物品，直至畸形小妹君怡出生；神秘出现于施家后门的象牙解决了施家的部分食用和父亲不定时欠下的庞大赌债，余家同写道："如果不是象牙，姐姐仍会以肉体去堵塞姐夫的贪婪，施家的'后裔'仍会源源不断吧。"②施家的秘密还有很多，施家所有的后代都不是父亲亲生的，包括男孩；"祖父当年被祖母软禁，也许祖父不只盗墓，还盗取井中象牙，或许软禁畜舍时发觉了井中秘密……逃出时，想取象牙，被祖母阻挠？……祖母被祖父意外？蓄意？溺死井中？祖父慌乱中取走二对象牙……"③男孩不禁思考，父亲知道吗？"君怡出生后，以母亲肉体抵还赌债的方式仍延续着？母亲为何不以象牙解决债务？或许她想保密免被父亲挥霍殆尽？"④小说中施余两家的秘密笼罩着男孩的一生，却因为缺少

① 潘弘辉：《雨林之歌——专访张贵兴》《自由时报·自由副刊》，2001年第2期。转引自贾颖妮：《历史记忆的摆荡：张贵兴"雨林三部曲"的华人拓荒史书写》，《文艺争鸣》2018年第8期。
② 张贵兴：《群象》，台北：麦田出版社，2006年，第180页。
③ 同上，第186页。
④ 同上。

历史经历者的直接叙述，使家族故事的书写始终有一层挥之不去的阴影，无法窥见内在，只能借由男孩的追寻不断趋近。

《猴杯》通过子辈余鹏雉的回忆与想象，展现出曾祖余石秀在摆脱苦力身份后，不断积累原始资本和扩大家业的狡诈、贪婪与残忍。以猪仔华工身份来到婆罗洲的曾祖在矿区煽动二十多个华工苦力一起窃取金块，事后不仅独吞黄金，还设计拆卸支撑矿区的盐木和梁柱，活埋其他矿工；曾祖用金块贿赂英人总督，成为种植园区的代理园主由此发家。接任代理园主职位后，曾祖的野心更加膨胀。为了扩充家业，他违禁种植罂粟，开赌馆、鸦片馆和妓院，设套利用"总督"与日军，先迫害潘家九岁男童、黄姓邻居一家，如愿夺取潘黄两家的果园变为自家种植区；后又借日本侵略者之手，残忍杀害知道余家金块秘密的族人，其中包括曾祖的堂兄和表弟；利用赌债、抽鸦片和嫖娼让种植园区内的底层华工苦力不得不永久无偿从事艰苦的工作。为了满足自己的私欲，他让苦力们用女儿抵债，卖入余家娼馆，并在小木屋中用手段驯服年轻女性使她们"最后总是会柔顺而一言不发地踏入娼馆"[1]，包括儿子余石秀心仪的小花印。为了让余家后继有人，他以要求劳工苦力的方式苛求儿子，"曾祖对待祖父的严厉，不下于他对待种植园区的苦力和巡逻队员"[2]；又将驯服野兽的手段用在教育和传授儿子家训的过程中，"雨林里有一种蠕虫，当它们找不到食物时就消化自己的器官，消化的顺序完全依重要性而定，最早消化的是生殖器官，最后是神经器官，可见得为了生存，有些东西是要牺牲的，但牺牲得要有智慧，你本末倒置，为屌奉献，结果是没头没脑，有勇无谋"[3]。最后在他的调教与掌控下，祖父余翱汉变成了和"总督"（野生犀牛）一样的兽

---

[1] 张贵兴：《群象》，台北：麦田出版社，2006年，第220页。

[2] 同上，第216页。

[3] 张贵兴：《猴杯》，台北：联合文学出版社，2000年，第218页。

类，守护余家家园时冷酷无情，只剩下欲望、攻击与生存的本能。同时，借由祖父的叙述，余鹏雉记忆中的祖父逐渐和曾祖融为一体，他完全接受曾祖的家训，成为第二代"余石秀"。为了保住藏在丝棉树下的金块，他将"总督"终生囚禁于树下的兽栏，把知悉黄金秘密并怀有余家后代的女共产党员出卖给警察局，造成一尸两命的惨剧；在余家与达雅克人的咖啡园战役后，他谨记曾祖遗训，认为百分之九十的达雅克人都是余家敌人，毫不分说直接开枪打死闯进余家玉米园的达雅克少女；他甚至设计收养小花印的外孙女丽妹（达雅克人），将十五岁的丽妹牵入丝绵树下无数次性侵，争吵时误杀知情的祖母，最终导致丽妹在精神失常的状态下抱着畸形胎儿逃向雨林。余石秀父子的身上显影了华人移民史的幽暗面：上层华人延续了英国白人殖民者的恶行，并把它用作压榨与剥削底层华工的手段，从而积累资本用以发家。这类华裔财主的凶狠贪婪、冷漠狡诈和唯利是图在余家曾祖和祖父身上体现得淋漓尽致。

张贵兴小说的这类历史叙述有一定的现实依据："大量的东南亚华人移民作为苦力到来、工作和死亡，苦力劳工从事艰苦、体能要求高的工作，但是工资低。华人企业家移民的成功不应该掩盖那些工资很低而且经常受到虐待的劳工。其他华人移民的职业远离商业世界的上层，比如作为市场园丁或者厨房帮手、木匠和店员。总之，商业成功和获得巨大财富不是东南亚华人生活的一个普遍特征。"①华人移民的这一幽暗侧面常被人忘记、漠视和回避。马来亚的锡矿多由华人劳工开采，其招募与管理者全为华人，该地区的华人矿主和种植园主对华工的虐待程度不亚于欧洲人，他们还参与了华工的贩运：派遣信任的"老客"充当客头返回中国原家乡招募新的华人劳工。由于华人工头的收益，取决于其管辖华工的产出，为获取最大利益，他们对华工的压榨往往不遗余力。

---

① ［澳］米尔顿·奥斯本：《东南亚史》，郭继光译，北京：商务印书馆，2012年，第103页。

对东南亚华人移民历史有更深层次的认知后，张贵兴小说对华人拓荒史的书写态度发生转变，不同于此前在《顽皮家族》中对夔家定居南洋故事正面的叙述，《群象》开始透出华人历史幽暗面的影子，《猴杯》及之后的小说更是极力叙述华人族群拓荒奋斗中的暴力、血腥手段，"张贵兴有意要化简为繁，翻转'拓荒血泪史'的制式书写，以'匡正'历史一面倒的偏颇。"①这主要表现在他以华裔子辈的视角来讲述祖父辈残暴的发家故事，塑造了余石秀、余翱汉之类的"华裔财主"形象。从某种程度上说，其家族历史叙事的结果既以文学的形式想象和重现华人族群拓荒历史的幽暗面，又修正了人们对既定历史的看法：马来西亚的华人族群内部存在着分化，部分华人控制乃至剥削大量底层华工苦力，余石秀代表的这类财主式的华裔以港主的方式经营种植园区，"与白人拉惹保持互相倚赖的良好关系，拥有鸦片、酒、赌馆的垄断权，以方言群、宗教等形式集合和牢控着华工市场"②。

（三）落叶生根：在地

在回溯华人移民南洋的叙述中，张贵兴小说的历史叙事也注意到华人家族在马来西亚落叶生根的问题，这主要牵涉到的是祖父辈与子辈之间存在的认知矛盾，即如何定位自身在婆罗洲这块土地的位置。第二次世界大战后，东南亚民族国家相继宣布独立建国，先后程度不同地推行同化华人的政策。同时中国政府也从建国初期推行的培养华侨国民意识的政策转变为鼓励华侨入籍、效忠当地政府的政策。国家层面的政策变化对东南亚华人的政治认同产生极大的影响。一方面，绝大多数的华人选择加入马来西

① 贾颖妮：《历史记忆的摆荡：张贵兴"雨林三部曲"的华人拓荒史书写》，《文艺争鸣》2018年第8期。
② 林水檺等编：《马来西亚华人史新编》（第二册），吉隆坡：马来西亚中华大会堂总会出版，1998年，第301页。

亚国籍，"到20世纪70年代末，东南亚华人已基本上完成国家认同的转向，仍持中国护照的华侨数量极少，且在华人社会中影响甚微。"①另一方面，马来西亚的华人在族群认同上表现为自我的"华人意识"，这一意识的保持是当地华人族群认同的基础，也是对他人与其他族群有意识的文化界定。然而由于外部环境的变化与个体自我认同的调适，华人意识的强弱与变化不仅在东南亚各地呈现出很大的差异，"大体而言，新加坡和马来西亚的华人族群认同感较强，不但表现为个人作为华人的意识更明确，而且表现为华人社会内部的组织机构较为健全，华人个人和团体活跃地参与各种社会事务，尤其是政治事务。"②同时，在马来西亚子父辈间华人的族群文化意识也出现了较大的差异。

《顽皮家族》中，困于生计离乡漂泊的夒顽龙三兄弟是通过抓阄决定各自的去向，此时，他们眼中的家乡是一块火烧水淹窘相穷酸不改的"仇家地"，宁可渡海寻找新的吃拉地。夒顽龙带着妻儿历经狂风暴雨与海盗的洗礼来到南洋，在从天而降的海盗船上建造他们的家，房子主要以海盗船的舱板、甲板和龙骨等部件构成，"外形像一个大而无当的棺椁或一个没落王族的陪葬陵寝。房子从盖好的第一天开始就维持着一种固定的倾斜姿势，就像它的船壳主体在海上的漂流状态"③。在顽龙夫妇看来，这里"风不吹，河水不流，叶不响，草不飞，鸟不展翅，鱼不摆鳍，百兽不动，大地孕育了一批懒胚"④，故他们只能依靠自己带来的工具，在这块土地上开荒种植、圈养动物与安居。然而，若干年后一场大洪水让夒家再次漂流海上。对此，顽龙一家并无太多的伤感与忧愁，甚至面对孩子询问是否会回到中国时，夒家男主人顽龙回答有可能的同时，也告诉顽麟：

---

① 庄国土：《略论东南亚华族的族群认同及其发展趋势》，《厦门大学学报》2002年第3期。
② 同上。
③ 张贵兴：《顽皮家族》，台北：联合文学出版社，1996年，第9页。
④ 同上。

"听说日本人走了以后，祖国正在内战，回去当炮灰？"①《猴杯》中，祖父告诫雉："有出息一点，最好不要再回到这块鬼地方。"②可见，夔顽龙之类的华人群体，只是将婆罗洲当作暂时的落脚点，并非永久的安身处，"几乎肯定的是，这些远离祖国的游子大多不会把马六甲当作他们的家。他们在马六甲生老病死、开枝散叶，但是他们的家仍然在海洋那边的遥远地区。直到最近，这仍是绝大多数生活在东南亚的非本地社区的态度"③。这里的他们包括主动选择离乡漂泊到婆罗洲的华人祖父辈。然而就像小说结尾所预言的，"一切又和当初一样。没有人知道洪水何时消失，没有人知道他们将会漂到哪里。也许他们会漂到一个新地方，过另一种生活，也许他们只是原地打转，或者绕一个圈，重新回到村庄上"④。婆罗洲的华人移民曾因生计离乡来到此处，又因生计与时代的变迁，只能选择落地生根。

同时，华人祖父辈被迫在婆罗洲上落地生根后缺乏自制力与无能的另一面也是张贵兴家族历史书写关注的对象。作品将其设置为故事得以展开的重要背景，一方面揭示了婆罗洲的华人家族中男性长辈权威日益缺失的缘由，即他们无力承担起中华传统文化对"父"的基本要求。《群象》中，祖父因吸食鸦片上瘾，施家物什均被变卖，而父亲终日沉迷于赌博，欠下债务便以母亲抵债，最终发疯后吃书而亡；《猴杯》中的余家虽比《群象》中的施家更富有，然而曾祖和祖父也耽迷于赌博、吸鸦片和逛娟馆，仅靠残疾的母亲打理家园；《我思念的长眠中的南国公主》中，苏父痴迷在宴会上开设赌局，圈养原住民少女作为娱乐工具，后被报复致死。

---

① 张贵兴：《顽皮家族》，台北：联合文学出版社，1996年，第168页。

② 同上，第49页。

③ ［澳］米尔顿·奥斯本：《东南亚史》，郭继光译，北京：商务印书馆，2012年，第98—99页。

④ 张贵兴：《顽皮家族》，台北：联合文学出版社，1996年，第168页。

　　另一方面更以祖父辈作为参照物，反映出子辈对婆罗洲雨林的情感倾向，张贵兴曾直言："那个素未谋面的广东自然不是我的故乡，我住了超过十九年的台湾也不是，当然就只有是那个赤道下的热带岛屿了。家乡的亲人是移民的后裔，以各种合法的非法的方式谋生，活得乐观、自在而深富哲理"①。从《顽皮家族》的顽虎及其兄弟姐妹，到《赛莲之歌》的少年雷恩，再到《群象》的施仕才兄弟；从《猴杯》的余鹏雉兄弟，到《我思念的长眠中的南国公主》的苏其，再到《野猪渡河》的关亚凤，作为出生在当地的华人后代，他们的日常便是与婆罗洲的各类动植物相处，和同龄的原住民交往，对中国的了解仅来自中学老师的授课与家里长辈和华人族群中的华文教育。著名学者王赓武指出："流向东南亚的华人移民，在20世纪50年代就基本停止了。'二战'结束时，90%的海外华人居住在这一地区；1990年代，这一数字下降到约80%。这80%的华人当中，大多数出生在当地，他们对中国的了解远不及父辈，几乎没有人想过要回到中国生活。"②不同于出生在中国的祖辈，生长在马来西亚的马来西亚子辈华人对婆罗洲有着难以割舍的浓厚情感，对这一群体而言，马来西亚是他们的家，是他们的国，是他们的根，婆罗洲在他们的成长之旅中占据着远比中国更重要的位置。

　　张贵兴小说中的家族历史叙事与个体历史书写有着紧密的关系，文本采用"失踪—寻觅—发现"的叙事架构，以后辈的视角来追叙家族的秘史，让作为子辈的华族青少年来讲述家史，是以文学为祖父辈在华人移民历程中犯下的罪恶提供铁铮铮的证明。同时，作品暗含马来西亚子辈华人追寻自我身份时，自觉或不自觉地理清家族之根的努力，意图通过家族历史的梳理，建立一套谱系脉络，在说服自我的同时，向"他者"展示自我

---

① 张贵兴：《顽皮家族》，台北：联合文学出版社，1996年，第4页。
② ［澳］王赓武：《王赓武自选集·华人与中国》，上海：上海人民出版社，2013年，第234页。

立根于此的依据和底气。张贵兴通过书写一家或者数家几代人的命运，直接表现近现代华人族群移民马来西亚的历史。如《猴杯》从留着晚清小辫子的曾祖以猪仔的身份来到南洋写起，曾祖从白人总督手中获得种植园区的代理权，开始了华人族群与婆罗洲原住民的交往历程。"家族"成为马来西亚华人民间立场的一个象征，以家族的视角来解释历史，步步照应了英殖民地时代、马来亚共产党时期、日本侵略时期、马来西亚建国后的历史，半个多世纪的华人移民风云通过家族的命运折射出来。

三、族群交往历史叙事：杂居经验的不同侧面

马来西亚是一个有多元种族的国家，尤其是在东马两州，种族多元的社会现象尤为突出。多民族生活的社会环境使族群关系成为各阶层博弈的中心，也是马华留台文学创作的关注焦点。在张贵兴小说的历史叙事中，族群交往历史的书写是其割舍不掉的部分，这一书写对象折射出日益深刻的怀乡之情，晚近的张贵兴越发依赖故乡。张贵兴小说的族群交往历史叙事主要聚焦马来西亚处于英殖民地时代、日本侵略时期和马来西亚转型时期的华人族群与原住民的恩怨纠葛，并将其与个体历史、家族历史的书写巧妙地糅合于文本。作者通过子辈追溯祖父辈故事的线索，透视华族与婆罗洲土著族群之间复杂的利益关系，在梳理个人史、家族史后进一步厘清族群历史，用以明确定位当代华人/华裔在马来西亚多元种族中的身份。

（一）尘埃中的"阴影"——英殖民地时代

张贵兴小说的族群交往历史叙事最先关注的是华人在英属马来亚的社会政治环境下，如何与白人统治者、原住民相处的问题。"一九三〇年一月广东龙川人夔顽龙第一次踏上这个热带岛屿同时也是世界上第三大岛时，此岛当时正是大英帝国众多殖民地之一，英国政府听说中国人勤劳又爱钱，温驯又高智慧，从香港大使馆派遣特使到广东和福建省进行

说服，二〇和三〇年代，大批中国移民涌入这个自由浪漫的热带岛屿，在分配到的土地上垦荒和种植农作物，不想移民的中国人则替当地的商人种植甘蔗、棕榈、咖啡、胡椒、烟草，养饱肚皮后弄一点外汇回国。"①这是《顽皮家族》中的一段描写，颇具反讽意味的是当殖民地官员看见夔顽龙的大帆船上有贵重物品时的反应。英国政府的官员没收了毛瑟枪、来福枪、两尊六磅与十八磅的火炮和一门回旋炮，用以表示对中国移民的欢迎和亲善，而当地的居民却只能"绞尽脑汁开发这些礼物的实用性"，②这隐喻了英殖民地时代的马来亚华人族群与其他民族的交往关系。殖民地的英国官员掌握着婆罗洲独一无二的权力，凭借强大的军事力量，他们可以随意处置婆罗洲的一切，尤其是种植地的分配份额。夔顽龙的大方赠礼获得了当地人的欢迎，尤其是白人政府的好感，无意的"贿赂"使其能够从殖民地官员的手中分到一块比别人大的种植地。

而到了《猴杯》，张贵兴小说的族群交往历史叙述有了更深层次的揭露。不同于夔顽龙与原住民的友好共处、互相学习，余石秀为代表的华人移民，主动贿赂殖民地的白人总督来换取压榨底层华工与原住民的权力和武力。在《猴杯》中，作为华人族群缩影的余家与婆罗洲的达雅克人进行了长达百年的博弈。曾祖余石秀利用在矿区学到的更高明的篡位经验，用偷来的金块从殖民政府手中换取种植园区的代理权，"接管园区后大肆招工征地，将当初只种植咖啡和烟草的中型垦荒地扩充到一个拥有茶园、胡椒园、胶园、罂粟园和伐木厂的大型种植园区"③。十年间余石秀的垦荒行为改变了婆罗洲的生态景观，导致当地种植地的过度开发。一方面，面对英国殖民者，他频繁出入总督府上下打理，可以半公开地种植鸦片，随后买下殖民政府委托他经营的咖啡园和烟草园，在园区内伐木、滥杀动物，

① 张贵兴：《顽皮家族》，台北：联合文学出版社，1996年，第39页。
② 张贵兴：《顽皮家族》，台北：联合文学出版社，1996年，第39页。
③ 张贵兴：《猴杯》，台北：联合文学出版社，2000年，第180页。

毫无节制地破坏雨林生态。另一方面，他利用殖民地政府不断侵占当地土著的耕地，威胁原住民的基本生存条件。"曾祖花了十年时间，贿赂利诱，恫吓威胁，挑拨离间，联夷制夷，试图安抚、控制、消灭土族"①。

在余石秀看来，自己与土著达雅克人之间的关系是一种弱肉强食、适者生存的食物链之争，关键在于哪一方是掠食者。达雅克族人多次寻求英国殖民地政府的帮助，但殖民地官员更看重曾祖上交的税收和各种好处，漠视土著的要求，与曾祖沆瀣一气，认为达雅克人休养生息、轮耕种植土地的方式是浪费资源，不如让华人充分发挥最大的经济价值。和平交涉无果后，达雅克人只能采用最简单粗暴的方式来保护自己的耕地和雨林家园，他们用武力、暗杀余石秀等手段试图破坏园区的生产经营。曾祖先向殖民政府报告，由对方派遣下属在余家种植园区内站岗督查并劝告长屋约束达雅克族人；后通过殖民政府购入枪支组织武装力量，对达雅克人进行暴力反击。余石秀的血腥手段招致原住民的疯狂报复，双方矛盾激化，爆发"咖啡园战役"。达雅克族人在这场战役中损失惨重，数十位族人牺牲。而当英国殖民者离开后，曾祖仍然继续着对达雅克人的迫害，甚至以家族传承的方式在余家持续这种压榨：余家曾祖和祖父不仅逼迫土著少女卖淫，父子二人还经常到娼妓馆嫖宿马来族和达雅克族的女性。达雅克族的隐士阿班班被祖父杀死前自白，"余石秀占我土地，扰我山林，杀戮奸淫我族，今日终于得其头颅觑其脑纹，了我心愿……"②此后，阿班班的后人巴都及其族人一直寻找机会向余家人复仇，在他们心中以余家曾祖和祖父为代表的华人男性与野兽无异，而野兽不是他们的朋友。某种程度上，余家与达雅克人之间的宿怨反映了华人族群与婆罗洲原住民的复杂纠葛。在张贵兴的笔下，华人不仅侵占当地原住民的土地与财富，还用各类手段

---

① 张贵兴：《猴杯》，台北：联合文学出版社，2000年，第181页。
② 张贵兴：《猴杯》，台北：联合文学出版社，2000年，第299页。

占有达雅克女性，其历史书写将华人族群压榨、剥削土著的幽暗一面以浓墨重彩的方式标识出来。

可见，张贵兴小说的族群交往历史折射出的是英属殖民地时代下华人族群与原住民之间弱肉强食的生存关系。据史料记载，英属殖民地时期的婆罗洲，一方面，英国人任命华人领袖为甲必丹，依赖秘密会社来管理鸦片、烟和酒的承包税制，这部分华人负责拓展锡矿业和种植园、管理华人与维持华人社会的秩序。不过，当英国的政权稳固后，华人在当地受到的管治与限制便越来越严苛。另一方面，大量从事商业的华人成为小商贩，将商品售卖给土著。与原住民相比，他们在经济地位上占有一定优势，被马来人视为压榨者。"大量的证据表明，欧洲人在东南亚殖民地的悠闲很容易陷入一种模式，即假定他们在道德上高于'本地'的大众以及确保他们的生存条件是适合这种被提升的地位的。……这是一种越来越造成怨恨的状况。而且，人们逐渐意识到，殖民地的经济收益大量地汇集到遥远的宗主国、殖民社区外来成员以及已经成为前者利益共同体的那些人中。这种意识进一步加剧了怨恨。"[1]无论是夔家无意的贿赂，还是余家曾祖的利益算计，都透出华人在丛林法则面前具有的优势条件。在特殊的历史环境与婆罗洲雨林的生态环境中，他们能够依赖更强势的一方，充分发挥吃苦耐劳、艰苦奋斗与精于经营的民族特性来占据较为有利的食物链位置，从而摆脱被压榨的底层地位。在这一过程中，华人族群恶的人性面不断被放大，他们暴力地压榨处于弱势地位的土著，从基本的生存条件到种族繁衍的躯体。

---

① ［澳］米尔顿·奥斯本：《东南亚史》，郭继光译，北京：商务印书馆，2012年，第115—116页。

（二）一种历史的重构——日本侵略时期

据史料记载，20世纪40年代日本入侵马来亚的这段时间对马来半岛的不同族群来说，是不一样的战争经历。"马来亚的战争经历对马来人来说相对轻松；对华人则是相当残酷且受尽剥夺；对印度人少数族群，尤其是那个社区不那么富有的成员，则是一个改善地位的机会，因为日本人把他们提升到了以前他们没有拥有过的权力位置。"①日军占领马来半岛后，为扑灭抗日力量和镇压民众，在全马各处进行"大检证"和"肃清"行动，"肃清"对象主要是华侨义勇军、共产党员、抗日分子筹赈会成员及捐助中国政府和资助抗日的人员。稍有疑者，即扣押或者杀害，"以全马计，则遭杀害者应在10万人以上。此外日军到处随意奸杀妇女，不计老少，遭害者不计其数。各族中以华人妇女最遭厄运，唯日军不奸欧籍妇女"②。

晚近，张贵兴小说中的族群交往历史书写青睐于以广阔的族群社区互动里不同阶层的人物故事来重新构筑族群间的交往历史。2018年出版的《野猪渡河》继续之前作品的个体历史叙事与家族历史叙事，同时将日本入侵马来亚时期的华人族群与婆罗洲土著族群间的交往历史以长篇史诗的形式浓缩在小说中，透过华人村落猪芭村的村史来折射婆罗洲砂捞越发生过的华人与达雅克人的历史传奇。表面上作品叙述的是二战日本南侵砂捞越的历史惨剧，实际上展演的故事可以上溯到十九世纪末。包括白人、华人、马来人、日本人与原住民聚集在北婆罗洲进行贸易，交换利益，生存的本能、掠夺的欲望、种族的压力使华人于无所不在的政治资本纠葛中既是被压迫者，也常是压迫者。张贵兴小说将象征华人族

① ［澳］米尔顿·奥斯本：《东南亚史》，郭继光译，北京：商务印书馆，2012年，第148页。
② 林水檺等编：《马来西亚华人史新编》（第二册），吉隆坡：马来西亚中华大会堂总会，1998年，第94页。

群的猪芭村放置在这一历史背景中展开，是为了诉说东马砂捞越历史记忆中极其残酷、暴力的一面，其中显示了张贵兴不同以往的叙述立场，正如王德威所言，"在一个伊斯兰信仰为主的语境里大谈野猪，作者的种族讽刺意图昭然若揭"①。

一方面，华人村落猪芭村曾遭受英国殖民者的屠杀，日军入侵时又成为日军蹂躏与屠杀的首要目标。先是华人刘善邦与白人总督占姆士协商未果，"占姆士率领以马来人和猎头族组成的万人军队反扑，刘善邦阵亡，华工溃逃，血洗十二公司，屠杀两千六百华裔老弱妇孺"，在英国殖民者发现误会华人后，反而更加坚定自身对华人的偏见，认为"中国人，鬼鬼祟祟，拐弯抹角，走后门，讲大话，奸诈自私，下流淫秽"，都是像刘善邦一样"长着小猪眼、拖着大猪尾的流氓"，"一日三餐吃老鼠、猫狗、蜗牛和蛐蜒的野蛮人"，"口吐致癌浊气的妖怪"②。其后是日本侵略者以追杀"筹赈祖国难民委员会"成员和支持者为由，杀戮奸淫无数的华人。猪芭村年轻女子只能匆忙相亲嫁人，免得贞节不保，然而日寇的魔掌仍然肆意地落在老少妇女身上。在《山崎的名单》一章，侵略者吉野和山崎让猪芭村人高梨、黄万福互搏而死后，并未按照诺言放过孩子们，"孩子的哭声撕裂了猪芭人的心。山崎越过万福和高梨尸体，拔出村正刀，削掉万福一个十岁孩子的头颅。……孩子无头的身体对着山崎跨了两步，被山崎一脚踹到小水洼中。年纪较大的孩子似乎了解情势了，最大的孩子抱着最小的孩子，带头冲向身后的茅草丛。吉野拔出正宗刀，站在山崎身边。山崎用鬼子话快速地数了十下，两人大步走向茅草丛"③。《庞蒂雅娜》一章中，"二十二个猪芭村男人头颅像小山堆积广场上"，

---

① 王德威：《序论：失掉的好地狱》，选自张贵兴：《野猪渡河》，新北：联经出版社，2018年，第6页。
② 张贵兴：《野猪渡河》，新北：联经出版社，2018年，第46页。
③ 同上，第153页。

日本侵略者用沾满鲜血的军刀剖开孕妇的肚子，"五个女人，包括各怀着九月、八月和五月身孕的牛油妈、周巧巧、黄惠晴，被剖开肚子后斩首，头颅也挂在猪芭桥头六根立竿上"①，被性侵者从马婆婆到少女何芸再到小女孩林晓婷，小说用冷静的态度和精练的文字将日寇对华人、土著族群的血腥杀戮一一展演在婆罗洲这块土地上，道尽华族与原住民被侵略、被压迫的历史。

另一方面，在猪芭村的社群环境中，无论是华人，还是殖民者都歧视婆罗洲土著，甚至华人族群内部也存在着压迫与被压迫的关系。白人殖民者利用原住民镇压华人族群的反抗，深入雨林内陆"白天猎杀红毛猩猩、长臂猿、蜜熊、吠鹿和云豹，晚上在屋子里点燃煤气灯腌制标本"②，破坏婆罗洲的生态环境；脸上有印记的何芸无人求娶，为避免被日军践踏，只能嫁给"番人"的她对关亚凤说"忘了我的胎疤吧。我不想把第一次给了番人"③；达雅克美少女被嫉妒的日裔女性爱蜜莉设计溺死于沼泽；十三岁的牛油妈、红脸关的未婚妻以及十二岁的严恩庭等猪芭村女性沦为朱大帝肆意性剥削与意淫的对象；孩子和普通村民成为朱大帝、钟老怪等人的替罪羔羊惨遭日军屠杀，甚至被他们亲自开枪击毙。种种事迹都折射出这片热带莽丛发生过的族群纠葛，其中有战争的残酷荒谬，也有普罗大众的悲欢离合、生死痛喜。

如前所述，梳理张贵兴小说的族群交往历史书写后，会发现《群象》处理的是施、余两家定居的历史故事，《猴杯》追溯的是华人拓荒家族的幽暗历史，故事的时间跨度虽都延伸到了当代的马来西亚，但叙述内容重在过去而非现在，至少从表面看是如此。从时序而言，《野猪渡河》描写的"三年八个月"也更像是一部马来西亚前史，为日后的风风雨雨做铺

---

① 张贵兴：《野猪渡河》，新北：联经出版社，2018年，第192—193页。

② 同上，第404页。

③ 同上，第101页。

垫。这些文本中的历史经历一个丰富、添加与激活的过程，多是成为华人移民家族故事的原因、背景和后果，它们和家族历史可以是两个完全不相干的独立部分，如舅舅余家同逃向雨林后《群象》的故事可以到此为止。张贵兴着意于诉说这一时期华人族群交往历史中极其残酷、暴力的一面，无疑是为了更深层次地揭示人性善恶之争，因为"历史文本是活跃的、流动的，它以自己生活的模式评判现实的生活；历史人物是活生生的，他以人的方式评判现实的人。生活模式的评判是表层次的，挖掘、评判'人的潜力'才是深层次的，也正是在深层次上历史和现实才融化在一起。以人为中心构筑历史与现实的对话才是可能的"①。故张贵兴将华人族群历史与子辈华人的成长历程、父辈华人的移民史嫁接在一起，马来西亚华人族群的历史就能以史实加故事的形式被父辈讲述，而嫁接的目的就是使华人族群史因增加参与者的现身说法而显得更为可信，又因讲故事的方式而显得更为生动，便于记忆与传承。

通过家族历史的叙述，父辈华人要告诉后代的是关于马来亚社会剧烈动荡的记忆，是关于华人族群艰难分合的故事。无论是子辈华人的个体历史叙述和祖父辈家族历史故事的讲述，还是对婆罗洲雨林华人族群交往关系的历史性追溯，故事的叙述者/主人公都在历史与现在之间不断进出，沟通与历史的关联，把静态的历史变成运动着的对话。由于张贵兴小说的族群历史书写具备了以子辈历史串联家族历史，从而嫁接华人族群历史的因素，使它在一个相当大的范围内折射出张贵兴关于族群认同的历史认知。这一对话还展示出小说"历史"的"叙述年代"，历史不断被张贵兴挖掘、改写、证实与消解，在现在与过去强烈的反差与交融中透出张贵兴小说历史书写对华人族群身份认同的困惑、对马来西亚种族政治的隐形抵抗以及

---

① 吴玉杰：《新历史主义与历史剧的艺术建构》，北京：中国社会科学出版社，2005年，第65—66页。

对人性善恶的追问。

（三）"同为一家人"的时代召唤——转型期

马来西亚进入发展与开放的社会转型期[①]后，张贵兴在叙说当地主要族群与边缘族群、弱势族群时，其历史书写下的族群姿态也表现出某些变化与差异。在早期作品中，张贵兴书写的华人族群与当地土著族群之间虽有来往，但"我们"与"他们"之间的族群边界是非常明显的，华人对原住民有意无意的偏见使双方长期处于相对疏离的状态。而随着资本经济体系的发展与扩散，当地族群之间的交往愈加频繁，作为马来西亚少数族裔的华人身处在不同族群杂居的环境中，其生存经验也发生了较大的转变。

首先，大量的马来乡村后代和原住民子弟在马来政府族群教育政策的大力扶持下，陆续走出婆罗洲雨林与华人子辈一起进入学校，接受现代教育的洗礼。据张贵兴回忆，"一九九九年夏天我以校友身份走访母校，发觉母校越发重建越发意气焕发，……设施骨骼健全，肌腱发达，人气鼎沸，硬体设施已趋一流水准，学生多达一千多人，其中竟有一半非华人，但年轻而充满活力的老师仍然以华语授课。"[②]在现代文明的熏陶下，许多土著后代包括女性的受教育程度得到提高，他们可以用不同的语言与华人等族群进行交流，如《猴杯》中的亚妮妮，身为达雅克少女，却通晓包括英语在内的多种语言可以与华人雉流畅交谈。《群象》里，男孩的好友朱德中是伊班人，更是华人男孩的同窗，"受华语教育，说流利华语。高中毕业后在木材厂工作，毕业后第一次返乡"[③]。教育程度的提高使原住民拥有

---

① 这里的"转型期"指的是20世纪90年代至今，马来西亚进入发展与开放的社会转型期，参考贾颖妮：《转型期马华文学跨族裔婚恋书写的走向》，《广东外语外贸大学学报》，2017年第2期。

② 张贵兴：《猴杯》，台北：联合文学出版社，2000年，第5—6页。

③ 张贵兴：《群象》，台北：麦田出版社，2006年，第60页。

了一定的"社会流动"渠道，他们的自信心也随之获得了极大提高，同时要求其他族群平等对待本族群的呼声也日益高涨。

其次，子辈华人与其他族群的后代在求学过程中也会产生深刻的友谊和爱情，华人后代走出了父辈们人为设置的藩篱，愿意接触与重新认识长辈口中的"番人"。在子辈华人的眼中，他们看到的是有血有肉、鲜活的充满个性的土著。如《猴杯》，人到中年的雉身在台湾地区心系婆罗洲，最终违背祖父的叮嘱重返雨林，现代化的台湾留给雉的是羞耻与压抑，原始的婆罗洲雨林却让他感到自在、轻松，回归故乡的他迫不及待地希望自己褪去现代文明的印记，将"自己枯黄如稻秆"的身躯在"赤道下多晒几天，就可以将多种肤色混为一体，还原为婆罗洲之子"①。张贵兴以一种向往、欣赏的语气叙述着子辈华人雉眼中的原住民及其文化习俗：巴都是自由穿梭婆罗洲雨林的英雄、文身大师阿班班是土著文化的继承与发扬者，更是优秀的艺术家、在二战时砍杀过日本人的达雅克老人是英勇的"老战士"……达雅克女孩的长耳垂不再是落后的象征，而是她们魅力和美艳的象征；达雅克语是粗犷、诗意的，不禁让雉怪罪自己还未啃嚼到其中的"智识之果"②；达雅克一年一度的大典犀鸟祭（原称人头祭），主要是祈求犀鸟大神显灵护民，这让遭受现代文明过度洗礼的子辈华人崇拜与向往着原住民的率真、自然与野性。在张贵兴的作品中，子辈华人没有发现被祖父辈固执认为是不卫生和肮脏的"番鬼"，了解到的是有着鲜明种族特征的新一代土著形象，如《野猪渡河》里的白孩和裴德在叙述者的描述里是勇士一般的存在，他们自尊自爱，热爱平等、自由，主动寻求族群间的相互尊重。同时，他们身上显示了新一代婆罗洲原住民对自我民族如何继续生存的探索、对族群和谐的追求。这是张贵兴书写华人族群交往历

---

① 张贵兴：《猴杯》，台北：联合文学出版社，2000年，第33页。

② 同上，第125页。

史时的发现，并非脱离现实的想象，一再让达雅克族人的野性、矫健和充满生命力的种族特性反复出现折射出张贵兴"发现"他者的努力。

马来西亚族群杂居的独特经验使张贵兴自然而然地将其他族群纳入自己的创作中，尤其是不同族群交往的历史书写使两种文化可以最近的距离对视、对话、冲突与协商，亲密接触，"成为演绎族际文化碰撞与交流的文化场域，并以细腻的情感化方式揭示马来西亚特定时空中复杂的族群权利关系，补充着族群关系的政治表述与历史勾勒。"①对于身为少数族裔的华人作家张贵兴而言，对复杂的杂居经验的感受、想象与书写是一种美学创造，更是一种实现"对作为少数族群之一的自我的一种言说策略与方式"②。故而在张贵兴小说中，华族光辉历史的那一页被重新涂抹，华人头家垦荒的历史被重新审视。祖父辈的华人形象随发家史的重新想象一再被颠覆，他们剥削与压榨其他族群，他们荒淫多欲，他们残暴血腥，恶迹斑斑。同时在这一过程中又蕴含叙述者对土著族群的"发现"：因为寻找被祖父强暴而疯癫的丽妹，雉发现了亚妮妮，发现了巴都，发现了阿班班……这些原住民是鲜活的，也是幽默达观的。相比较而言，华人祖辈却是如此颓靡、苍老多欲，"异族成为华族自审的镜子，照出华族自身的劣性"③。转型期下的子辈华人不再"俯视"婆罗洲的土著族群，而是以全新的心态来看待其他族群。同时，张贵兴的历史书写将原住民形象视为华人审视自我的一面镜子，借此剖析自我是为了重塑华人族群的历史身份。

综上，张贵兴透过深层次、具有隐蔽性的历史书写，以潜在方式来表达马来西亚华人对这块土地的认同、拥抱与希冀融为一体的愿望。小说在想象马来西亚华人族群历史时对土著族群的重新审视与发现，对不同历史

① 贾颖妮：《转型期马华文学跨族裔婚恋书写的走向》，《广东外语外贸大学学报》，2017年第2期。
② 王列耀：《东南亚华文文学的"异族叙事"——以菲律宾、马来西亚、印度尼西亚和泰国为例》，《文学评论》2007年第6期。
③ 马淑贞：《马华小说的异族想象变迁》，博士论文，暨南大学，2006年，第62页。

阶段中的族群交往关系的梳理与重新打量都显示出了这种努力：在马来西亚转型期的时代召唤下，不同族群能够真正地成为一家人，因为"我们"都曾一起为这块土地抛头颅洒热血地奋斗过。

第二节　华人历史的多元化叙述及其深处的人性褶皱

张贵兴的历史情结使其在创作小说时始终有重建历史的野心，在他的作品中马来西亚百年以来的历史少有缺席，殖民地的压迫、种族冲突以及婆罗洲书写是小说中常见的元素。而这些元素在他笔下也发生了变化，更确切地说是作家尝试利用种种元素来建构他心中的马来西亚华人移民史。张贵兴小说的历史书写试图为在正史中死去的华人移民立碑，使他们不至于消逝。由此，张贵兴的历史书写借由子辈华人的个体历史叙事、父辈华人的家族历史叙事以及华人族群交往历史的叙事建构了一个阴沉、压抑又充满了血腥苦难的华人生存的历史空间。

此外，张贵兴喜欢用动物来命名小说及其人物，这既增加了人物的动物性，也表现了作者对人性过度欲望化的一种排斥。他认为将人的残暴和动物作比是对动物的不公平，"因为动物虽然残暴，但它不像人类的残暴，人类残暴是艺术性的，非常精致的，非常巧妙"[1]。张贵兴将"人"作为推动历史叙事的主要动力，笔下人性的阴暗与美好交织在马来西亚华人、马来人、原住民、白人与日本人之间：在婆罗洲的"丛林法则"生存斗争中描写人物的历史命运，从而一步步剥离人性以此来拷问人性的本质。

---

① 孙凌宇：《马来巫师张贵兴：不写伟人，我写地狱阴暗》，《南方人物周刊》（2020-08-15），http://www.nfpeople.com/article/10251.

一、从个体化到民间化：张贵兴小说讲述历史的多元视角

在张贵兴的小说中，历史书写不是依靠经验和知识的背景重构，更多的是发挥想象的意义重构。对作家而言，不仅依据现时的价值准则来审视历史的发展，还以自身独特的经验和立场走进历史。因为留台，那些有限的童年记忆化为张贵兴那一段生活里最有意义的经验，童年成为作者时常回顾的题材，他在创作时将自我曾经历过的东马华族青少年的童年经验融入马来西亚子辈的成长之旅中，通过审视小说主人公的个人历史，再现婆罗洲家园的风貌且追忆离散的缘起。

张贵兴早期作品里的历史叙事中，叙述者与人物之间存在紧密联系，人物命运既表征叙述者的人生经验，也暗示马来西亚子辈华人的生存历史。短篇小说集《伏虎》收录了作者大量关于故乡婆罗洲的童年经验，也暗含了父辈华人与华人族群在婆罗洲生活的影子，前者化为其后小说中子辈华人的个体历史叙述，后者则逐渐演变成父辈家族历史和华人族群交往历史的内容。从《顽皮家族》开始，张贵兴有意识地探索与处理历史，以显在的方式对华人在婆罗洲的存在进行追问，《群象》《猴杯》抛弃了将人物生存背景普遍化和抽象化的写法，将小说角色置于社会历史的具体情境中来叙述其生存，使作品对历史的书写渗透了深刻的生命感受，《野猪渡河》更是将华人移民族群在婆罗洲艰苦求生的一段历史加以重描展示，用华人群像在遭遇历史暴力前后的生存状态来隐喻华人的现实困境。这种对历史的处理包含着一个逐渐深化的探索，《顽皮家族》叙述了华人移民者为求生存南来婆罗洲的历史，其中充斥的是华人家族与婆罗洲原住民的友好相处，这类华人主要以自己的艰苦劳动开辟了婆罗洲的生存空间。《群象》《猴杯》展示了另一类华人移民者的故事，他们被人以货物的方式卖到婆罗洲，在这片陌生的土地上没有自由与基本的生存资源，只能利用种种不正当的手段压榨与剥削底层华人（包括女性华人）和原住民来获

得资源与完成自我社会地位的转变。而这两种生存道路在《野猪渡河》中都被突如其来的历史打断甚至是扭曲了，表明困于身份与文化问题的华人族群始终难以真正地被他者接纳。

张贵兴的历史书写最初是将个体成长的马来西亚子辈华人经验融入作品叙事中，抒发创作热情的同时也表露出了叙述者潜在的身份困惑与文化问题。随着时间的推移，张贵兴小说对主体历史与文化的定位不断深化，他开始意识到一位真正的小说家所寻找的历史，是一种排斥单一道德判断的历史，小说家的使命不是发泄，不是控诉，他应该向人们展示隐藏在幽暗处的历史真实。发泄、控诉都展示的是单一道德判断的历史，如《弯刀·兰花·左轮枪》所包含的对现实历史的判断，而揭示历史的幽暗侧面则表明在平等的观念下重新审视华人移民历史的同情与理解态度。然而，这种重新审视与建构的幽暗历史又是有限的，在残酷无情的命运面前，小说中华人族群移民历史幽暗面的背后隐藏着作家更大的现实悲哀。张贵兴的《野猪渡河》以魔幻现实主义的手法将猪芭村为代表的华人移民族群苦难的历史娓娓道来，猪芭村人经历了日本侵略者三年零八个月的蹂躏，饱尝历史暴力摧残的痛苦，仍以坚韧的形态"活"在人间，民间生存状态下人的豁达与坚韧可见一斑。而历史暴力的阴影却始终萦绕在马来西亚华人族群的周围，循环往复。

在马来西亚华人族群主体文化定位的现实需求推动下，作家在不断讲述的个体历史叙事之上扩充了家族历史的叙述内容，随后甚至逐渐将华人族群的移民史融入小说中，成为自身处理历史的三个不同维度。而张贵兴对历史的认知与价值本位的认识也在不断深化，张贵兴小说的历史书写表明了作家个人的历史观，即质疑"历史"的真实性，借由叙述个人历史/民间历史来建构马来西亚主流历史叙述之外的历史空间，认为个人史才是"正史"。

家族故事因其历史悠久、具有的民间文化色彩和独特的本土特质而成为张贵兴乐于书写的题材，张贵兴作为马来西亚子辈华人的身份与小说故事里的人物和地域有着紧密的关系，使其可借文学为华人家族及祖辈写史立传和书写婆罗洲家族传奇。如同其他小说的家族历史书写，是以"现在"为基点回望"过去"，张贵兴的历史书写在对马来西亚华人移民家族的追忆和探寻中，将个体成长记忆、祖父辈家族历史与华人族群的集体记忆融合以反思历史，但被想象的家族在纪实与虚构之间承担的是经由作家个人体验的历史意识与价值观念。作为一个移民至婆罗洲定居的族群，华人近代以来的历史在马来西亚现代民族国家的建构过程中一直是较为尴尬的存在，英国殖民地时期移民的社会性质及日本殖民统治等种种历史波动决定了砂捞越最基本的华人社会单位——"家"在华人族群移民大历史的背后隐藏着难以言喻的个体记忆。

对于马来西亚的子辈华人来说，现实存在的"家"是生存和生活的庇护所，其所延伸出的是华人的家园意识，是对马来西亚婆罗洲的归宿与认同感。对祖父辈家族历史的回溯与想象承载着身为家庭成员的子辈华人的个体成长记忆，也折射出华人族群铭记或忘却的集体历史记忆。在马来文化主导的语境中，无论是祖父辈华人移民还是子辈华人学子都不能也无法表述他们及其家人在"五一三"事件、固打制度或种族政策中的记忆与遭遇，因为主流文化所掌控的历史诠释权压制了历史言说的其他可能。当这种主导性的历史权威被质疑，甚至于被解构，那些被掩埋与遗忘的历史和沉睡的无意识记忆即以不同的再现方式呈现出可能的意义形式。《猴杯》的余鹏雄在与原住民的交往过程中，总是有意无意地回忆、想象曾祖与祖父的故事，折射出余家种植园区开垦拓荒背后带给后代、土著的种种苦难和伤害，作品用主人公的人生串联起祖父辈的家族史，重新赋予了华人族群移民婆罗洲的另一种可能性。

而对失落的个体而言，借助于书写子辈华人的成长之旅和追忆父辈华人的移民历史和族群交往史，将自我融入家族、接受华人族群的庇护而产生的安全感和归属感有着强大的吸引力，这一主观因素进一步推动了张贵兴追寻与确认自己的族群身份和社会地位的创作行为。由于家族历史的书写是从子辈华人的"现在"向祖父辈华人的"过去"溯源，而祖父辈的过去需要子辈华人通过回忆、讲述、想象、文献记载和书写成为一种社会性的建构，其过程是以当下的情感需要、利益纠葛及意识形态为依据，所以历史流变中不同代际和不同个体的记忆如何呈现与处理就显示了书写者的意图和选择的权力，马来西亚子辈华人对主体文化与身份问题的关注使张贵兴在书写时直接或间接地参与了对华人族群移民历史的重建与再建。然而，受到叙述人主观情感的影响，包括文献记载在内的历史记忆所蕴含的信息也是有限的，历史记忆的独特之处在于它属于个体，是具体的个案，与历史事件有直接的关联。

在一定程度上，张贵兴将子辈华人复杂的成长经历、历史记忆放置在家族场域进行解析的意义在于，马来西亚华人移民家族历史的书写并非单纯的历史叙述，在以血缘情感为基点的家族场域内个体的精神指向和情感态度较一般的历史叙事更为复杂，个体心灵、家族叙事和历史再现三者之间紧密纠缠，展现了超越历史真实性的文学张力。于移民至马来西亚的华人及其后代而言，家所隐喻的归宿和认同感促使失去历史身份链接的人们不停地寻找家族的历史。张贵兴小说的家族溯源，折射的是身处台湾地区的马来西亚华人渴望在现代化的城市中通过家族认同明确自我的身份及根源，以安顿孤独失落的心。这种对父辈历史的想象，是个人寻到起点的一种自我抚慰。同时，张贵兴以一个华人家族的迁移来介入华人族群移民马来西亚的历史，是一种从个体经验诠释群体感知以显现移民过程中的历史变迁、人性冲突和伦理价值的言说方式。家族源头的再现和华人族群移民的历史潜在地讽刺了现实社会中以主导文化而极力形塑种族差异性和以意识形态建构马来特权的集体记忆来企图抹杀婆罗洲华人族群移民历史的强势文化话语。

历史的还原与重构是张贵兴小说的历史书写在现在与过去的对话中同时进行的双向运动，它所建构的包含新意的历史言说也参与当代马来西亚的社会文化建构，故而历史对话既面向过去，也面向现在，更指向未来。张贵兴透过个体经验的书写、家族的变迁与华人族群的命运际变，表达了对当代马来西亚华人身份、种族政治与人性的追问与思考。因为在某种程度上华人祖辈在婆罗洲创业立家的丰功伟绩与幽暗历史，参与推动历史的事迹手段、轶闻传说以及开拓冒险、狠绝毒辣的人格品行，与原住民自觉护卫婆罗洲雨林、热爱自由、充满原始野性生命力的生存状态形成鲜明对比。

张贵兴的历史书写沿着从子辈华人的成长经历到祖父辈的家族故事，再到华人族群拓荒定居的历史进行叙述的轨迹，这使得作品对历史的处理和言说自然地由一个维度过渡到另一维度，并因此获得了一种再现华人移民历史的自由与创作空间。但更为重要的是，当小说的历史书写采用子辈华人追溯祖父辈家族史及族群交往史的逻辑叙述时，叙述人既身处于文本之内，又可置身于文本外部，而不仅仅是小说情节中的人物。子辈华人的这种兼具"在场"与"不在场"的叙述角度，极大地强化了小说所叙述事物的历史感和真实性，意味着这一事件已定型、完成且不可改变，使小说的历史书写作为一种历史事实可被视为"绝对的过去"而成为永恒的公共话语空间。

然而，言说过程中子辈华人不经意流露出对祖父辈家族故事真实性及华人移民族群伦理道德的质疑，又使这一公共的历史话语空间存有可以进一步推翻、重建的可能。作为一种历史叙述的意义与价值，其不免成为不同历史言说的私人化场域。与此相呼应，小说是在叙述历史，更是在虚构和想象历史，使之成为一种民间化的历史。《顽皮家族》中"我的父亲""我的母亲"，《群象》中"舅舅""大哥"和"母亲"，《猴杯》中"曾祖"和"祖父"表明张贵兴的历史书写在叙述家族历史时突出叙述者"我"子辈华人的这一身份，其意图展示小说所书写的历史是与"我"血脉相承的家族史，更是与"我们"息息相关的华人族群史，是由身为马来西亚子辈华人的"我"来讲述的"我的父亲""我的母亲""我的舅舅""我的曾祖"和"我的祖父"的家族故事和"我们"族群的移民史。

这种对"自我"个人身份的刻意强调，客观上表明尽管小说讲述的是家族史，也是华人移民史，但更是一种经作家私人化而成为缝补自我历史碎片的个人史，以使历史的书写化为诠释"自我来处"和"自我归宿"的一种精神还乡。

同时，在张贵兴小说中，不难看出作者根据婆罗洲原住民自在的生活方式来观察历史、表达历史、描述历史的文学创作视界。他虽然身处知识分子的立场，但所书写的却是婆罗洲这一场域内自由自在的生活状态和民间审美趣味，由于张贵兴注意到婆罗洲这一客体世界的存在并采取平等对话的态度，使其书写的婆罗洲华人移民史充满了民间的意味。如《野猪渡河》在表现猪芭村村民的生活场景时，不仅实录了粗俗原始的生活方式，而且在描写战争过去后村民的行为方式时，表现了与传统道德相反的生活状态。如果说，小说里众多村民的惨死多少表明了历史暴力之下伦理道德的毁灭，那么，关亚凤目睹的猪芭村的重建过程，作家并没有表现出对战后村民快速遗忘创伤与苦难而投入生活的谴责，他对猪芭村村民的人生哲学持有相当的谅解，在这种谅解的背后存有一种新的价值取向。

二、隐匿在历史深处的人性褶皱

（一）人性中的欲望与暴力

随着对人性的认知不断加深，人的欲望也成为张贵兴历史书写的主题之一，他用尖锐的笔触深入人的内心世界来剖析人性深层次的欲望，尤其是情欲。张贵兴小说中的大多数人物不受传统道德观念与思想价值的规约，在婆罗洲雨林的原始自然环境中，他们生命原本的欲念得到最大限度的催化，一个个躁动不安的灵魂在情欲的泥淖中沉溺、无法自拔，只能依靠暴力压制人性阴暗处的兽性。

从短篇小说集《伏虎》开始，张贵兴就将小说人物的性格与命运和动物联系起来，因之其历史叙事容纳了人性、兽性，暗含了人性的复杂：人性与兽性的杂糅是原始欲望、良善和罪恶的融合。许多小说以动物命名，像是《伏虎》《狼劫》《如果凤凰不死》《群象》《猴杯》以及2018年出版的《野猪渡河》等等，作品的名称已暗含某种动物的形貌特性，叙述时也常常将人物比拟成动物。《伏虎》是一则由旁观者小如讲述的有关二叔吕烈的寓言，故事中的二叔粗暴淫贱，凶恶好色。他先是勾搭寡妇贵嫂，后又聚集一帮赌徒抢劫并杀害了财叔，还强暴了财叔的疯女阿清。在返家途中，二叔看见河岸边浣衣的年轻姑娘，便"两手压着浣衣姑娘的双肩，撅着嘴，啄什么吃似的往姑娘的颈项乱亲"，"二叔这条淫虫的劣根性发作起来，一副要死要活的馋相就是那么天不怕地不怕"[1]，可见他的性欲是暴烈的，宛如兽欲的化身。

张贵兴小说的历史叙事也敏锐地叙述了马来西亚华人的暴力与创伤，将暴力设置在不同阶段的历史中加以诠释，使其文学虚构更能点出人性的晦暗与不明。《猴杯》开场就描绘了充满血腥与暴力的画面："一具婴尸漂浮其中，几乎撑破捕虫瓶。婴儿头颅和绞成绳套似的四肢朝向瓶口，两眼翳白，小嘴吞吐子孓，颇似章鱼放墨"，"一具婴尸蜷缩消化液中，……暴露瓶子外头的小手已腐烂得露出骨骸"，"一具只有下半身的婴尸屁股朝天载浮载沉，消化液外的小臀小阳具被蝇蚋啃去一半"，"另一具被剖成一半的婴尸坐卧在较小的瓶子内，依旧完整的头颅伸出瓶口，但颅骨已裂，脑浆依稀可见，仿佛难产而夹死在母亲阴道口"[2]。这一惨状源自一场毫无人性的屠戮：太平洋战争中，仓皇逃难的华人移民无暇顾及医院中的初生婴儿，而残暴的日军剖杀新生儿后，将其丢进捕虫瓶中充当肉食性植物猪笼草的食料，非人的暴行可见一斑。这类人性兽性难分的叙述在《猴杯》里还有很多，那棵荤腥不拒的庞大丝绵树下的长屋是余家大家长的住所，

---

① 张贵兴：《伏虎》，台北：麦田出版社，2003年，第113页。

② 张贵兴：《猴杯》，台北：联合文学出版社，2000年，第19页。

也是一个残暴纵欲的人性空间。曾祖在种植园中种罂粟，开赌馆、鸦片馆和妓院，压榨华工苦力；在小木屋中残酷对待年轻女性，满足自己的私欲，让苦力们的女儿抵押成为娼妓，供其驱使。祖父"将十五岁的丽妹牵入丝绵树下长达半年，半年后，丽妹变成一个翘家逃学的少女"①，最终身心俱创的丽妹回归蜥蜴般的匍匐生存。

张贵兴创作中的婆罗洲，与其说是个生活空间，毋宁说是一块宣泄欲望的地方，那些尚未长成的少年少女带着宿命的悲剧，就此凋零在历史与人性的欲望暴力之中。而那些刚出生的婴儿也不能幸免，如王德威所说："乱世里中日英荷各色人等，不论胜者败者，兀自你争我夺，相互残杀猎食，交媾生殖，他们的躁动饥渴也不过就像是过了河的野猪吧。"②从中不难看出作者对书写暴力的痴迷，热衷于用文字记录历史中人性的暴行恶迹。在张贵兴看来，历史总是充斥着人性的幽暗面，他感兴趣的是将人置于斗兽场般的婆罗洲雨林中，书写面对历史暴力时人的恶劣情欲，那是一种人与非人的混合，法律及道德都对其束手无策。

大致而言，张贵兴的历史叙事是以负面形式来展现历史的功能，即以书写人性之恶的历史经验来反省人性向善的出路。在书写历史的幽暗面时，他对人性的善恶提出深思：在"历史"的场域中，人性所赖以维系的文化及伦理界限易于模糊，人恒常屈从于欲望与暴力，因此非得借助外在的约束或内在的觉醒加以压制，否则难免走上歧途。

（二）欲望桎梏下的罪与罚

张贵兴在书写历史时对欲望桎梏下的人性有自己独特的理解，他通过叙述马来西亚华人暴力化的历史来映射人性最根本的贪欲以及整个历

---

① 张贵兴：《猴杯》，台北：联合文学出版社，2000年，第274页。
② 王德威：《序论：失掉的好地狱》，选自张贵兴：《野猪渡河》，新北：联经出版社，2018年，第6页。

史的镜像，并深入思索如何惩治人在情欲怂恿时犯下的种种罪恶。

张贵兴在其历史书写中明白地标明人的恶行必须受到压制，甚至在某些时刻以暴制暴也是应当的。《伏虎》中如恶虎一般的二叔吕烈，最终被爷爷以最决绝极端的手段加以惩治与降伏，"你才是需要动手的东西！今天我就要把你的劣根除掉！"①"吕烈，……我断了你的命根子啦……你作孽了这么多年，断了也实在算不了什么"②。这则收服吕烈情欲之恶虎的寓言折射出张贵兴对待人性过度欲望时的制裁态度，吕烈身上等同于禽兽的色欲必须受到处置。"《伏虎》是张贵兴的第一个，也是每一个故事——是完整的伦理寓言。它传达这样的训诫：违背人间律法的兽性，将遭到无情的斧钺加身以为惩戒。"③此后，张贵兴收罗了大量的婆罗洲动物组成自己小说的"禽兽大观园"，相继创作了《顽皮家族》《群象》《猴杯》和《野猪渡河》等作品。

与《伏虎》中惩戒恶虎似的吕烈一样，随后的小说里那些高度动物化的典型人物都因过度放纵欲望而被制裁：堕落纵欲的余家同被乱刀砍死，腐败多欲的余家曾祖和祖父被达雅克人削下头颅，与禽兽无异的日本侵略者在雨林中被歼灭。在张贵兴笔下，与禽兽一样的人终会因贪欲犯下的罪行付出巨大的代价，正如达雅克人巴都对雉说，"兽，不是我的朋友"④，尽管他们的存在都曾在客观意义上推动马来西亚历史与社会的发展。小说中这些人物的最基本生存需求并没有受到过度的压抑，然而他们仍然在历史暴力下呈现出充满无穷欲求的状态，历史甚至诡异地成为人性堕落的见证。

---

① 张贵兴：《伏虎》，台北：麦田出版社，2003年，第124页。

② 同上，第130页。

③ 林运鸿：《邦国殄瘁以后，雨林里还有什么？——试论张贵兴的禽兽大观园》，《中外文学》2004年第8期。

④ 张贵兴：《猴杯》，台北：联合文学出版社，2000年，第106页。

张贵兴曾言："历史越混沌，越适合小说家进场"，一再强调"我写的不是历史，我写的是小说。"[①]他对马来西亚华人历史的记录，敏锐地指出人性向善的挣扎处存有阴影且这种兽性可以无缘由出现的道理。但也因为是历史书写，是小说对这些恶人恶行的记录，才得以让人了解人与非人间的搏斗是如此的反复无常。张贵兴的历史书写究其本质有着相当悲观的底色，在其笔下，每当历史书写开始建构"过去"时，往往大量书写历史的幽暗面，透过自曝人性的劣迹探究人性的实质。然而当情欲与暴力被作者以更细腻的方式反复呈现出来时，不禁让读者产生疑惑：这是借由历史书写警戒人性，还是在重复书写充满欲望和暴力的历史时，作家已不自觉地痴迷于文字的暴力？张贵兴着迷于书写历史的幽暗面，希望能够照亮黑暗，也可能因过度书写而在作品中埋下其他暴力的因子，"当历史残暴成为日常生活的一部分，同情与共谋的分界线变得无比模糊"[②]。

（三）"婆罗洲之子"的自然与野性

在张贵兴的历史书写里，不仅有家族、欲望、暴力、逃亡以及社会历史的变迁给不同族群带来的命运浮沉与精神冲击中所体现的幽暗人性，也描述了婆罗洲原住民自然、野性与充满生命活力的一面。他对马来西亚婆罗洲雨林的乡土人情有自己独特的领悟，在创作时有意识地摆脱时间的束缚，将时间与空间进行某种融合，把自己的童年记忆、所见所闻融进不同历史阶段的婆罗洲雨林，透过马来西亚华人族群历史的时间坐标与故乡婆罗洲的空间坐标，塑造了一批个性鲜明、在土著原始文化浸染中长大的

---

① 孙凌宇：《马来巫师张贵兴：不写伟人，我写地狱阴暗》，《南方人物周刊》（2020-08-15），http://www.nfpeople.com/article/10251.

② 王德威：《历史与怪兽：历史，暴力，叙事》，台北：麦田出版社，2004年，第6页。

"婆罗洲之子"①。

　　首先，张贵兴着意于描绘雨林文明成长的原住民个体。土著生长于丛林深处，那里"天上有苍鹰，地上有猴子和大蜥蜴，穿山甲和刺猬随时窜入家里，更早的时候，野猪横行如盗匪"②，"鸟不生蛋的好处是原始野性，像一个不谙世事、大字不识的朴素美女"③，长期生活于婆罗洲原始生态环境中使他们崇尚自然，浑身上下充满了生命的活力与野性。《猴杯》中的巴都身上不仅保有婆罗洲雨林土著所特有的生理特征：身材短小但彪悍精瘦，"胸膛黝黑，全身纹案纠缠"④，"眉粗牙大，鲁道夫之颧，繁致的咀嚼肌，妖娆的纹斑"⑤，布满厚茧的脚上长着简洁饱满的脚指头。更展现出了原住民无拘无束、自由和野性的一面：他深谙丛林的生存之道，狩猎本领高强，即使被族人剥夺了狩猎权，也"不屑农耕，以林为家"⑥，在野兽出没的雨林里过着自由自在的生活。在张贵兴的描述里，巴都的一举一动都诠释了雨林文明孕育出的"婆罗洲之子"的自然和野性，让小说主人公艳羡之余，更感到自卑。在雉的眼中，巴都不仅艺高人胆大、坦坦荡荡，连吃鲶鱼都别具一格，"从鱼尾一路啃食上去，最后剩下一颗鱼头……巴都咬烂鱼嘴，边食边吐出鱼骨和胡须，将一颗鱼头啃得尸骨不存"⑦。这样一个具有英雄色彩的新土著，虽不羁、少言，但在他身上仍然生动形象地表现出婆罗洲原住民率真、自然和不拘束的可贵品质，这是遭遇现代化洗礼后的子辈华人所礼赞的。

---

①　贾颖妮：《"拆解殖民后果"：张贵兴小说的雨林文明书写》，《小说评论》2016年第2期。

②　高嘉谦，胡金伦：《野兽与婆罗洲大历史：张贵兴的小说世界（笔访）》，选自张贵兴：《猴杯》，新北：联经出版社，2019年，第309页。

③　张贵兴：《自序·飞行的丛林》，选自张贵兴：《猴杯》，新北：联经出版社，2019年，第8页。

④　张贵兴：《猴杯》，台北：联合文学出版社，2000年，第98页。

⑤　同上，第104页。

⑥　同上，第105页。

⑦　同上，第97页。

　　同为达雅克人后裔的女子亚妮妮也是一个个性鲜明的新一代土著形象，在她身上既保留了本族群原始文化的习俗与遗风：拉长的耳垂，精通达雅克语，能猎杀动物，坦荡表白自己喜欢雉；但又与老一辈土著不同，她上过学，会说英语，能与华人等外来访客自信交流，"土著的野性和自然与现代文明人的特征在她身上融为一体"[①]。不同于深受束缚的女性，亚妮妮在雉和罗老师的面前坦坦荡荡冲澡的行为，一再让雉惊奇与钦佩。就如雉将亚妮妮与他沟通时使用的言行形容为一种刻意淬炼的混血英语一样，这种结合"蜿蜒的蟒语，肢体化的猴语，甲骨风的鸟语，溽湿的胎语"[②]的"人兽一体"话语表征着文明与野性界线的暧昧与混杂。由此，土著独具特色的外表一直延伸至他们原始、朴素的内在精神世界，使张贵兴笔下的"婆罗洲之子"别具魅力，彰显他们身上自然与野性十足的人性特质。

　　其次，张贵兴的历史书写中还不乏对原住民群像的白描，着墨不多，但从中还是可以一窥他们的率真、自然。《群象》中，德中的家人热情友好地款待儿子的华人同学施仕才，临别时以番刀相赠。《顽皮家族》中麌家的到来受到婆罗洲原住民的热烈欢迎，彼此之间能够和谐相处、互帮互助。《猴杯》中，即使面对迫害本族的余家后人，亚妮妮的族人仍然能够以礼相待。设宴款待之余，还细心照料被蝎子咬伤的余鹏雉，甚至在亚妮妮表露自己喜欢雉时，达雅克一族也毫无芥蒂地放下与余家的几代恩怨将他视为自己人。种种描述可见，达雅克人等原住民的善良达观、热情好客，朴素纯真让他们对外来文明并不拒斥，小说以此纠正了其他族群认知中土著凶残野蛮、愚昧落后的僵化印象。

　　同时，张贵兴透过主人公的华人视角，以礼赞的口吻描述着土著大

---

① 贾颖妮：《转型期马华文学跨族裔婚恋书写的走向》，《广东外语外贸大学学报》2017年第2期。

② 张贵兴：《猴杯》，台北：联合文学出版社，2000年，第104页。

胆、率真与充满野性的一面：他们喜欢"脱个净光，纵入河里，洗去忧烦污秽，湿湿答答，不擦自干"①，亚妮妮在内的一群裸游少女朝雉挥手，甚至呼唤雉的行为让他"觉得仿佛裸体的是鸭子，而不是少女"②；洪水来临时，达雅克族人的活动范围非但没有减少，反而无限广阔，他们"驾长舟，划舢板，撑竹筏，狩猎捕鱼"③，晚上设宴大吃大喝畅聊本族传说、历史与狩猎趣事，吃饱喝足后席地而睡；土著会收养失去庇护的幼兽，由达雅克妇女抚养。雉在寻找丽妹途中，就曾数次见到人类奶兽的场景，"两个达雅克女人裸露上身侧卧长屋走廊上喂哺一群刚出腔的小猪崽"，甚至看见"一个达雅克女人同时喂哺自己的婴儿和一只小猴崽"④。张贵兴描绘的这种人兽和谐的生活画面展现了原住民野性、自然的一面。在他们的文化观念中，自然界的一切都是相互关联的，人与兽没有高低之分，而人和兽之间也没有清晰的边界。

小说对原住民所代表另一类人性的摹写是对婆罗洲雨林文明的重新发现，也是对人性原始、自然一面的向往。人性的善恶并存，而大部分时间里人性之恶潜藏在深处，无人知晓。张贵兴致力于将小说人物置于特殊的时代背景和空间场域中，即马来西亚华人族群历史的重要节点与婆罗洲的雨林深处，潜藏的人性便会受到刺激或牵引而发生外化，从而可用丰富的艺术手法将人性的不同侧面描摹于自己的"纸上婆罗洲"，这是用最具南洋特色的景物来表征人性复杂的主题。故其历史书写既展现华人拓荒历史中的人性之恶，又在重新审视雨林文明时发现了原住民的自然、纯真与野性。

人的欲望与暴力被张贵兴大量地搬演于不同历史年代的婆罗洲雨林空

---

① 张贵兴：《猴杯》，台北：联合文学出版社，2000年，第178页。

② 同上，第170页。

③ 同上，第204页。

④ 同上，第199页。

间，他极力揭示了原始状态下的人在历史暴力中表现出的阴郁人性。然而其往往过于痴迷书写暴力、情欲与历史的幽暗面而失去节制，在某种程度上也成为另一种历史的残暴。张贵兴小说在书写历史暴力时其同情与共谋的分界线变得模糊，难以分辨。人的内在本性是历史的产物，张贵兴笔下的整个马来西亚华人族群历史上演了人类本性的不断改变。在其建造的这个南方空间里，酝酿着一种对历史与人性的想象镜像。张贵兴用独特的叙事视角塑造了原始状态下的华人与土著形象，在前者身上人性与动物性相去不远，揭示出人性在历史场域中的阴暗面；而后者的塑造则表现出其历史书写重新审视婆罗洲土著文化的努力，展示了张贵兴对婆罗洲雨林孕育出的自然之子的礼赞之情。

第三节 "半式楚汉半式南洋"：陈大为诗歌的历史书写

作为马华留台作家中备受瞩目的诗人之一，陈大为的诗歌创作与此前的马华留台诗人王润华、淡莹等的现代主义诗风不同，也与神州诗社温瑞安、方娥真等人充满侠骨柔情、江湖色彩的古典抒情诗有所差异。透过对古典中国的文化想象和对南洋历史的重新建构，陈大为的历史叙事诗别具特色。其笔下的历史书写大多以诗歌和散文两种体裁完成双面"复写"，形成诗文互文。诗歌《茶楼》与散文《茶楼消瘦》、诗歌《会馆》与散文《会馆》、诗歌《在南洋》与散文《在南洋》、诗歌《麒麟狂醉》和散文《等待麒麟》均为其中范例。与此同时，陈大为的诗歌具有散文化倾向，而其散文语言则体现出浓郁的诗性——不仅以精练的意象见长，并擅于运用隐喻与暗示。在诗文之间，陈大为对同一主题的反复刻画，无疑凸显了其历史书写真正的关怀所在。这些主题大多与陈大为的后离散经验密切相关。从中国到南洋，在针对这两种历史空间所展开的文学想象中，陈大为如何再现其后离散经验，重构文化记忆，构成一个值得关注的问题。

一、古典中国想象与历史重构

在陈大为的历史书写中，古典中国想象是相当突出的主题。在陈大为看来，对于华人移民后代而言，这种文学想象首先是一种与植根于中华民族文化基因的"生命遗传"："落地生根的老唐山生出新一代的小唐山，中国图象在假想中悄悄遗传。"[①]这种"中国图象"与现实中国无涉，它由源远流长的中国神话与民族传说、"长江""黄河"等文化符码构成，具有浓郁的理想化色彩。如陈大为所言："唐山在堆满酵母的分贝里，膨胀起来，它不断流失着内容，又不断自我填补扩充。符号化的国度，所有的风景和事物由繁而简，形容词的大军随那萎缩的记忆版图一并缩编，反复动用几句笼统的成语，不是锦绣河山，就是江山如画。"[②]当陈大为日后真正踏上中国的土地，方才发现此前对中国的认知不过是一种想象中的产物："一切抽象的壮丽纷纷落实，双脚踏到神州雨后的泥泞，仓促的鞋印没有因此而感动了哪座古堡或帝陵，同样的，也没有因此被感动过。驿站、古道、狼烟，统统归还给文学；不再有骑马倚斜桥，满楼红袖招的绝美画面。神州失去想象中的内容，或者说，那些假想根本就不曾拥有？"[③]正如诗人罗智成在为陈大为的散文集《流动的身世》作序时所提到的：陈大为对中国的感情，更多的是一种憧憬，"'憧憬'意味着你对一个对象产生不可抑制的正面想象，特别是由于时空、观念上的阻隔，不易产生有效的现实经验来修正你的想象的时候"[④]。由于现实经验的缺

---

① 陈大为：《抽象》，选自陈大为：《流动的身世》，台北：九歌出版社，1999年，第91页。

② 同上，第90页。

③ 同上，第93页。

④ 陈大为：《憧憬》，选自陈大为：《流动的身世》，台北：九歌出版社，1999年，第12页。

乏——"从印刷品和电子的影像里阅读中国"①，陈大为的古典中国想象与现实的中国不仅隔着遥远的地理距离，还有漫长的历史时差。

在距离与时差的"修饰"下，陈大为在诗中建构了一套古典中国想象的符号系统。如《风云》中出现的"秦俑""河图"，《招魂》中的"渔父""卜辞"，《街景恍惚》中的"山水诗"，《某个回家的主题》中的"仓颉"，《京城》中的"真宣纸""旧水墨""太史公"、《铜镜》中的"梁山""奇门遁甲"，《方圆五里的听觉》中的"庄子""鹏鸟"等。其中至为突出的文化符号当属频频现身的"麒麟"。在陈大为的诗中，"麒麟"具有丰富的象征含义。如在《麒麟狂醉》中，"麒麟"象征在当代中国日渐被边缘化的古典文化，寓指文化意义上的"神州"。陈大为曾指出"麒麟"在其心底"有大雾深锁、不可言说的神秘感；同时又具备了让百姓敬畏、书生狂喜的多面性"②。这种神秘感、多面性正是陈大为诗中的古典中国想象——即"神州"的文化特征。

在此符号系统的基础上，陈大为擅于挖掘与重构历史文化资源，这构成其进行古典中国想象的主要书写策略。首先，他对不少中国古典文学文本进行改编。如《将进酒》重返唐朝历史时空，改写李白诗作；《大江东去》借苏轼的词作重述历史；《上路那天》对"夸父逐日"的故事进行新编。其次，他主张诗人作为叙事者在诗歌中现身，重返历史现场，叩问历史叙事的真实性，从而对历史叙事形式进行质疑。《屈程氏》与《招魂》鲜明地体现了这种创作特性。在《屈程氏》中，陈大为指出我们必须拒绝"楚辞里的屈原才是屈原"的历史叙事逻辑，因为这种历史叙事不仅刻板、僵化，而且隐藏着一种宰制性的暴力。《治洪前

---

① 陈大为：《抽象》，选自陈大为：《流动的身世》，台北：九歌出版社，1999年，第94页。

② 陈大为：《麒麟狂醉》，选自陈大为：《方圆五里的听觉》，济南：山东文艺出版社，2007年，第275页。

书》里，面对大禹被神话，诗人反问："历史的芒鞋专心踏着/唯禹独尊的跫音/或者基石本身就该湮埋/仿佛不曾扎实过任何工程？"①在陈大为看来，历史叙事应使历史的多样性和复杂性浮出"地表"，这构成其显著的创作意识。例如，透过对历史文本的不断质疑、逼问乃至重构，陈大为试图颠覆以往的历史认知。诗人在《在台北》一诗中写道："吨重的叙述在史实里轻轻翻身/斗胆删去/众人对英雄的迷信"。②他一反曹操在习见历史叙事中的负面形象，将其塑造成英勇无边、建立丰功伟绩的英雄，并指出其英雄气魄使"整个书房向枭雄的豹胆投降"③。与此同时，陈大为又以人性言说拆解英雄历史叙事。在《我们都读过英雄》中，他以"阴熊"讽刺英雄的正面形象，并自谓"多少年后我比英雄长高了三寸"④，对英雄的崇高性进行解构。在此基础上，陈大为提出要"撬开野史松软的夹层/聆听那阴险的鹤唳熊燃的马鸣"⑤，挖掘历史叙事中被忽视的细节，书写人性化的英雄历史。

由上可见，陈大为的历史书写系于对历史的颠覆与重构——用他的话来说，这是让"麒麟在他严谨的虚构里再生"⑥。透过这种历史书写，陈大为在诗中建构了一个美学意义上的"古典中国"。

---

① 陈大为：《治洪前书》，选自陈大为：《再鸿门》，台北：文史哲出版社，1997年，第82页。

② 陈大为：《在台北》，选自陈大为：《方圆五里的听觉》，济南：山东文艺出版社，2007年，第202页。

③ 陈大为：《曹操》，选自陈大为：《方圆五里的听觉》，济南：山东文艺出版社，2007年，第59页。

④ 陈大为：《我们都读过英雄》，选自陈大为：《方圆五里的听觉》，济南：山东文艺出版社，2007年，第126页。

⑤ 陈大为：《我们都读过英雄》，选自陈大为：《方圆五里的听觉》，济南：山东文艺出版社，2007年，第127页。

⑥ 陈大为：《再鸿门》，选自陈大为：《再鸿门》，台北：文史哲出版社，1997年，第35页。

二、南洋史诗与离散经验

陈大为进行历史书写的另一种重要形式，就是在诗中建构南洋史诗。作为一个创作系列，《在南洋》《我的南洋》《历史的刀章》等南洋史诗可谓是陈大为迄今为止最重要的作品之一。根据艾布拉姆斯的定义，史诗指主题宏大、风格典雅，关乎整个民族乃至人类命运的英雄故事。①他指出："文学史诗是诗歌的最高新式，它要求作家广见博识，富于创作灵感，善于在那些囊括当时社会及广博学识的诗篇中展现其视野、壮观和权威。"②文学史诗往往聚焦于民族历史与古典文化，歌颂伟大人物和英雄事迹。而陈大为南洋史诗的独特之处在于，他试图从家族史出发，糅合个人视角和民间视野，对马来西亚华人移民历史展开重述。

与处理中国题材有所不同的是，陈大为对南洋的历史书写并不在于对神话、传说等文本的重构，而试图从个人的感性视角入手，挖掘被主流历史叙述忽视的华人移民史。亦因此，承载着陈大为出生、成长记忆的怡保成为他书写南洋史诗的起点。陈大为曾指出，怡保是他生命历程中至为重要的空间："台北是我留学的所在，中坜是我定居的家园，怡保是我成长的家乡。三个地方，各有重要性。但怡保，永远是第一顺位的。"③对怡保的眷恋，并不代表陈大为对马来西亚的国家认同。因为怡保是"家"而非

---

① 在艾布拉姆斯的界定中，史诗可分为传统史诗和文学史诗。前者又被称为民间史诗或原始史诗，指作者根据民间口头流传的战争故事或英雄事迹整理而成的故事。其中的典型代表，当属《伊利亚特》和《奥德赛》。而诗人以传统史诗作为底本创作而成的文本就是文学史诗，如弥尔顿依据维吉尔的《埃涅阿斯纪》创作的《失乐园》。参见［美］艾布拉姆斯：《文学术语词典》，吴松江等编译，北京：北京大学出版社，2009年，第153页。
② ［美］艾布拉姆斯：《文学术语词典》，吴松江等编译，北京：北京大学出版社，2009年，第155页。
③ 陈大为：《岁月（自序）》，选自陈大为：《木部十二划》，台北：九歌出版社，2012年，第5页。

"国"的象征空间，"离乡二十年，马来西亚这个名词所蕴含的内容日渐萎缩，怡保则日益强大，很多时候，怡保悄悄占据了马来西亚的版图，国家变成家国。但我对地志学或文化地理学层次的怡保并不感兴趣，我只在意我自己的怡保。从童年到少年，太多说不完的故事，还可以从中衍生出更多的故事。它是一座宝藏，源源不绝地提供我写作的铀矿。"①作为陈大为南洋史诗的起点，其诗《茶室很近》《学堂难过》《老屋问候》均为针对怡保展开的空间刻画。

陈大为的怡保纪事奠定了其书写南洋史诗的主要形式——以个体化的民间视角状写族群历史与文化记忆。在怡保纪事中，陈大为的民间叙事声音体现为无处不在的民间"鬼话"②。他曾在《守墓人》中揭示"鬼话"与其文学生涯的密切关联："我的生平葬满鬼魅夜景/蠕动的墓志铭绿色的怪声音"③。与此同时，陈大为指明其笔下"草木皆鬼"④，例如在《小桥有鬼》中的"鬼桥"："木制的小桥失去编年的历史/它的履历是一大串鬼魅故事"⑤。"小桥"是诗人童年记忆的象征，"鬼魅故事"对"小桥"历史的填充暗示这份记忆满布"鬼话"。此外，《油灯不暗》中"墙上幢幢鬼影"⑥、《公孙大娘》中"一如鬼魅幻幻幽游"⑦、《小心黑夜》中"男生从月光引伸出狼弯弯的獠牙/勾住女生香甜的肩膀，吻一下/再分析牛头

---

① 陈大为：《岁月（自序）》，选自陈大为：《木部十二划》，台北：九歌出版社，第6页。

② "鬼话"一词源于陈大为的描述。参见陈大为：《门神》，选自陈大为：《流动的身世》，台北：九歌出版社，1999年，第30页。

③ 陈大为：《守墓人》，选自陈大为：《再鸿门》，台北：文史哲出版社，1997年，第99页。

④ 陈大为：《门神》，选自陈大为：《流动的身世》，台北：九歌出版社，1999年，第31页。

⑤ 陈大为：《小桥有鬼》，选自陈大为：《再鸿门》，台北：文史哲出版社，1997年，第111页。

⑥ 陈大为：《油灯不暗》，选自陈大为：《再鸿门》，台北：文史哲出版社，1997年，第106页。

⑦ 陈大为：《公孙大娘》，选自陈大为：《方圆五里的听觉》，济南：山东文艺出版社，2007年，第72页。

马面，细说阎王与判官/鬼旅的路线转入小椰林"①等诗句无一不是"鬼话"的文学再现。

陈大为笔下民间"鬼话"的特色，首先是对黑夜恐惧的揭示。这些"鬼话"往往诞生于黑夜，因而黑夜成为陈大为怡保纪事的主要情境。如《油灯不暗》重点叙写"入夜之后"的恐惧，《夜探雨林》中的探险故事也发生在黑夜，《小心黑夜》描述西方吸血鬼和东方阎王在黑夜带来的恐惧。在这些民间"鬼话"中，陈大为相当细腻地展现了儿童面对黑夜的恐惧心理。其次，在民间"鬼话"中，陈大为尤其钟爱挪用聊斋故事。在《水滴石穿》中，诗人写道："语言荒废的兰若寺/闹鬼/满山乱跑着茅山术和石碑/真的很糟糕，土地公说/要不，把地名涂掉/就没人/知道你在诋毁怡保"②。不难看出，"闹鬼"的"兰若寺"所暗示的是《聊斋志异》中聂小倩的故事。《十四》在书生和狐妖之外，还有"供鬼混的古庙或废墟"③。而聊斋故事的鬼魅之影不仅在陈大为的诗中屡屡显影，他更在《凭空》一文中指出其散文创作与《聊斋志异》的相似之处："人鬼杂处，我笔下的散文世界，一不小心便成为今之《聊斋》。"④

尤为重要的是，民间视角进一步使陈大为的南洋史诗呈现出民间社会中华人叙述声音的主体性。在《在南洋》《会馆》《茶楼》《祠堂高坐》等诗中，陈大为将一系列华人民间社会的多元个体故事建构为南洋华人移民的族群史诗。它所聚焦的并不是那些承载着宏大叙事和国家话语的空间，

---

① 陈大为：《小心黑夜》，选自陈大为：《再鸿门》，台北：文史哲出版社，1997年，第93页。
② 陈大为：《水滴石穿》，选自陈大为：《方圆五里的听觉》，济南：山东文艺出版社，2007年，第246页。
③ 陈大为：《十四》，选自陈大为：《方圆五里的听觉》，济南：山东文艺出版社，2007年，第132页。
④ 陈大为：《凭空》，选自陈大为：《方圆五里的听觉》，济南：山东文艺出版社，2007年，第365页。

而是从未被马来西亚国家主流论述所重视的，维系华人民间社会组织的空间，如茶楼、祠堂、会馆、华人公墓等，这些空间无一不具有显著的离散属性。在对华人族群民间经验的再现中，陈大为将历史"空间化"，以空间叙事替代线性历史叙事。如《会馆》将"会馆"历史"空间化"，"会馆"的三个历史发展阶段被形塑为三种空间形态。首先是储存于"会馆"中的华人移民记忆空间，"纸的裂痕撕开一甲子的过去/曾祖父话说从头西元一八九七："[①]第一代华人移民与"会馆"的故事要从十九世纪的"猪仔"历史说起，"'猪仔'全窝在高压的殖民船舱/遥想郑和的风光，记挂老家的米缸"[②]，一语道破华人远渡重洋、挣扎求生的艰苦岁月。在记忆空间之外，"会馆"作为一个社会空间，起到了凝聚华人原乡意识，缔造中华民族文化认同的作用。其中，陈大为讲述了祖辈、父辈与自己三代人对"会馆"的空间认知差异。在祖辈眼中，"会馆"不仅是一个凝聚华人族群力量的场所，而且是一个寄托乡愁的空间。对父辈而言，"会馆"不再是原乡文化的象征，而是华人族群进行情感联结的社交空间。其文化意义更进一步被父辈解构，"父亲把会馆幻想成无比宏伟的烧猪/好让猪皮的香脆在馆史上永驻——"[③]到了移民第三代，"会馆"蜕变为移民后代建构中华文化记忆的媒介空间，它不再能够凝结移民后代的原乡认同，"会长大伯使劲撑起广西的大旗/但会馆四肢无力骨骼酥软"[④]。昔日华人移民的原乡意识化作凝结在"会馆"中的静态符号，"每张遗照都像极了霍元甲/团团守住他们传下的大堂"[⑤]。移民第三代与父祖辈的离散经验截然不同，如陈大为所言："我的先祖来自广西……但我对广西没有丝毫的情感，连

---

① 陈大为：《会馆》，选自陈大为：《再鸿门》，台北：文史哲出版社，1997年，第20页。
② 同上，第21页。
③ 同上，第23页。
④ 同上，第25页。
⑤ 同上，第24页。

陈门堂上的列祖列宗都挤不出印象。"①由于淡薄的原乡意识，族谱的严肃意义亦被陈大为祛魅，能够"在族谱里大大记了一笔"②的，不再是家族的杰出事迹，而是"爷爷"打麻将的"神技"。此时的"会馆"在陈大为看来"只剩下老广西的老呼吸"，最终只能"瘦成三行蟹行的马来文地址……"③。

透过历史的"空间化"，《会馆》呈现出一种以"消逝"为中心的历史叙事。"消逝"之所指，不仅是时间的，亦是空间的，同时更指向认同问题。和《会馆》一样，《茶楼》和《祠堂高坐》同样从空间刻画入手，以空间的"消逝"揭示认同的"消逝"。在《茶楼》中，陈大为透过描述"铁观音""粤曲""辫子们"在南洋的遭际，凸显"茶楼"空间的离散属性。"辫子们"指清朝时期的华人移民，"提观音"则是华人乡愁的见证，"七种方言泡进一壶铁观音/她纵观辫子们似雁翼清脆骨折的愁眉/也只能用回甘的苦涩安慰"④。并且，城市现代化进程对"茶楼"的裹挟，意味着华人族群文化不仅要抵抗马来西亚本土文化的压制，同时也不得不直面欧美文化殖民的考验。在可乐、肯德基、麦当劳等欧美快餐饮食文化在九十年代前后席卷城市空间时，曾经门庭若市的"茶楼"渐渐无人问津，"没有谁再关心粤曲"，大家都"呼吸经欧美殖民的空气"⑤。"茶楼"由此变得"消瘦"。"祠堂"的现代遭遇与"茶楼"相似。在马来西亚社会，"祠堂"作为华人宗族关系的象征空间，与移民历史呈同构关系。陈大为在《祠堂高坐》中指出，随着"祠堂"在现代化城市进程中的逐渐消逝，封存于"祠堂"中的华人移民历史亦慢慢被人遗忘，成为"老去的题

---

① 陈大为：《抽象》，选自陈大为：《流动的身世》，台北：九歌出版社，1997年，第89页。

② 陈大为：《会馆》，选自陈大为：《再鸿门》，台北：文史哲出版社，1997年，第24页。

③ 同上，第26页。

④ 陈大为：《茶楼》，选自陈大为：《再鸿门》，台北：文史哲出版社，1997年，第15页。

⑤ 同上，第17页。

材"①，走向凋零。

由上可见，透过"空间化"的历史书写，陈大为在处理历史经验时并不仅仅着眼于个人视角的阐释和个体经验的抒发，其苦心经营的南洋史诗呈现了华人族群移民历史和离散经验的独特性，并借此对华人的认同问题进行深入考察，由此揭示不同世代华人文化记忆的差异性。

三、"反记忆"与主体建构

无论是对古典中国的文学想象，还是对南洋史诗的建构，陈大为进行历史书写的最终目的是拆解主流历史叙事的权威性。这种对单一文化想象与认同的解构，无疑昭示了陈大为以边缘书写颠覆权威话语的诗学企图，折射出一个马华诗人的写作位置与独特使命。

陈大为对古典中国历史文化和南洋华人历史富有创造性的文学再现，是一种重建文化记忆的努力。马来西亚独立建国后，马来人掌握政权，华人进一步被边缘化。长期以来，华人为了传承中华文化，大量修建华人学堂，以期通过华文教育为移民后代建构中华文化认同——用陈大为的话来说，这是"让汉字涂鸦土生的孩子"②。在华文教育之外，马华文学对中华历史文化的书写也是认同建构的重要组成部分。这种精神诉求亦体现在陈大为的历史书写中。陈大为在《简写的陈大为》一诗中指出："我不愿被姓名简写/尤其蠢课本和那条虚脱的龙/从辞海我结识一匹/无从简写的麒麟/跨越文言与白话都市和城池/用先秦散文和后现代诗/来填饱我的圣兽/我保

---

① 陈大为：《祠堂高坐》，选自陈大为：《方圆五里的听觉》，济南：山东文艺出版社，2007年，第208页。

② 陈大为：《茶楼》，选自陈大为：《再鸿门》，台北：文史哲出版社，1997年，第17页。

证/不会让南洋久等"①。此处的"蠹课本"和"虚脱的龙"寓指人们对中国古典文化过于简化和僵化的认识。诗人所推崇的"无从简写的麒麟",指的就是无法被简单收编的中国文化。而这被陈大为视为重建文化记忆的关键所在。在中国古典文化之外,在文学中重现南洋华人移民的离散经验更被陈大为视为华人的历史责任和创作使命。如他在《在台北》中写道:"我试写马华诗人不写的南洋/他们说:太旧/又嫌它腐朽/短视的抨击落在肩上如微雨/千山独行/我苦苦追寻半岛上辈子的履历/它们在遗忘的角落等我/解压缩/把该庞大的恢复得更庞大"。②陈大为的南洋史诗覆盖了马来西亚华人在南洋的数个重要的历史时刻。其中既有叶亚来、郑和等历史人物的英雄事迹,也呈现出华人族群在南洋扎根、繁衍的生活史。其目的正在于挑战马来西亚国家论述对华人族群和生命经验的漠视乃至抹杀,再现华人的移民史、生命史和心灵史。

从这个角度而言,陈大为的历史书写旨在实现历史叙事权力从主流到边缘的转换。按照新历史主义的观点,历史书写并非对历史经验的简单叙述,海登·怀特曾指出:"历史文件不比文学批评者所研究的本文更加透明……历史文件所表现出来的世界之不透明度随着历史叙事的生产而不断增长。"③历史叙述同时是意识形态的建塑过程,新历史主义主张对历史叙述的唯一性和崇高性进行消解。这种史观贯穿陈大为的历史书写。最典型的表现当属他在《还原》《在诗的前线行走》《简写的陈大为》中对历史进行全面解构的书写姿态。

---

① 陈大为:《简写的陈大为》,选自陈大为:《方圆五里的听觉》,济南:山东文艺出版社,2007年,第200页。

② 陈大为:《在台北》,选自陈大为:《方圆五里的听觉》,济南:山东文艺出版社,2007年,第202页。

③ 海登·怀特:《作为文学虚构的历史文本》,选自张京媛编:《新历史主义与文学批评》,张京媛等人译,北京:北京大学出版社,1993年,第169页。

从记忆的视角来看，对主流历史叙事的拆解，亦是对主流文化记忆的抵抗，因而陈大为的历史书写可被称为一种"反记忆"（Counter—Memory）书写。"反记忆"是米歇尔·福柯提出的概念，揭示了福柯对历史记忆与权力关系的看法。福柯认为记忆的形成反映了一种权力关系，主流记忆的建塑往往充满了权力话语的钳制，被排除在由权力塑造的记忆谱系之外的记忆文本是一种"反记忆"。^① "反记忆"主张对被贬低、被忽略乃至被湮灭的记忆脉络进行挖掘，显然是对主流记忆的挑战。斯维特兰娜·博伊姆在《怀旧的未来》中指出，"反记忆"蕴含着知识分子的反抗精神："对反记忆这种自觉的保存态度令知识分子在社会上发挥一种特殊的作用……反记忆确立的基础是'内在自由'的理念，这样的内在自由独立于国家政策……"^②陈大为的"反记忆"书写同样指向边缘对中心的反抗。例如《在南洋》中的"反记忆"建基于诗人对主流历史叙述合法性的质疑，并通过诗人自己的故事、听来的故事、历史教科书的故事、源于想象的故事等凸显历史记忆的丰富性。

"反记忆"揭示了陈大为历史书写的独特性。作为在台马华文学新生代的一员，他企图透过"反记忆"书写，对自身的独特创作身份进行建构。在《在台北》中，陈大为指出其历史书写里的空间错位，"在台北我注册了南洋"^③。陈大为的南洋史诗创作于台北，空间的错位使陈大为的历史书写突出了复杂的身份问题。在这首诗的开头，诗人就开门见山，道出了在台湾重塑南洋历史的创作困难："在台北我的南洋注册了吊诡的条码/

---

① "反记忆"的概念参见Bouchard, Donald F. "Michel Foucault: Language, counter-memory, practice: Selected essays and interviews." Translated from the French by Donald F.Couchard and Sherry Simon.Cornell University Press, Ithaca, New York（1977）pp.160-164.

② ［美］斯维特兰娜·博伊姆：《怀旧的未来》，杨德友译，北京：译林出版社，2010年，第70页。

③ 陈大为：《在台北》，选自陈大为：《方圆五里的听觉》，济南：山东文艺出版社，2007年，第202页。

宣誓了籍贯/广西使劲凝固血小板的地图/我始终无法把乡音走稳/好像少了根避震/而南洋/诱捕了我书中巡狩的麒麟/逼它说出一番道理"①。由于家族记忆的代代承继，对陈大为而言，广西文化具有亲缘性，"桂林不远水声就在诗的西边"②。然而，广西虽然是陈大为的祖籍，但他却无法对此产生认同，不想"继承爷爷眸子里的秋天"③。作为移民后代，他"无法把乡音走稳"④，与祖辈的原乡文化之间始终存在隔膜。在差异化的离散经验中，不同世代华人建构起不同的主体认同。被祖辈一代视为异乡的南洋，成为陈大为的原乡。但陈大为展开回望族群历史，展开文学想象的地方，却在台北。台北作为异乡，促使其在跨域书写中持续反思主体建构的问题。陈大为指出在台北书写的南洋拥有"吊诡的条码"，揭示了一个马华留台诗人在文学实践中进行主体建构的复杂性。实际上，从某种程度上而言，无论是陈大为的古典中国想象还是南洋史诗，都是经过台湾中介的文化想象，而陈大为的创作主体也必然在台湾地区、神州原乡和南洋三重文化视野的交织与角力中生成。

陈大为的历史书写体现出浓郁的后离散属性，其中所携带的文化基因既是南洋的，也是中国的。正如《在台北》中的诗句："南洋的史诗外加两头鹿部的兽/像暴雨/泛滥所有马华故事的上游"⑤。此处"两头鹿部的兽"即麒麟——中国文化的象征符号，它与"南洋的史诗"一起构成陈大为的"马华故事"。用陈大为的话来说，这种历史书写可谓是"半式楚汉半式

---

① 陈大为：《在台北》，选自陈大为：《方圆五里的听觉》，济南：山东文艺出版社，2007年，第201页。

② 同上，第202页。

③ 同上，第202页。

④ 同上，第201页。

⑤ 同上，第203页。

南洋"^①。此外，陈大为的历史书写凸显出鲜明的解构主义特色。通过对"反记忆"的呈现，陈大为试图颠覆威权宰治下的历史叙述机制，书写在马来西亚社会身居边缘的华人族群历史。与此同时，"半式楚汉半式南洋"的历史书写折射出陈大为对文化主体的建构过程。拒绝被历史叙述权力机制收编的陈大为，同时反对僵化的文化认同。透过历史书写，陈大为对文化身份建构进行了探索性的阐释。经由台湾中介的中国古典想象和南洋史诗，揭示了陈大为在创作中进行主体建构的三重视野，这亦是陈大为的历史书写对华文文学的独特贡献。

① 陈大为：《纸鹞》，选自陈大为：《流动的身世》，台北：九歌出版社，1999年，第38页。

第六章 | 马华留台生诗社的诗歌理念及其实践

　　二十世纪六七十年代的台湾文坛，诗社林立，陈大为甚至将五十年代至八十年代称为台湾诗坛的"结社时代"[①]。目前学界对创世纪诗社、蓝星诗社等大诗社的研究很多，但对其中体量庞大，曾拥有一定号召力的"留台生"诗社关注不够。二十世纪五十年代以来，大量来自东南亚等地的华人学生抵台留学，组建诗社，出版诗刊，创作诗歌，形成一个深具影响力的文学社群。主要由留台生创办的诗社大都建基于台湾的大学校园，如马华留台生为主体的星座诗社虽然是跨校诗社，但基本上以政治大学为中心。他们从校园出发，为台湾诗坛带来跨国的文学资源和作为"他者"的文学视野。

　　在这些留台生开展的文学活动中，1963年由就读于政治大学、台湾大学的马华留台生王润华、叶曼沙、毕洛、洪流文以及香港留台生翱翱等人组建的星座诗社鲜少被人关注。[②]这与其校园背景深有关联，如台湾诗歌

---

① 陈大为：《最年轻的麒麟：马华文学在台湾1963—2012》，台南：台湾文学馆，2012年，第47页。

② 过去与星座诗社有关的研究成果，如陈慧桦《校园文学、小刊物、文坛：以〈星座〉和〈大地〉为例》以大地诗社为重心，对星座诗社同仁的诗作未作细致分析。陈大为在《最年轻的麒麟：马华文学在台湾（1963—2012）》中大致勾勒星座诗社的概况，值得注意的是他提出将星座诗社创立的时间1963年视为在台马华文学的元年。参见陈慧桦：《校园文学、小刊物、文坛：以〈星座〉和〈大地〉为例》，收录于陈鹏翔、张静二编：《从影响研究到中国文学：施友忠教授九十寿庆论文集》，台北：书林出版公司，1992年，第65—82页。陈大为：《最年轻的麒麟：马华文学在台湾1963—2012》，台南：台湾文学馆，2012年，第47—68页。

研究者杨宗翰所言："'星座诗社'与《星座诗刊》是典型由大专院校学生发起、组织的校园诗社与诗刊。既诞生于被视为不沾尘埃的'校园'，故长久以来都在台湾现代诗史/文学史的讨论视域之外。"[1]杨宗翰的说法指明了星座诗社在台湾文学场域中作为校园诗社的定位。台湾光复后，大学校园出现不少校园诗社。青年诗人在大学求学时多组建诗社，出版诗刊，培育文学青年，张错将这种在校园中创办的诗社称为"大学型诗社"[2]。星座诗社显然也是"大学型诗社"的一员。早在星座诗社之前，台湾已出现不少"大学型诗社"。1951年，台湾大学学生林晓峰创办台大诗歌研究社，出版《青潮》诗刊，这是光复后台湾第一个大学校园诗社[3]。20世纪50年代中后期，台湾大学出现了一个由香港"留台生"余玉书创办的海洋诗社，参与者有白垚（林间）、黄德伟、赖敬文、王贻高等人。1957年5月，海洋诗社出版《海洋诗刊》创刊号。到了六十年代，台湾中国文化大学学生创立华岗诗社，台湾师范大学则出现喷泉诗社。1972年5月，高雄师范学院学生创建风灯诗社。1975年9月，海棠诗社创办于东吴大学，出版《海棠诗刊》。八十年代初，马华留台生陈强华、傅承得、王祖安在政治大学创办长廊诗社，出版《长廊诗社》。

在这些校园诗社中，星座诗社对台湾现代诗的发展深具影响力。据王润华回忆："台湾当时重要的诗人及年轻诗人，多数都在上面发表过作品。"[4]如罗门、蓉子、李莎、蓝采、张默、洛夫、商禽、叶维廉、张

---

① 杨宗翰：《抛出了地心吸力的诗人们：从〈星座〉看现代主义文学"小历史"》，《联合文学》2016年第381期。

② 张错：《夜观天象　星棋罗布——我与"星座诗社"》，《自由时报·自由副刊》2011年1月11日。

③ 杨宗翰：《台湾新诗评论：历史与转型》，台北：新锐文创，2012年，第203页。

④ 王润华：《木栅盆地的星座》，选自王润华：《王润华自选集》，台北：黎明文化事业股份有限公司，1986年，第116页。

健、七等生、古丁、吴瀛涛、李魁贤、林焕彰等。①多位星座诗社成员的作品也进入台湾诗歌的"经典化"队列中，如痖弦1967年编选的《七十年代诗选》收录了王润华、翱翱的诗②。王润华、林绿、陈慧桦、翱翱、淡莹的诗后来也入选《八十年代诗选》③。1971年张默与管管编选的《新锐的声音：当代廿五位青年诗人作品集》选入陈慧桦的诗。痖弦于1980年编选的《当代中国新文学大系（诗集）》收录王润华、林绿、淡莹、翱翱、陈慧桦的多首诗作④。并且，对于马华留台文学而言，星座诗社是一个重要的起点，黄锦树甚至将之视为马华留台文学的"初始型态"⑤。

由此可见，无论在哪一个参考体系中，星座诗社均有其独特的重要意义。星座诗社解散后，其中的核心成员如王润华、淡莹、翱翱等参加了陈慧桦组织的大地诗社。大地诗社1972年创立，同年9月出版《大地诗刊》，至1977年1月停刊，共十九期。该诗社的主要成员包括余中生、李

---

① 林家庆：《诗行渡海而来："在台湾的诗歌岁月"座谈会纪实》，《文讯》2011年第305期。

② 《七十年代诗选》收录王润华的诗《窄门》《落霞》《回到花朝》《守潭》《凌晨啊，穿黑衣的战争就会渡河》《前夜》；翱翱的诗《灰色是您的名字》《风从石门穿越而来》《虎纹了的滩夜》《把死亡悬在足踝上》等。参见张默、洛夫、痖弦：《七十年代诗选》，高雄：大业书店，1967年。

③ 《八十年代诗选》收录王润华的诗《象外象》《观望集》《门外集》《山水哲学》；林绿的诗《周末以后》《周末》《饮酒》《月亮》；陈慧桦的诗《坐看》《超现实之夜》和 Irony of Fate, Irony of Love；翱翱的诗《洛城草》《嬉皮与水怪》《椿花》《释天籁》；淡莹的诗《太极拳谱》《饮风之人》《沤鸟》。参见纪弦、羊令野、洛夫等人编：《八十年代诗选》，台北：濂美出版社，1979年。

④ 《当代中国新文学大系（诗集）》收录王润华的诗《南洋植物志》《热带水果皇族的家谱》；林绿的诗《周末》《枫树》《雪花》《影子》《第二个中秋》；淡莹的诗《云与你》《年轮》《伞内·伞外》；翱翱的诗《倾诉》《落花时节》《边界》；陈慧桦的诗《秋兴》《公寓记事》《我们去潇洒》。参见痖弦编：《当代中国新文学大系（诗集）》，台北：天视出版事业有限公司，1980年。

⑤ 黄锦树：《作为台湾文学理论关键词的"马华文学"》，收录于钟怡雯、陈大为主编：《马华文学批评大系：黄锦树》，桃园：元智大学中文系，2019年，第322页。

弦（李丰楙）、林锋雄等人。此外，马华留台生诗社脉络还延伸至二十世纪七十年代中期出现的神州诗社。神州诗社的前身是温瑞安、温任平、黄昏星、周清啸等人在马来西亚创办的天狼星诗社。1976年，温瑞安与马来西亚天狼星诗社社长温任平决裂，另组神州诗社，发行《神州诗刊》。三年后，再组青年中国杂志社，出版《青年中国》《文化中国》《历史中国》，发明与传播"文化中国"论述。

在纵向的历史之轴中，我们可以发现不同世代的马华留台作家文学生产形式的显著差异。二十世纪五六十年代在台湾地区组建诗社的马华留台生王润华、淡莹，以及七十年代崭露头角的温瑞安、方娥真等人，虽然与八九十年代的黄锦树、钟怡雯、陈大为一样均通过留学来台，但他们的文学生产与传播路径主要是同乡结社、出版刊物。这固然跟台湾地区"戒严"时期盛行的结社风潮紧密相关，也与早期的马华留台作家普遍以诗歌创作为主、集众人结诗社的文学生产取向不无关系。不同世代文学传播路径的迥异折射出马华留台文学浮出历史地表的传播状况，映照出台湾主流文学场域对马华留台文学的接受形态。从二十世纪五十年代至八十年代初期的马华留台生校园诗社脉络无疑是马华留台文学的重要见证，折射出"结社时代"的文学风景。那么，这些马华留台生诗社到底宣扬了哪些诗歌主张，具体呈现了何种特殊的文学经验，与台湾文学场域发生了哪些互动？基于此，本书对星座诗社、大地诗社和神州诗社展开考察，试图探索这些马华留台生的诗学主张与诗歌创作对台湾现代诗乃至台湾文学场域的独特贡献。

第一节　星座诗社与现代主义诗歌

相对于二十世纪五十年代台湾大学的海洋诗社，星座诗社虽然同为留台生所办，但它是一个跨校性诗社。星座诗社最初的创建者是当时就读于政治大学西语系的王润华、翱翱（张错）、叶曼沙和毕洛（张齐清）。该诗社在1963年4月1日成立后，将影响范围拓展至台湾大学、台湾师范大学等台北高校。主要成员包括林绿、洪流文、陌上桑（叶观仕）、淡莹、黄德伟、陈慧桦（陈鹏翔）、麦留芳、钟玲、郑树森、冷燕秋（刘放、麦留芳）、李壮源、孙键政、陈世敏等人。其中除了苏凌和姚家俊之外，星座诗社的社员全为留台生。翱翱、黄德伟二人来自香港，其余大部分成员则来自马来西亚。张错（即翱翱）曾指出，星座诗社长期以来被指认为留台生诗社，乃因为他和王润华、林绿等人拥有良好的外语能力，为《星座》翻译了大量诗歌。但不可忽视的是，星座诗社中有不少本地学生，当时林怀民就是社员之一。①

　　这些大部分由留台生组成的诗社得到不少台湾诗人的扶助。王润华透过同为政治大学毕业，主编过《纵横诗刊》的刘国全，结识了一些台湾诗人如覃子豪、李莎。这大大拓展了《星座》诗刊的稿源范围，更深入地与台湾文学场域产生互动。如李莎就将王润华的诗作推荐给《创作》《文坛》《幼狮文艺》等文学刊物发表。②又如曾任《纵横诗刊》编辑委员的蓝采就帮助星座诗社编辑《星座》创刊号，并撰写代发刊词《诗的表现风格》。将星座诗社发展为跨校性文学社团的建议，出自台湾诗人蓝采，"他希望除了政大学生，还有校外诗人成为社员"③。王润华当时还与罗门、蓉子结识，他们"常约我们到他们家聚会"④，罗门、蓉子对一众"星座"诗人也多有鼓励。罗门曾为淡莹、陈慧桦的诗集《单人道》《多

① 林家庆：《诗行渡海而来："在台湾的诗歌岁月"座谈会纪实》，《文讯》2011年第305期。
② 王润华：《木栅盆地的星座》，选自王润华：《王润华自选集》，台北：黎明文化事业股份有限公司，1986年，第112—113页。
③ 同上，第115页。
④ 王润华、淡莹：《星座陨落的星星》，《文讯》2018年第394期。

角城》作序①，将淡莹与蓉子、夐虹、林泠的诗相比，称淡莹比目前台湾诗坛上任何一个女诗人乃至于大部分男性诗人都具有现代感②。由此可见罗门对星座诗社诗人的关注与扶持。在美术设计上，《星座》也汇集了台湾画坛与文坛的力量，如1966年3月春季号封面出自刘国松之手，并由尉天骢引介书法家张隆延题字③。这反映出星座诗社所获得的一系列校园外部文化资本的加持，其影响力不仅限于校园内部，而拓展至台湾文学艺术场域，如张错所言："当年'星座'不只在政大校园内茁壮，后来更走出校园，与创世纪、葡萄园等诗社往来，罗门、蓉子也是常给予热切指导的前辈。"④《星座》的流通范围也绝不止于校园，当时在武昌街周梦蝶的书摊上，亦可见《星座》的身影。⑤

诗社中的核心人物王润华、张错⑥在大学时期均就读于西洋文学系；淡莹和黄德伟则是台湾大学外文系的学生；陈慧桦就读于台湾师范大学外文系。这使星座诗社从一开始就具备西方文学译介的文化土壤。自林绿参与《星座》的编务后，译介特色更为浓郁，推崇"横的移植"。这与此前同为留台生诗社的海洋诗社就相当不同。根据王润华的说法，星座诗社肩负引进西方文学理论与诗歌的使命，"在政大三年级开始，我与政大其他大学的同学，如张错、林绿、淡莹、陈慧桦，都是读西方文学，而台湾当时现代主义正在流行，我们野心抱负都很大，不只是创

---

① 罗门：《评〈多角城〉》，收录于陈慧桦：《多角城》，台北：星座诗社，1968年，第15—17页。

② 罗门：《走在"单人道"上的淡莹》，收录于淡莹：《单人道》，台北：星座诗社，1968年，第12—13页。

③ 林家庆：《诗行渡海而来："在台湾的诗歌岁月"座谈会纪实》，《文讯》2011年第305期。

④ 同上，第112页。

⑤ 王润华与张错曾将《星座》诗刊与诗社同仁的诗集送至周梦蝶处代卖。参见宋雅姿：《独有的抒情声音》，《文讯》2011年第310期。

⑥ 张错来台前曾就读于香港九龙仁华英文书院，拥有良好的外语能力。

作，还负有引进西方文学的使命，所以决定创办星座诗社，出版《星座》诗刊，除了推动现代诗运动，企图翻译西方诗歌与介绍西方文学理论。"①而《海洋诗刊》创刊号《编后语》中指出："今日的诗坛是苍白而贫乏的，但是我们宁愿诗坛永远苍白贫乏下去，我们也不愿使具有数千年辉煌历史的中国诗城，插上了颓废和玄虚主义的魔旗！""今日，在海洋蓝色的旗帜下，在悲壮的螺角号声中，我们诗的联合舰队宣告出发，我们将从事诗的新处女地的探险和开拓，我们承认新诗是'横'的移植，但我们更强调'纵'的继承……"②这可被视为与纪弦1956年提出的"现代派"诗学主张展开的对抗。杨宗翰指出，创刊号刊登了覃子豪的译诗——高克多的《罗曼斯》，并辑为《法兰西海洋诗选》，这证明海洋诗社对覃子豪在"现代派"论战中立场的认同，并且暗示这群留台生的原乡之思。③相对而言，星座诗社译介了大量西方诗歌，尤重现代主义，诗刊中刊登的诗作也深具现代主义色彩。这种风格与林绿的改革有密切关联。林绿1964年赴台留学，与比他高两届的王润华、张错一样就读于政治大学西语系。亦由此，林绿来台不久便加入了星座诗社，并对《星座》诗刊进行了大刀阔斧的革新④。林绿来台前，在马来西亚已开展文学活动，他主编了《长青》月刊，在1961年于香港出版诗集《西海岸恋歌》，1963年又出版《蔷薇花》。林绿与马汉、年红、马崙等马来西亚作家，以及新加坡作家林方交往密切，也与当时主持《学生周报》和《蕉风》月刊编务的姚拓、白垚、黄崖多有联系。⑤

---

① 王润华：《在树下成长的南洋华侨文艺青年》，《文讯》2013年第327期。
② 转引杨宗翰：《集会结社之必要：台湾战后大学诗社/诗刊群相》，《文讯》2010年第301期。
③ 同上。
④ 王润华、淡莹：《星座陨落的星星》，《文讯》2018年第394期。
⑤ 同上。

作为一个有创作经验的诗人，林绿对《星座》诗刊的贡献甚多。其一，在编辑和稿件两方面将《星座》诗刊进一步"本土化"：他在编辑队伍中加入大量台湾本地学生，如孙键政、陈世敏等人；强化《星座》诗刊与台湾文学场域的互动，"台湾当时重要的诗人及年轻诗人，多数都在上面发表过作品"①。不仅罗门、蓉子的诗刊登于《星座》诗刊上，还有余光中、洛夫、杨牧、张默、商禽、古月、吴瀛涛、林锡嘉、林焕彰、李魁贤等人的诗作。其中余光中的诗作《单人床》发表于第十一期；十二期有余光中、洛夫、郑愁予的诗。此外，《星座》诗刊还刊登过小说家李黎的作品《山语》②。

其二，大力推广英美诗歌及理论的译介工作。其主要目的，在于激发中国诗人的创作视野，"星座诗人群有感当时台湾文坛对西方新的艺文资讯掌握不足，特别在诗刊设计固定专栏、特辑，大量翻译、介绍如波特莱尔、艾略特、雪托维尔、惠特曼等著名西洋诗作及相关评论"③。在第十期"夏季号"，刊有波德莱尔的诗《恶之花》（九首），之后还推出"英美诗人论现代诗""梵乐希选辑"；第十三期推出由郑树森翻译的"投射诗"。整体而言，《星座》诗刊译介的诗人包括爱伦坡、惠特曼、罗威尔、雪脱维尔、勒克金、汤关等。在诸多流派中，《星座》诗刊尤重现代主义。王润华曾道："在政大三年级开始，我与政大其他大学的同学，如张错、林绿、淡莹、陈慧桦，都是读西方文学，而台湾当时现代主义正在流行，我们野心抱负都很大，不只是创作，还负有引进西方文学的使命，所以决定创办星座诗社，出版《星座》诗刊，除了推动现代诗运动，企图翻

---

① 张错：《夜观天象　星棋罗布——我与"星座诗社"》，《自由时报·副刊》2011年1月11日。
② 同上。
③ 王慈忆：《越洋而来的诗心：海洋·纵横·星座诗社》，《文讯》2010年第301期。

译西方诗歌与介绍西方文学理论。"①

其三，在大量译介西方现代诗的基础上，《星座》诗刊试图对现代诗的性质进行重新讨论。林绿曾指出，星座诗社的创办宗旨本是"为了解决近日中国诗里存在的问题，要建立真正的中国现代诗。……早期很多人看不懂现代诗，对诗的观念停留在五四时代的新诗，徐志摩、闻一多的观念，是浅白的现代诗。现在所称的'现代诗'是受外国诗的影响，讲究技巧、意象、用字遣词、语言间接的表现方式"②。林绿认为当前人们对现代诗的看法过于简单，提出要"随时给诗坛打D、D、H"。在后来的采访中，他指出这句话是"为了解决早期现代诗曲高和寡、太拐弯抹角、晦涩的问题"③。为了匡正诗坛不良风气，《星座》第十三期的《刊前语》宣称要揭发"演戏的诗人""敲锣打鼓的诗人""请客、办酒席的诗人""流浪的诗人""没有艺术良知的诗人""盖乱房子的诗人""自大狂的诗人"等诗人的真面目④。并且，从这个办刊宗旨出发，林绿推出"中国诗人论现代诗"特辑，邀请纪弦、罗门、痖弦、洛夫、张默、蓉子、商禽等在台湾卓有影响的诗人介绍现代诗的鉴赏方法，并针对现代诗创作展开讨论。纪弦还在《星座》诗刊第十期发表《我主张取消"现代诗"三字》一文，指出"自由诗"与"新自由诗"的区别在于节奏与抒情。陈慧桦认为"这些作为对六〇年代的台湾诗坛是有很大的贡献的"。⑤此外，为了刺激现代诗的创作，林绿曾打算将《星座》诗刊的一半篇幅用以推广中国诗人的英语诗作。张错、叶维廉等人的英语诗作都曾发表于诗刊第十三期。

由于对现代诗进行革新的精神追求和对现代主义美学的强烈推崇，星

---

① 王润华：《在树下成长的南洋华侨文艺青年》，《文讯》2013年第327期。

② 王慈忆：《马华文学拓宽第一代：专访林绿教授》，《文讯》2010年第297期。

③ 同上，第29页。

④ 王慈忆：《越洋而来的诗心：海洋·纵横·星座诗社》，《文讯》2010年第301期。

⑤ 陈慧桦：《天才型的诗人教授林绿》，《文讯》2018年第394期。

座诗社诗人的诗作大多具有浓厚的现代主义风格。如陈慧桦写于1969年，刊登于《南洋商报》的诗《超现实之夜》[1]充满存在主义式的苦闷与虚无，"天就是不吻他陌生的哭泣""天就是不吻他/徒然踩碎影子的孤独"。并且，诗中凸显出一种死亡意识，"死亡是一株婀娜的树"。整首诗揭示了现代人复杂的内心境况，充满"幽暗的/无奈/以及某种挣扎"。林绿在此期间创作的诗也散发着一种沉重、黑暗、颓废的气息。如在《一九六六年诗稿（十一首）》的《其四》[2]中，诗人写道：

> 游过了夜底阴森长廊
> 曙光仍未推开紧闭的纱窗
> 黄昏星亮后便急急闪来的蒙面幽灵
> 还在冰凉的空气中打着圈圈
>
> 睁开沉重的惺忪
> 呆板的天花板上
> 僵尸般的卧姿又压了下来。

这几句诗充满现代主义的幽暗色彩。在《其七》[3]中，"一个无聊被烟圈圈死/一个无聊又谲笑着探出头来"等诗句展露出一种强烈的虚无感。《一九六九年诗稿（九首）》中的《其八》[4]出现诸多关于病的意象，如"瘫痪"的"天桥"、"患上了夜盲"的"灯"、"白发"以及"疟疾症"。

---

[1] 陈慧桦：《超现实之夜》，收录于纪弦、羊令野、洛夫等人编：《八十年代诗选》，台北：濂美出版社，1979年，第241—242页。
[2] 林绿：《一九六六年诗稿（十一首）》，《林绿自选集》，台北：黎明文化事业股份有限公司，1975年，第108—109页。
[3] 同上，第113—115页。
[4] 林绿：《一九六九年诗稿（九首）》，《林绿自选集》，台北：黎明文化事业股份有限公司，1975年，第136—137页。

　　汇集了王润华大学时期作品的诗集《患病的太阳》被其称为"走向现代主义诗学的源头"①，李瑞腾也将之视为王润华现代化主义色彩最浓郁的作品②。王润华回忆道："台湾当时流行的现代主义，完全改变我的写实左派写作路线。"③他写于20世纪60年代的诗往往旨在揭示现代人内心的苦痛、灵魂的忧虑，体现出浓郁的现代主义风格，一如《七十年代诗选》的编者在评论王润华的文章《半窗患病的太阳》中所指出的："透过王润华的诗，我们看见了现代人精神深处的面貌，虽然迷蒙；但却已深深敲痛了我们的心。"④如他在《守潭》一诗中揭示现代人孤苦、痛苦乃至绝望的内心世界："守死一潭的梦幻/悲叹一个日落的午后/我们终于埋怨着背上沉重的夕阳/失望地消隐于荒凉的潭边"⑤。

　　除此之外，在王润华同时期的《窄门》⑥《落霞》⑦《凌晨啊，穿黑衣的战争就会渡河》⑧《前夜》⑨等诗中，亦频繁出现颓废、荒凉的意象，如"苍茫的窄门""凄苦的残照""萧瑟的河畔""战争的血手""苍白的逃

① 王润华：《在树下成长的南洋华侨文艺青年》《文讯》2013年第327期。
② 李瑞腾：《入乎其内·出乎其外（上）：论王润华早期的诗（一九六二——九七三）》《文讯》1988年第38期。
③ 王润华：《在树下成长的南洋华侨文艺青年》，《文讯》2013年第327期。
④ 编者：《半窗患病的太阳——王润华小评》，张默、洛夫、痖弦编：《七十年代诗选》，高雄：大业书店，1967年，第195页。
⑤ 王润华：《守潭》，张默、洛夫、痖弦编：《七十年代诗选》，高雄：大业书店，1967年，第197页。
⑥ 王润华：《窄门》，张默、洛夫、痖弦编：《七十年代诗选》，高雄：大业书店，1967年，第196页。
⑦ 王润华：《落霞》，张默、洛夫、痖弦编：《七十年代诗选》，高雄：大业书店，1967年，第196页。
⑧ 王润华：《凌晨啊，穿黑衣的战争就会渡河》，张默、洛夫、痖弦编：《七十年代诗选》，高雄：大业书店，1967年，第197—198页。
⑨ 王润华：《前夜》，张默、洛夫、痖弦编：《七十年代诗选》，高雄：大业书店，1967年，第198页。

亡""荒年""死影"等。现代主义文学思潮在五十年代台湾社会的风行有其特殊的历史语境。由于主导意识形态的文学体制，五四新文学与现实主义文学均被禁绝，政治宣传文学盛行一时，整个文坛仿佛一片"沙漠"。此时西方现代主义思潮中的个人性、反叛性契合文学青年的精神渴求，"'开口闭口就是卡夫卡、福克纳'为当时文青普遍的倾向"（张错语）①。王润华将其踏上现代主义文学创作的原因归为主导意识形态文艺政策的刺激："大陆与台湾官方的文艺为政治宣传的文艺政策，使我着魔于个人的感觉、想象的文字……"②值得注意的是，由于现代主义的内向性，台湾对西方现代主义文学的挪移与实践实则与保守的主导意识形态在无形之间达成了共谋关系。这能够解释，为什么西方现代主义文学的前卫属性在"转译"的过程中消失不见，呈现在台湾现代主义文学中的唯有去革命性的颓废、虚无乃至绝望，最终萎缩为个人主义的感觉世界。

《星座》诗刊自1964年6月创刊，持续到1969年6月，前后共出版了十三期。当时台湾现代诗的文学环境充满激情，文学出版也相当蓬勃，此两种因素使诗集印行推广达到专业水准，这些都是星座诗人成长的"大气候"③。星座诗社从1965年起陆续推出"星座诗丛"，其中包括林绿、王润华、翱翱、淡莹、叶曼沙、洪流文等人的诗集。④1966年下半年，王润

---

① 林家庆：《诗行渡海而来："在台湾的诗歌岁月"座谈会纪实》，《文讯》2011年第305期。
② 王润华：《在树下成长的南洋华侨文艺青年》，《文讯》2013年第327期。
③ 张错：《夜观天象　星棋罗布——我与"星座诗社"》，《自由时报·自由副刊》2011年1月11日。
④ "星座诗丛"囊括十三本诗集，分别为翱翱的《过渡》（1965）、叶曼沙的《朝圣之舟》（1966）、洪流文的《八月的火燧眼》（1966）、林绿的《十二月的绝响》（1966）以及《手中的夜》（1969）、淡莹的《千万遍阳关》（1966）和《单人道》（1968）、黄德伟的《火凤凰的预言》（1967）、姚家俊的《阳光之外》（1967）、翱翱的《死亡的触角》（1967）、陈慧桦的《多角城》（1968）、苏凌的《明澈集》（1969）、王润华的《高潮》（1970）。

华与张错从政大毕业，赴美读书，但他们的诗作仍会出现在《星座》诗刊上，"1966年秋季，张错和润华已毕业离台，但我们三人仍努力不辍推出美国现代诗三大鼻祖特辑，由王润华写爱格坡，我写惠特曼，林绿写爱眉·罗威尔"①。1969年6月，《星座》第十三期出版，编辑队伍中除林绿、陈慧桦、郑树森之外，淡莹、黄德伟等人均已离开台湾。这导致第十三期成为《星座》的"绝唱"。

论及星座诗社的贡献，陈慧桦曾指出《星座》与同样作为跨校际的学生文学社团刊物《现代文学》不仅相似，而且"它的贡献跟《现文》有相当多类同的地方"②。二者的确因为相似而存在不少交集。同为在学院空间中诞生的文学杂志，王润华、淡莹常在《现代文学》发表诗作。《现代文学》也登载了星座诗社编写的《自由中国诗集目录丛编》。二者的主要参与者对现代主义的狂热如出一辙，如《七十年代诗选》编者对翱翱等学院诗人的评价："六十年代后期的诗坛有一股新气象，那就是从学院出来的一群'娃娃诗人'，他们有唯美主义的风格，存在主义的人生观，发狂地爱上卡夫卡的K，卡缪的莫鲁梭，或T.S.艾略特的烟斗，他们是有才气和可爱的，翱翱，这个笔画最复杂而最麻烦写的名字，或许就是一个典型。"③虽然《星座》诗刊未曾拥有如《现代文学》一般的影响力，但它在现代主义文学的译介与创作方面所作的贡献同样值得我们重视，正如杨宗翰所言："……作为台湾现代主义文学'小历史'中的一段，《星座》及其成员在六〇年代无论成绩或影响，皆不输其他校园诗刊与诗社，遑论还

---

① 张错：《夜观天象　星棋罗布——我与"星座诗社"》《自由时报·自由副刊》2011年1月11日。

② 陈慧桦：《校园文学、小刊物、文坛——以〈星座〉和〈大地〉为例》，收录于陈慧桦、张静二编：《从影响研究到中国文学：施友忠教授九十寿庆文集》，台北：书林出版公司，1992年，第72页。

③ 编者：《火焰的一代——翱翱小评》，收录于张默、洛夫、痖弦主编：《七十年代诗选》，高雄：大业书店，1967年，第83页。

'收获'了张错、王润华、淡莹等一批重要诗人。"①

更为重要的是，它和支撑《现代文学》的台湾大学外文系学子一样代表了一种现代主义文学流播与生产中的学院路径。学院路径的文化传播素来重视翻译。从《星座》和《现代文学》的知识生产形式可见，编译与创作主体均源于外文系。王润华、淡莹、陈慧桦等人与白先勇、王文兴均出自外文系，在创作的同时也进行西方文学与理论译介，他们可被视为"学院派"。杨宗翰进一步将王润华、林绿、翱翱、黄德伟、陈慧桦、淡莹称为留台生队列中最早的一批"学院诗人"②。外文系的文学译介往往构成学院空间中文化生产形式的重要一环。而在台湾"戒严"时期，当局对新闻出版的意识形态管控严苛，留台生由于能够透过海外获得大量新鲜的、或在岛内不被容许流通的文学资源③，成为文化传播的一大媒介。星座诗社既是以马华留台生为主体的诗社，又诞生于学院空间，因而在获取西方文学资源上独有优势，这无疑揭示了星座诗社的重要历史位置。

第二节　大地诗社："回归现实"与古典情怀

星座诗社解散后，马华留台作家陈慧桦整合政治大学、师范大学、文化大学的校园诗社，于1972年6月15日另组大地诗社。林绿、张错、淡莹、王润华均加入该社，其成员还包括李弦（李丰楙）、林锋雄、翱翎、余中生、游唤、蓝影、陈芳明、古添洪、黄郁铨、王浩、秦岳、林明德、

---

① 杨宗翰：《抛出地心吸力的诗人们——从〈星座〉看现代主义文学"小历史"》，《联合文学》2016年第381期。

② 同上。

③ 例如《星座》曾刊载梁宗岱翻译法国诗人梵乐希的《水仙辞》，这属于当局所禁止传播的五四新文学内容之列。

陈黎、林锡嘉、陈德恩、吴德亮、翁国恩、童山、秦岳、锺义明、苏凌、何锜章等青年学生。大地诗社的部分成员如李弦、陈慧桦、陈锦标、苏凌、秦岳等人早年曾参加台湾师范大学的喷泉诗社。喷泉诗社成立于1967年，以余光中为指导老师，秦岳任社长，并于1968年出版《喷泉诗刊》。大地诗社成立后，喷泉诗社的全部成员均转入大地诗社。加上星座诗社、华岗诗社的成员，大地诗社被评论家赵天仪称为"'星座''喷泉'与'华岗'三个诗社的香火的延续"，可谓是"新生代"诗社中，"相当团结、潜力巨大的一个诗社"。①

1972年9月，大地诗社推出《大地诗刊》，直至1977年1月停刊为止，总共出版十九期。贯穿始终的核心精神是"回归现实"。在对二十世纪五六十年代文学"西化"的反思中，"回归现实"是七十年代台湾文学与文化领域共同的精神诉求。当时甚至连一向被视为"西化派"的台湾大学学者颜元叔都开始提倡社会写实主义，崇尚"社会意识文学"，"社会意识文学是以超然的地位忠实记录人生，分析人生。"②这种文学取向颇能代表七十年代的社会思潮之转向。在台湾现代诗坛，崛起于六七十年代的新诗社如龙族、草根当时都强调面对现实社会，关注乡土民生。李丰楙提到，这些诗社"回归现实"的主张代表了一种"新的精神"，"这些新的精神一言以蔽之，就是为了弥补前行代精神的晦涩、精神的贫困，而有意建立一种表现中国的、民族的、现实的新风格，可说是强调这一时代这一地方的入世精神，是现实主义的作品"③。陈慧桦与李弦等人创办大地诗社的目

---

① 赵天仪：《新生代在诗坛的崛起与挑战》《台湾文学的周边：台湾文学与台湾现代诗的对流》，台北：富春文化事业股份有限公司，2000年，第106—107页。

② 颜元叔：《期待一种文学》《中外文学》1973年第1期。

③ 李丰楙：《一九七一年前后新诗社的兴起及其意义——兼论相关的一些现代诗评论》，收录于陈鹏翔、张静二编：《从影响研究到中国文学：施友忠教授九十寿庆论文集》，台北：书林出版公司，1992年，第54页。

的，乃在于他们对当时的诗风深感不满，更无法接受当时主要由创世纪诗社和蓝星诗社掌握话语权的现状，"到了七〇年代，主导《大地诗刊》的我和古添洪、余崇生等俱已无法接受《创世纪》和《蓝星诗社》等对诗坛的宰执，我们当时积极筹办《大地诗刊》就有一股要推波助澜形成新的文学运动的使命感……"①出于唤醒中国现代诗更多的可能性，激发青年诗人的创作活力，他们决定自组文学社群，创办诗社，发行诗刊。

摒弃当前诗坛的"西化"弊病，修正并建立新的诗学观念，这种主张在他们发行的诗作结集《大地之歌》序言中表达得非常清楚，"大地诗社诗观之形成，就消极而言，乃对当前诗坛的一种反动，一种修正，今后仍将对前此二十年的弊端，续加考察，议论功过。就在消极而言，乃是建立一崭新的创作方针，承续文学的命脉，要写就写中国人的诗，要谈就谈中国人的诗论。""在过渡阶段中，因社会结构，文化成分等的急剧变化，十二年栖栖惶惶，筚路蓝缕，重新建立新的美学观念，创作新的作品风格。在充满实验动力的风气中，斩绝传统，祈灵西洋，或昌言横的移植，或竞趋舶来的学说，诗坛就在起伏不定的形势中，几经变革，风潮叠起。"②"《大地之歌》是面镜子，表现这一代，在经历二十余年的迷惘之后；重又扬厉着健康而热诚的调子，重新回头审识三千年伟大的传统。"③在大地诗社的宣言中，我们可以看到这批诗人对文化主体性的强烈诉求。一如《龙族》创刊号封面里标举的口号："我们敲我们的锣，打我们自己的鼓，舞我们自己的龙。"不难看出，现实性与民族性成为这些新兴诗社所关涉的关键问题。这一点至为显著地体现在1973年6月推出的《龙族评论专号》第九期之中。

---

① 陈慧桦：《归返抑或离散——留台现代诗人的认同与主体性》，收录于林明德编：《台湾现代诗经纬》，台北：联合文学出版社有限公司，2001年，第103页。
② 大地诗社编：《大地之歌·序》，台北：东大图书公司，1976年，第2页。
③ 同上，第10页。

大地诗社对民族性与现实性的关注与《龙族评论专号》相似，但大地诗社提出此一主张的时间比后者早了一年，可谓是一个领风气之先的诗社。李弦后来回顾自己的诗歌创作之路时曾将在大地诗社的活动时期称为"反动阶段"，理由是当时"用诗实践关怀现实的理念"①。此处的"反动"，指的是对泛滥的现代主义诗风的摒弃。因此，大地诗社既主张"回归现实"，同时提出对中国文化展开重新评估。据陈慧桦称，重估中国文化的目的在于关怀台湾社会："《大地诗刊》既重视外来文化的借镜，更要重新评估中国文化并积极关怀现实生活对我们的激荡（这些主张具见于一九六二年创刊的《大地诗刊·发刊辞》中），这种对台湾社会的关怀跟晚一些在台北出现的神州诗社提倡'文化中国'可说形成强烈鲜明的对比。"②按照这个说法，重估传统实则是"回归现实"的一环，但它所指向的并非台湾当代社会现实，而是台湾社会的民族性，即台湾社会与中华民族文化之间的关联。因为重估传统的发生语境，乃是六十年代以来崇尚"西化"的台湾诗坛。七十年代的"回归现实"诗潮，正建基于对"西化"的批判上。具体到诗歌创作与理论层面，对"西化"的批判几乎就是对现代主义诗风的全面反思。

在创刊宣言中，大地诗社宣称："大地诗社的创立，既是目睹当前诗坛的怪象状，因而提出调整与修正，发刊辞中曾揭橥：'我们希望能推波助澜渐渐形成一股运动，以期二十年来在横的移植中生长起来的现代诗，在重新正视中国传统文化以及现实生活中获得必要的滋润和再生。'其中揭示的回归传统文化与关怀现实的两大课题，一直为同人所坚持。"③由此，他们明确提出对传统的"纵向继承"，反对"横的移植"，"我们是诗

---

①　李弦：《自序》，《大地之歌：李弦诗集》，嘉义：嘉义市立文化中心，1999年，第6页。

②　陈慧桦：《归返抑或离散——留台现代诗人的认同与主体性》，收录于林明德编：《台湾现代诗经纬》，台北：联合文学出版社有限公司，2001年，第103页。

③　编者：《序》，大地诗社编：《大地之歌》，台北：东大图书公司，1976年，第4页。

的民族，原具优良的血统与种性，传统文化中所孕育的优点，自应慎取精华，扬弃其劣弱的一面。而不必为远来的所谓'世界性'文学运动所侵略，我们既不容许文化买办的醉心洋化，更应坚决选择挟物质文明以俱来的欧美文明，因此我们要大声呼吁，回归到传统文化中，作'纵的继承'以取代'横的移植'。"①虽然提倡回归传统，但大地诗社同仁主张扬弃传统文化中"劣弱的一面"，并指出所回归的"传统"之具体所指，那就是《诗经》与《楚辞》，"中国诗的传统，其头在于《诗经》、在于《楚辞》。《诗经》和《楚辞》二者的巧妙配合，可使新诗获得新生、成熟"②。

在大地诗社同仁的诗作中，融合中国传统文化的诗行俯拾即是。在早年迷恋现代主义诗风的王润华、淡莹等人富有古典韵味的创作中，二者的对照更为显著。例如王润华在《门外集——仿贾岛》③组诗模拟贾岛诗歌的荒凉枯寂风格，诗中充斥着诸如"黑云""野草""荒原""老松""废井""荒井""枯木""幽石""污泥"等散发着寥落气息的意象。其中的《买树记》更化用《题李凝幽居》中的意象系统，"僧提着松树/树带着鸟巢"可被视为针对"鸟宿池边树，僧敲月下门"展开重新想象。《狂题——仿唐朝司空图》④熔铸司空图诗中淡泊的处世观，如王润华所写："我淡淡如菊/随风飘零/一西/一东"。

值得注意的是，在"回归现实"，重估传统的诗潮中，王润华等对中国古典文化资源的征引，源于他们在大学时期对诗歌语言和意象的自觉训练。虽然他们的专业是英美现代文学，但他们经常到中文系旁听宋词、

① 编者：《序》，大地诗社编：《大地之歌》，台北：东大图书公司，1976年，第4—5页。
② 编者：《序》，大地诗社编：《大地之歌》，台北：东大图书公司，1976年，第5页。
③ 王润华：《王润华的诗》，大地诗社编：《大地之歌》，台北：东大图书公司，1976年，第13—17页。
④ 同上，第17—22页。

元曲等中国古典文学课程。[①]这是因为，张错认为外文系有"先天的不足"，而中国古典文学可与之互补。透过古典文化的熏陶，张错发现了自己的"中国性"[②]。换言之，他们所接受的文学教育并非只有单一的西方现代文学，也包括中国古典文学的熏陶。如果说前者灌注了文学观念和形式上的启蒙，那么后者则为这些学院诗人提供了庞大的中华民族文化意象。这一点很早就体现在部分诗人的创作中，例如淡莹早在星座诗社时期的诗《饮风的人》[③]就已经出现一些源自中国传统文化的意象，如"易经六十四卦"，还有与中国神话传说中的忘川意义相似的"忘年河"。写于1975年，发表在《创世纪》上的《太极拳谱》[④]以中国太极拳的招数作为诗歌素材，别具一格。此后，对中国传统文化资源的征用俨然成为淡莹诗作的重要特征之一。《沤鸟》[⑤]以列子《黄帝篇》中的沤鸟为书写对象，讲述一个人日出时"化身为沤鸟"的故事。《楚霸王》[⑥]以古典的抒情笔调摹写项羽的英雄故事：

> 大江东去
> 他的头颅跟肢体
> 价值千金万邑
> 及五个诰封

[①] 宋雅姿：《专访张错：独有的抒情声音》，《文讯》2011年第310期。

[②] 同上，第42页。

[③] 淡莹：《饮风之人》，《星座》1969年13期。参见纪弦、羊令野、洛夫等人编：《八十年代诗选》，台北：濂美出版社，1979年，第306—307页。

[④] 淡莹：《太极拳谱》，《创世纪》1975年41期。参见纪弦、羊令野、洛夫等人编：《八十年代诗选》，台北：濂美出版社，1979年，第303—306页。

[⑤] 淡莹：《淡莹的诗》，大地诗社编：《大地之歌》，台北：东大图书公司，1976年，第205—207页。

[⑥] 同上，第198—205页。

　　　　浪淘尽千古风流人物

　　　　他的血在乌江呜咽

　　淡莹在这首诗中以悲壮的口吻塑造了一个壮志未酬的热血英雄形象。由于这些诗人身处学院，均属于"学者型"诗人，他们在呈现中国传统文化的诗句中，往往重视对传统的深入思考，具有浓郁的学院风格。最突出的体现是王润华在其诗《象外象》①《象外象（三题）》②中，试图将大学课堂上对汉字结构的起源分析与文化考察化为诗歌创作的素材。这两首诗从"旦""东""暮""秋""河""武""女"的字形结构展开想象，具有鲜明的叙事意识。如在从"河"字引发的联想中，诗人将"河"字左侧视为"哗啦啦的江水"，将右侧想象为"河岸的行僧"，二者结合构成一个具有情节起伏的故事：

　　　　哗啦啦的江水

　　　　以一把浪花

　　　　切开我——

　　　　我的声音在右

　　　　遗体在左

　　　　河岸的行僧

　　　　只听见我的呼声

　　　　却看不见坠河的我

　　在针对"旦"字字形的想象中，上半部分被诗人演绎为"太阳"，结合下半部分，变成"太阳站在白茅上/饮着风/吃着露"的生活情景。整体

---

① 王润华：《王润华的诗》，大地诗社编：《大地之歌》，台北：东大图书公司，1976年，第24—26页。

② 同上，第26—29页。

而言，这些诗句以汉字勾连中国古代时空，将对中国古典文化的学术思考融入现代诗创作，无疑开拓了重估古典的另一诗学路径。王润华对文字造型的诗学探索亦与大地诗社提出充分发挥"抒情传统"特性的创作主张相契合，"我族的语言文字是世界上最具特色的，在字形、字音、字义的组合中，形成中国诗的特有面目：文字造型的本身，就具有形象之美，构成外表形式时，也易形成对称，整齐的效果"①。

除此之外，大地诗社同仁对传统的重估更体现在他们对中国诗歌"叙事传统"的挖掘与重视。②他们指出，长期以来，由于诗论家对"抒情传统"的过分重视，导致"叙事传统"历来被众人忽视。存在于唐诗宋词的"抒情传统"固然重要，然而"叙事传统"也并非无根之木，它早就深藏于《诗经》《楚辞》中，只是尚未得到足够关注，"诗三百篇，对现实的反映、批判，可代表中国人写实主义的精神，生民多艰，关怀世俗，所歌所泣，尽为心声。因此可为行人采诗人观民俗。而《楚辞》里，屈子行吟泽畔，忧国忧民，彷徨上下，怀念旧乡，因此被视为爱国诗人的典型。有什么样的时代就有什么样的心声，所谓'声音之道与政通'，可惜这种时代精神却为新诗人所忽视。诗史上真能称为'大家'的，都能善继这伟大的传统，杜甫在三吏、三别的时代中，绝不会泛咏旱坏，故谓闲愁。关怀时世变迁，以笔为剑，批判现实人生这是我们新诗人应有的传统，而不是鸵鸟主义，逃避心态，利用文字筑成象牙塔，关闭自己。我们呼吁开放，向现世去挖掘、去批判"③。大地诗社的此种主张，自然与"回归现实"的观念深有关联。他们重视叙事，是因为他们认为"凡是反映现实，批判现实特性的作品，多非具叙事成分不可"④，由此，当

---

① 编者：《序》，大地诗社编：《大地之歌》，台北：东大图书公司，1976年，第7页。

② 同上，第6页。

③ 同上，第5页。

④ 同上，6页。

代诗人应以开拓"叙事传统"为己任，提倡叙事诗，呼吁从历史中继承"关怀现实的精神意识"[①]。

第三节　神州诗社与"文化中国"

20世纪70年代末，神州诗社提出"文化中国"论述，这与此前大地诗社对中国文化的关注相当不同，"文化中国"是一种带有离散意识的文化想象。神州诗社是20世纪70年代马华留台生创作群的重要代表。1974年秋至1975年初，温瑞安、方娥真、李宗舜、周清啸、廖雁平等马来西亚天狼星诗社成员陆续赴台求学，并于1976年组建神州诗社[②]。之后，这群"神州人"建构"中国性"文学想象共同体，鼓吹"文化中国"理念。这些自称"神州人"的青年创作者所进行的文学实践，虽然构成一种后离散书写，但由空间迁徙、文化转换等后离散经验并没有成为其创作题材，相对而言，对古典中国的文化想象是这些作品的主要表现，美学化的"神州"想象是其中至为突出的一环。而以此为基础，"神州人"进一步建构"文化中国"论述。我们可以追问的是，在20世纪70年代的台湾文学场域中，对于这些素来从纸面上认识中国、阅读中国的"神州人"而言，中国传统文化为何拥有如斯强大的吸引力？他们在文本再现（represent）的维度上将中国传统文化想象转化为"文化中国"论述，此论述吸引力众多台湾青年。这群离散者对中国文化的渴慕与追索，突显了独特的发声位置与身份认同（identity），揭示了马华文学的台湾生产脉络之于华文文学与后离散论述

---

① 编者：《序》，大地诗社编：《大地之歌》，台北：东大图书公司，1976年，第5页。

② 关于神州诗社的建社历程，参见温瑞安：《直道而行：绿洲·天狼星·神州》，温瑞安编：《坦荡神州》，台南：长河出版社，1978年，第79页。

的独特贡献。

　　1979年，神州诗社创办了一份新杂志《青年中国》，继第一期《青年中国》、第二期《历史中国》后出版了第三期《文化中国》专号。在《文化中国》中，"文化中国"[①]作为概念首次登场。这些马来西亚留台生分别访问了杨国枢、胡佛、成中英、李亦园和韦政通等一系列学者，专辟"建立文化大国"系列，集结韦政通《中华文化的新生》、温瑞安《建立民族的文化》、许常惠《从长江上游看下游》、痖弦《诗、副刊、设计与中国文化》、杨国枢《中国人的主观文化》、成中英《哲学与文化》等篇目，试图讨论中国文化的复兴问题。在温瑞安等人看来，文化重建就是"文化中国"的核心主旨，也是《青年中国》杂志的主要诉求。温瑞安在杂志发刊词中写道："青年中国杂志系以复兴中华文化为己任，发扬民族精神为职旨。我们主要的先分两个要目做起，一、是文化的，二、是文学的。"[②]温瑞安认为中国这个曾经的文化大国曾以文学震动中外，而今却花果飘零。由此，复兴传统尤为重要。[③]这种诉求显著地体现在"神州人"的创作中，对中华古典文化的推崇是温瑞安等人文学实践的核心主题。

　　具体而言，神州诸子将"神州"的内在含义建构为一种美学化的"文

---

① 作为一个文化概念，"文化中国"拥有丰富的演变脉络。1985年，《中国论坛》出版了一期"文化中国"专题；1988年，傅伟勋出版文集《"文化中国"与中国文化》，专论"文化中国"的文化内涵；1993年3月10日至12日，香港中文大学人类学系、人文研究所与港澳协会、时报文化基金会与时报周刊为讨论"文化中国"理念，召开学术研讨会，会议论文集《文化中国：实践与理念》由周英雄和陈其南主编，于1995年由台湾允晨出版社出版。周英雄和陈其南撰写前言《文化中国的考察》，厘清了"文化中国"作为一个名词的出现与演变；九十年代初期，时任哈佛大学教授杜维明重新提出"文化中国"概念，其意义涵盖面更广。参见Wei-Ming, Tu."Cultural China: The periphery as the center." Daedalus（1991）：13-18.

② 温瑞安：《发刊词》，《青年中国杂志》1979年第1期。

③ 同上，第5页。

化中国"论述。它可被视为"神州"诸子在美学维度上对"神州"这一符号文本进行"再符号化"①的结果。换言之,"文化中国"所指的就是以中华古典文化传统为主体内容的文化想象。

它可分为两种路径。其一,他们的"神州"想象具体表现为对武林世界的建构,以此表达对以中国古典文化为象征符码的"黄金时代"的孺慕之情。这种孺慕之情一如温瑞安在《黄河》一诗中的情感表达:"几时才在明月天山间/我化成大海/你化成清风/我们再守一守/那锦绣的神州"②。这种情感也可见于温瑞安对长安的认同,如诗中所言:"你抿嘴笑过多少风流云散/皓齿启合过多少/渔樵耕读/但我是谁呢? 你知否/我便是长安城里那书生/握书成卷,握竹成箫/手搓一搓便燃亮一盏灯"③。

亮轩在《坦荡神州》的序言中也点明了"神州人"对中华文化的认同:"中华道统是他们的大根本,在很多作品中,他们都流露出来对儒道的服膺仰慕……"④他们热衷于挪用中国古典文学传统,尤其是《诗经》《楚辞》和唐诗宋词的意象系统。例如,温瑞安的诗集《山河录》中的第三辑"山河篇"各诗的诗名全为中国文化地理的空间指称,如"长安""江南""峨眉""昆仑""武当"等等,它们组成一个武林美学空间。温瑞安所热衷的武林美学突显了一种独特的情感特质。这个武林世界是一个敏而多情而非壮阔豪迈的情感空间。首先,侠骨柔情是温瑞安寄寓于武林世界的主要情感样态。诗人在《浪淘尽》中叙写武林往事,不禁发出

① 布里奇认为,符号化过程指的是人们在认识过程中用语言命名经验,使其普遍化,成为概念。而再符号化的对象是文本,它所处理的对象是以语言形式或其他符号形式出现的情感、经验和思想。参见姚基:《符号化与再符号化——读布里奇的〈主体批评〉》,《外国文学评论》1989年2期。
② 温瑞安:《黄河》,《山河录》,台北:时报文化出版事业有限公司,1979年,第265页。
③ 温瑞安:《长安》,《山河录》,台北:时报文化出版事业有限公司,1979年,第230页。
④ 亮轩:《序》,温瑞安编:《坦荡神州》,台南:长河出版社,1978年,第6页。

"少年子弟江湖老"的感叹：

> 而我们是江湖中偶然抹过的一刀
>
> 几个宗师在少年时
>
> 忽然因为感情而绾结在一起
>
> 不问彼此身世
>
> 只问风涌云动时
>
> 谁会是那风
>
> 谁会是那云
>
> 谁会是那江湖以外
>
> 那个那个，想念的人[1]

　　他尤其为一代英侠的武林往事深深着迷，少年易老，英雄迟暮，往日的荣光构成温瑞安文学实践主要的情感动力。如他在《长安》中所写："正如我的侠情/生活在古代的城里/那夕阳里的落寞英雄/已活了岁岁年年"[2]。这种将侠义情感美学化的特性几乎成为温瑞安创作的基调。由此可见温瑞安的"神州"想象独有一股凸显着侠骨柔情的武林美学："武林那么远/是侠也断肠"[3]，又如温瑞安在《长安》一诗中写道："坚定的爱是无需见过的/正如我的侠情/生活在古代的城里。"[4]温瑞安笔下的武林，无一充满着爱情的身影。贯穿诗集《山河录》通篇的就是一个落寞侠客的爱情表达。可以说，"文化中国"在温瑞安的笔下已然化作一个武侠罗曼司的发生之地。从这个角度来看，"文化中国"既是一种文化论述，亦可堪为一种情感想象。在"神州"诸子看来，"文化中国"的重要表征就是武林世界。

---

① 温瑞安：《浪淘尽》，《山河录》，台北：时报文化出版事业有限公司，1979年，第53页。

② 温瑞安：《长安》，《山河录》，台北：时报文化出版事业有限公司，1979年，第233页。

③ 同上，第236页。

④ 同上，232—233页。

温瑞安等人挪用中国古典文学传统，尤其是诗经楚辞和唐诗宋词的意象系统，杂糅武侠故事和江湖情结，形成一个美学化的中国文化空间，可谓是一个文化维度上的乌托邦世界。在温瑞安等人文化论述中，"文化中国"既非一个知识图谱，也非一个政治实体，而是一个带有强烈情感色彩的美学对象。

在侠骨柔情之外，他们对"文化中国"的想象性情感表达少不了对激情的召唤。而这种激情的内核指向江湖世界的青年侠气与武侠精神。这并非温瑞安个人的创造，而是"神州"诸子这个文学共同体集体的意志。据黄昏星回忆："当年神州诗社同仁是第一个提倡武侠精神，对金庸的武侠小说首先肯定它的价值和意识……"①在"神州人"的建构下，"文化中国"作为一种文化追求呈现出显著的青年侠气。这种文化理想被温瑞安归结到去地域性、去族裔化的青年文化结构中，散发出一种青春激情。"与西方比较起来，我们的文化目前的确是处于劣势，'文化大国'的推展，不是一味地迷信过去，抱残守缺，而是具有民族自信敢于损益的建立。我们期待今日的文化带给现代的未来的中国，一股青年的朝气！"②他认为"神州人"没有国籍、族裔和阶级之分，这些青年"有着同样的冷静与激情，但没有任何政治与经济的背景"③，他们构成一个深具理想主义色彩的情感共同体。温瑞安等满怀激情地呼唤青年散发他们的光与热，将中国文化之重建作为一项理想与事业进行探索。对此，当时还是中学生的林耀德不无赞赏地写道："今日神州社创办'青年中国'，这真是一番大事业，是对整个中华文化直接的输血，'从根的培植到枝叶催发的工作'……"④"'以复兴中华文化为己任，发扬民族精神为职志'这是温大哥在发刊辞所揭橥

---

① 黄昏星：《大家辛苦了——领导文化推广运动的人》，《青年中国杂志》1979年第3期。
② 编者：《青年、历史与文化——编者的话》，《青年中国杂志》1979年第3期。
③ 温瑞安：《发刊词》，《青年中国杂志》1979年第1期。
④ 林耀德：《另一个盛世的起手》，《青年中国杂志》1979年第3期。

的，也就是'青年中国'的宗旨。"①温瑞安将这种中华文化推广工作称之为"打仗"，正是因为重建中国文化传统的驱动力首先是一种青年的激情："面对外面现实的无情时，先有一种激情的看法，大家收拾'行李'（书），披上'战袍'（风衣），头一点，胸一挺，十几个人就从试剑山庄出发去'打仗'……"②由此可见，他们所推崇的青春激情，成为青年主体的核心所在。而这个青年主体的具象体现，就是温瑞安诗中一再出现的"白衣"侠客。温瑞安的诗《三环套月》中就体现了"神州人"的这种自我塑像："我们是白天亮剑，晚上夜行，当街拔剑，仗义杀人的一群。/像一个长句气势非凡/偶然我们，也有温柔，柔情似水"③在《侠客行》中突显青年侠客的豪情壮志："现在不是揽明月的时候了/因为有一座山河/等着它的尊严/驭剑飞渡！"④"神州人"把诗社的所在地命名为"试剑山庄"，温瑞安将之视为"一群神州人的家"⑤。经常聚居的空间是"聚义堂""黄河小轩""长江剑室"，诗社同仁是"山庄兄弟""神州高手"。

　　"神州人"自命为江湖侠客，肩负"把异域守成神州"⑥的使命。李宗舜（即黄昏星）日后指出，当时他们一干青年，无一不被"'做一番大事业'这个模模糊糊、未曾规范的'大叙述'（Grand Narrative）唬住了"。这份对"大事业"⑦的追寻与以"大中华"意识形态与美学倾向为标志

---

① 林耀德：《另一个盛世的起手》，《青年中国杂志》1979年第3期，第282页。

② 陈剑谁：《现代论语与史记——文化推广运动中大哥督战时》，《青年中国杂志》1979年第3期。

③ 温瑞安：《三环套月》，《山河录》，台北：时报文化出版事业有限公司，1979年，第203页。

④ 温瑞安：《侠客行》，《山河录》，台北：时报文化出版事业有限公司，1979年，第103页。

⑤ 温瑞安：《结客四方知己遍》，温瑞安编：《坦荡神州》，台南：长河出版社，1978年，第146页。

⑥ 温瑞安：《邂逅》，《山河录》，台北：时报文化出版事业有限公司，1979年，第63页。

⑦ 参见温任平：《神州诗社：乌托邦除魅兼序李宗舜的散文集》，收录于李宗舜：《乌托邦幻灭王国：黄昏星在神州诗社的岁月》，台北：秀威信息科技股份有限公司，2012年，第18页。

的三三文学社团①对"大志"的追求极为相似。1972年，以"唤起三千个士"为口号，朱天文创办以中华文化认同为精神主体的三三文学社团，成员以朱家姐妹、仙枝、马叔礼等人为主。据李宗舜回忆，神州诗社与三三文学社团结缘于1978年，"我们常在辛亥路的朱家作客，神州文集及三三文集则是在每次互访交流中擦出火花，由皇冠出版社敲定出版计划，诗社组稿或邀稿撰写，皇冠出版社负责封面设计，出版及发行"②。当时"神州人"与"三三"诸子交往甚密，并在对方的文集投稿以示支持。三三文学社团所推崇的青年形象，与"神州人"共享同一套中华民族意识。朱天文主张"唤起三千个士"③，在"三三"青年看来，"士"是肩负社会责任、匡扶秩序的知识者。受到胡兰成思想的影响，"三三"青年提出要复兴"礼乐乌托邦"——以"礼乐之学"为主导的国家社会。胡兰成认为，"礼乐乌托邦"的最高境界当属汉文明。出于对胡兰成思想的推崇，朱天文也将汉代视为理想朝代，这可在其多次对汉代政治昌明、生活美好的赞美中得到论证："汉高祖与天下万民海水通井水，照胆照心皆是一家人。"④她称赞汉高祖开创四百年天下，"高祖民间起兵打得了江山，至武帝拓疆开边盛极，新朝的日月山川都是崭新的，人心都是响亮的，一草一木都是光辉的……"这样的行动力是"史上世界各民族都不能有的"⑤。字里行间充溢着对汉代社会的歌颂与向往。并且，朱天文立志要在现代社会，"在剑影铿锵里要劈出一个亮晃晃的汉朝天下"⑥。朱天文在论述"三三"文学

---

① 李宗舜：《乌托邦幻灭王国：黄昏星在神州诗社的岁月》，台北：秀威资讯出版社，2012年，第176页。

② 同上。

③ 朱天文：《贩书记》，《淡江记》，台北：三三书坊，1985年，第31页。

④ 朱天文：《黄金盟誓之书》，台北：INK印刻出版有限公司，2008年，第87页。

⑤ 朱天文：《仙缘如花》，《淡江记》，台北：三三书坊，1985年，第136—137页。

⑥ 朱天文：《大风起兮》，《淡江记》，台北：三三书坊，1985年，第91页。

社团的精神诉求时曾道："大学的时候我们办了刊物《三三集刊》。那时我们非常自觉地有一种使命感，觉得小说只不过是一个技艺而已，我们很希望能够做个'士'……做个士就是志在天下，对国家、社会的事情都有参与感。"①此处"士"的人格理想，指的是"士志于道"②的传统精神。所谓"士志于道"，即指"士"该担负社会责任，先天下之忧而忧，后天下之乐而乐。正如《论语》对"士"的阐释："士不可以不弘毅，任重而道远。"③由此可见"士"在人格建构和社会定位上的理想色彩，这充分体现出"三三"青年在此一时期"以道自任"的社会意识。

透过与神州诗社共享同一套意识形态的"三三"文学社团，我们更能体会"神州人"的关怀所在。七十年代的朱天文曾兴奋地谈及要办一个"三三大学"④，目的就是领导全中国青年，带着"革命的行动力"做"真的文章""真的学问"⑤，实现"士"的文化理想。这与"神州人"对青年的愿景一般无二。他们都以青年为重构文化秩序的情感主体，也以青年作为其进行情感动员的主要对象，在文学表达上对中华文化进行"再生产"，以期凭借"青年中国"的情感动能建构"文化中国"。

"神州人"的"文化中国"论述充盈着强烈的情感动能，一度在台湾社会影响甚广，尤其对青年群体拥有广大的号召力。朱天文曾道："我现在结识了温大哥他们，才晓得昔日楚人的飙风也是今天的。他们的激越使人

---

① 朱天文：《文字与影像》，《红气球的旅行：侯孝贤电影记录续编》，济南：山东画报出版社，2009年，第524页。

② 《论语》，陈晓芬译注，北京：中华书局，2006年，第26页。

③ 同上，第66页。

④ 朱天文：《仙缘如花》《淡江记》，台北：三三书坊，1985年，第134页。

⑤ 同上，第138页。

兴起，当下往往令人惊讶、不惯，甚至要反对起来。"①在"神州社"发展的高峰期，社员遍布台湾全岛，人数高达三百余人。②林耀德早年就曾是"神州人"的追随者之一。林耀德最早的散文《浮云西北是神州》就发表在温瑞安所编的文集《坦荡神州》中。在这篇文章中，林耀德抒发了对中华古典文化浓烈的文化乡愁和历史意识，文风婉约浪漫，和当时"神州人"的文学风格相当一致。其中不仅充满了对江南、大漠的浪漫化怀想，而且将温瑞安塑造为一个才华卓越、品格高洁的"天人"，让文中的"我"仰慕不已。林耀德对温瑞安的侠义人格无不充满溢美之词。③温瑞安所象征的身着一袭白衣、潇洒不羁的少侠形象，在林耀德日后的长篇小说《时间龙》中再次出现。"神州人"这一充盈着美学色彩的豪情壮志一度在台湾社会影响甚广，林耀德对温瑞安的侠义人格无不充满溢美之词。④由此可见，"神州人"本身也被美学化。

温瑞安等以中国传统文化为主体建构的精神人格，具有强大的辐射力，并构成"文化中国"论述最为生动、鲜活的文本。正是凭借这个情感化的人格文本，"神州人"的青春激情才得以感染许多台湾的青年学生。相对于"三三"青年，"神州人"对中华传统文化的想象更富有激情与迫切性。"三三"青年也企图在文学实践中建构"文化中国"——一个架构在《诗经》《楚辞》《史记》等经书典籍上，唯美、自然而清新的文化

---

① 朱天文：《大风起兮》，《淡江记》，台北：三三书坊，1985年，第84页。

② 详见《温瑞安文学生涯历程表》，转引自温任平：《神州诗社：乌托邦除魅兼序李宗舜的散文集》，收录于李宗舜：《乌托邦幻灭王国：黄昏星在神州诗社的岁月》，台北：秀威资讯出版社，2012年，第21页。

③ 林耀德：《浮云西北是神州》，收温瑞安编：《坦荡神州》，台南：长河出版社，1978年，第269页。

④ 同上。

空间。同中有异的是，对"三三"青年而言，"文化中国"不仅仅是一个美学空间，更是一个需要以"士"的意志进行复兴的文化事业。由此，朱天文对神州诗社的文化想象有所批判，"神州的侠气剑气难道只是在绿林江湖上的吗？古之武者，你的白衣与剑只是为了陌上花间邂逅的一笑吗？或者，今之侠者，你的剑也是政治剑，但是你足够接得彼方的一剑喝来吗？你的剑法比我的又如何呢？武侠豪情若没有士的自觉，终究是可惜了啊。"①温瑞安等人将"文化中国"建构为一个美学空间，是因为这本身深藏着一番身世之感。这源于他们作为马华"留台生"的离散者身份。在这个意义上而言，"神州人"的"文化中国"论述所聚焦的，是对"中国性"的演绎。作为中华民族意识的外在投射，"中国性"的所指在大陆、台湾和香港，乃至海外，皆有不同内涵。②而马华作家的"中国性"表述也呈现出差异化的再现机制。③"神州人"透过"文化中国"所呈现的"中国性"可被视为一种指向中华民族意识的独特文学表征④。

对这些马华留台生而言，"文化中国"论述背后所指向的中华民族意识构成一种抵抗性的精神资源。这具体表现为两个方面。首先，"神州人"对"文化中国"的文学想象构成一种针对本土文化霸权的抵抗策略。⑤在20世纪70年代中后期的台湾地区，"神州人"推崇中华文化的意识形态曾

① 朱天文：《大风起兮》，《淡江记》，台北：三三书坊，1985年，第91页。

② 朱耀伟：《谁的中国性？》，《香港社会科学学报》2001年第19期。

③ 张锦忠：《时光如此遥远的中国》，（台湾）《文化研究》2015年第21期。

④ 英国文化研究学者斯图亚特·霍尔（Stuart Hall）认为，意义的构成依仗各种表征系统，即各种概念与符号。换言之，表征是经由语言对意义的生产。参见［英］斯图亚特·霍尔：《文化表象与意指系统》，徐亮、陆兴华译，北京：商务印书馆，2003年，第28—29页。

⑤ 许文荣：《马华文学中的三位一体：中国性、本土性与现代性的同构关系》，收录于马来西亚留台校友会联合总会编：《马华文学与现代性》，台北：新锐文创，2012年，第30—31页。

得到当局的精神支持。[1]但是，台湾当局于1980年突然查封神州诗社，并逮捕温瑞安和方娥真。这一看似相互矛盾的现象实质上揭示了神州诗社作为双重离散者在台湾社会中遭遇的身份焦虑。温瑞安等人试图对话的对象并非台湾文化场域与社会思潮，他们的"文化中国"主张所对抗的实则呈现为两个面向：一方面是在马来西亚社会中华人文学与文化的边缘属性，另一方面是他们在台湾社会中同样边缘的身份处境。温任平曾敏锐地指出，"神州人"对中华文化的狂热迷恋体现出一种"比中国人更中国人"，比天朝之士更具"天朝风范"的精神追求。[2]他们如此刻意地"成为"中国人，崇仰"中国性"，正凸显出他们所深藏的身份焦虑。在本土性占据霸权位置的马来西亚社会，年方十八的温瑞安曾为"自己的文化被压在垃圾箱底"而深感痛苦。[3]在早年散文《龙哭千里》中，温瑞安将中华民族喻为"龙族"，把自己比作"一头哭在千里的龙"[4]。"龙"之所以郁结在心，乃因中华文化在马来西亚社会语境中处于被贬抑的位置。和中华文化的境况同构的是，马华文学在马来西亚境内同样身处边缘。马来西亚虽然有着"建制较为完善的，包含了华文中小学、华文报章杂志及相关从业人员构成的华文/华语社群"[5]，但是马华文学并未获得国家体制的承认[1]。

---

① 《青年中国杂志》推出三期之后，温瑞安称"得到当时国民党文工会和总统府第一局来电或致电表示支持"。参见秦保夷、宋星亮采访，铁英、周锡三整理：《龙游浅水暇味鲜：访温瑞安谈神州诗社与神州事件》，《文讯》2010年第294期。

② 温任平：《神州诗社：乌托邦除魅兼序李宗舜的散文集》，收录于李宗舜：《乌托邦幻灭王国：黄昏星在神州诗社的岁月》，台北：秀威资讯出版社，2012年，第20页。

③ 温瑞安：《龙哭千里》，收录于许文荣、孙彦庄主编：《马华文学文本解读（上册）》，吉隆坡：马来西亚大学中文系毕业生协会、马来亚大学中文系，2012年，第120页。

④ 同上，第121页。

⑤ 黄锦树：《华文少数文学：离散现代性的未竟之旅》，收录于黄万华：《多元文化语境中的华文文学：第十三届世界华文文学国际学术研讨会论文集》，济南：山东文艺出版社，2004年，第282—283页。

由此，对被压抑的"中国性"的召唤与建塑就成为一种针对本土性的抵抗资本。在这个意义上，马来西亚的本土性无疑构成了温瑞安等人迫切需要"超克"的内在对象。另一方面，在台湾的"中华民国"语境中，留台生身份背后的后离散处境对于他们而言从未成为过去。因此他们在时空维度上处于再离散的生命状态。和"留台生"的边缘身份一样，他们的文学实践在台湾文学场域中呈现为一种"在场"的"缺席"状态，黄锦树甚至将之称为"台湾文学史上的非台湾文学"②。

在以上两个方面中，认同显然是一个关键的问题。如何建构自己的写作意义，安置自身的文化认同，始终是"神州人"乃至马华留台文学无法绕开的命题。因此，这些创作者如何通过文学生产的再现机制建构文化想象，在此基础上展开对自身主体性的认同，就成为问题的关键所在。在这个维度上，神州诗社的"文化中国"论述构成他们形塑中华民族意识的文化乌托邦，构成他们针对文化焦虑的抵抗资本。"神州人"将对中华文化的向往与追索熔铸于文本中，企图在多重边缘中找到自身的发声位置。温瑞安曾在《坦荡神州》的序言中直抒胸臆："中国，这两个我梦魂牵萦，荡气回肠的名字……我无时无刻不为中国的问题在深思吟咏……然而我深深感觉到我的生命我的作品与中国一齐成长着，一齐煎熬着，一齐追寻着，从来没有间歇过。"③而"文化中国"作为一种文学想象，是无需实体存在的中国文化图腾。这无疑隐含着离散者透过对文化主体的召唤，呈现出他们对中华文化的认同，具有主体建构的创作意义。并且，这种主体追寻

---

① 黄锦树认为，马来西亚的华文书写对国家体制承认的渴求隐含着一种过度的民族主义使命。参见黄锦树：《反思"南洋论述"：华马文学、复系统与人类学视域（代序）》，收录于张锦忠：《南洋论述：马华文学与文化属性》，台北：麦田出版社，2003年，第16页。

② 黄锦树：《无国籍华文文学：在台马华文学的史前史，或台湾文学史上的非台湾文学——一个文学史的比较纲领》，（台湾）《文化研究》2006年第2期。

③ 温瑞安：《序》，温瑞安编：《坦荡神州》，台南：长河出版社，1978年，第1页。

在温瑞安等人那里化作一种激情的行动，因而他们的"文化中国"想象也可被视为一种在双重再离散语境下生产的情感表达。

在离散书写的视野中，"文化中国"作为一种双重离散者对中国文化的"再生产"，能够给我们考察华文文学带来独特启示。"文化中国"既是"中国性"的"显影"，也是离散者以中华民族文化符号建构情感共同体的体现。由此看来，"神州人"的文学创作可谓是再离散书写的有力实践：他们所建构的"文化中国"呈现了一种异质的"中国性"，并揭示了一种情感共同体的存在。概而论之，这群文学青年对中国传统文化的渴慕与追索，可被视为一种具有异质性的离散书写，凸显出独特的发声位置与认同建构。并且，其中显著的情感色彩能够启发我们关注华文文学跨域生产机制及其意义阐释的新视角。

第七章 | 马华留台作家的散居记忆及台湾经验书写

  台湾地区是马华留台作家的受业之地、流寓之乡，他们成年之后的大部分时间都在这里度过，尤其对那些由留学转变为居留的马华留台作家来说，台湾地区对他们而言，已不仅仅是一个就业生活的空间场域，它已经成为一种经验内化于他们成年之后的人生中。正如黄锦树所言："这十八年（1986—2004年，引者注）都是成年以后的生活，十八年来亲历旁观台湾的戒严解严，日日读报看新闻读这里各式各样的出版品，不知不觉也和台湾人重叠了部分集体记忆。虽然我的生活空间相对的窄，大都在校园内，城市。但从台北到淡水，从新竹到台中、埔里，倒也走过半个台湾。当然，我有我的台湾经验。"[①]每一位马华留台作家都有他们各自的台湾经验，即使是那些只有四年短暂留学经历的马华作家，四年的台湾生活足以让他们比观光客更为深入地了解这块土地。这恐怕也是李有成、陈慧桦、张贵兴、李永平、黄锦树、陈大为、张锦忠等在台留学、就业、创作、生活的马华作家与黎紫书、李天葆等在台获奖、出版的马华作家最大的不同：他们经由台湾经验获取了一套自成系统的台湾在地知识，这些知识在马华留台作家那里，往往又会转化为生命记忆。这一章我们通过对李永平《海东青》和《朱鸰漫游仙境》的分析，解读李永平小说对台湾经验的书写，了解马华留台作家经历了后离散之后，他们的生命记忆在虚构的文类

---

① 黄锦树：《与骆以军的对谈》，选自黄锦树：《土与火》，台北：麦田出版社，2005年，第316页。

中能够生长为怎样的面貌。同时，我们将以历来强调自传性的散文为讨论对象，以马华留台散文名家钟怡雯为中心，兼及陈大为和黄锦树的相关散文，探讨马华留台作家如何书写他们各自的后离散生命记忆。

第一节　李永平：台北作为繁华的乌托邦与堕落的恶托邦

自中学毕业后负笈来台并在此生活几十年，"台湾是李永平虽不满意，但能接受的第二故乡"[1]。《海东青：台北的一则寓言》与《朱鸰漫游仙境》二者皆以台北为描写对象，作者在这两部作品中一再借人物之口道出的"避秦""海中仙山"以及"桃花源"等，都隐晦地表明了李永平企图以中国传统文人共同心向往之的乌托邦——桃花源为参照，来暗指并建构他笔下的台北。然而，"李永平花费大力气构筑一个完美的文字原乡，但他诉说的故事却是背道而驰"[2]。就书中所描写的具体内容来看，李永平所刻画的台北，不但不是一个令人心驰神往的美丽"乌托邦"，反而是一个丑恶四处泛滥的"恶托邦"，被喻为二十世纪的罪恶之城"所多玛"，诚如黄锦树所言："'败德'是李永平钟爱的母题，'败德'母题让李永平把乌托邦写成反乌托邦；同样的，败德母题也让他笔下的桃花源、神话国度呈现出堕落与腐败。传统文人的'桃源'，从此不再是洞天福地，而是以罪恶为主体的死亡国度。"[3]

李永平在《海东青：台北的一则寓言》和《朱鸰漫游仙境》中所描

[1]　王德威：《原乡想像，浪子文学》，选自高嘉谦编：《见山又是山：李永平研究》，台北：麦田出版社，2017年版，第28页。

[2]　同上。

[3]　黄锦树：《在遗忘的国度——读李永平〈海东青〉》（上卷），选自黄锦树：《马华文学：内在中国、语言与文学史》，吉隆坡：华社资料研究中心，1996年版，第173页。

绘的台北，是一个繁华甚至奢靡的城市，他呈现了20世纪80年代台湾经济起飞之后一派物阜民丰、灯红酒绿、笙歌鼎沸的景象。在小说《海东青》中，最显而易见的描写莫过于台北商业经济的兴盛以及服务业的发达，林林总总的消费场所充斥着台北的各个角落，诸如餐馆、少女服饰店、酒店、桑拿会所、月子中心等在小说中反复出现，五花八门的商铺亚克力招牌鳞次栉比、层层叠叠，令人身处其中，不由得眼花缭乱。除此之外，李永平还借主人公靳五之眼，直截了当地点明了台北经济的繁荣与富饶："迄昨日为止，我'中央银行'持有的外汇存底，已由十月九日……七百亿美元，增加到七百二十亿美元，此外，同资料显示，……我之外币资产（不含黄金）共七百七十亿美元以上，高居世界第一。"[1]如此，也就难怪小说中的人物生活之绮靡程度令人咋舌了，满浓宾馆董事长李正男的父亲过世，在大肆宴请宾客之余，花费三十几万元所做的豪华金纸灵厝直接一把火烧掉，以让其父亲在阴间享用；主持人林春水的母亲出殡，同样火烧价值三十万元灵厝，还席开三百桌大请演艺界同行。与此同时，人们清明节上坟时，奔驰五六零、富豪七四零等形形色色的豪华轿车则挤满了上山的羊肠小径。

在《朱鸰漫游仙境》中，台北这座城市的繁盛与兴旺则愈发凸显。朱鸰等七个小女生夜游西门町时，满街霓虹灯火高烧，处处琼楼玉宇，车潮人潮汹涌，人们或进入商店购物，或出入舞厅、酒吧等各种娱乐场所，连夜市小吃摊亦生意火爆，整条街町城开不夜、笙歌处处；朱鸰独自在街上游荡时，看到街上家家服饰店橱窗中所展示的各式夏季淑女精品时装，其中不乏班尼顿、优佳莉、香奈儿等欧洲名牌，一套价格至少三千元；凉鞋大王曾金荃喝高级洋酒爱克斯欧上等白兰地像喝水一样，"一口气喝掉

---

① 李永平：《海东青：台北的一则寓言》，台北：联合文学出版社，2006年，第263页。

了五千块钱"①，而此种世界名酒台北人一年喝掉96万瓶，消费量高居世界首位，总消费金额则高达60多亿元；朱鸰等人陪伴柯丽双卖花时，看到台北市林森北路停满了各式各样的世界名车，诸如奔驰、富豪、宝马、兰博基尼、捷豹等等，这些高级轿车皆为附近酒店的客人所拥有，而林肯、凯迪拉克等美国车甚至因美国威风下降而无法进入台北市有头脸人物之眼……如此种种，皆表明了台北经济的蓬勃及其百姓生活的富足，如小女生连明心与朱鸰在阳明山巅俯瞰整座台北城时对朱鸰所感叹的："我们脚底下是全世界最有钱的一座城市。"②

"然而台湾已经堕落，劫毁的倒数计时已经开始。"③台北经济高度发展，金钱的交换价值盛行并支配一切，女性沦为可供随意消费的商品，尤其是未成年少女更受到从肉体至心灵的戕害，由此整个社会都走向沉沦与堕落。自《拉子妇》以来就一直对女性情有独钟的李永平眼睁睁看着这一切发生，却只能徒添力不从心的感伤。从《拉子妇》到《吉陵春秋》，女性的被摧残与被损害是李永平小说的突出特点，在《海东青》与《朱鸰漫游仙境》中，这一书写特质被延续甚至更加伸展开来，正如李永平所自言："也许是'女人的受苦'，这个意念一直贯穿在我的作品里头。……《海东青》也是一堆受苦的女人。"③

在小说中，鲲京（台北）街头随处可见各种各样的风月场所，为掩人耳目，有些风月场所伪装成理发厅、西餐厅、服饰店等正经场所，实际上却暗藏色情。一方面，少小妓女们打扮得花枝招展，倚门揽客；各式皮条客则堂而皇之到处穿针引线，甚至直接在马路上强行揽客入内。

---

① 李永平：《朱鸰漫游仙境》，台北：联合文学出版社，1998年，第372页。

② 同上，第331页。

③ 王德威：《原乡想像，浪子文学》，载高嘉谦编《见山又是山：李永平研究》，台北：麦田出版社，2017年，第28页。

③ 田志凌、李永平：《李永平：我的中国，从唐诗宋词中来》，《南方都市报》，2012年9月23日。

另一方面，不仅台北本地的各色嫖客争相前往各种色情场所寻欢作乐，连"日本国游戏铳协同组合""国际武道交流协会见学团""日本语教育振兴协会奉仕团""福井二十一世纪研究会见学团"等日本寻芳客团体都专程结伙到台北来"买春"，大张旗鼓游走于台北的大街小巷，到处寻花问柳，甚而其中有人发下宏愿："此生誓杀一千个中国女人才封刀！"①

　　更为令人痛心的是，为迎合社会上中老年男人畸形的消费口味，台北色情业者将魔爪伸向了未成年少女，以注射促进女性发育的荷尔蒙——雌素酮的方式将未发育完全的少女的身体强制催熟，如朱鸰在小说中所一再感喟的："娃娃脸，妇人身，注射雌素酮催熟的呢！小小年纪腰是腰腿是腿奶子是奶子臀部是臀部，凹凸有致——"②，从而衍生出了令人触目惊心的雏妓业。由此，无数未成年少女在金钱的交换价值作用下成为嫖客们床上的玩物，一个个被争相"开苞"，还来不及长大就已历经沧桑，过早步入妇人的世界。小说一开篇，主人公靳五从美国返回海东的夜游途中，在大街上就被拉皮条的海东郎百般纠缠，问其爱幼齿否："足新鲜吧！十二岁小查某仔给你摸给你弄给你爽歪歪哦。"③对此，靳五虽然忧心忡忡，却无力作出任何改变，眼睁睁看着一个又一个未成年少女落入虎口，只能一再发表无可奈何的感叹："嗳，社会不仁，不让小女孩好好长大！"④

　　台北整个社会弥漫着的淫乱风气，让《海东青》的主人公靳五周边的少女也注定在劫难逃，而这则彻底成为李永平生命不能承受之重，让他再也无法正视他心目中的"桃花源"。对围绕在他身边的三个女孩——十五

---

① 李永平：《海东青：台北的一则寓言》，台北：联合文学出版社，2006年，第698页。

② 同上，第927页。

③ 同上，第698页。

④ 李永平：《朱鸰漫游仙境》，台北：联合文学出版社，1998年，第233页。

岁的亚星、十四岁的张澎以及七岁的朱鸰，靳五皆倾注无限喜爱之情，也自觉充当起了保护者的角色，一次又一次保护她们不过早受到男人的侵犯而能够有机会好好长大。然而，早就被皮条客安乐新盯上的亚星送靳五上飞机后，在与安乐新从机场返家的途中消失不见，从小说中处处埋下的伏笔来看，其沦落的命运可想而知；在靳五的帮助下三番两次逃脱"专搞少小处女"①的中年男人姚素秋虎口的张澎，最终还是落入了姚素秋的掌心，成为他的诸多少女猎物之一。其实，亚星与张澎的命运早已暗中注定，正如黄锦树所言："小说中少女们失身、堕落或沦为牺牲的时间仿佛早已被设定，她们的命运不过是不断的向那时间终点走去。"②

在看到张澎与姚素秋成双成对坐在姚素秋座驾中的场景以及从朱鸰口中得知亚星失踪的消息时，靳五悲痛不已。故事的最后，面对最钟爱的小丫头朱鸰，靳五虽早已生出不祥的预感，对其心生无限怜惜与怅惘，但也只能无力地祈祷："丫头，不要那么快长大！"③但在《朱鸰漫游仙境》中，李永平终究还是选择了面对现实，延续了对情色泛滥的台北的描摹，"这个丫头还是自顾自地走向时间陷阱，不得不长大"④，八岁的朱鸰与其六位同样聪慧、美丽的同学连明心、柯丽双等人在进入一家专门拐卖小女生的黑店后，就此消失在台北市繁浩璀璨的灯火丛中，不知所终。

在《海东青》与《朱鸰漫游仙境》中，李永平对台北的描写亦有缺憾，其呈现了一个相对片面化的台湾。对于来自南洋的华人李永平而言，

---

① 李永平：《海东青：台北的一则寓言》，台北：联合文学出版社，2006年，第410页。

② 黄锦树：《漫游者、象征契约与卑贱物——论李永平的"海东春秋"》，《中外文学》2002年第10期。

③ 李永平：《海东青：台北的一则寓言》，台北：联合文学出版社，2006年版，第941页。

④ 王德威：《原乡想像，浪子文学》，载高嘉谦编《见山又是山：李永平研究》，台北：麦田出版社，2017年，第29页。

台湾的意义是极为特殊的。在未来到台湾之前，李永平就对台湾这个理想家园赋予了诸多想象与期待，同时对其十分珍爱。然而，当李永平真正身处于台湾社会之中，却发现资本主义经济快速发展下的台湾社会现实与其最初的想象有众多不符之处。所以，当李永平在小说中再现台湾时，"在一片繁华靡丽的描写中，一种历史宿命的焦虑弥漫字里行间"①。因为这种焦虑，李永平便无法真正看到一个更为全面的台北，其对台北的摹写也自然较为片面化，并且主要聚焦于台北城市的罪恶。于是，在《海东青》与《朱鸰漫游仙境》中，我们分别透过主人公靳五与朱鸰的目光，看到的台北便是一个十足的"恶托邦"。换言之，我们只看到了台北"恶"的一面，一如李永平在一次访谈中所自言："那些年，我目睹了转型期的台湾在政治、社会和人心上的混乱，将它记录在《海东青》和《朱鸰漫游仙境》中。"②

　　《海东青：台北的一则寓言》与《朱鸰漫游仙境》作为李永平台湾经验的书写，在台湾文坛的反响却并未如李永平所期待的那么热烈。尤其是《海东青》这部小说，李永平为其毅然辞去高雄中山大学的教职，蛰居四年创作，呕心沥血写下五十万言，本以为完成了一部旷世杰作，到最后却不得不自承："《海东青》仓促面世后，内心的沮丧与错愕实在不足为外人道。"③《海东青》的遇冷一度让李永平灰心丧气，甚至劝诫马华新生代作家："不要像我一样写台湾。作家应该写他们最熟悉的事，否则自讨苦吃。"④痛定思痛，李永平休整一段时间后再出发，写下《朱鸰漫游仙

①　王德威：《原乡想像，浪子文学》，载高嘉谦编：《见山又是山：李永平研究》，台北：麦田出版社，2017年，第28页。

②　高嘉谦：《迷路在文学原乡：李永平访谈》《见山又是山：李永平研究》，台北：麦田出版社，2017年，第272页。

③　李永平：《再版序》，《海东青：台北的一则寓言》，台北：联合文学出版社，2006年，第4页。

④　陈雅玲：《台北的"异乡人"：速写李永平》，《台湾光华杂志》1998年第7期。

境》，而此部作品也受到一些恶评，有人认为其不过是台湾社会中人们早已司空见惯的种种乱象之堆叠。然而，不论如何，来自南洋的浪子李永平在台生活三十余年后，他终究还是在特定的时间段内交出了一份关于台湾经验书写的独特答卷，这份答卷无疑在当下的台湾文学中占据了一个特殊的位置。

第二节　钟怡雯："物"叙事及其背后的跨域散居记忆

在当代马华留台作家中，钟怡雯以散文见长，对"物"的关注与书写是其散文创作中的重要主题。她认为，物会与人玩一种"时间的游戏"："在人们没有察知的生活琐事里，悄悄地变化形貌。"①钟怡雯关注"物"与生活的关系，尤其是"物"作为情感空间的表现。从1997《垂钓睡眠》开始，到《我和我豢养的宇宙》，钟怡雯开始书写"物"的来龙去脉，以"物"观己，书写"物"与人的历史。她从物的性质入手，着重强调"物"在人类生命经验中的媒介角色。如同周蕾在评论也斯的食物书写时所指出的：也斯写"物"，聚焦的是"物"作为一个思考场域引发的联想，"假如吃是我们与环境无可避免的关系（我们中有谁不吃喝？），梁氏的意念在如何饮食上无疑是一种政治，更实在是一种伦理观。他带着一种道德意识跟随这种伦理观一种自我生存方式，也同时是一种与他人共存的方式，及一种让他人生存的方式"②。在中国文学中，对"物"的书写拥有一个源远流长的传统，文人墨客往往视之为寄寓志趣品格的形式。如晚明

① 钟怡雯：《似饰而非》，选自钟怡雯：《我和我豢养的宇宙》，台北：联合文学出版社，2002年，第26页。
② 周蕾：《一种食事的伦理观》，叶新康译，《诗探索》2002年第2期。

士人将日常生活升格为可安身立命的所在，对"物"的刻画因此成为抒发心志的方式。不过，与托"物"言志的传统不同的是，钟怡雯对"物"的书写乃旨在对"物"展开"知识考掘学"，呈现"物"的情感政治，阐释个体生命经验，并由此展开对个人与族群、本土与异域、地方与全球化等诸多历史与现实问题的思索。

钟怡雯在文字书写中的喋喋不休，是在反躬自身，换言之，钟怡雯写"物"，实为言在此而意在彼。她是借由"物"的媒介博古通今，将个体的生命经验镶嵌于社会与时代的文化政治中。而以"物"为媒，对世俗社会和日常生活的微观考察，无疑折射出钟怡雯对宏大叙事的抵抗。这种世俗性和日常性让她的书写饱含情感，因而其笔下"物"的书写是一种"有情"的微观叙事。"物"与"情"的交融，不仅凸显了"物"之"物性"，更昭示了"物"的"人性"。钟怡雯在《似饰而非》中指出："我相信物与人之间，存在着某种神秘的联系。"[①]由此，物的文化政治学在钟怡雯的笔下生根、铺展、衍生。

钟怡雯对"物"的观照，渗透着由后离散的生命体验所生成的跨域散居记忆。钟怡雯在台湾地区生活三十余年，身份边缘感日渐消散，取而代之的是生命经验的跨域化，即不断在马来半岛和台湾岛之间游走，因而在钟怡雯的散文中就形成了包容台湾经验在内的跨域散居记忆书写，背后关切的仍然是后离散问题。在这个意义上，钟怡雯的散文创作可谓是后离散书写的有力实践。钟怡雯关于"物"的言说，与其后离散身份之间存在哪些尚未被"解码"的因缘？钟怡雯追索"物"的历史，是否也可以被视为对跨域散居记忆的重新建构？这里将针对以上问题对钟怡雯散文中"物"的记忆政治进行解读。钟怡雯创作中的跨域散居记忆，很多是透过"物"

---

① 钟怡雯：《似饰而非》，选自钟怡雯：《我和我豢养的宇宙》，台北：联合文学出版，2002年，第26页。

的叙事呈现的。这些被"物"化的记忆书写，可分为三类：南洋记忆、身体记忆和流寓记忆。

一、南洋记忆与生命"物语"

钟怡雯笔下的南洋记忆，是透过生命"物语"表现的。所谓生命"物语"，指的是对人类生命之植物性的强调。钟怡雯经常在创作中将人类生命比作植物，呈现出一种"乌托邦化"的南洋记忆。南洋本就是马华文学中的典型主题。钟怡雯笔下的南洋通常呈现为一种对"家"的记忆。如她在《岛屿纪事》中指出，"岛屿"是童年时期南洋记忆的象征，"若记忆是浩瀚无垠的宇宙，岛屿便是亿万星球中最闪烁的一颗。学校之天，山峦中那个小小的聚落是地。天地合起来便是七岁那段永恒的记忆下"[①]。

南洋记忆的具体内涵，首先指向前现代的自然空间。如钟怡雯在《虫幻》中所提到的"神秘的雨林"[②]。其笔下的原始部落、蛮荒之地与深山野林成为南洋记忆的生发地。恰如钟怡雯在《回音谷》中所言："深山莽林原本是神话和故事的子宫。"[③]其散文中的"南洋"即是从这种前现代空间"分娩"而出的产物。并且，这里的"南洋"经历了儿童视角的"变形"处理。无论是"南洋"的神异色彩还是鬼魅图像，都被钟怡雯置于天真无邪的儿童视角中进行审视。儿童视角在钟怡雯的早期创作中可谓占据主导位置，如《回音谷》讲述的是一个发生在乡野中，颇具传奇色彩的亲情故事，事关一个被收养的女孩与养父之间说不清、道不明的爱与恨。在儿童视角的观照下，钟怡雯对这段似乎有违纲常的故事全无道德审查、伦

---

① 钟怡雯：《岛屿纪事》，选自钟怡雯：《河宴》，台北：三民书局，2012年，第115页。

② 钟怡雯：《虫幻》，选自钟怡雯：《我和我豢养的宇宙》，台北：联合文学出版社，2002年，第123页。

③ 钟怡雯：《回音谷》，选自钟怡雯：《河宴》，台北：三民书局，2012年，第21页。

理考辨与价值判断，反而流露出一种纯然真挚的情感体认。

在这部分创作中，《灵媒》与《村长》两篇散文具有一定的代表性。它们均从特定人物出发，在儿童视角下刻画人物特性，并伴随着一股强烈的鬼魅之气。《灵媒》生动地塑造了一个如"古怪的狐狸"[①]一般的灵媒。文中讲述孩童时代的"我"无端被怪病缠身，意识不清，犹如身陷"魔阵"，难以逃离。父母无奈之下找灵媒搭救。在社会功能层面上，灵媒近似于"巫"，是前现代社会中鬼神崇拜作用下的产物——在原始部落中，灵媒被视为能通闻鬼神的术士。换言之，灵媒形象指涉人们的前现代信仰文化系统。长久以来，无论在广义的区域文化传播还是在狭义的文学形象生产谱系中，鬼魅形象与鬼神崇拜现象都是东南亚异质性文化的重要构成部分。它们可被视为前现代信仰文化系统遗留在现代社会的"文化沉淀物"。经过文学艺术等媒介的赋魅，这些"文化沉淀物"成为东南亚社会中具有区域特色的文化生产。钟怡雯在文中将鬼神之说、灵媒法术与科学思维相对立，一方面驳斥前现代社会民间习俗对科学性的背离，质疑灵媒法术的真实性，另一方面却为之辩护，从"我"的视野印证灵媒的有效性与合理性。由此可见，透过儿童视角，钟怡雯一再赋予灵媒以神异化身份。如借儿童的描述突出灵媒的恐怖面貌，以儿童的心理活动呈现灵媒的骇人形象，将灵媒神秘化、异质化。在此基础上，她将灵媒塑造为地方性民俗的表征，使之构成南洋异质文化的典型标志。

《村长》则细腻地呈现了一个"撞鬼"[②]的"村长"，具有浓郁的鬼魅气息。文中的"村长"特立独行的性格不被村子里其他人所理解，这使"村长"在作为孩童的"我"眼中充满神秘色彩。无论是村长的房子，还是村长的言行举止，都让这个人物身上缠绕着鬼魅之气："时常夜晚出没的

---

① 钟怡雯：《灵媒》，选自钟怡雯：《河宴》，台北：三民书局，2012年，第52页。

② 钟怡雯：《一同走过》，选自钟怡雯：《河宴》，台北：三民书局，2012年，第90页。

村长却说他活见鬼。"①这造成人们对村长的误解与偏见，"我"因此被父母禁止与村长来往。然而，"我"很清楚村长的"鬼气"只是孤独的表象。在此，钟怡雯透过一个儿童的心灵映照出事物的本相，这使她的南洋记忆散发出一种返璞归真的气息。《外公》体现了钟怡雯对亲人的依恋。在贫瘠困苦的岁月中，外公为了支撑一家人的生活成为业余猎人："在那段匮乏的岁月，外公像一只荒山野地里四处觅食的机灵豹子。"②尽管往事千疮百孔，但困境见证了家人之间的亲情羁绊。在钟怡雯看来，童年是一个纯洁无瑕的空间："那是一个没有瑕疵和黑暗的世界，明亮的童年……"③这样的南洋记忆无疑具有强烈的乌托邦色彩。

在童年空间中，钟怡雯南洋记忆书写的核心是讲述生命"物语"。这一点主要体现在由"乌托邦化"的童年空间与"世俗化"的成人世界构成的二元对立结构中。对于"世俗化"的成人世界，钟怡雯不无厌恶与贬斥。而"乌托邦化"的童年空间则被钟怡雯赋予前现代的古朴气息和真挚纯洁的情感生态。其中，钟怡雯意欲突出与自然相亲的人类生命所带有的植物性。如在《人间》一文中，钟怡雯有意忽略祖辈一代复杂的情感纠葛，转而描写与自然同构的人类生命本质。不被父母重视的女儿"我"与祖父花甲之年再娶的妻子"小祖母"同为千千万万个"被忽视的女儿"，共同的身世之感让她们在对彼此的关爱中互相拯救。对"我"而言，"小祖母"所在的空间是"一片遗世而独立的梦土"与"童年时心灵的避难所"。在这个"乌托邦化"的童年空间中，钟怡雯将"小祖母"的生命形态诉诸风轻云淡、不以物喜、不以己悲的自然兴衰。"这里没有快速的新陈代谢和令人措手不及的突变，只保持缓慢的、必然的运转，如小

---

① 钟怡雯：《村长》，选自钟怡雯：《河宴》，台北：三民书局，2012年，第55页。

② 钟怡雯：《外公》，选自钟怡雯：《河宴》，台北：三民书局，2012年，第130页。

③ 钟怡雯：《河宴》，选自钟怡雯：《河宴》，台北：三民书局，2012年，第35页。

祖母十几年来慢慢老去的容颜。"①"小祖母"如同与自然共生的草木一般，具有自足的植物性。人与自然相亲无隔，"与天地万物一同欣赏日升月落"②，暗示个体生命与自然空间实为同构。这与钟怡雯在另一篇散文《凤凰花的故事》中借花写人的用意如出一辙。

在钟怡雯的人物描写中，不见红尘滚滚、嗔痴爱恨，唯有日月山川、自然四季。人类与万物身处其中，生死轮回，顺应天命。而这种复归自然的清新之气，成为钟怡雯笔下"乌托邦化"的童年空间最突出的特征。在这个空间中，"我"找到了苦闷的出路与心灵的归宿："被忽视的日子里，……也试着探索草木萌芽的消息、风和树叶的蜜语、云与水珠告别的依依、溪水与时间私奔的传奇、花苞绽放的羞涩以及所有生命的秘密。成人的世界有太多的隐喻与曲折，不若大自然的坦白可亲。"③钟怡雯在此将成人世界与自然空间并置对照，童年与自然构成一体两面，这寓示着钟怡雯笔下恬然宁静、纯洁无垢的自然并非现实世界中客观的外在景观，而指向个体生命主观的内在风景，这亦是钟怡雯笔下生命"物语"的内在意涵。

由上可见，钟怡雯散文中对童年往事的怀旧正在于对"乌托邦化"的南洋记忆的召唤。对童年时期乡土生活的怀念，自然伴随着对成年后所踏足的现代都市的批判，这一点鲜明地体现在多篇散文如《驰想》《晨想》《山的感觉》中。长大意味着对乡土的告别，进入现代都市的空间规训中，"我"发现都市中的生命全已被异化，不若乡土世界中的生命那般清新自然，与天地共生，"长大的孩子告别血水相连的家乡与亲人时，并不清楚那就是造化进行的一项重大阴谋……直到某夜自荒凉的梦境惊醒，发现街

---

① 钟怡雯：《人间》，选自钟怡雯：《河宴》，台北：三民书局，2012年，第10页。

② 同上，第9页。

③ 同上，第4页。

上仍川流着都市野兽、路灯不时投来冷漠的眼光，于是开始想念虫鸣蛙噪以及那只老爱趁人熟睡时钻入被窝、鼾打得呼噜呼噜的大花猫。"① "都市野兽""冷漠的眼光"都呈现了现代都市高速发展的负面效应。在此基础上，钟怡雯更进一步感叹人在都市中受到的倾轧与压迫："久居台北，冷眼静观街景瞬息万变，令人不肯轻言永恒。在这新陈代谢迅速得令人措手不及，甚而压迫窒息的后现代城市，以打败时间为胜利者的方式不断更新市容。"②在都市的消费文化热潮中，人的精神世界显得无足轻重，"人类用文明创造堂皇的宫殿，不停喂养过度膨胀的物质身体，却荒芜了日益干瘪瘦弱的精神土地。"③在此，钟怡雯指出，都市中的人类生命被现代性异化，其精神世界也变成废墟。与之相对照的是在闲适的乡土世界中，人类生命在自然风光与人情温暖中得到洗涤与抚慰。

不难看出，"乌托邦化"的童年空间往往与乡土相关，而"世俗化"的成人世界则指向都市。《天井》作为一幅以"天井"为线索的童年素描，体现了以上两组对照。文中位于乡野的"天井"与《人间》中"小祖母"的居住空间一样，象征着"乌托邦化"的童年空间，是缔结亲情纽带的媒介，"井水酝酿了我醇美芬芳的童年，又研出一池好墨在我回忆的扉页挥洒一则童话，一则不褪色、温馨甜蜜的童话"④。"天井"作为纯真自然的前现代生活空间，与繁华喧嚣的现代都市相抗衡。前者所象征的乡土生活悠然自得、平静和谐。唯有在这种质朴和谐的空间中，方能生成人与人之间的紧密联结，这无疑与现代都市中的倾轧与残酷形成强烈对照。由此可见，在"乌托邦化"的童年空间与"世俗化"的成人世界构成的二元

---

① 钟怡雯：《晨想》，选自钟怡雯：《河宴》，台北：三民书局，2012年，第142页。
② 钟怡雯：《山野的呼唤》，选自钟怡雯：《河宴》，台北：三民书局，2012年，第153页。
③ 同上，第154页。
④ 钟怡雯：《天井》，选自钟怡雯：《河宴》，台北：三民书局，2012年，第75页。

结构中，钟怡雯对现代性的否定逻辑。钟怡雯在《一同走过》中感叹岁月悠悠背后藏有现代性时间的劫毁。随着时间的一去不返，亲友、长辈、街坊迅速老去、死去，与此相对的是，一个昔日的旧世界也随之远去："景物的代谢更见容易。崭新的楼房已然替代老式的房舍。触目可见的绿卸下养眼的外衣，夺目缤纷的广告抢去人们的注意力。"①不断奔涌向前的时间篡改了故乡的容貌，现代性对个体生命的肉身与精神展开戕害与压迫。钟怡雯孜孜不倦地追溯少年往事，就是为了呼唤那个深具人情之美的往日世界，让受伤的灵魂得以回归精神故乡。

因此，钟怡雯笔下的生命"物语"蕴藏着对现代性的强烈批判。这种批判最为有力的呈现，当属《河宴》中对生命"物语"的深化描写。《河宴》是一个反现代性的寓言。文中记载了一场特殊的乡间旅行。"我"旅行至此地，首先映入眼帘的是乡间的前现代属性："小小的聚落浓密的树林，这是一个陌生的国度。空气吸收了水气和草叶的淡香，弥漫着薄荷的清凉。"②与此同时，此地缓慢的时间流动也彰显出对现代性的反叛："时间过得极慢，每分钟都黏手黏脚，像节拍过缓的音乐。"③由此看来，这个空间俨然是一片世外桃源。一开始，河水流动的声音吸引了"我"的注意："流水像壮士低哑的喉音，无人能解的符咒，承载聚落人事的兴盛与没落。"④河流素来与人类的发源密切相关，可谓是人类文明的象征。钟怡雯写道："没有人的故事，河不过是个地理名词，当人们因它而牵动了生命的绳索，它便也懂得悲欢离合。"⑤她进一步援引女娲于河畔造人的神话

---

① 钟怡雯：《一同走过》，选自钟怡雯：《河宴》，台北：三民书局，2012年，第90页。

② 钟怡雯：《河宴》，选自钟怡雯：《河宴》，台北：三民书局，2012年，第31页。

③ 同上，第31页。

④ 同上，第32页。

⑤ 同上。

故事，赋予河流创世意义。创世之初意味着人类的童稚时期，而河流象征着旺盛的生命力。紧接着，钟怡雯描画了两幅具有象征意味的画面，其一是，"我"偶遇一位散发女子在河畔嬉戏，此情此景与前文所提到的女娲面河而坐，创世造人的典故，以及"我"模仿女娲命名日月、指点山河的童年往事遥相呼应。另一幅画面则是，"我"目睹一位有语言障碍——长期身受口疾之苦的乡野孩童与动物之间亲密无间的嬉戏玩闹，顿悟人与自然万物相亲无隔的共融境界。"我"从孩童的"无言"中发现：我们习以为常的、用以解释世界、传达理念的语言并非必需，有时它对人类而言甚至形成一种障碍："语言对他只是折磨，他只要直接而不必修饰的表达"①。换言之，对于意义传达而言，"无言"反而比"有言"更有效。因此，当"我"面对这个"无言"的孩童时，决定"让一只空的白陶碗，等他。不留片言。"②此中的关键，在于对二元对立认知方式的破除，并在这个基础上，抵达万物相生、物我相融的生命境界。由此可见，钟怡雯通过《河宴》企图呈现的是一个反现代性的空间，并由此探索抵抗现代性的可能路径。

概而论之，在冷酷的现代都市中呼唤乡土，在现代生活中怀念前现代的自然空间，映照出现代人的"乡愁"。在钟怡雯的刻画中，在乡土世界中生活的人踏实健康，而活在现代都市中的人却经常苍白无力。并且，乡土中的宗族生活也和都市空间中人的原子化生存境况形成鲜明对照。基于前者的生活形态，家族记忆的传承成为联结不同代际的重要环节，"住家远看似一幢幢童话里温馨的小屋，屋里许多好奇的小耳朵正等待流传自老祖母的老祖母的神话和故事"③。钟怡雯将这种乡土生活比作"童话"。相

---

① 钟怡雯：《河宴》，选自钟怡雯：《河宴》，台北：三民书局，2012年，第38页。

② 同上，第39页。

③ 钟怡雯：《山野的呼唤》，选自钟怡雯：《河宴》，台北：三民书局，2012年，第160页。

对于不断加速，追求效率，充满竞争的现代都市，钟怡雯呼唤乡土世界的纯真与质朴，试图唤醒人们昔日与自然之间的亲密情感，发掘人类生命的植物性。而这正是钟怡雯笔下生命"物语"的主要内涵。

二、身体记忆与"物"的伦理

钟怡雯写"物"，着重挖掘体现在身体记忆中"物"的伦理。在钟怡雯刊载于《联合文学》2001年6月的《药瘾》中昭示了一种对物——药物的迷恋。这种迷恋从病痛的症候——"痛"的身体开始。《药瘾》一开始便揭示了这具病体的存在："……风湿时好时坏。绵长的春雨季，全身的关节宛如生了锈。"①因为病对肉身的折磨，使青春染上了一层残酷的悲怆之色。"我那时还不到跟时间讨价还价的年龄，却日日为少痛一些煞费苦心。"②于是，青春与病体紧紧纠缠，成为相互排斥的矛盾体。"只有青春，是历代皇帝最害怕的共同敌人。哪怕一代霸主秦始皇或是一代枭雄曹操，总要留下一则传说或一首诗，证明与时间讨价还价的事迹。"③青春成为病体背后的主体寻求疗愈方式的强力心理动因。在《药瘾》中，钟怡雯详述了药的历史——"逍遥散"的前世今生。钟怡雯所采取的叙述视角，仿佛事不关己。这种举重若轻的文学表达，让沉重的肉身也不由得生出一种轻盈的质地。正如她在文中所言："医生开了一味药叫'逍遥散'，似乎吃了就可以当庄子，用不着那么辛苦思索何谓齐物忘坐。"④这种字里行间的怡然与缠绵不休的病症形成对照。

---

① 钟怡雯：《药瘾》，选自钟怡雯：《我和我豢养的宇宙》，台北：联合文学出版社，2002年，第149页。

② 同上，第152页。

③ 同上，第151页。

④ 同上，第149页。

岁月在肉身之域发生过的战役，终究留下了不可回返的瘢痕，满目疮痍。在《酷刑》中，钟怡雯将病体的治愈，抑或规训过程娓娓道来。而这却能撬动神思之门，驱使作家的想象力开始穿梭于全身筋脉。正如钟怡雯所写的："针灸时全身被十几根针镇住，或者肩颈走罐痛极之时，犹能驱动想象观望自身，肉身疼痛，灵魂却不受拘束，也因此能笑称走罐留下的紫黑瘀斑为超级大草莓，是为爱的见证。"[1]抽象的文学身体作为是一种乌托邦，是疼痛与绝望时的药方。由此，痛苦因为书写而具有创造性的意义，这可堪构成写作者对抗痛苦的强大理由。创作者只能拯救自己，以现实的肉身之痛，激活文本的文学身体。

身体与"物"的斡旋，是人类生存境况的某种象征。如在《梳不尽》中，钟怡雯以"梳子"的散失象征人类生活中的离散处境。古往今来，头发从来都是生命政治的重要隐喻。剪发是一个具有象征意义的重要仪式，留发也是一种症候性的社会行为。于是，由于头发的重要意义，如影随形的梳子成为"书写"生命空间谱系的"神来之笔"。"每增加一个背包，我就顺手多买了一把梳子……梳子简直像我身上取下的肋骨，走到哪贴到哪。"[2]"我服膺每天梳发一百下的铁律，虽不能确切实行，心向往之，因此时时记挂。"[3]这种铁律，是出于对身体的"修饰"与"雕刻"。"如此可以结实手臂，并且促进头皮的血液循环，乌发兼美臂，一举两得。"[4]这种对"身体美学"的诉求，在某种程度而言可被视为是对一种边缘话语的关注与激活。"书到用时方恨少，印象中所读所考都是一些知

---

① 钟怡雯：《酷刑》，选自钟怡雯：《我和我豢养的宇宙》，台北：联合文学出版社，2002年，第177页。

② 钟怡雯：《梳不尽》，选自钟怡雯：《我和我豢养的宇宙》，台北：联合文学出版社，2002年，第36页。

③ 同上，第37页。

④ 同上，第37页。

易行难的形而上大道理，譬如修身养性，或者一些被称为'大事'的祭祀打仗。世俗物质与小老百姓的生活细节，特别是女人的种种，相较之下，实在太少。"①钟怡雯在此意欲说明的，是与形而上的"修身养性"相对照的，对世俗肉身的重视。而物质因其"及物性"，正构成了贯通世俗肉身的管道。梳不尽的，并不仅仅是头发，更是流金岁月中的离散与迁徙。梳子的流动，勾勒出一幅生命运动的轨迹，正如钟怡雯所言："那么，我的梳子们去了哪？一些陌生地方，譬如旅馆，或者马来西亚两个家的某个角落。百货公司、餐馆的洗手间；计程车的座位上，火车的甬道间。像是孢子，四处散落。可以预见的是，这个谱系会随着时间，无限蔓衍。"②

　　"物"与情的对应，也体现在钟怡雯对"虱子"与乡愁的书写。在钟怡雯的散文中，乡愁同样具有鲜明的"物性"。乡愁的如影随形，在她心中幻化为挥之不去的虱子："不痛，有些痒，就像头上长了虱子，不时总要搔一搔。"虱子的存在，似乎天然带有隐秘的属性。它仿佛从未现身，却又时不时撩动人的感官，彰显其"巨大"的存在。一如乡愁，并非他乡日常生活中的"显学"，却俨然是一种"不在场"的隐形主体。整体而言，钟怡雯于新世纪前后在散文中呈现的"及物性"既可被视为对古往今来物质文明的回应，更确切的含义，更应理解为一种在宏大叙事坐拥"霸权"位置的叙事传统中，对世俗社会和日常生活的微观考察。钟怡雯未必有自觉的"抵抗"意图，但其文学实践却呈现了一种对世俗物质的重视。这种世俗性和日常性让她的书写具有鲜明的现实感。而这种现实感的基因，显然来自市民阶层对世俗的热情，也是多年来在台北居住形成的都市体验的一种表征。

---

① 钟怡雯：《梳不尽》，选自钟怡雯：《我和我豢养的宇宙》，台北：联合文学出版社，2002年，第39页。

② 同上，第47页。

此外，"物"也会霸占、抢夺人类的生命空间。钟怡雯在《统统回收》一文集中呈现了由物带来的空间压迫。在这篇"废品物语"中，钟怡雯指出，现实生活已然成为一个充斥着各种废品的空间。它指向两个层面，其一是散文中写到的房屋广告、商业传单这类"有形"废品，它们让人产生强烈的焦虑，如作者写道："重复的广告单子逐渐多得令人心烦……"①"现在纸张简直泛滥。选举、新店开张、老店折扣、大卖场特卖、化妆品促销，全都有专人在热闹的路口派传单。"②其二是重复出现的资讯等"无形"废品，如留存在脑海中的"烂资讯"③"无用的数字"④。它的范围也有扩大、外延的嫌疑，正如钟怡雯所提到的："烂资讯极可能覆盖一首诗，一个作者或一本书的记忆。"⑤在容量有限的、容易混淆的记忆之场中，垃圾信息可能会以其与有用信息的相似性而发生与后者之间"不怀好意"的混淆，其中，前者会以其频繁的出现频率为内在因由，"霸道"地占据后者的记忆位置，使后者被全面覆盖，乃至消失无踪。这些"无形"的废品占据着现实生活中的空间，它们以纸张作为赋形的媒介，成为抢夺注意力和记忆力的战场。"叹息一声，那叠印刷精美的雪铜纸我没翻动过，尚未达到广告效果，就得送去做纸张。前两个星期老荣民才来回收，一眨眼，又是废纸满袋。"⑥这些"漂亮精美的废纸"⑦占据了现代人的日常生活，不仅造成了庞大的浪费，而且给人带来了精神

---

① 钟怡雯：《统统回收》，选自钟怡雯：《我和我豢养的宇宙》，台北：联合文学出版社，2002年，第64页。
② 同上，第65页。
③ 同上，第61页。
④ 同上，第61页。
⑤ 同上，第61页。
⑥ 同上，第62页。
⑦ 同上，第66页。

上的压迫和生活上的负担。生活用品与废品之间的区别，正在于人对于"有用"与"无用"的价值判断。正因为有"无用之物"的存在，才生成了"有用之物"的意义，反之亦然。"废"作为一种价值判断，乃建立在"用"的定义上。于是，在"用品"与"废品"这个二元结构中，废品恰恰体现了一种"无用之用"——针对事物价值的一种否定性的阐释力。正如钟怡雯所提到的："废不废纸纯粹是主观认知"[①]"情书也会变成废纸"[②]。

三、散居记忆与"物"的亲密空间生产

在钟怡雯对流寓他乡的记忆书写中，"物"有其尤为重要的功能：它生产与人之间的亲密空间，构成人在异乡的"家"。因此"物"并非一个静态的事物，而是一种关系的组织者，一种空间的生产者，一种动态想象的提供者。在钟怡雯笔下，"物"提供了亲密空间的动态想象——衣物、植物、食物、动物等"物"常被钟怡雯用以呈现对"家"的思考。例如钟怡雯曾借衣物的材料、颜色、剪裁等修辞线索阐释"离家"的感受。罗兰·巴特曾指出："衣服的修辞系统虽然少得可怜，但却无所不在……"[③]由此，穿衣打扮便也具有与离散经验对话的意味，"每次穿上那件上衣，在台北匆忙行走办事，仿佛就真的变成了异乡人……我知道这身装扮太过招摇，即使在马来西亚，我也不敢穿这身衣服出门。可是穿着它在台北游荡，却有生活在他方的愉悦，还有，一种隐约的乡愁。"[④]

① 钟怡雯：《统统回收》，选自钟怡雯：《我和我豢养的宇宙》，台北：联合文学出版社，2002年，第67页。

② 同上，第69页。

③ ［法］罗兰·巴特：《流行体系》，敖军译，上海：上海人民出版社，2016年，第220页。

④ 钟怡雯：《虱》，选自钟怡雯：《我和我豢养的宇宙》，台北：联合文学出版社，2002年，第50页。

新世纪之后，钟怡雯将"家"的叙事拓展到对"物"的刻画，此前对"家"的眷恋逐渐紧缩到"物"的空间。这或可归因于跨域散居生活带给人类精神世界的动荡感乃至不安感。此时，"物"与"家"的关系叙事成为钟怡雯记忆书写的重心。例如，《麻雀树，与梦》从"我"与麻雀的相望中呈现钟怡雯对"家"的认知。此处的"家"不仅指台北，更指安置个体的日常生活，而它们往往表现为人与"物"之间的互动。这使钟怡雯笔下的"物"成为一个安置离散者的微型想象空间。如在《怀被》中，钟怡雯指出"被子"让人产生对"家"的无限眷恋，"人在外面，想到的却是温暖的棉被和床。出门的目的仿佛只为了回家。"①在辗转反侧的夜晚，"我"虽然盖着新被子，但仍然"怀念老棉被温暖的拥抱"②。它带给人一种熟悉的安全感："棉被的感觉和薄毯是多么不同，我第一次深切感受到来自物质所给予的安全感。"③此处的"被子"同时带来一种亲密关系的想象。钟怡雯在文中多处将棉被与猫并置，意在指出二者的相似性，乃在于这些"物"与人之间的亲密关系。"被子"作为一种普通不过的生活器物，虽然不像动物一般拥有鲜活的生命，但因为它与人的肉身发生长年累月的亲密接触，最终深深嵌入人的生命经验中，与人建构了一种亲密关系。因此，作为一个情感空间，"被子"不仅是"梦的守护神"④"童年的寿衣"⑤，更是拥有"时间之味"⑥的"家"。这种与人的生命之间构成的切身而独特的关联，使生活器物被赋予了"人性"。棉被是人最贴心的知

---

① 钟怡雯：《怀被》，选自钟怡雯：《我和我豢养的宇宙》，台北：联合文学出版社，2002年，第72页。
② 同上，第73页。
③ 同上，第77页。
④ 同上，第72页。
⑤ 同上，第72页。
⑥ 同上，第74页。

己："半夜里那些不快的梦境指向什么？大概只有她的棉被最清楚了。"[①]与此同时，棉被又是绝对忠诚的守护者："……棉被肯定不会出卖主人，毫无疑问，棉被绝对比情人忠诚。"[②]"被子"和"家"一样，都是缔造亲密关系的空间。如钟怡雯所言，"现实再怎么坏，至少有一床殷实的棉被可以依赖。"[③]物质中交织相融的"物性"与"人性"，正在于此。与形而上的精神抚慰相对照，形而下的"及物"体验能给人带来更充沛的情感满足。"那些不快乐、胶着、灰蒙蒙的情绪，被巨大而柔软，像海绵一样的棉被吸附了。"[④]除此之外，棉被的"物性"又体现它作为一个沟通自然空间的媒介所发挥的作用。在晴朗的好天气中晒棉被，是一桩人间乐事，经由棉被，人不仅可以"搜集阳光"[⑤]，还可以"搜集短暂幸福"[⑥]。在此，物和人构成了一个和谐共生的生命空间。不仅人的脆弱被物所映照，而且物也生产了人的幸福。正因为这种人与物之间的"纠缠"与"互文"，我们才不应忽视生活这个"文本"上物的重要坐标。了解物的生命形态，除了是一种对现实人生的热情之外，"及物"更重要的面向，应该是对个体生命的延伸与创造。

其次，食物提供了亲密关系的记忆，亦构成"家"的媒介。在《从榴莲到臭豆》中，钟怡雯指出作为马来西亚的象征，华人对榴莲的接受史折射出他们在移民初期的心路历程，"榴莲味道太极端，半岛的人爱它，必然源于一种神秘的土地呼唤。同样成长于暴烈的赤道，在骄阳和雨水征敛

---

① 钟怡雯：《怀被》，选自钟怡雯：《我和我豢养的宇宙》，台北：联合文学出版社，2002年，第79页。
② 同上，第79页。
③ 同上，第77页。
④ 同上，第78页。
⑤ 同上，第80页。
⑥ 同上，第80页。

下，人和物起了亲密的化学作用。早期南来的华人都把榴莲当检验指标。没办法喜欢榴莲的，都是彻头彻尾的唐山兄唐山婆，迟早要回中国。真能爱上这长相怪异口感黏稠味道古怪的水果，才能适应这长年大热大雨的赤道。"①这说明食物不仅仅是食物，它与地域空间之间存在紧密关联。因为它能够充分映照出一个地区的气候、风土和人情。因此，食物一方面是外来者不得不经历的考验，另一方面也成为建构后离散者文化认同的路径之一。如"我"对榴莲和臭豆腐前后的态度变化就呈现出认同的转折。②食物与文化认同的关联，也清晰地体现在《夏的序幕》中。这篇散文透过粽子讲述"我"对亲人的思念之情，"每到端午倍思亲，不，倍思母亲的粽子，年年回去"③。钟怡雯以粽子为切入点，揭示在食物中蕴藏的认同困境。并且，透过对人类身体的驯化，食物也构成一种认同装置。钟怡雯坦言"台湾米"对身体的驯化，"一个被台湾米驯化的胃"④"餐餐面包或面食没几天，我的胃就开始想念米饭。"⑤"台湾米真是黏人。难怪出门超过十天便想回家，回家吃的第一顿饭觉得最幸福。"⑥

再者，动物带给人的亲密空间想象，更为钟怡雯所重视。在《我和我豢养的宇宙》中，钟怡雯写道："为了实现我的乌托邦，所以养猫。"⑦动物，带给了孤独、烦躁而无处遁逃的现代人一种理想化的亲密关系想象。这体现了一种对情感乌托邦的渴望。这个乌托邦的特性，首先是平等："我

---

① 钟怡雯：《从榴莲到臭豆》，选自钟怡雯：《麻雀树》，台北：九歌出版社，2014年，第70页。
② 同上，第71页。
③ 钟怡雯：《夏的序幕》，选自钟怡雯：《麻雀树》，台北：九歌出版社，2014年，第62页。
④ 钟怡雯：《白手起家（自序）》，选自钟怡雯：《麻雀树》，台北：九歌出版社，2014年，第9页。
⑤ 同上，第9页。
⑥ 同上，第10页。
⑦ 钟怡雯：《我和我豢养的宇宙·后记》，选自钟怡雯：《我和我豢养的宇宙》，台北：联合文学出版社，2002年，第175页。

从不觉得它们是我的宠物。宠物是一种对上对下的关系，我们缺乏这种主仆从属的阶级区分。"①其次是亲密："我吃什么，它们就吃什么……经常是半夜入睡后，被温热的舌头舔醒。"②对动物的"豢养"，亦是一个对乌托邦展开建塑的过程。进一步而言，钟怡雯"豢养"的"宇宙"，正是一个由人与"物"的交互与相处所构成的"物性"乌托邦。

此外，植物提供了一种具有生长性的"家"的想象。如"树"让钟怡雯展开对"家"与"生根"的反思。她在《看树》中提到，"树"让人萌生"生根"之念，对"树"的考察实则是对自身的审视，"树沉默地看我。我也沉默地回看自己。"③作为一个漂泊的异乡人，"我"与扎根于土地的树恰恰相反，"一个离家多年，好不容易有了家，却又老是渴望离家的人类，像长了根还想四处行走的树一样令人难以理解。我也难以想象，如果一辈子杵在同一个地方……"④这让钟怡雯对"家"的概念展开重构，"每天看树让我安稳，仿佛脚下生根，有了重生的力量。或许，当一株移植的树，带着原生土地的记忆和祝福，接受新土地的滋养。"⑤"移植的树"亦即"移植"的"家"。从对"家"的崭新理解出发，离散者开始对异乡产生认同，并对自我的主体身份展开重塑。

从"树"与"家"的类比中可见，钟怡雯笔下的"家"成为一个充满生长性的流寓空间。随着时间的推移和精力的投掷，"家"的叙事一点点丰满起来，"家"逐渐生长出它的意义。异乡人对"家"的建构，就是对"根"的培植。因此，"生根"作为一个过程，乃以"家"的搭建作为表

---

① 钟怡雯：《我和我豢养的宇宙·后记》，选自钟怡雯：《我和我豢养的宇宙》，台北：联合文学出版社，2002年，第175页。

② 同上。

③ 钟怡雯：《看树》，选自钟怡雯：《麻雀树》，台北：九歌出版社，2014年，第26页。

④ 同上。

⑤ 同上，第27页。

征。这一点在一定程度上揭示出人的"植物性",投入时间的长度决定了"根"的位置与家的意义。正如钟怡雯所揭示的:"原来,家的感觉是这样。在台湾住了二十六年,慢慢有生根的感觉,可能看树看久,跟树看齐了。"[①]对家的依恋,让离家的人感到沮丧与痛苦:"对离家这事彻底厌倦,希望脚底生根,当一棵树。"[②]对钟怡雯而言,这恰恰昭示了一个异乡人对居住地台湾的深刻体认。厌恶离家,这正从反面彰显了"落地生根"的所指。换言之,"恋根"抑或"恋家"的意义,乃是以"离家"作为表征生发而出的。钟怡雯道:"离家才能思考家的意义,这些年来,我在行旅中慢慢确认,也愿意承认,自己的家在一个岛上,而不是半岛。想回去的地方是中坜,不是马来西亚。这里才是白手起的家。"[③]所谓"白手起的家",正揭示了家作为双重空间——物理空间和精神空间的生长性。它糅合时间的位移,以及人的生命体验,化作了一个饱含情感的,既是实体的,又富有虚构色彩的特殊空间。而对于马来西亚这个曾经的故乡,钟怡雯不无悲凉地写道:"半岛已经是前世了。"[④]在《麻雀树》中感叹:"马来西亚已断成前半辈子的记忆,成为我的生命底色"。[⑤]何谓"前世"和"底色"?钟怡雯所指的是"十九岁的离家"[⑥]。离家的流寓记忆成为一个富有象征意味的分界点,由此,身体和精神的双重漂泊拉开了序幕。"毫不眷恋的离开了油棕园,没想到再也回不去。"[⑦]对自由的追寻终于要付出不可回返的代价。随着母亲的离世、父亲的重组家

---

① 钟怡雯:《白手起家(自序)》,选自钟怡雯:《麻雀树》,台北:九歌出版社,2014年,第10页。
② 同上,第11页。
③ 同上。
④ 同上。
⑤ 同上。
⑥ 同上。
⑦ 同上。

庭，弟妹的嫁娶，原乡的家已经支离破碎，逐渐瓦解。对此，周芳伶曾一针见血地指出："她在叛逆的青春期选择叛逃，与父祖决裂，因此初来时甚少回家，她遗弃那个岛，那岛里有她疯狂的血缘，然后她被那个岛遗弃。"[①]离家是为了远行，而远行之远，正建立在原乡之家的基点上。倘若连这一基点都消失殆尽，远行只能成为一种被放逐的漂泊、"失根"的后离散。

位于马来西亚的油棕园既是故乡的所在，又是"家"的能指。然而离乡日久之后，这个能指呈现出漂浮不定的游移状态。在台北蛰居三十多年的异乡客，还能把在地的"家"指认为异乡吗？此时，曾是异乡的台北构成"家"的实体。异乡不"异"的同时，故乡反倒日益被"陌生化"。这便昭示了"家"在定义上的可疑：哪里才是"家"？"家"指向什么？"家"的定义，关系着对自我身份的认同。"家"的构成，固然被风俗、习惯、人情等宏观命题所建构，但更重要的是个体的情感体认。对钟怡雯而言，由"物"提供的空间想象缔造了跨域散居生活中"家"的记忆。随着"物"对"家"的"填充"，人完成一个"家"的物理装置。这不仅仅需要足够的空间，还要付出很多精力与劳动。正如钟怡雯所言："要顾的动植物很多，琐碎家事永远忙不完。耗神费时不说，出个远门，得请人来喂猫麻雀喂四缸鱼，来帮大小植物洒水……还得叮嘱樱花，千万别早开。"[②]从中可见，由"物"所编制的情感记忆，最终形成了流寓中的"家"。

① 周芳伶：《鬼气与仙笔——钟怡雯散文的混杂风貌》，选自钟怡雯：《掅日子》，南京：江苏凤凰文艺出版社，2014年，第249页。

② 钟怡雯：《白手起家》，选自钟怡雯：《麻雀树》，台北：九歌出版社，2014年，第9页。

第三节　陈大为：“我把台北交给散文”

陈大为1969年出生于马来西亚怡保，1988年赴台留学时正好十九岁，至今已在中国台湾地区生活了将近三十四年，远超在怡保生活的时间。作为陈大为的台大中文系学长，黄锦树（比陈大为高两级）对自己的“台湾经验”颇为“不屑”，直言那不过是读书教书的经验，没什么好写的。陈大为对自己的“台湾经验”的态度则完全不同于黄锦树，当有人指责他的诗歌很少写台北时，他曾反驳：“有人说在我的诗里找不到台北的踪影，证明我无法融入这片土地。其实我写过南京东路、新生南路、外双溪和中坜，还有更多经过转化的生活经历与感触。我在这里生活了十一年，从大学生、研究生、杂志编辑、儿童作文老师、业务员到大学讲师；从台大男一舍、基隆极乐寺、新店美之城到中坜工业区。这些生活经验都融入散文中，成为明显或隐约的背景。”[1]陈大为直言：“我把台北交给散文。”[2]陈大为与黄锦树的差异不仅体现在他们对“台湾经验”的态度上，还反映在他们对“台湾经验”的处理上。如果说黄锦树将“读书教书的台湾经验”更多地用于表达对学院政治的不满，是一种向外的、公共性写作，那么，陈大为散文对“台湾经验”的处理则是向内的、私人性写作。

作为一名来自马来西亚的留台生，陈大为赴台留学之前并未涉足过台湾岛，他因留学与这座岛结缘，校园生活及其经验也成为陈大为台湾经验的最初底色。若干年后陈大为重新回顾自己的留台岁月、提笔用散文书写台湾经验，其中用了不少笔墨书写他在台湾大学、东吴大学的校园生活。

---

① 陈大为：《后记》，选自陈大为：《流动的身世》，台北：九歌出版社，1999年，第218—219页。

② 陈大为：《椰林中央，双溪左岸》，选自陈大为：《流动的身世》，台北：九歌出版社，1999年，第176页。

　　《椰林中央，双溪左岸》是一篇写于1997年的散文，此时陈大为已在台北生活九年，"思想在此孕育，文学生命更是仰赖此地的营养来苗壮"①，"故乡渐渐成为异邦，对家国的情感萎缩成对家园的思念，马来半岛陆沉脑海，只剩小小的山城怡保"②。他在这篇散文中将写作的重心由马来西亚转向台湾地区，描绘处于"椰林中央"的台湾大学和"双溪左岸"的东吴大学。在陈大为的眼中，台湾大学文学院建筑虽然陈旧古老，"但它在放任学生的同时却又赋予一份自律自为的信任；椰林确实够宽，让被放任的心灵拥有行动及视觉的舒解，在此抗拒都市丛林的高压。"③完全没有了黄锦树在《读中文系的人》中对中文系传统保守的批判，轻松的课程、丰富的书籍和自由的氛围，让陈大为沉浸于台大中文系感受其给自己带来的"逍遥"："台大里的时间足够让人醉生五脏梦死五官，以为自己是庄周，每一步都在逍遥。"④这份"逍遥"让陈大为能够沉迷于自己喜欢的文学中，读诗写诗并坚持自己的诗歌理想，而他也在台湾大学中文系就读的这几年开始闯荡各种文学奖，并屡有收获，也顺利成为马华文坛和台湾文坛有一定影响的新生代诗人。

　　从台大中文系毕业后，陈大为曾短暂在台北就业，这段经历使他更加意识到学院教育的重要性，于是他回到位于"双溪左岸"的东吴大学继续深造。《椰林中央，双溪左岸》这篇散文的后半部分描述的正是陈大为在东吴大学读硕士班时的校园生活。从"椰林中央"到"双溪左岸"，虽然环境仍然清幽，文风也颇为鼎盛，但敏感的诗人却不再像在台大中文系时那般逍遥，"溪的左岸有点拥挤，空间和时间都堆得密密实实的，我并没

① 陈大为：《椰林中央，双溪左岸》，选自陈大为：《流动的身世》，台北：九歌出版社，1999年，第166页。
② 同上，第167页。
③ 同上，第157页。
④ 同上，第158页。

有成为双溪里的快活小鱼"①。虽然没有成为"快活小鱼",但身处东吴大学的陈大为仍然坚持写诗,并出版了第一部诗集《再鸿门》,几年的东吴岁月让陈大为进一步蜕变成长,也慢慢融入台北这座现代化都市:陈大为的异乡。

台湾大学是陈大为进入台湾地区的第一站,也是他最初的台湾经验,是他另一段生命的起点。陈大为除了在《椰林中央,双溪左岸》中叙述了他的台大岁月外,他还在《帝国的余韵》中又专门对台大进行了补充叙事。如果说《椰林中央,双溪左岸》陈大为聚焦的是台湾大学的人文底蕴对自己诗歌创作的影响,那么《帝国的余韵》则聚焦台湾大学本身,以台湾大学文学院为描述对象,刻画了这所大学内在的历史精神气质。《帝国的余韵》从台湾大学侧门外具有悠久历史的瑠公圳说起,进而回溯甲午战争后日本军人仿京都大学样式修建台湾大学包括文学院、总图书馆等在内的部分建筑,"在有心人眼中,无论是建筑物的整体及局部,都可以找到京大的影子。他们会说:昔年台大的新脸孔,其实是从京大的旧模子里铸造出来的。仔细把玩,它真的有几分帝国的余韵。"②但是在陈大为眼中,包括文学院大楼在内的早期建筑却有着自己的神韵与灵魂,"古朴的建筑,干净利落的线条,泱泱大度的格局,加上几处笔墨无法形容的纹饰,有它独具的一种魅力。……远远看去,文学院的暗红色砖墙,像极了一位身披袈裟的参禅老僧,袈裟上一格格的暗红色,那全是时间的鳞片,你可以将之视为历史情感与智慧的累积。"③厚重的历史和文化积淀构成了台湾大学文学院的内在灵魂,陈大为虽然在此只度过了短暂的四年,但"记忆里有一种旧旧的线装感觉,好像每

---

① 陈大为:《椰林中央,双溪左岸》,选自陈大为:《流动的身世》,台北:九歌出版社,1999年,第165页。

② 陈大为:《帝国的余韵》,选自陈大为:《流动的身世》,台北:九歌出版社,1999年,第202页。

③ 同上。

一间教室都是一页白纸。"①《帝国的余韵》有点类似历史文化散文，它聚焦台湾大学的历史而不是现实，在历史中读取已经被沉淀的文化，当然这篇散文又不同于余秋雨似的文化散文，在广阔的历史间自由穿梭并辅之以大量的"翻案式"议论，它以一种较为冷静和抒情的笔调，透过建筑来看历史和文化，当然它对台湾大学文化底蕴的揭示仍略显表面。

陈大为从台湾大学中文系毕业后没有返回马来西亚，而是留在台北的一家公司做了一段时间的业务员，散文《南京东路》描写的就是这段在台北的打工生活。《南京东路》从题目来看，是对台北市一条街道的描写，但陈大为有意跳脱彼时正形成思潮的地志书写的套路，既没有描写南京东路的自然景观，也没有刻画它的人文景观，似乎南京东路只是作者工作的一个没有特殊意义的地点；从内容看，这篇散文是对陈大为从事业务员生活的记录，但它又不属于典型的打工文学题材，没有客观或流水线式地描写自己一天的工作。实际上，在这篇散文中，陈大为采用元叙事的手法，以打工经历为媒介，表达自己对台北作为现代大都市的多重体验。《南京东路》将作者写作的过程呈现在散文中，甚至不断出现作者的声音谈自己的构思：摒弃传统都市散文的书写路径。例如关于南京东路的"热"，作者写道："我不想从'汗'开始描写那个夏天，在这个摄氏三十八度的高温盆地，很多意象早被前人蒸熟炖烂。"②又如关于端坐大厦的各色上班族，作者将描写的内容转为构思的策略："如果我选择身边那位中年男子，所有跟礼貌相关的词藻即将脱颖而出，诸如彬彬有礼、和蔼可亲，或者借他那腕上那串蜜蜡佛珠，来开启描写之大门，从良善男子的气度写到暖暖微笑的嘴角。当然我也可以配合大堂的冷气和金属色的硬体结构，将叙事视角沿着那位心情不好的女子、那位吃力抱着一堆文件的小弟，一直延伸到某

---

① 陈大为：《帝国的余韵》，选自陈大为：《流动的身世》，台北：九歌出版社，1999年，第202页。

② 陈大为：《南京东路》，选自陈大为：《流动的身世》，台北：九歌出版社，1999年，第189页。

副冷酷的眼镜。"①再如关于公司的人际关系，陈大为质疑都市文学中人际关系书写的普遍套路："有时我很纳闷，也有点虚幻，为什么会出现这种平凡至极的温馨情节，我果真置身于都市文学里的都市吗？我读过的种种奸恶的都市人际描写——落空，心理非常矛盾。"②以上这些描写，或交代构思过程，或否定都市文学的写作惯性，表面上似乎没有任何的笔墨触及陈大为眼中的"南京东路"，但实际上都是用元叙事的手法在叙述。例如说不想写"汗"，但读者已能从中看到奔走于高温的南京东路跑业务的陈大为的汗流浃背；说自己怀疑都市文学中所描写的奸恶人际关系，实际上是用否定的方式书写陈大为温馨的都市情感体验。所有这些既是陈大为对台北这座都市的个人感受，也是他的台湾经验的重要组成。

陈大为从台湾大学毕业后，有较长一段时间居住在中坜，"毕业之后，我到基隆工作了大半年，后来又回到台北展开六年半工半读的岁月，真正安定下来的日子，从中坜开始。这是我最熟悉、最自在的生活圈，十年来建立了许多属于自己的生活动线和节点。"③中坜是陈大为在台湾最初的"家"，有着与台湾大学和东吴大学完全不同的意义，他在《四个有猫的转角》和《空洞》两篇散文中，就描写了中坜的"居家"生活，这是作为马来西亚华人的陈大为真正融入台湾地区的开始。

《四个有猫的转角》记录的是陈大为与钟怡雯夫妻在中坜新店美之城旧家的喂猫经历。"每个凉爽的黄昏，我和怡雯各拎一小袋罐头和餐具，从五弄开始我们的巡弋"，"在我们眼中，猫是风景里的情趣。或许对凭栏乘凉的住户而言，这幅人猫各得其乐的画面，才是真正的风

① 陈大为：《南京东路》，选自陈大为：《流动的身世》，台北：九歌出版社，1999年，第190—191页。
② 同上，第194页。
③ 陈大为：《岁月（自序）》，选自陈大为：《木部十二画》，台北：九歌出版社，2012年，第5页。

景"①。那"四个有猫的转角"和每个黄昏夫妻俩喂猫的生活，让我们感受到陈大为作为普通人的生活侧面，这个侧面比校园生活来得更有意义，因为它是世俗的，也意味着陈大为的台湾经验开始像普通的本地人一样具有了生活的气息。正因如此，我们在这篇散文中看到了难得的对风景的描绘："我们总是期待那瘦瘦的流云，流云是山峦披了又卸，卸了再披的薄纱。不管谁的诗笔来到此处，也会遵循这种写法。每逢台风前夕，在这里可以看到或紫或红的壮丽晚霞，那种美，足以让黑乌乌的墨水悄然变色，让心情甜上好一阵子。"②这段风景描写可视为是开始融入台湾生活的陈大为对"台湾风景"的发现，其中的美既是属于"台湾风景"的，也是属于陈大为的"台湾生活"和"台湾经验"的，它的象征意义或许还在于：台湾与陈大为的相互接纳。正因如此，陈大为才会感叹，作为外来者他们在台湾地区的第一个家"虽然老旧，却很温馨"③。

在中坜新店美之城老旧社区生活一段时间后，因为教职的变动，陈大为又将家搬到了中坜工业区，"这是一个全新的公寓住宅区，楼高八层及十六层，有宽阔的地下停车场及完善的保全系统，它是中坜工业区内最高的建筑"④。从旧家到新居，"我们不但失去新店旧家的美好山水，连散步的空间都萎缩了，五步一店十步一车，还有几只毫无气质可言的流浪犬，以及火辣辣的槟榔摊"⑤。陈大为似乎对这个新居感到有些不满，但它也并非一无是处，面积大就是它的优势之一。当然这个相当于新店旧家面积

---

① 陈大为：《四个有猫的转角》，选自陈大为：《流动的身世》，台北：九歌出版社，1999年，第46页。

② 同上，第48页。

③ 陈大为：《空洞》，选自陈大为：《流动的身世》，台北：九歌出版社，1999年，第50页。

④ 同上，第51页。

⑤ 陈大为：《空洞》，选自陈大为：《流动的身世》，台北：九歌出版社，1999年，第52页。

两倍的新居也使陈大为油然而生一种"空洞"之感，散文《空洞》描写的就是陈大为对新居的空间感受。虽然给新居采购了许多新的家具，"可它的面积对我们而言，真的好像十张全开的宣纸，我们手中拿着那么一小砚墨汁，在发呆"，"空洞，是我们新家最为贴切的形容"①。一天，陈大为夫妇到邻居家参观，精心的布置，给人一种舒服感，一种"人为的质感"，"可是我们坐久了竟然有点郁闷，好像坐在一个华丽的罐头当中"，回到自己的空洞的新居，"才发现那是一片简陋却无比舒畅的海洋"②。这时，作者才领悟："原来适度的空洞，可以转化成一种难得的居家品质。"③这篇散文以新居的空间体验为描写对象，内在反映了陈大为对现代化都市空间的一种批判性思考。

陈大为的"台湾经验"某种意义上而言也是"读书教书的台湾经验"，他后来栖身高校，成为一名学院派作家，他的台湾经验是以学院为基础的。通过以上对《椰林中央，双溪左岸》等散文的解读，不难发现，相较于黄锦树，陈大为用一种更私人化的方式书写台湾经验，在他的书写中，既有学院教育对自己（创作）的影响，也有个人的日常生活叙事，整体上偏于主观和抒情。

第四节　黄锦树："念书教书的台湾经验"

黄锦树十九岁时（1986年）赴台湾大学中文系留学，后在位于埔里的暨南国际大学中文系任教，至今（2022年）已在台湾地区学习、工作和生

---

①陈大为：《空洞》，选自陈大为：《流动的身世》，台北：九歌出版社，1999年，第53页。
②同上。
③同上，第54页。

活近三十六年，也远超他在故乡马来西亚居銮小镇的居住时间。由此，不少学者也在关注黄锦树如何在作品中处理他的"台湾经验"，虽然黄氏自嘲"不过是念书教书的台湾经验，有什么好写的？"①甚至将"为什么不写作你的台湾经验"列为"名列第一的愚蠢问题"②。即使我们在黄锦树的系列小说中难觅"台湾经验"的踪影，但也不能因此就认为黄锦树的创作并没有处理他的"台湾经验"。因而，对黄锦树而言，更有价值的问题或许不是"为什么不写"他的"台湾经验"，而是他在作品中如何处理"台湾经验"以及他呈现了怎样的"台湾经验"。黄锦树在2007年和2015年先后出版了两部散文集：《焚烧》和《火笑了》，不同于他出版的小说集，敏锐的读者不难发现"台湾经验"在他的散文中有所体现，《焚烧》中的《哀暨南》《聊述师生之谊》《在一座岛屿中间》《四狗大学一隅》《焚烧》等，以及《火笑了》中的《马华文学无风带》《芦花江湖》《聊述》《拘谨的魅力》《江湖上那些研讨会》《读中文系的人》《母鸡和它的没有》等，都或多或少是对"念书教书的台湾经验"的另类处理，由此我们也可一窥黄锦树"台湾经验"中的学术政治、生死体悟、流离之感和乡愁。

《读中文系的人》是黄锦树为自己的硕士论文所撰写的"自序"，在这篇"自序"中，黄锦树除了阐明自己硕论的问题意识和学术关怀外，还用不少的篇幅批判了大学中文系保守而又陈旧的学术传统，包括反思了自己的指导教授龚鹏程的学术研究。黄锦树作为"读中文系的人"，用五四"反传统"的思路书写"中文系"，并以此针砭长期以来隐匿于中文学术传统中的文化恋母情结。黄锦树"宁为异端，不做余孽"③的学术姿态，使得他对存在于学术界的江湖政治感到极大的愤懑，而早年所做的这篇《读

① 黄锦树：《台湾经验？》，选自黄锦树：《土与火》，台北：麦田出版社，2005年，第14页。
② 黄锦树：《几个愚蠢问题》，选自黄锦树：《火笑了》，台北：麦田出版社，2015年，第293页。

中文系的人》无疑是黄锦树对台湾学术界江湖政治批判性书写的一个开端，此后的《聊述师生之谊》《江湖上那些研讨会》《哀暨南》等散文，黄锦树将对中文系的不满上升为对整个中文学界江湖政治的批判，从而反思现代知识分子学术人格的内在缺陷。

《聊述师生之谊》是一篇专门记述黄锦树与他的硕士导师龚鹏程教授"师生之谊"的散文，但所谓的"师生之谊"实则是作为学生的黄锦树对老师龚鹏程的"不满"。这篇散文延续了《读中文系的人》中对龚鹏程学术思想进行反思的叙述策略，认为"龚老师注定和自称是中华民国移民的章太炎是意识形态上的同时代人，也分享了斯辈的思想局限"[①]。但《聊述师生之谊》也比《读中文系的人》呈现了龚鹏程更多的侧面，例如他给分"非常苛刻""对学生毫不保留的蔑视，与极难以跨越的生疏和冷漠"[②]，他虽然是自己的论文指导老师，"但他实在太忙，我猜我的论文他一直到口试那当下才开始翻阅"[③]。如此"聊述师生之谊"未免显得有些不合时宜（尤其文章还是应龚鹏程暖寿活动的主办者之邀而写），他似乎是在用撰写文学论争文章的方法来写这篇散文，多少折射出黄锦树性格乖戾的一面，但也有论者认为，"可以见出锦树既狂又狷的真性情：狂者未必如他人所说的'跋扈飞扬'，但总是不愿世故，狷者则有所为有所不为。"[④]按现在的世俗说法，黄锦树或许情商不高，但他却是一位聪明的学者，他不惜以得罪自己导师的方式"聊述师生之谊"，其意其实并非只是宣泄对龚鹏程的不满，甚至也不只是为了反思龚鹏程个人学术思想的局限，更主要是以龚鹏程为典型个案，借以批判台湾中文学界长期以来形成

---

① 黄锦树：《聊述师生之谊》，选自黄锦树：《焚烧》，台北：麦田出版社，2007年，第188页。

② 同上，第184页。

③ 同上，第185页。

④ 张锦忠：《散文与哀悼》，选自黄锦树：《焚烧》，台北：麦田出版社，2007年，第6页。

的各种陋习，这在黄锦树2013年撰写的《江湖上那些研讨会》中可以得到佐证。这篇散文同样以龚鹏程在某次研讨会上的表现为叙事起点，但文章很快就从龚鹏程转向对研讨会中深藏的"学术政治"的批判："研讨会是'今之举业'重要的一环，也早已成为现代学术资本市场一种怪异的产业。"①黄锦树在多篇散文中对"龚鹏程"的书写，可视为是他对自己置身的学术环境的一种忧思，但他也并非完全不表现出温情的一面，同样是写自己的师长，黄锦树在《聊述》和《拘谨的魅力》中就正面描写了吕正惠和施淑女两位教授，让我们看到黄锦树也并非只有"骂"这一副笔墨。

1996年，二十九岁的黄锦树到位于台湾埔里的暨南国际大学中文系任教，开始了他在埔里小镇几十年的教书生涯，黄锦树在《哀暨南》《在一座岛屿中间》《四狗大学一隅》《芦花江湖》等散文中描写了这段"教书的台湾经验"。《哀暨南》以"9·21大地震"后暨南国际大学领导层的应对措施为针砭对象，批判了他们的胡乱决策和"房子着火，老鼠先跑"的道德主义，"地震并没有把校长宿舍的高墙震倒，倒是把许多朋友给震成了陌生人。震毁了以校长为首的知识分子的形象，震出了逃难心态震垮了校誉，也震寒了埔里人的心下"②。身居大学象牙塔的黄锦树并没有感受到学院环境的单纯，反而经常深陷于各种复杂的学院政治中，"不待在学院里，不知道里头的斗争如此赤裸惨烈"，"在这乡村大学十多年，至少经历了三四波大斗争"，"五色羽。香江鳄。威猛先生连环秀"，"很难理解为什么会这样下"③。黄锦树以类似鲁迅杂文的笔法，痛陈学院政治的肮脏，哀叹个体的无力。

黄锦树以一种批判的视角书写他的"读书教书的台湾经验"，使得这

---

① 黄锦树：《江湖上那些研讨会》，选自黄锦树：《火笑了》，台北：麦田出版社，2015年，第260页。
② 黄锦树：《哀暨南》，选自黄锦树：《焚烧》，台北：麦田出版社，2007年，第87页。
③ 黄锦树：《芦花江湖》，选自黄锦树：《火笑了》，台北：麦田出版社，2015年，第143页。

部分散文充满了火药味，颇似杂文。但我们也注意到，他的这部分散文也经常描写动物，例如猫、狗、鸡、兔等，黄锦树在描写这些动物时，放弃了写人时的那种批判锋芒，转而以一种伤感的笔调写它们的伤与死，隐隐然可见他对生命的体悟。

《母鸡和它的没有》讲述了自己与儿子养鸡的几段经历。起初养了一雌二雄三只鸽子鸡，好不容易养大些，"有一回涉世未深的母鸡把头钻出篱笆，被房东不承认的爱犬房大毛拖去生吃了。两只公鸡只好相依为命。一回刮风，吹倒鸡寮铁皮门，房大毛又生啖了一只下"①。后来又养了两只竹鸡，其中的一只母鸡穿过网眼过大的铁篱笆后失踪了，"心怜公鸡形单影只"②，又买了两只母鸡陪伴公鸡，但这只幸福的公鸡，有一天胸着地，"站不起来，好似背脊骨被踩断了"③，而陪伴它的其中一只黑母鸡后来也"猝死、暴毙"了④。"被生吃""失踪""重伤""暴毙"，黄锦树的养鸡经历着实让人感到沉重，而当他将养鸡的经历镶嵌进自己的"埔里岁月"叙事时，"鸡们"的悲惨遭遇就具有了一定的隐喻性，它们不再只是作为"物"而存在，黄锦树在它们的身上看到了自我的生存处境，正如那只孵不出小鸡的母鸡却"经常占着鸡窝孵着它的没有"⑤，充满荒诞性。

《在一座岛屿中间》写自己趟进学院政治污水中的痛苦不堪和一言难尽，内中有一段文字述及自己的养猫经历："三个月后搬到明德路，两层的排楼，养猫三只；又一年搬到隆生路，埔里盆地边郊，半座三合院，妻最爱的荒废老宅；父亡于故乡，生子一，轻度脑溢血。年余，搬虎山，台湾地理中心旁。遇大地震，幸房子坚固。猫失其一，流亡北部半年，生

---

① 黄锦树：《母鸡和它的没有》，选自黄锦树：《火笑了》，台北：麦田出版社，2015年，第225页。

② 同上。

③ 同上，第226页。

④ 同上，第225页。

⑤ 同上，第228页。

女一。迁学校宿舍，猫又失其一，住三年。迁牛尾，盆地另一处边郊的大农舍，迄今又近两年，老猫失其一，又失一黑猫。新养小猫三只，小鸡三只，乌龟二。"①精简而凝练的埔里生活流水账，其中包含了失踪、搬迁、死亡、新生等与生命有关的主题，悲喜交织其间，节制的语言却道出了岁月的真谛，是整篇文章最精彩之处。另一篇写埔里生活的散文《四狗大学一隅》，第一部分批判学院政治的荒谬，第二部分素描教师宿舍的几位邻居，各有性格却形同路人，第三部分描写生活中几只动物的伤与亡，包括被野狗狩猎折磨而死的大白兔、被校警收养的狗群咬死的鹅、无故失踪（也可能被汽车压死）的猫，艰难的岁月中充满了各种悲伤。

黄锦树是以"南洋侨生"身份到台湾大学留学，后来也选择留在此地就业定居，作为一名东南亚华人，"从台湾本土论者的角度看，我们是外人"②，他在2007年入籍台湾地区，多少也是源于现实的无奈："这至少可以让我太太安心，否则一旦我有什么三长两短，两个这里土生土长却是大马籍、一句马来话都不懂的孩子会被驱逐出境，痛苦的重新适应那个意识形态上改变不大的马来西亚。我不希望小孩活在已被一定程度上正当化所谓的'种族偏差'里。只有我入籍，他们才有转换身份的可能。这是非常现实的考虑。"③当然入籍并没有完全改变黄锦树身份中的"外来"性，他在散文中所呈现的"读书教书的台湾经验"，表面上看大部分是对学院政治的批判，但从他对动物的"死亡"叙事以及多篇散文中出现的搬家叙事，内里不难体会出黄锦树作为"外来者"的流离之感。

① 黄锦树：《在一座岛屿中间》，选自黄锦树：《焚烧》，台北：麦田出版社，2007年，第195页。

② 黄锦树：《在两地本土论的夹缝里》，选自黄锦树：《焚烧》，台北：麦田出版社，2007年，第134页。

③ 萧秀雁：《马华论述：访问黄锦树》，选自萧秀雁：《阅读马华——黄锦树的小说研究》，暨南国际大学硕士学位论文，2009年，第114页。

　　黄锦树在多篇散文中都提及了频繁搬家，搬家是对流动和居无定所的隐喻，"家境殷实的很快就在附近购地盖大别墅。但我们外籍人士连一般贷款都困难，更别说属于国民的公务员福利。因此一切的规划都属于短期，总是为流动做准备……走一步算一步，总觉得船到桥头自然直，烦恼无济于事"①。在黄锦树的搬家叙事中，我们看到了他作为"外来者"难以融入这片土地的无奈和沮丧，"年岁每跨入另一个十时，都会有诸多感触。来台时未满二十，无尽彷徨。近三十时在埔里教书，摸着石头，边教边学。四十岁前后那些年精疲力竭，很没劲，勉强编辑了散文集《焚烧》，心情是沮丧的。而一转眼五十就在眼前了"②。从这段话我们感受不到黄锦树作为在台湾文坛和高校均颇有名气的作家和学者对过往台湾生活的满足与喜悦，相反透出来一股浓浓的作为外来者的流离之感。"到哪里都不受欢迎""看不到路在哪里""很多没人走的路都是兽径，乱草间纵使没有老虎也会有捕兽夹""不是伤了心，就是伤了脚""格格不入。但似乎也只能那样"③。这段从鲁迅《故乡》"其实地上本没有路，走的人多了，也便成了路"化用而来的话，指出了黄锦树心情沮丧的根源，他在散文中对学院政治的批判虽然火药味十足，但内里却满是流离之感和哀悼之气。

　　黄锦树在台湾地区生活的时间已经远远超过了出生地马来西亚居銮小镇，2007年放弃大马国籍后，居銮更是从家乡变成了"故乡"，埔里则由异地变成了"家"，"而今，当我用'返马'这样的修辞，都会遭到在地化得十分彻底的妻冷冷地嗤问：'你的家在马来西亚还是在这里？'"④"返马"的修辞和妻的冷嗤，一方面反映了埔里在黄锦树生命中的日渐重要，

① 黄锦树：《四狗大学一隅》，选自黄锦树：《焚烧》，台北：麦田出版社，2007年，第209—210页。

② 黄锦树：《芦花江湖》，选自黄锦树：《火笑了》，台北：麦田出版社，2015年，第145页。

③ 黄锦树：《马华文学无风带》，选自黄锦树：《火笑了》，台北：麦田出版社，2015年，第134页。

④ 黄锦树：《芦花江湖》，选自黄锦树：《火笑了》，台北：麦田出版社，2015年，第136页。

另一方面也体现对"旧家"的难以割舍。黄锦树的小说基本以马来西亚故乡为题材，大量书写"旧家"的衰败，在他散文中，似乎难觅"旧家"的踪迹，但细心的读者仍不难发现："居銮"小镇其实潜藏于黄锦树的"读书教书的台湾经验"中。

　　在刚到台湾地区的那些年，黄锦树经常做着"故乡梦"："许多年前，梦里常回到千里外那多雨奥热的故乡。那树林，交错的光和影，风中沙沙作响的滚动的落叶，泛着光水浅清澈冰凉的小水沟，多游鱼——许多年后在此间水族馆里发现泰半大概都是当地的特有种。尤其是马来半岛特有的凶悍艳丽的短尾斗鱼，在我异乡的梦里巡游了许多年，频繁到说出来会令人耻笑的程度。"①这是离乡之人对"旧家"的另类记忆，多年后虽然不再频繁做着故乡梦，但故乡却以经验的形式悄然进驻到黄锦树的埔里岁月中。为什么选择埔里作为自己在台湾地区的落脚地？最初或许并没有太多的刻意，但待得越久，黄锦树发现埔里与居銮有着许多相似之处："这被群山包围的盆地小镇埔里，其实和我出生成长的小镇居銮颇（Kluang）为类似——那也是个盆地，只是山没有那么多重，但周遭一样多丘陵地，覆盖着次生林，或经济作物。多雾，多日照，人口稀疏。"②身处这样的地理环境，黄锦树或许也会有一种仿佛置身故乡居銮的错觉，未尝不是对失去旧家的一种心理补偿。

　　时间可以带走一切，但它似乎又总是以另外的方式潜移默化地影响失去家乡的人的生活，黄锦树的埔里岁月里也总"烧着怀念的火"③。炎炎夏日，蚊子肆虐，黄锦树想起早年在胶园烧火堆以浓烟驱蚊的经验，于是在租住房子的广场水泥地一角，开始"焚烧"，"持久的浓烟大作，烧出怀

---

① 黄锦树：《在一座岛屿中间》，选自黄锦树：《焚烧》，台北：麦田出版社，2007年，第191页。

② 同上，第192页。

③ 黄锦树：《焚烧》，选自黄锦树：《焚烧》，台北：麦田出版社，2007年，第236页。

念的气味","这气味往往带我回到早年的生活，故家故园的土与火，水与烟。在回忆中变得美好，但也许实际上并不那么美好的时光"①。在房子一角栽种从马六甲带回的蝶豆和油柑，自制小水池，锯柴火，这一切使黄锦树仿佛重回往昔在胶园的生活，"真像一场梦。虽是俗烂的比喻，却很真确"②。当自己的弟弟来函中提到："他们种了许多果树，甚至养了类似的狗，'好像在还原老家的生活'。"这时的黄锦树突然明白："原来大家都一样。"③黄锦树在散文《焚烧》中所描述的正是难以割舍的乡愁，这乡愁已然成为几十年台湾经验的内面。

以上围绕《焚烧》和《火笑了》两部散文集，对黄锦树散文创作中的台湾经验书写展开了分析。通过分析可以发现，黄锦树并非没有书写台湾经验，只不过这类书写更多反映在散文而非小说中，同时，他主要书写的是"读书教书的台湾经验"，且多采用杂文笔法，呈现出一定的批判性和思想性。抒情散文是现代散文的大宗，但黄锦树书写台湾经验的散文均不属此类，这意味着黄氏对台湾经验的处理跳脱了常见的个人化、抒情化路径，更多的是作为社会、思想层面的素材加以转化，因而，生活场景、社会关系、风景习俗等散文常写的内容被黄锦树有意遮蔽，这意味着"台湾"作为个人化经验在黄锦树创作中是缺席的，他更多的是在处理"台湾"作为公共经验的内容，这是黄锦树台湾经验书写的一大特点。

---

① 黄锦树：《焚烧》，选自黄锦树：《焚烧》，台北：麦田出版社，2007年，第226页。

② 同上，第235页。

③ 同上，第236页。

结语 | 并不年轻的"麒麟"

　　2012年，马华留台作家陈大为将他撰写的马华留台文学简史命名为"最年轻的麒麟"，"其中含意，留给有心人去诠释，或曲解"①。书出版后，另一位马华留台作家黄锦树在书评中将其调侃为"斑马"，"不管怎样，它可以说是只最奇怪的麒麟了。但麒麟原是想象的华丽的怪物，它最世俗的现相其实是舞狮。"②陈大为将马华留台文学命名为"麒麟"的本意无从得知，又是否如黄锦树所调侃的，蕴含"想象""华丽""怪物""世俗""舞狮"等内容，或许也只能是智者见智了。麒麟在中华文化中，一直与凤、龟、龙合称"四灵"，一起被视为"瑞兽"。此外，麒麟在漫长的历史演绎中逐渐被描述为：龙头、鹿角、狮眼、虎背、熊腰、蛇鳞、马蹄、牛尾，其最显著的特征或许是"混杂"。我们借用陈大为对马华留台文学最初的命名，也将其视为"麒麟"，看重的就是"麒麟"背后的"混杂"特质，马华留台文学是一批拥有后离散和跨域散居经验的作家创作的文学，其最突出的特征也是混杂：身份、家园、认同等无不如此。

　　马华留台文学这只"麒麟"并不年轻，它从20世纪50年代初期发端，

---

① 陈大为：《最年轻的麒麟——马华文学在台湾（1963—2012）》，台南：台湾文学馆，2012年，第271页。

② 黄锦树：《这只斑马——评陈大为〈最年轻的麒麟——马华文学在台湾（1963—2012）〉》，《华文文学》2013年第5期。

至今已有近七十年的历史，通过结社、参加文学奖、叙述与论述并进，已经在台湾文坛形成了一个小规模的马华文学生态和传统。从1953年白垚留台，到2022年九字辈邓观杰在中国大陆出版《故事的废墟》，马华留台文学的代际传承一直没有中断，大致已经出现了八个世代：20世纪50年代留台的白垚、赖观福、潘雨桐、张寒、刘祺裕、黄怀云、看看和郑良树等，成为最早的一批马华留台作家，是为前行代；20世纪60年代前期留台的王润华、淡莹、陈慧桦、林绿等星座诗社成员，创办了马华留台文学中的第一个诗歌社团，是为第二代马华留台作家；20世纪60年代末至70年代初留台的李永平、余中生、李有成、商晚筠等，赴台时星座诗社已基本在台湾诗坛停止活动，《星座》诗刊也被迫停刊，他们成为星座诗社之后的第三代马华留台作家；20世纪70年代中期，温瑞安、方娥真、黄昏星、廖雁平、周清啸、张贵兴等留台，他们或继续在台北结社，组建有温瑞安、方娥真、黄昏星等为核心的神州诗社，或如张贵兴等，在文坛单打独斗，后靠文学奖获得作家身份，他们构成了第四代马华留台作家；20世纪80年代是马华留台文学史上颇为热闹的十年，知识分子意识和马来西亚意识弥漫在马华留台生中间，1983年之前留台的黄英俊（笔名杨剑寒）、罗正文、傅承得、陈强华、张锦忠、王祖安等，构成了一个小型的马华留台诗人群，他们在马华留台文学史上大致处于第五代的位置；1984年之后留台的颜永安、黄锦树、陈俊华、廖宏强、刘国寄、吴龙川、陈大为、钟怡雯、林幸谦、林惠洲等，正赶上大马青年社、《大马青年》和大马旅台现代文学奖的全盛期，形成"《大马青年》和大马旅台现代文学奖作者群"，这个"作者群"与林幸谦等大致属于第六代马华留台作家；20世纪90年代，是"七字辈"为主留台的时代，许裕全、张草、杨邦尼、辛金顺、黄俊麟、陈耀宗、杜忠全、王经意、孙松荣、木焱、龚万辉、罗罗、刘艺婉、张依苹、颜健富、胡金伦等构成了第七代马华留台作家；2000年以后赴台的马华写作人主要有施慧敏、黄玮霜、周天派、陈头头、马尼尼为、邢诒旺、吴道顺、贺淑芳、翁菀君、谢明成、李宜春、卢姵伊、邓观杰等，他们的留台时间从最早的2000年到最晚的2012年，大致也是十年，刚好构成一个代际，是为第八代。马华留台文学虽然并不年轻，每个世代同时活跃于文坛上的作家并不多，在马华文坛和台湾文坛都属于"少数文学"[①]，但随着陈大为、钟怡雯、黄锦树和张锦忠等学院派马华留台作家的出现[②]，他们开始有意识地建构马华留台文学话语，通过一系列的马华文学选集，为马华留台作家写史，实现了马华留台文学的经典化。

从离散的角度来看，马华作家之留台，既是文化回归和后离散，也具有明显的跨域散居特性。这使得他们的家园由上一代华人的"双乡"演变为"三乡"：原乡、故乡和异乡，这就出现了李永平所说的"三个母亲"，这在传统的离散文学中是比较罕见的。"三乡"的纠葛不仅解构了传统的移民叙事，也深刻地影响了马华留台作家的创作，他们大部分人的创作中都要同时面对原乡、故乡和异乡。后离散带来了后记忆和后认同，这些必然会重塑马华留台作家的移民记忆和身份认同，他们有关家园的书写也会出现许多全新的面貌。例如钟怡雯的散文，她以后离散书写为创作中心，将个体生命经验嵌入华人族群移民记忆的线索中进行叙述，后离散者的后文化认同构成其所要处理的核心命题，她不仅对两代人的"神州"想象进行"复数"建构，还道出祖孙族群记忆的代际之异。再如陈大为诗歌的历史书写，呈现出"半式楚汉半式南洋"的特色，以边缘解构中心，书写"后记忆"的文学实践，折射出一个马华留台诗人的主体建构过程，同时缔造了一个富有抵抗意味的诗学空间。

跨域散居是全球化时代的产物，大部分人都被全球化所裹挟，成为"太空人"，而华人移民在遭遇全球化之后，则演变成了中华散居族群，马

---

① 少数文学并不意味着马华留台作家的产生的影响就小，尤其是20世纪90年代，少数的几个马华留台作家黄锦树、陈大为、林建国、钟怡雯等却把马华文坛"搅得天翻地覆"。

② 黄锦树等并非最早的留在台湾高校的学院派作家，此前还有陈慧桦、李有成等。

华留台作家中的大部分其实都属于这一群体，他们留台后在台湾地区建立了一个新家，而他们的父母、亲戚则大多还留在马来半岛，这里还有一个上一代人建立的旧家。于是，亲情的纽带使得马华留台作家不得不在"新家"与"旧家"之间跨域散居，这样的经验是早期从中国大陆下南洋的那一代华人所不具有的。黄锦树的"旧家"系列小说，大量采用"离去—归来—再离去"模式，固然受到鲁迅故乡叙事传统的影响，但内里也是他的跨域散居经验的艺术化表达。钟怡雯散文中关于"物"的叙事，那背后的生命"物语"正是跨域散居所带来的。

黄锦树在《神州：文化乡愁与内在中国》中感叹："'神州'也许是海外华人永恒的欲望。"①即使在全球化时代，经历后离散的马华留台作家，神州作为他们的文化原乡，也是写作难以回避的。马华留台作家中的神州诗社和李永平无疑是想象神州的两个极端个案，李永平在写完"月河三部曲"之后，又将写作的视域转向了神州。他生命中最后的一部作品《新侠女图》虽然没有写完，但它是李永平一生创作中"最古典""最中国"的一部小说。在这部未完成的小说中，李永平以武侠为题材，回到一个纯粹而又古典的文化中国，将女性、失贞、恋母等熔铸于一个"复仇+漫游"的故事中，展开对文化原乡受创的救赎叙事，"图"作为小说的一个文眼，使地方及其地景得以凸显，白玉钗和李鹊的北上路线图是李永平对文化原乡的一种地理重建和重新编码，同时也是对作者华人身份和所处边缘位置的一种隐喻，小说巧妙借助武侠的"古典性"，激活了李永平作为后遗民的中华文化记忆，在这场充满象征意味的文化招魂仪式背后，"英雄梦"被置换为"神州梦"，内里又蕴藏着作者不断召唤的纯粹、古典和文化的中国性。黄锦树历来被视为是反"中国性"的马华留台作家，但通过对

---

① 黄锦树：《神州：文化乡愁与内在中国》，选自黄锦树：《马华文学：内在中国、语言与文学史》，吉隆坡：华社资料研究中心，第130页。

他的创作与"鲁迅"关系的分析，我们发现"鲁迅"及其遗产恰恰是黄锦树小说的重要"奶水"。而另一位马华留台作家陈大为，在他诗歌的神州想象中，我们也看到了"中国性"的三副"面孔"。这说明，"神州"不仅是海外华人的永恒欲望，即使在马华留台文学中，"神州"的面影也是丰富而多姿的。

当李永平、张贵兴等人通过他们极具婆罗洲地域特色的小说在台湾文坛屡获文学奖时，有人批评他们为了迎合台湾读者口味，刻意制造南洋风情，他们所营造的雨林美学一时间毁誉参半，但不能否认的是，他们的小说为马华留台文学乃至马华文学建立了一种辨识度极高的美学风格。婆罗洲诗学是马华留台文学成熟的一个重要标志，李永平和张贵兴等人借助动植物叙事，在文学中确立了婆罗洲的地方性和地方感。当然，雨林美学并非马华留台文学的唯一艺术风格，黄锦树的胶林美学、钟怡雯的油棕园美学、陈大为的历史史诗，以及近年逐渐引起关注的马尼尼为的贱斥美学等都丰富了马华留台文学艺术风格的多样性。以往我们在研究中，多将马华留台作家一概视为现代主义作家，但从美学的角度来看，这种判断失之简单，例如黄锦树，他历来被视为"美学现代主义"的坚定奉行者，但他的创作实际上是美学服膺于伦理，他的小说所写均为马来西亚底层华人的困境与伤痛，他的现代主义背后有着写实主义者对现实苦难的强烈关怀。再如李有成，他一直被张锦忠等视为马华现代主义诗歌的代表诗人，但他的诗歌也有着强烈的现世关怀和济世情结，写实仍然是他的诗歌不可忽视的一面。

我曾在另一本有关马华留台文学研究的专著的结尾留下这样一段话："新世纪这十年，虽然有一些文学新人出现，其文学表现却仍有待观察，至于是否真如有些人所说的后继无人，现在下这样的论断显然为时尚早。但台湾已经深刻地'干扰'了马华文学的发展，未来势必也会产生更加深远的影响，只要留台渠道不因外力而中断。"①如今，将近十年过去，我们仍要说，马华留台文学作为一种离境的马华文学，未来仍然可期，因为这只"麒麟"虽然并不年轻，但也远未到"垂死"的边缘，何况它还是神兽"麒麟"而非俗物"斑马"。

① 温明明：《离境与跨界——在台马华文学研究（1963—2013）》，北京：中国社会科学出版社，2016年，第230页。

附录 | 马华留台作家大事记年表

说明：

1. 本表所收人物主要为有创作经历的马华"留台生"，即具有留（留学、居留）台经验的马华作家。

2. 本表主要整理马华作家出生、赴台留学时间，创作及获奖情况。

3. 本表在整理过程中，吸纳了张锦忠《马来西亚华语语系文学》附录二"马华文学系年简表（1815—2010）"、张锦忠发表于《中外文学》2000年第4期马华文学专号"书目与年表"，以及陈大为《最年轻的麒麟》一书中"马华作家历年'在台'得奖年表（1967—2012）"等成果。

4. 本表如有疏漏讹误，敬请方家指正。

1953年

[1] 白垚（本名刘国坚，另有笔名刘戈、林间、凌冷、苗苗等）自香港培正中学毕业，进入台湾大学历史系就读，大学期间与逯耀东合编台湾大学学生刊物《台大思潮》。

[2] 赖瑞和出生于马来亚。

1954年

[1] 方娥真（本名廖湮）出生于马来亚霹雳州怡保。

[2] 黄昏星（本名李钟顺，另有笔名李宗舜、孤鸿等）出生于马来亚霹雳州美罗。

[3] 廖雁平（本名廖建飞）出生于马来亚霹雳州美罗。

[4] 温瑞安出生于马来亚霹雳州美罗。

[5] 周清啸（笔名休止符）出生于马来亚霹雳州美罗。

1955年

[1] 《蕉风》在新加坡创刊。

1956年

[1] 《学生周报》在新加坡创刊，后改为《学报》半月刊，1984年停刊。

[2] 张贵兴出生于马来亚婆罗洲罗东镇。

[3] 张锦忠（笔名张瑞星）出生于马来亚彭亨州。

1957年

[1] 马来亚独立。

[2] 白垚自台湾大学历史系毕业，南来新加坡，未几来到马来亚，定居吉隆坡。

[3] 赖观福赴台留学，就读于台湾师范大学社会教育系。

[4] 罗正文出生于马来亚砂捞越。

[5] 台湾大学侨生创办诗歌社团海洋诗社，并出版《海洋诗刊》。

1958年

[1] 白垚任《学生周报》副社长。

[2] 潘雨桐赴台留学，就读于中兴大学农学院。

[3] 张子深（笔名张寒）赴台留学，就读于政治大学中文系。

1959年

[1] 《蕉风》迁吉隆坡出版。

[2] 白垚在《学生周报》发表诗歌《麻河静立》，获冷燕秋、周唤等响应。

[3] 白垚在《蕉风》第78期发表《新诗的再革命》，同期《蕉风》改版，提倡"人本主义的文学""文艺的个体主义""新诗的再革命"，开启马华文学

第一波现代主义运动。

[4] 白垚编现代诗选集《美的V形》附于《蕉风》第78期。

[5] 傅承得出生于马来亚槟城。

[6] 黄怀云赴台留学，就读于台湾大学中文系，台湾大学诗歌社团海洋诗社、纵横诗社成员。

[7] 吴均昌（笔名看看）赴台留学，就读于台湾师范大学中文系。

[8] 刘祺裕赴台留学，就读于台湾大学中文系，台湾大学诗歌社团海洋诗社、纵横诗社成员，曾任台湾大学《海洋诗刊》主编。

[9] 殷乘风出生于马来亚霹雳州。

1960年

[1] 陈强华出生于马来亚槟城。

[2] 黄建华出生于马来亚吉隆坡。

[3] 黄英俊（笔名杨剑寒）出生于马来亚槟城。

[4] 郑良树赴台留学，先后就读于台湾大学中文系和中文所，获文学学士和硕士学位，曾加入台湾大学学生诗歌社团海洋诗社。

1961年

[1] 黄怀云、刘祺裕参加刘国全等越南侨生创办的诗歌社团纵横诗社。

1962年

[1] 毕洛（原名张齐清）赴台留学，就读于政治大学新闻系。

[2] 淡莹（原名刘宝珍）赴台留学，就读于台湾大学外文系。

[3] 洪流文赴台留学，就读于政治大学中文系。

[4] 林绿编诗集《我们的歌》在香港艺美图书公司出版，内收冷燕秋等人现代诗。

[5] 潘雨桐自中兴大学农学院毕业，返回马来亚，在新加坡原产局工作过一段时间，后前往美国俄克拉荷马州立大学深造并取得遗传育种学博士学位。

[6] 王润华赴台留学，就读于政治大学西语系。

[7] 吴均昌（看看）、陈仪彬主编《马来亚金宝培中旅台校友会特刊》，这是第一份马来亚留台生所办校友会特刊。

[8] 叶曼沙赴台留学，就读于政治大学中文系。

[9] 张寒短篇小说集《梦里的微笑》由台北"侨务委员"会出版。

[10] 祝家华出生于马来亚森美兰州波德申老港。

1963年

[1] 马来亚、新加坡、沙巴及砂捞越共同组建马来西亚联合邦。

[2] 星座诗社在台北成立，成员包括王润华、淡莹、毕洛、林绿、叶曼沙、陌上桑、麦留芳等马来西亚留台生。

[3] 黄怀云诗集《流云的梦》由台北纵横诗社出版。

[4] 赖观福散文集《南岛之晨》在台北出版。

[5] 林金城出生于马来西亚吉隆坡。

[6] 林幸谦出生于马来西亚森美兰州芙蓉镇。

[7] 刘祺裕诗集《季节病》由台北中华文艺社出版。

[8] 麦留芳（笔名刘放、冷燕秋）赴台留学，就读于台湾大学外文系，后转社会学系。

[9] 辛金顺（笔名辛吟松）出生于马来西亚吉兰丹州白沙镇。

[10] 陌上桑（本名叶观仕，另有笔名叶荻、沙岛等）赴台留学，就读于政治大学新闻系。马来西亚知名作家和资深报人，曾任台湾《南岛月刊》总编辑、吉隆坡《建国日报》总编辑、《大众晚报》总编辑、《星洲日报》主笔等，著有散文集《旅台小笺》《凌晨诗笺》，诗歌集《飞渡神山》等。

1964年

[1] 《星座诗刊》6月创刊。

[2] 白垚在《蕉风》发表"现代诗闲话"系列。

[3] 陈慧桦（本名陈鹏翔）赴台留学，就读于台湾师范大学英语系，加入星座诗社并参与创办《星座诗刊》。

[4] 方路（本名李成友）出生于马来西亚威省。

[5]　林绿（本名丁善雄）赴台留学，就读于政治大学西语系，加入星座诗社并
　　　参与创办《星座诗刊》，曾任《星座诗刊》主编。

[6]　钟祺、林绿等展开现代诗论战。

1965年

[1]　新加坡退出马来西亚，独立建国。

[2]　王润华译作《异乡人》由台北巨人出版社出版，出版经费得到台湾"侨委
　　　会"支持。

[3]　周唤革新《学生周报》"诗之页"，进一步推动马来西亚现代诗运动。

1966年

[1]　毕洛诗集《梦季·银色马》由台北布榖诗社出版。

[2]　淡莹诗集《千万遍阳关》由台北星座诗社出版。

[3]　黄琦旺出生于马来西亚雪兰莪。

[4]　洪流文诗集《八月的火焰眼》由台北星座诗社出版。

[5]　李永平《婆罗洲之子》获婆罗洲文化局第三届征文比赛首奖。

[6]　林绿诗集《十二月的绝响》由台北星座诗社出版。

[7]　陆之骏出生于马来西亚森美兰州芙蓉市。

[8]　王润华诗集《患病的太阳》由台北蓝星诗社出版。

[9]　王润华散文集《夜夜在墓影下》由台南中华出版社出版。

[10]　叶曼沙诗集《朝圣之舟》由台北星座诗社出版。

1967年

[1]　淡莹赴美国深造，进入威斯康星大学攻读硕士学位。

[2]　黄锦树出生于马来西亚柔佛州居銮市。

[3]　李永平赴台留学，就读于台湾大学外文系。

[4]　林绿获台湾"一九六七年度优秀青年诗人奖"。

[5]　廖宏强出生于马来西亚柔佛州居銮市。

[6]　刘国寄出生于马来西亚雪兰莪州巴生。

[7] 麦留芳赴加拿大深造。

[8] 麦留芳诗集《鸟的恋情》由雪兰莪青春出版社出版。

[9] 王润华赴美国加州大学深造，后转入威斯康星大学攻读硕士及博士学位，师从周策纵教授，硕士论文《郁达夫在新马和印尼》，博士论文 *Ssu—Kung Tu: The Man And His Theory Of Poetry*（《司空图及其诗论研究》）。

[10] 温瑞安、黄昏星、周清啸、廖雁平等在马来西亚霹雳州成立诗歌社团"绿洲社"。

[11] 吴龙川（笔名沧海·未知生）出生于马来西亚槟城大山脚镇。

[12] 郑良树自台湾大学中文所硕士班毕业，返回马来西亚任教于宽柔中学半年。

[13] 周唤赴台留学，就读于中国文化学院哲学所硕士班，辞去《学生周报》编辑，改由李苍（即李有成）担任。

1968年

[1] 陈慧桦等人在台湾师范大学成立喷泉诗社，并创办《喷泉诗刊》，社员包括余中生等马华留台生，李有成进入台湾师范大学就读后也加入这一诗歌社团，并负责编辑过两期的《喷泉诗刊》。

[2] 陈慧桦自台湾师范大学英语系毕业后，进入台湾大学外文所，先后就读硕士班和博士班，获得文学硕士和比较文学博士学位。

[3] 陈慧桦诗集《多角城》由台北星座诗社出版。

[4] 陈慧桦获台湾"一九六八年度优秀青年诗人奖"。

[5] 淡莹诗集《单人道》由台北星座诗社出版。

[6] 李永平小说《婆罗洲之子》由古晋婆罗洲文化局出版。

[7] 李永平小说《土妇的血》发表于《大学新闻》第245期，后改名《拉子妇》发表于《大学杂志》第11期。

[8] 林绿自政治大学西语系毕业，留校任助教，兼任台北《香港英文周报》总编辑。

[9] 林绿获亚洲自由大学荣誉硕士及国际桂冠诗人协会颁发的杰出文学刊物编辑及诗人奖。

[10] 余中生（本名余崇生）赴台留学，就读于台湾师范大学"国文"系。

[11] 郑良树再度赴台留学，就读于台湾大学中文所博士班。

1969年

[1]　"五一三"事件爆发。

[2]　《星座诗刊》6月停刊，总共出版13期。

[3]　陈大为出生于马来西亚霹雳州怡保市。

[4]　杜忠全出生于马来西亚槟城。

[5]　李有成参与《蕉风》编务，与牧羚奴等改版《蕉风》。

[6]　李树枝出生于马来西亚柔佛昔加末。

[7]　林绿赴美深造，就读于西雅图华盛顿大学。

[8]　林绿诗集《手中的夜》由台北星座诗社出版。

[9]　牧羚奴、李苍、白垚、姚拓组成《蕉风》新的编辑群，推出第202期革新号。

[10] 钟怡雯出生于马来西亚霹雳州金宝镇。

1970年

[1]　贺淑芳出生于马来西亚吉打。

[2]　黄晡胜出生于马来西亚柔佛州沙令新村。

[3]　李有成诗集《鸟及其他》由槟城犀牛出版社出版。

[4]　李有成辞去《学生周报》和《蕉风》编务，赴台留学，被分发到侨生大学先修班。

[5]　梁金群出生于马来西亚霹雳州利民加地新村。

[6]　林惠洲出生于马来西亚霹雳州班台镇。

[7]　王润华诗集《高潮》由台北星座诗社出版。

[8]　曾美云出生于马来西亚柔佛州麻坡。

1971年

[1]　马来西亚政府宣布实施新经济政策，马来西亚文化、青年及体育部在马来亚大学召开国家文化大会，制定以马来文及伊斯兰文化为本的国家文化政策。

[2]　淡莹从威斯康星大学硕士毕业，任教于加州大学。

[3] 方娥真参加"绿洲诗社"，并任分支"绿林分社"负责人。

[4] 胡金伦出生于马来西亚吉隆坡。

[5] 李永平从台湾大学外文系毕业并留校担任助教。

[6] 李有成进入台湾师范大学英语系就读。

[7] 刘戈（白垚）四幕歌剧《汉丽宝》由吉隆坡剧艺研究会出版。

[8] 麦留芳进入新加坡大学任教，放弃马来西亚国籍入籍新加坡，后又任职于
台湾"中央研究院"、南洋理工大学华裔馆等，著名社会学家。

[9] 商晚筠赴台，第二年进入台湾大学外文系就读。

[10] 张依苹出生于马来西亚砂捞越诗巫。

[11] 郑良树自台湾大学中文所博士班毕业，获文学博士学位，返回马来亚大学
中文系任教。

1972年

[1] 陈慧桦、余中生等联合台湾本地诗人李弦、林锋雄等人在台北创办跨校诗
歌社团大地诗社，出版《大地诗刊》《大地文学》。

[2] 黄俊麟出生于马来西亚霹雳州太平。

[3] 赖瑞和、林绿等在台湾《中国时报》"海外专栏"讨论旅台马华作者的文化
回归与自我放逐。相关文章有：赖瑞和的《中文作者在马来西亚的处境》
和《"文化回归"与"自我放逐"》、翱翱（张错）的《他们从来就未离开
过》、刘绍铭的《读〈中文作者在马来西亚的处境〉有感》、林绿的《关于
"自我放逐"》，这些文章收入于中国时报主编的《风雨故人》，由台北晨
钟出版社1972年出版。

[4] 林绿、赵晓君散文集《森林与鸟》由台北阿波罗出版。

[5] 潘雨桐受聘为中兴大学园艺系客座副教授（1972—1974年）。

[6] 台湾大学大马同学会成立。

[7] 台湾师范大学大马同学会成立。

[8] 许裕全出生于马来西亚霹雳州班台镇。

[9] 杨邦尼（本名杨德祥）出生于马来西亚柔佛州古来。

[10] 余中生自台湾师范大学"国文"系毕业，赴日本深造，先后就读于大阪大学

和久留米大学，博士毕业后返回台湾，在多所大学任教。

[11] 张草（本名张容嵘）出生于马来西亚沙巴州亚庇市。

1973年

[1] 陈慧桦散文与论述集《板歌》由台北兰台出版社出版。

[2] 大马旅台同学会成立。

[3] 淡莹辞去加州大学教职，回到新加坡，先后在南洋大学和新加坡国立大学任教，后放弃马来西亚国籍，加入新加坡国籍。

[4] 王润华自美国威斯康星大学博士毕业，回到新加坡，先后在南洋大学和新加坡国立大学中文系任教，后放弃马来西亚国籍，加入新加坡国籍。

[5] 温任平、温瑞安等在马来西亚组建天狼星诗社，温任平任总社长，温瑞安任执行编辑，黄昏星任总务，周清啸任财政。

[6] 温瑞安、周清啸赴台留学，就读于台湾大学中文系，同年底两人放弃学业返回马来西亚。

[7] 余中生获台湾"一九七三年度优秀青年诗人奖"。

[8] 政治大学大马同学会成立。

1974年

[1] 《蕉风》第250期至252期（1973—1974）刊登川谷《马华作者的归向》、叶啸《从"马华文学"到"国家意识"》、陈徽崇《澄清马华"文学概念"要紧》等文章，就马华留台文学的身份属性等问题展开论争，该论争是1972年《中国时报》"海外专栏"讨论的一个延续。

[2] 陈慧桦自台湾大学外文所博士班毕业后，进入台湾师范大学英语系任教，后放弃马来西亚国籍。

[3] 陈耀宗出生于马来西亚槟城。

[4] 方娥真赴台留学，就读于台湾师范大学英语系。

[5] 黄昏星赴台，至台北建国补习班上课。

[6] 赖敬文诗集《赖敬文诗集》由台北绿野书屋出版。

[7] 廖雁平赴台留学，就读于屏东农专农机科。

[8] 潘雨桐离开中兴大学，返回新加坡和马来西亚从事农业研究。

[9] 王润华凭诗歌《山茶》获"创世纪诗刊二十周年纪念奖"。

[10] 温瑞安再度赴台留学，就读于台湾大学中文系。

1975年

[1] 陈头头（本名陈燕棣）出生于马来西亚。

[2] 高嘉谦出生于马来西亚芙蓉。

[3] 黄昏星7月参加大专联考，被政治大学中文系录取。

[4] 李有成自台湾师范大学英语系毕业，在台北弘道中学实习一年。

[5] 廖雁平参加大专联考，被政治大学哲学系录取，从屏东农专转入政治大学
哲学系就读。

[6] 林绿从美国西雅图华盛顿大学博士毕业，获比较文学博士学位，返回台湾
地区，任教于台湾师范大学英语研究所。

[7] 林绿文集《林绿自选集》由台北黎明文化事业股份有限公司出版。

[8] 王经意出生于马来西亚。

[9] 温瑞安等在台北创办《天狼星诗刊》，八月出版创刊号，黄昏星、周清啸任
编辑；十一月出版第二期，周清啸任编辑。

[10] 温瑞安诗集《将军令》由美罗天狼星诗社出版。

[11] 殷乘风（本名殷建波）赴台，第二年进入政治大学中文系学习。

[12] 余中生散文集《余中生散文集》由台北文馨出版社出版。

[13] 周清啸再度赴台留学，就读于台湾大学外文系。

1976年

[1] 《天狼星诗刊》第三期、第四期出版。十月，《天狼星诗刊》停刊，继之以
《神州诗刊》，并接续为第5期出版，内登《神州诗社独立宣言》。

[2] 陈慧桦诗集《云想与山茶》由台北"国家"图书馆出版。

[3] 陈慧桦论著《文学创作与神思》由台北"国家"书店出版。

[4] 龚万辉出生于马来西亚柔佛州峇株巴辖。

[5] 赖瑞和赴台留学，就读于台湾大学外文系。

[6] 李永平赴美深造，就读于纽约州立大学阿尔伯尼分校英文系硕士班。

[7] 李永平短篇小说集《拉子妇》由台北华新出版。

[8] 李有成进入台湾大学外文所硕士班就读。

[9] 罗罗（本名罗志强，另有笔名昆罗尔）出生于马来西亚。

[10] 木焱（本名林志远）出生于马来西亚柔佛州新山。

[11] 施慧敏出生于马来西亚吉打。

[12] 孙松荣（笔名阿艾）出生于马来西亚柔佛州新山。

[13] 殷乘风赴台风波愈演愈烈，促发台北天狼星诗社与马来西亚天狼星诗社总部分裂，温瑞安等在台北另组神州诗社。

[14] 张贵兴赴台留学，就读于台湾师范大学英文系。

[15] 张锦忠担任《学报月刊》编辑，后来兼编《蕉风》。

1977年

[1] 陈强华、黄英俊在槟城大山脚日新中学创立文风社。

[2] 方娥真诗集《峨眉赋》由台北四季出版社出版。

[3] 方娥真散文集《重楼飞雪》由台北源成出版社出版。

[4] 李有成进入"中央研究院"美国文化研究所担任助理。

[5] 刘艺婉出生于马来西亚柔佛州新山。

[6] 商晚筠自台湾大学外文系毕业返回马来西亚。

[7] 商晚筠短篇小说集《痴女阿莲》由台北联经出版社出版。

[8] 商晚筠小说《木板屋的印度人》获"《幼狮文艺》短篇小说大竞写优胜奖"、《君自故乡来》获"第二届联合报文学奖短篇小说佳作"。

[9] 神州诗社编《风起长城远》由台北故乡出版社出版。

[10] 神州诗社编《高山流水·知音》由台北故乡出版社出版。

[11] 温瑞安散文集《回首暮云远》由台北四季出版社出版。

[12] 温瑞安散文集《狂旗》由新竹枫城出版社出版。

[13] 温瑞安散文集《龙哭千里》由台北时报文化公司出版。

[14] 温瑞安散文集《天下人》由台北长弓出版社出版。

[15] 温瑞安诗集《将军令》由台北时报文化公司出版。

[16] 温瑞安小说集《凿痕》由台南长河出版社出版。

[17] 温瑞安发表论文《漫谈马华文学》。

[18] 殷建波自印诗集《激流》。

1978年

[1] 方娥真散文集《日子正当少女》由台南长河出版社出版。

[2] 方娥真等著《踏破贺兰山缺》（神州文集第二号）由台北皇冠出版社出版。

[3] 黄昏星、周清啸诗合集《两岸灯火》由台北神州诗社出版。

[4] 李永平自纽约州立大学阿尔伯尼分校英文系硕士班毕业，获文学硕士学位，进入美国圣路易斯华盛顿大学外文系博士班就读。

[5] 李永平小说《归来》获"第三届联合报文学奖短篇小说佳作"。

[6] 林绿诗集《复信》由台北乾隆出版社出版。

[7] 商晚筠小说《痴女阿莲》获"第三届联合报文学奖短篇小说佳作"。

[8] 商晚筠小说《寂寞的街道》获马来西亚"王万才青年文学奖"。

[9] 王润华诗集《内外集》由台北国家书店出版。

[10] 温瑞安等著《满座衣冠似雪》（神州文集第一号）由台北皇冠出版社出版。

[11] 温瑞安编《坦荡神州》由台南长河出版社出版。

[12] 翁菀君出生于马来西亚彭亨州文冬。

[13] 邢诒旺出生于马来西亚森美兰州芙蓉。

[14] 张贵兴小说《侠影录》获"第一届中国时报文学奖短篇小说佳作"。

1979年

[1] 神州诗社扩大为神州社，并成立神州出版社。

[2] 陈强华诗集《烟雨月》由大山脚棕榈出版社出版。

[3] 陈剑谁等著《一时多少豪杰》（神州文集第三号）由台北皇冠出版社出版。

[4] 淡莹诗集《太极拳谱》由新加坡教育出版社出版。

[5] 黄昏星、周清啸散文合集《岁月是忧欢的脸》由高雄德馨室出版社出版。

[6] 黄昏星等著《细看涛声云灭》（神州文集第六号）由台北皇冠出版社出版。

[7] 黄英俊（笔名杨剑寒）赴台留学，就读于台湾大学，留学期间曾任台湾大学

现代诗社社长，大学毕业后返回马来西亚。

[8]　李永平小说《日头雨》获"第四届联合报小说奖短篇小说佳作"。

[9]　廖雁平等著《今古几人曾会》（神州文集第五号）由台北皇冠出版社出版。

[10]　刘放随笔集《流放集》由八打灵再也蕉风出版社出版。

[11]　罗正文赴台留学，就读于侨生大学先修班。

[12]　温瑞安等创办《青年中国杂志》，黄昏星任社长，由台北神州出版社出版，共三期：创刊号名为《青年中国》（7月出版），第2号名为《历史中国》（9月出版），第3号名为《文化中国》（11月出版）。

[13]　温瑞安等著《虎山行》（神州文集第七号，最后一期）由台北皇冠出版社出版。

[14]　温瑞安诗集《山河录》由台北时报文化公司出版。

[15]　殷建波（笔名殷乘风）等退出神州诗社。

[16]　殷建波自印诗集《江水悠悠》。

[17]　张瑞星（原名张锦忠）诗集《眼前的诗》由八打灵再也人间出版社出版。

[18]　张贵兴小说《伏虎》获"第二届中国时报文学奖短篇小说优等"。

[19]　周清啸等著《梦断故国山川》（神州文集第四号）由台北皇冠出版社出版。

1980年

[1]　9月26日，温瑞安、方娥真、黄昏星、廖雁平四人被台湾"警备总部"逮捕入狱，黄昏星、廖雁平次日被释放，温瑞安、方娥真则被关了四个月。温瑞安等被捕一个星期后，神州诗社解散。

[2]　陈强华赴台留学，就读于政治大学教育系，大学期间曾担任政治大学校园诗歌社团长廊诗社社长和《长廊诗刊》主编。

[3]　方娥真长篇小说《画天涯》由台北皇冠出版社出版。

[4]　傅承得赴台留学，就读于台湾大学中文系。

[5]　黄建华赴台留学，就读于台湾交通大学土木工程系。

[6]　赖瑞和自台湾大学外文系毕业，留校任助教。

[7]　李有成自台湾大学外文所硕士班毕业，硕士论文 *Saul Bellow's Early Fiction: A Mythopoeic Study*（《索尔·贝娄早期小说的神话研究》），同

年考入台湾大学外文所博士班。

[8] 林绿选集《林绿自选集》由台北黎明文化事业有限公司出版。

[9] 罗正文在侨生大学先修班学习一年后进入台湾大学中文系就读。

[10] 商晚筠二度赴台，就读于台湾大学外文所硕士班。

[11] 王润华《橡胶树》由新加坡泛亚文化公司出版。

[12] 温瑞安散文集《中国人》由台北四季出版社出版。

[13] 殷建波自印散文集《殷建波散文集》。

[14] 张贵兴从台湾师范大学英语系毕业，先在台北某出版社工作两年，后又居留台湾东部乡下从事创作。

[15] 张贵兴短篇小说集《伏虎》由台北时报文化公司出版。

[16] 张贵兴小说《出嫁》获"第三届中国时报文学奖短篇小说佳作"。

1981年

[1] 白垚举家迁居美国。

[2] 方娥真、温瑞安出狱，并被台湾当局驱逐出境，短暂返回马来西亚，后辗转至香港定居。

[3] 黄昏星自政治大学中文系肄业，返回马来西亚，另改笔名李宗舜，先后担任《代理员文摘》主编、《跨世纪季刊》总编辑及马来西亚留台联总行政主任。

[4] 黄玮霜出生于马来西亚柔佛州永平。

[5] 黄雪艳赴台留学，就读于政治大学中文系，大二时加入校园社团兰陵剧坊。

[6] 赖瑞和赴美国普林斯顿大学深造，1986年获史学博士学位，博士论文 *The Military and Defense System under the T'ang Dynasty*（《唐代的军事与防御制度》），毕业后曾任教于香港岭南大学、香港中文大学、马来西亚南方大学学院、台湾清华大学历史研究所等。

[7] 潘雨桐小说《乡关》获"第六届联合报小说奖短篇小说奖"。

[8] 商晚筠因健康原因，3月放弃在台湾大学外文所深造，返回马来西亚。

[9] 王润华诗文集《南洋乡土集》由台北时报文化公司出版。

[10] 王润华散文《天天流血的橡胶树》获"第四届中国时报文学奖推荐奖"。

[11] 王祖安赴台留学，就读于台湾大学外文系。

[12] 张锦忠辞去《学报月刊》及《蕉风》编务，2月赴台，9月进入台湾师范大学英文系就读。

1982年

[1] 潘雨桐小说《烟锁重楼》获"第七届联合报小说奖中篇小说奖"。

[2] 胡兴荣为马来西亚留台联总编撰《留台文学选集》。

[3] 李永平自美国圣路易斯华盛顿大学博士毕业，获比较文学博士学位，博士论文 *Art and World in the Chinese Short Story: San—Yen Collections in the Light of Western Critical Method*（《中国短篇小说中的艺术与境界：以西方批判方法论〈三言〉》），同年返回高雄中山大学外文系任教。

[3] 马尼尼为（本名林婉文）出生于马来西亚柔佛州麻坡。

[4] 薇达出生于马来西亚柔佛州麻坡。

[5] 陈财发（笔名余蓦然）赴台留学，就读于台湾大学中文系。

[6] 张贵兴放弃马来西亚国籍。

[7] 张贵兴散文《血雨》获"第五届中国时报文学奖佳作"。

[9] 张锦忠短篇小说集《白鸟之幻》由人间出版社出版。

[10] 周天派出生于马来西亚槟城。

1983年

[1] 4月1日，《大马青年》杂志创刊，每年出版一期。

[2] 10月25日，旅台大马青年社在台北成立，隶属大马旅台同学总会。

[3] 11月15日，罗正文、张永庆创办《大马新闻杂志》，罗正文任主编，1984年随着罗正文毕业返马，《大马新闻杂志》停刊，前后共出版十六期。

[4] 廖雁平自政治大学哲学系毕业，获哲学学士学位。

[5] 林建国赴台留学，就读于台湾师范大学英语系。

[6] 林金城尊孔独中毕业后赴台留学，就读于台湾成功大学机械工程系。

[7] 陆之骏赴台留学，就读于台湾中国文化大学。

[8] 王润华赴台湾清华大学中文系任客座教授。

[9] 谢明成出生于马来西亚柔佛。

[10] 政治大学大马同学会主办首届大马旅台文学奖,傅承得小说《剧终》获小说主奖,胡兴荣散文《千山之外》获散文主奖。

1984年

[1] 3月4日,大马青年社举办"马华文学工作营",邀请林绿主讲《马华文学的困境》、柏杨主讲《星马文艺谈》,邱郁霖发表《我谈留台文学》的学术报告。

[2] 4月20日,《大马青年》第2期出版。

[3] 陈强华诗集《化妆舞会》由台北大马新闻杂志出版。

[4] 台湾大学大马同学会主办第二届大马旅台文学奖。

[5] 首届和第二届大马旅台文学奖获奖作品合集《千山之外》出版。

[6] 傅承得从台湾大学中文系毕业,返回马来西亚,后进入马来亚大学中文系硕士班就读,曾任教于华文独立中学,参与创办大将书行和大将出版社,并担任社长。

[7] 傅承得诗集《哭城传奇》由台北大马新闻杂志出版。

[8] 黄建华从台湾交通大学土木工程系毕业,返回马来西亚。

[9] 李宜春出生于马来西亚砂捞越诗巫。

[10] 林绿在《大马青年》第2期发表《马华文学的困境》。

[11] 廖雁平获《大马青年》一九八三年度诗歌及散文奖。

[12] 廖雁平返回马来西亚,先后任职于《新生活报》与《中国报》,曾担任《跨世纪季刊》和《现代家庭》主编。

[13] 罗正文诗集《临流的再生》由台北大马新闻杂志出版。

[14] 罗正文从台湾大学中文系毕业,获文学学士学位,返回马来西亚,服务于华文传媒领域,曾任《星洲日报》总主笔。

[15] 潘雨桐小说《何日君再来》获"第九届联合报小说奖短篇小说第三名"。

[16] 王润华获东南亚文学奖。

1985年

[1] 5月，台湾师范大学大马同学会主办的第三届大马旅台现代文学奖揭晓。

[2] 6月，《大马青年》第3期出版。

[3] 8月，祝家华等在槟城理科大学华文学会创办"第一届大专文学奖"。

[4] 10月，《大马青年》第4期出版。

[5] 黄雪艳自政治大学中文系毕业，返回马来西亚。

[6] 林建国编《三宝山的遐思：第三届旅台大马现代文学奖作品专辑》由台北第三届旅台大马现代文学奖委员会出版。

[7] 陌上桑文集《陌上桑自选集》由台北黎明文化事业股份有限公司出版。

[8] 颜永安赴台留学，就读于淡江大学机械系。

[9] 张锦忠自台湾师范大学英语系毕业，返回马来西亚，继续担任《蕉风》编辑。

1986年

[1] 第四届大马旅台现代文学奖揭晓。

[2] 9月，黄锦树赴台留学，就读于台湾大学农艺系，第二年转中文系。

[3] 11月，政治大学大马同学会创办"大马旅台马来文短篇小说翻译大赛"。

[4] 12月《大马青年》第5期出版，内收第四届大马旅台现代文学奖获奖作品。

[5] 李有成自台湾大学外文所博士班毕业，获比较文学博士学位，博士论文 *Textualising the Autobiographical Subject：Description，Narrative，Discourse*（《自传主体的呈现：描述、叙述、论述》）。

[6] 李有成放弃马来西亚国籍。

[7] 李永平小说《吉陵春秋》由台北洪范书店出版，并获"第九届中国时报文学奖小说推荐奖"。

[8] 廖宏强自居銮中华中学毕业后赴台深造，就读于侨生大学先修班。

[9] 王润华文集《王润华自选集》由台北黎明文化事业股份有限公司出版。

[10] 王润华获新加坡政府文化奖。

[11] 王祖安从台湾大学外文系毕业，返回马来西亚，曾任《蕉风》执行编辑、

《星洲日报·文艺春秋》主编。

[12] 张锦忠再度赴台，就读于高雄中山大学外文所硕士班。

1987年

[1] 马来西亚政府采取"茅草行动"。

[2] 方娥真短篇小说集《白衣》由台北林白出版社出版。

[3] 黄琦旺赴台留学，就读于中兴大学中文系，毕业后返回马来西亚，后又赴新加坡大学和复旦大学深造，先后获文学硕士和博士学位，现任教于南方大学学院。

[4] 廖宏强结束在侨大先修班一年学习，进入台湾大学医学院医学系就读。

[5] 李永平放弃马来西亚国籍，并辞去高雄中山大学外文系教职。

[6] 林金城自台湾成功大学机械工程系毕业后返回马来西亚。

[7] 刘国寄赴台留学，就读于台湾大学中文系。

[8] 潘雨桐短篇小说集《因风飞过蔷薇》由台北联合文学出版社出版。

[9] 王润华获台湾"一九八七年中兴文艺奖"。

[10] 张贵兴小说《柯珊的儿女》获"第十届中国时报文学奖中篇小说奖"。

1988年

[1] 3月11日，大马青年社举办"马来西亚留台生面面观"座谈会，就"留台"与"返马"展开讨论。

[2] 4月，第五届大马旅台现代文学奖揭晓。

[3] 7月，《大马青年》第6期出版，内设第五届大马旅台文学奖专辑。

[4] 8月，第二届"大马旅台马来文短篇小说翻译大赛"揭晓。

[5] "第二届华文文学大同世界国际会议：东南亚华文文学"在新加坡召开。

[6] 陈大为赴台留学，先后就读于台湾大学中文系、东吴大学中文所和台湾师范大学"国文"所，获文学学士、硕士和博士学位，大学毕业后留在台湾，现为台北大学中文系教授。

[7] 陈鹏翔在《文讯》第38、39期发表《写实兼写意：星马留台作家初论》。

[8] 方娥真散文集《刚出炉的太阳》由台北合志文化事业公司出版。

[9]　傅承得诗集《赶在风雨之前》由吉隆坡十方出版社出版。

[10]　黄琦旺获得第二届"大马旅台马来文短篇小说翻译大赛"第二名。

[11]　李有成受富尔布莱特基金会资助，赴美国杜克大学访学，师从詹明信教授。

[12]　王润华诗集《山水诗》由八打灵再也蕉风出版社出版。

[13]　王润华散文集《秋叶集》由台北合志文化事业公司出版。

[14]　吴龙川赴台留学，就读于侨生大学先修班。

[15]　曾维宏赴台留学，就读于台湾大学植物系，毕业后返回马来西亚。

[16]　郑良树辞去马来亚大学中文系教职，赴香港大学中文系任教，后转香港中
　　　文大学中文系任教。

[17]　张贵兴小说集《柯珊的儿女》由台北远流出版社出版。

[18]　钟怡雯赴台留学，先后就读于台湾师范大学"国文"系、"国文"所，获文学
　　　学士、硕士和博士学位，大学毕业后留在台湾，现为元智大学中语系教授。

1989年

[1]　4月，第六届大马旅台现代文学奖揭晓。

[2]　7月，《大马青年》第7期出版，内收第六届大马旅台现代文学奖获奖作品。

[3]　11月，台湾大学大马同学会、政治大学大马同学会和台湾师范大学大马同
　　　学会联合举办侨教问题研讨会"从认识到省思"。

[4]　方娥真散文集《何时天亮》由台北皇冠出版社出版。

[5]　黄锦树在台湾大学中文系系刊《新潮》（1961年5月4日创刊）第48期发表
　　　《夹缝中的小草：马华文学的困境》。

[6]　黄暐胜赴台留学，先后就读于台湾大学历史系和法光佛教文化研究所硕士
　　　班，毕业后留在台湾，就职于出版行业。

[7]　李树枝赴台留学，就读于台湾师范大学英语系。

[8]　林惠洲赴台留学，就读于台湾大学中文系，毕业后返回马来西亚。

[9]　林幸谦自马来亚大学中文系毕业后赴台留学，就读于政治大学中文所硕
　　　士班。

[10]　林幸谦散文《赤道线上》同时获"第十二届中国时报文学奖·甄选奖"和
　　　"第六届吴鲁芹散文奖"。

[11] 潘雨桐短篇小说集《昨夜星辰》由台北联合文学出版社出版。

[12] 辛吟松（本名辛金顺）《江山有待》由吉隆坡马来西亚潮州公会联合会出版。

[13] 王润华、白豪士编《东南亚华文文学：第二届华文文学大同世界国际会议论文集》由新加坡作家协会出版。

[14] 吴龙川自侨生大学先修班进入台湾大学动物系就读。

[15] 张贵兴进入台北成渊高中任英语教师。

1990年

[1] 4月，第七届大马旅台现代文学奖揭晓。

[2] 6月，《大马青年》第8期出版，该期发表了黄锦树的《"旅台文学特区"的意义探究》以及黄锦树与彭永强的《被遗忘的星座》，第七届大马旅台现代文学奖获奖作品收入于《大马青年》第8期。

[3] 因大马旅台同学总会中断资金支持，大马青年社被迫解散，《大马青年》杂志也不再有规律地每年出版一期，大马旅台现代文学奖也陷入同样的困境。

[4] 第三届"大马旅台马来文短篇小说翻译大赛"揭晓。

[5] 方娥真小说集《艳恨》由广州花城出版社出版。

[6] 方路自大山脚日新独中毕业后赴台留学，就读于屏东技术学院海青班。

[7] 黄琦旺获得第三届"大马旅台马来文短篇小说翻译大赛"第二名。

[8] 黄锦树在台湾大学中文系系刊《新潮》第49期发表《"马华文学"全称之商榷——初论马来西亚的"华人文学"与"华文文学"》。

[9] 梁金群赴台留学，先后就读于逢甲大学中文系、中研所，获得文学学士和硕士学位，毕业后留在台湾工作，曾任职于台中港区艺术中心、台中晨星出版社，现任台中私立宜宁高中"国文"科教师，已放弃马来西亚国籍。

[10] 林建国应大马青年社之邀发表题为《马华文学研究：理论的建立》的演讲。

[11] 温瑞安诗集《楚汉》由台北尚书出版社出版。

[12] 祝家华从槟城理科大学行政管理系毕业后赴台留学，先后就读于政治大学政治研究所硕士班和博士班，获硕士和博士学位，毕业后返回马来西亚，曾任吉隆坡华社研究中心学术董事、马来西亚南方大学学院校长等。

[13] 张锦忠自高雄中山大学外文所硕士班毕业，获文学硕士学位，并留在中山

大学外文系任教。

1991年

[1] 东南亚华文文学国际学术研讨会在淡江大学召开，林建国在会上发表学术论文《为什么马华文学？》，黄锦树在会上发表学术论文《神州：文化乡愁与内在中国》。

[2] 第八届大马旅台现代文学奖举办。

[3] 陈大为获"台湾新闻报文学奖佳作"。

[4] 方娥真小说集《桃花恨》由广州花城出版社出版。

[5] 黄锦树自台湾大学中文系毕业，就读于淡江大学中文所硕士班。

[6] 黄锦树在《星洲日报·文艺春秋》发表《"马华文学"全称之商榷——初论》

[7] 马来西亚的"华人文学"与"华文文学"》，引发马华文学正名与定位论争。

[8] 刘国寄自台湾大学中文系毕业，返回马来西亚，任教于巴生滨华中学，新世纪后再度赴台深造，就读于彰化师范大学硕士班，2014年硕士毕业，获教育行政硕士学位。

[9] 商晚筠短篇小说集《七色花水》由台北远流出版社出版。

[10] 许裕全赴台留学，就读于成功大学企业管理系。

[11] 杨邦尼赴台留学，被分发到侨生大学先修班学习一年。

[12] 张草赴台留学，被分发到侨生大学先修班学习一年。

[13] 张锦忠进入台湾大学外文所博士班就读。

[14] 张锦忠在《中外文学》发表学术论文《马华文学：离心与隐匿的书写人》，是其个人"在台湾论述马华文学的开始"。

[15] 钟怡雯分别获"第1届花踪文学奖散文奖佳作""台湾新闻报文学奖首奖"和"佳作"。

1992年

[1] 6月，《大马青年》第9期出版，内登第八届旅台现代文学奖主奖作品集以及黄锦树论文《神州：文化乡愁与内在中国》。

[2] 陈大为新诗《尸毗王》获"第十四届联合报文学奖佳作"、新诗《治洪前

书》获"第十五届中国时报文学奖评审奖"。

[3] 陈强华散文集《请把爱情当一回事》由槟城日新独中华文学会出版。

[4] 黄锦树5月28日在《星洲日报·星云》发表《马华文学"经典缺席"》，引发"马华文学经典缺席"论争。

[5] 黄俊麟赴台留学，就读于政治大学中文系。

[6] 李永平长篇小说《海东青：台北的一则寓言》由台北联合文学出版。

[7] 辛吟松（即辛金顺）诗集《风起的时候》和散文集《一笑人间万事》由吉隆坡雨林小站出版。

[8] 辛金顺赴台留学，先后就读于成功大学中文系、中正大学中文所硕士班和博士班，获文学学士、硕士和博士学位，曾任教于中正大学、南华大学，后返回马来西亚，任教于拉曼大学中文系，现已辞去教职。

[9] 杨邦尼进入台湾大学中文系就读，毕业后返回马来西亚，服务于教育行业。

[10] 曾美云赴台留学，就读于侨生大学先修班。

[11] 张草进入台湾大学牙医系就读。

[12] 张贵兴小说集《赛莲之歌》由台北远流出版社出版。

[13] 祝家华散文集《熙攘在人间》由吉隆坡十方出版社出版。

[14] 祝家华报告文学《寻找凤凰城》由吉隆坡佳辉出版社出版。

1993年

[1] 陈大为获台湾"一九九二年度'教育部'文艺奖佳作"。

[2] 陈耀宗（笔名黎耀飞）赴台留学，就读于政治大学英语系，大学期间曾获政治大学道南文学奖散文奖和长廊诗奖。

[3] 淡莹诗集《发上岁月》由新加坡七洋出版社出版。

[4] 邓观杰出生于马来西亚雪兰莪州鹅唛县万挠镇。

[5] 杜忠全赴台留学，就读于台湾中国文化大学中文系。

[6] 方娥真中篇小说《这一生的剑愁》由北京中国友谊出版社出版。

[7] 方路自屏东技术学院海青班毕业，返回马来西亚，服务于媒体行业，担任《星洲日报》高级记者，曾获时报文学奖、海鸥文学奖、大马优秀青年作家奖、杰出潮青文学奖等。

[8] 高嘉谦赴台留学，就读于侨生大学先修班。

[9] 黄锦树小说《落雨的小镇》获"第七届联合文学小说新人奖推荐奖"。

[10] 李树枝从台湾师范大学英语系毕业，第二年返回马来西亚。

[11] 李宗舜诗集《诗人的天空》由吉隆坡代理员文摘出版。

[12] 林建国在《中外文学》发表论文《为什么马华文学？》。

[13] 林幸谦自政治大学中文所毕业，获文学硕士学位，同年秋赴香港中文大学中文所博士班就读，毕业后获哲学博士学位，并居留香港，任教于香港浸会大学中文系，"红楼梦奖"召集人。

[14] 卢姵伊出生于马来西亚。

[15] 潘雨桐获 "第2届花踪文学奖小说推荐奖"。

[16] 王润华获亚细安文化奖。

[17] 曾美云进入台湾师范大学社教系就读。

[18] 钟怡雯获"第五届中央日报文学奖甄选奖""第一届台湾新闻报年度最佳作家奖副奖""一九九二年度'教育部'文艺奖第三名"。

1994年

[1] 陈大为诗集《治洪前书》由台北诗之华出版。

[2] 陈大为获"创世纪四十周年诗创作奖优选奖"。

[3] 方娥真小说集《桃花》由北京中国友谊出版社出版。

[4] 方娥真小说集《花边探案》由北京中国友谊出版社出版。

[5] 高嘉谦由侨生大学先修班学习一年后，进入台湾大学中文系就读，后在暨南国际大学中文所硕士班和政治大学中文所博士班就读，毕业后留在台北，任教于台湾大学中文系。

[6] 黄锦树自淡江大学中文所硕士毕业，硕士论文题为《章太炎语言文字之学的知识（精神）谱系》，赴台北清华大学中文所就读博士班。

[7] 黄锦树小说集《梦与猪与黎明》由台北九歌出版社出版。

[8] 廖宏强自台湾大学医学系毕业，返回马来西亚，目前服务于台湾苗栗大千医院。

[9] 林幸谦获"第十七届中国时报文学奖评审奖"。

[10] 王经意赴台留学，就读于中兴大学法律系，毕业后留在台湾，目前定居于新竹。

[11] 吴龙川自台湾大学动物系毕业，进入中央大学中文所硕士班就读，获文学硕士学位后又进入台湾师范大学"国文"所博士班就读并获文学博士学位，硕士论文《刘逢禄公羊学研究》，博士论文《太极：船山易学乾坤并建理论新探》。

[12] 张贵兴小说集《薛理阳大夫》由台北麦田出版社出版。

1995年

[1] 1月，《大马青年》第10期出版。

[2] 陈大为主编《马华当代诗选（1990—1994）》由台北文史哲出版社出版。

[3] 陈大为分别获"第3届花踪文学奖新诗奖佳作"和"第十七届联合报文学奖第三名"。

[4] 淡莹诗文集《淡莹文集》由厦门鹭江出版社出版。

[5] 傅承得诗集《有梦如刀》由吉隆坡千秋事业社出版。

[6] 黄锦树与林幸谦在《南洋商报·南洋文艺》展开"马华文学与中国性"的论争。

[7] 黄锦树小说《说故事者》获"第十七届联合报文学奖短篇小说佳作"、《鱼骸》获"第十八届中国时报文学奖短篇小说首奖"、《貘》获"幼狮文艺世界华文成长小说奖首奖"。

[8] 黄晖胜在《大马青年》第10期发表《九零年代前期（1990—1994）大马旅台文学的星空》。

[9] 李宗舜、叶明诗合集《风的颜色》由吉隆坡凡人创作坊出版。

[10] 林幸谦《狂欢与破碎——边陲人生与颠覆书写》由台北三民书局出版。

[11] 林幸谦分别获"第3届花踪文学奖散文奖佳作"和"散文推荐奖"。

[12] 木焱宽柔中学毕业后赴台留学，就读于台湾大学化工系，留台期间创办诗歌刊物《台诗歌》。毕业后曾留在台北工作，后因父亲病重返回马来西亚，短暂担任《蕉风》编辑。近年旅居台北，任职石化制造业。

[13] 潘雨桐获"第3届花踪文学奖小说推荐奖"。

[14] 商晚筠去世。

[15] 孙松荣赴台留学，就读于辅仁大学影像传播学系。

[16] 许裕全从成功大学企业管理系毕业，居留台湾地区一年，第二年返回马来西亚。

[17] 张锦忠放弃马来西亚国籍。

[18] 钟怡雯散文集《河宴》由台北三民出版社出版。

[19] 钟怡雯分别获"第3届花踪文学奖散文奖首奖""第一届中央日报海外华文文学奖第一名"、台湾"一九九五年度'新闻局'金鼎奖推荐优良图书"和"一九九四年度'教育部'文艺奖第二名"。

1996年

[1] 4月，第九届大马旅台现代文学奖揭晓，陈耀宗获新诗首奖与散文首奖，陈雪薇、孙松荣和陈伟德获新诗佳作奖，陈雪薇、沈意祥和杨丽芳获散文佳作奖，黄俊麟和莫德厚获小说优等奖，王经意和邱美蓉获小说佳作奖。获奖作品收入于《蕉风》1996年第474期。

[2] 陈大为在《蕉风》第471期发表《从"当代"到诗"选"——〈马华当代诗选（1990—1994）〉》，引发了有关"马华文学视角"与"台湾风味"的文学论争。

[3] 陈大为获"一九九五年度'教育部'文艺奖第一名"。

[4] 龚万辉赴台留学，就读于台湾师范大学美术系，毕业后返回马来西亚，从事写作和绘画。

[5] 黄锦树任教于暨南国际大学中文系。

[6] 黄锦树小说《鱼骸》获"第十四届洪醒夫小说奖"。

[7] 黄锦树论著《马华文学：内在中国、语言与文学史》由吉隆坡华社资料研究中心出版。

[8] 黄俊麟自政治大学中文系毕业，返回马来西亚，服务于新闻界，曾任《学海》编辑、《星洲日报》副刊副主任、《星洲日报·文艺春秋》编辑、《星洲日报·星洲广场》主编，现为《星洲日报》副刊主任。

[9] 罗罗赴台留学，先后就读于高雄中山大学中文系和东华大学创研所。

[10] 刘艺婉赴台留学，就读于高雄中山大学中文系，毕业后返回马来西亚，后又到南京大学中文系硕士班深造，曾任《民间评论》编辑、大将出版社副总经理兼副总编辑。

[11] 马华作协新理事会决定编纂出版《马华当代文学大系》，并于9月19日在《南洋商报》发布"作协文告"，公开向全马文友征稿。黄锦树发表《对于〈马华当代文学大系〉的几点意见》、林建国发表《等待大系》等文章，在马华文坛掀起一股《马华当代文学大系》讨论热潮。

[12] 潘雨桐短篇小说集《静水大雪》由新山彩虹出版公司出版。

[13] 曾美云自台湾师范大学社教系毕业，返回马来西亚。

[14] 张贵兴长篇小说《顽皮家族》由台北联合文学出版社出版。

[15] 钟怡雯主编《马华当代散文选（1990—1995）》由台北文史哲出版社出版。

[16] 钟怡雯获"第八届中央日报文学奖第二名"。

1997年

[1] 陈大为获"第4届花踪文学奖新诗推荐奖"和"第九届中央日报文学奖第二名"。

[2] 陈慧桦转至世新大学任教，创立英语学系。

[3] 陈耀宗6月从政治大学英语系毕业，9月进入台湾师范大学英语研究所硕士班深造，2000年毕业后返回马来西亚，从事文史翻译与编辑工作。

[4] 第十届大马旅台现代文学奖揭晓。

[5] 杜忠全自台湾中国文化大学中文系毕业，返回马来西亚，后进入新加坡国立大学中文系硕士班、马来亚大学中文系博士班就读，现任教于拉曼大学中文系。

[6] 黄锦树小说集《乌暗暝》由台北九歌出版社出版。

[7] 刘国寄获"第4届花踪文学奖小说奖佳作"。

[8] 刘艺婉获"第4届花踪文学奖新秀新诗奖"、台湾地区"全国学生文学奖大专新诗组优选奖"和第十届大马旅台现代文学奖新诗首奖。

[9] 马来西亚留台联总在吉隆坡主办"马华文学国际学术研讨会"，黄锦树在会上发表论文《马华现实主义的实践困境——从方北方的文论及马来亚三部

曲论马华文学的独特性》，引发"马华现实主义的实践困境"论争。

[10] 马华作协与马来亚大学中文系在吉隆坡联合主办"第一届马华文学国际学术研讨会"。

[11] 辛金顺诗集《最后的家园》由台北文史哲出版社出版。

[12] 许裕全、胡金伦同时获"第4届花踪文学奖散文奖佳作"。

[13] 张锦忠自台湾大学外文所博士班毕业，博士论文 *Literary Interference and the Emergence of a Literary Polysystem*（《文学影响与文学复系统之兴起》）。

[14] 张依苹赴台留学，就读于台湾大学中文所硕士班。

[15] 张依苹小说《少女小蕊》由新山彩虹出版公司出版。

[16] 钟怡雯获"第4届花踪文学奖散文推荐奖""第一届华航旅行文学奖优等奖""第十九届联合报文学奖第一名""第二十届中国时报文学奖第一名""第十届梁实秋文学奖第三名"。

1998年

[1] 陈大为诗集《再鸿门》由台北文史哲出版社出版。

[2] 陈大为散文获台湾"一九九七年度'教育部'文艺奖佳作"。

[3] 陈强华诗集《那年我回到马来西亚》由新山彩虹出版公司出版。

[4] 第十一届大马旅台现代文学奖举办。

[5] 胡金伦赴台留学，就读于政治大学中文所硕士班，2002年毕业后留在台湾地区进入出版界，从事华文创作出版，先后任职于麦田出版社、联经出版社和时报出版社，现为时报出版社第一编辑部总编辑。

[6] 黄锦树自台湾清华大学中文所博士班毕业，博士论文《近代国学的起源》。

[7] 黄锦树主编《一水天涯：马华当代小说选》由台北九歌出版社出版。

[8] 黄锦树论著《马华文学与中国性》由台北元尊文化出版。

[9] 李永平长篇小说《朱鸰漫游仙境》由台北联合文学出版。

[10] 林金城摄影散文集《快门速笔》由吉隆坡十方出版社出版。

[11] 潘雨桐短篇小说集《野店》由新山彩虹出版公司出版。

[12] 辛金顺散文获"第一届台湾省文学奖佳作"。

[13] 《星洲日报·尊重民意》"一家课题两家言"专栏推出"马华文学需不需要断奶"专题，刊登观点相左的林建国《大中华我族中心的心理作祟》和陈雪风《华文书写和中国文学的渊源》两文。在报纸的主动"干预"下，"断奶"问题迅速升温，形成了以林建国为代表的"断奶"派和以陈雪风为代表的不需"断奶"派的对峙交锋。

[14] 颜健富赴台留学，先后就读于台湾大学中文系、中文所硕士班和政治大学中文所博士班，2008年博士毕业后留在台湾地区，任教于台湾清华大学中文系。

[15] 张草自台湾大学牙医系毕业，居留台湾四年，2002年返回马来西亚。

[16] 张草小说《云空行》系列由台北皇冠出版社出版。

[17] 张贵兴长篇小说《群象》由台北时报文化公司出版。

[18] 钟怡雯散文集《垂钓睡眠》由台北九歌出版社出版。

[19] 钟怡雯散文分别获"九歌年度散文奖"和"第二届华航旅行文学奖佳作"。

1999年

[1] 南方学院主办"九九马华文学国际学术研讨会"。

[2] "旅台与本土作家跨世纪对谈"座谈会在南方学院举办。

[3] 陈大为散文集《流动的身世》由台北九歌出版社出版。

[4] 陈大为分别获"第5届花踪文学奖散文推荐奖""第十一届中央日报文学奖第一名""第二十一届联合报文学奖第一名""第二届台湾省文学奖佳作""第二十一届联合报文学奖第一名"和"第二十二届中国时报文学奖评审奖"。

[5] 方娥真作品集《满树婴孩绿》《一生剑愁》《桃花》《白衣》《花边探案》由珠海出版社出版。

[6] 黄建华诗集《甘之若饴》由吉隆坡千秋事业社出版。

[7] 李永平小说《吉陵春秋》被《亚洲周刊》遴选为"二十世纪中文小说一百强"。

[8] 廖宏强获"第5届花踪文学奖世界华文小说奖佳作"。

[9] 林金城诗集《假寐持续着》由吉隆坡大将事业社出版。

[10] 林幸谦诗集《诗体的仪式》由台北九歌出版社出版。

[11] 刘国寄获"第5届花踪文学奖小说奖佳作"。

[12] 孙松荣自辅仁大学影像传播学系毕业后，赴法国巴黎第十大学深造，就读于电视、文化与社会研究所硕士班。

[13] 王润华《地球村神话》和《热带雨林与殖民地》由新加坡作协出版。

[14] 许裕全获"第5届花踪文学奖新诗奖佳作"，陈强华获"第5届花踪文学奖新诗推荐奖"。

[15] 颜健富获台湾省"第十七届'全国'学生文学奖"。

[16] 张草小说《北京灭亡》由台北皇冠出版社出版。

[17] 钟怡雯分别获第5届花踪文学奖"散文奖佳作"和"第二十二届中国时报文学奖评审奖"。

[18] 祝家华文集《炉火中的沉思》由雪兰莪大将出版社出版。

2000年

[1] 《大马青年》第11期出版，内设第十一届大马旅台现代文学奖专辑。

[2] 第十二届大马旅台现代文学奖举办。

[3] 陈大为、钟怡雯主编《赤道形声：马华文学读本I》由台北万卷楼出版社出版。

[4] 方娥真散文集《满树婴孩绿》由台北九歌出版社出版。

[5] 黄玮霜赴台留学，先后就读于政治大学金融学系兼中文辅修和东华大学创作与英语文学研究所，毕业后返回马来西亚，曾获政治大学道南文学奖散文首奖和小说佳作、新加坡国际华文散文优胜奖、马来西亚星云文学奖散文优秀奖等。

[6] 李永平进入东华大学英语文学与创作研究所任教。

[7] 施慧敏赴台留学，先后就读于侨生大学先修班、台湾师范大学"国文"系和东华大学中文所硕士班，毕业后返回马来西亚，任教于新纪元学院中文系，曾获海鸥文学奖散文首奖、星云文学奖散文佳作等。

[8] 张草小说《夜凉如水》由台北皇冠出版社出版。

[9] 张草小说《北京灭亡》获"第三届皇冠大众小说奖首奖"。

[10] 张贵兴长篇小说《猴杯》由台北联合文学出版社出版。

[11] 张锦忠在《中外文学》2000年第4期策划"马华文学专号",发表林建国的《方修论》等论文和马华文学作品。

[12] 钟怡雯散文集《听说》由台北九歌出版社出版。

[13] 钟怡雯获台湾省"第四十一届中国文艺奖章"。

2001年

[1] 陈大为诗集《尽是魅影的城国》由台北时报出版公司出版。

[2] 陈大为论著《亚洲中文现代诗的都市书写》由台北万卷楼图书股份有限公司出版。

[3] 陈头头赴台留学,就读于台北艺术大学戏剧研究所硕士班。

[4] 陈耀宗获"第6届花踪文学奖新诗奖首奖"

[5] 龚万辉获"第6届花踪文学奖散文奖首奖"。

[6] 黄锦树小说集《由岛至岛/刻背》由台北麦田出版社出版。

[7] 林幸谦诗集《原诗》由香港天地图书有限公司出版。

[8] 马尼尼为赴台留学,先后就读于台湾师范大学美术系、台湾艺术大学美术所,毕业后留在台湾地区。

[9] 木焱自费出版诗集《秘密写诗》。

[10] 孙松荣自法国巴黎第十大学硕士班毕业,进入本校表演艺术研究所博士班深造。

[11] 辛金顺获"第十三届中央日报文学奖"。

[12] 王润华论著《华文后殖民文学:中国、东南亚的个案研究》由上海学林出版社出版。

[13] 薇达赴台留学,就读于淡江大学,毕业后返回马来西亚,曾获淡江大学五虎岗文学奖新诗组首奖、香港青年文学奖散文组优异奖等。

[14] 张草小说《诸神灭亡》由台北皇冠出版社出版。

[15] 张贵兴长篇小说《我思念的长眠中的南国公主》由台北麦田出版社出版。

[16] 张贵兴小说《猴杯》获"第二十四届中国时报文学奖推荐奖"。

[17] 张依苹从台湾大学中文所毕业,获文学硕士学位,硕士论文《隐喻的流变:杨牧的散文研究(1960—2001)》,毕业后留在台北工作两年,2003年返

回马来西亚，任教于拉曼大学中文系。

[18] 钟怡雯散文集《垂钓睡眠》由四川文艺出版社出版。

[19] 钟怡雯论著《亚洲华文散文的中国图象（1949—1999）》由台北万卷楼图书股份有限公司出版。

[20] 钟怡雯获"第6届花踪文学奖散文推荐奖"和"第十八届吴鲁芹散文奖"。

[21] 周天派赴台留学，进入侨生大学先修班学习一年。

2002年

[1] 傅承得散文集《笑声如雨》由雪兰莪大将出版社出版。

[2] 贺淑芳获"第二十五届中国时报文学奖"短篇小说评审奖及"亚细安青年微型小说首奖"。

[3] 黄锦树、张锦忠等策划的"重写马华文学史学术研讨会"在埔里暨南国际大学举办，张锦忠、黄锦树、庄华兴、林开忠、高嘉谦等参会。

[4] 李永平小说集《雨雪霏霏：婆罗洲童年记事》由台北天下远见出版。

[5] 潘雨桐短篇小说集《河岸传说》由台北麦田出版社出版。

[6] 邢诒旺赴台留学，就读于逢甲大学中文系三年级。

[7] 张永修等编《辣味马华文学：九〇年代马华文学争论性课题文选》由吉隆坡雪兰莪中华大会堂、马来西亚留台联总赞助出版。

[8] 钟怡雯散文集《我和我豢养的宇宙》由台北九歌出版社出版。

[9] 周天派进入高雄中山大学中文系就读。

2003年

[1] 陈大为散文集《句号后面》由台北麦田出版社出版。

[2] 陈慧桦《我想像一头骆驼》由台北万卷楼图书股份有限公司出版。

[3] 陈强华获"第7届花踪文学奖新诗推荐奖"。

[4] 方路获"第7届花踪文学奖散文奖佳作"。

[5] 黄锦树论著《谎言或真理的技艺：当代中文小说论集》由台北麦田出版社出版。

[6] 李永平小说《吉陵春秋》被翻译为英文 *Retribution：The Jiling Chronicles*

由纽约哥伦比亚大学出版社出版。

[7] 李永平小说集《迌迌：李永平自选集（1968—2002）》由台北麦田出版社出版。

[8] 林幸谦获"第7届花踪文学奖散文推荐奖"。

[9] 木焱获台湾"二○○三年度优秀青年诗人奖"。

[10] 商晚筠小说《跳蚤》由马来西亚南方学院出版。

[11] 施慧敏获"第7届花踪文学奖散文首奖"

[12] 王润华受聘台北元智大学中语系教授。

[13] 吴道顺赴台留学，先后就读于暨南国际大学中文系、东华大学中文所硕士
班和台湾大学中文所博士班。

[14] 邢诒旺获"第7届花踪文学奖新诗奖佳作"。

[15] 张草小说《明日灭亡》由台北皇冠出版社出版。

[16] 张锦忠学术论著《南洋论述：马华文学与文化属性》由台北麦田出版社出版。

2004年

[1] "第二届马华文学国际学术研讨会"在山东大学举办。

[2] 陈大为、钟怡雯与胡金伦主编《赤道回声：马华文学读本II》由台北万卷楼
图书股份有限公司出版。

[3] 陈大为论著《诠释的差异：当代马华文学论集》由台北海华文教基金会
出版。

[4] 陈大为论著《亚洲阅读：都市文学与文化（1950—2004）》由台北万卷楼
图书股份有限公司出版。

[5] 陈头头从台北艺术大学戏剧研究所毕业，返回马来西亚，从事诗歌、剧本
和摄影创作。

[6] 方路诗集《伤心的隐喻》由八打灵再也有人出版社出版。

[7] 方路微型小说集《挽歌》由八打灵再也有人出版社出版。

[8] 龚万辉散文获"第二十六届联合报文学奖第一名"。

[9] 贺淑芳赴台留学，就读于政治大学中文所硕士班。

[10] 黄建华诗集《花·时间》由雪兰莪大将出版社出版。

[11] 黄锦树与庄华兴就"国家文学"议题展开论争。

[12] 黄锦树、张锦忠主编《别再提起：马华当代小说选（1997—2003）》由台北麦田出版社出版。

[13] 王经意小说《百年一瞬》获"第四届倪匡科幻奖科幻小说创作首奖"。

[14] 王润华诗文集《榴莲滋味》由台北二鱼文化出版。

[15] 邢诒旺从逢甲大学中文系毕业，返回马来西亚，任教于华文独立中学，现为南方大学学院教师。

[16] 颜健富获台湾省"第二十二届'全国'学生文学奖"。

[17] 张草《很饿》由台北皇冠出版社出版。

[18] 张锦忠编《重写马华文学史论文集》由埔里暨南大学东南亚研究中心出版。

[19] 钟怡雯论著《无尽的追寻：当代散文的诠释与批评》由台北联合文学出版社出版。

2005年

[1] 7月，《大马青年》复刊出版，是为第12期，设有回顾《大马青年》历史的专栏"《大马青年》风雨二十年"，并设第12届大马旅台现代文学奖专辑。

[2] 陈大为诗集《靠近罗摩衍那》由台北九歌出版社出版。

[3] 杜忠全获"第8届花踪文学奖散文推荐奖"。

[4] 方路散文集《单向道》由八打灵再也有人出版社出版。

[5] 龚万辉获"第8届花踪文学奖马华小说奖首奖"。

[6] 黄锦树小说集《土与火》由台北麦田出版社出版。

[7] 黄锦树获"第8届花踪文学奖小说推荐奖"。

[8] 林幸谦获"第8届花踪文学奖新诗推荐奖"。

[9] 王润华《人文山水诗集》由台北万卷楼出版。

[10] 翁菀君获"第8届花踪文学奖马华小说奖佳作"和"散文奖佳作"。

[11] 吴龙川任教于清云科技大学。

[12] 颜健富获"第8届花踪文学奖新诗佳作奖"

[13] 张草《很痛》由台北皇冠出版社出版。

[14] 钟怡雯散文集《漂浮书房》由台北联合文学出版社出版。

[15] 钟怡雯散文集《惊情》由广州花城出版社出版。

[16] 周清啸逝世。

2006年

[1] 陈大为论著《思考的圆周率：马华文学的板块与空间书写》由雪兰莪大将出版社出版。

[2] 陈大为、钟怡雯编《20世纪台湾文学专题1：文学思潮与论战》由台北万卷楼图书股份有限公司出版。

[3] 陈大为、钟怡雯编《20世纪台湾文学专题2：创作类型与主题》由台北万卷楼图书股份有限公司出版。

[4] 陈强华诗集《挖掘保留地》由雪兰莪大将出版社出版。

[5] 龚万辉小说集《隔壁的房间》由台北宝瓶文化事业有限公司出版，并入围2006年开卷十大好书。

[6] 黄锦树、张锦忠编《重写台湾文学史》由台北麦田出版社出版。

[7] 黄锦树论著《文与魂与体：论现代中国性》由台北麦田出版社出版。

[8] 李有成诗集《时间》由台北书林出版社出版。

[9] 廖宏强短篇小说集《被遗忘的武士》由雪兰莪大将出版社出版。

[10] 林金城散文集《知食份子》由雪兰莪大将出版社出版。

[11] 罗罗获联合报第1届怀恩文学奖。

[12] 孙松荣自法国巴黎第十大学表演艺术研究所博士班毕业，获电影学博士学位，返回台湾地区，先后任教于静宜大学和台南艺术大学动画艺术与影像美学研究所，担任专任副教授兼所长，《艺术观点ACT》主编，主要研究领域为现当代华语电影美学、电影与当代艺术，及当代法国电影理论与美学等。

[13] 辛金顺诗歌获"第二十九届中国时报文学奖首奖"。

[14] 辛金顺散文分别获"第一届怀恩文学奖优胜"和"第九届台北文学奖优选"。

[15] 邢诒旺诗集《锈铁时代：邢诒旺诗集（1995—2004）》由雪兰莪大将出版社出版。

[16] 翁菀君赴台留学，就读于台湾大学外文所硕士班，毕业后返回马来西亚。

[17] 吴龙川小说《找死拳法》获"第一届温世仁武侠小说百万大赏首奖"。

[18] 张依苹散文集《吉隆坡手记》由吉隆坡漫延书房出版。

[19] 钟怡雯论著《灵魂的经纬度：马华散文的雨林和心灵图景》由雪兰莪大将出版社出版。

2007年

[1] 白垚诗文集《缕云起于绿草》由八打灵再也大梦书房出版。

[2] 沧海·未知生（吴龙川）小说《找死拳法》由台北明日出版社出版。

[3] 陈大为散文集《火凤燎原的午后》由台北九歌出版社出版。

[4] 陈大为诗文集《方圆五里的听觉》由济南山东文艺出版社出版。

[5] 陈头头（陈燕棣）获"第9届花踪文学奖新诗奖首奖"。

[6] 龚万辉散文集《清晨校车》由台北宝瓶文化事业有限公司出版，并被《星洲日报》读者票选为2007年十大最受欢迎文学类读物。

[7] 龚万辉获"第9届花踪文学奖马华小说奖首奖"和"散文奖佳作"。

[8] 黄锦树放弃马来西亚国籍。

[9] 黄锦树小说集《死在南方》由济南山东文艺出版社出版。

[10] 黄锦树散文集《焚烧》由台北麦田出版社出版。

[11] 李宜春赴台留学，就读于"中央大学"中文所硕士班，毕业后返回马来西亚。

[12] 林金城散文集《十口足责》由雪兰莪大将出版社出版。

[13] 林幸谦诗集《叛徒的亡灵：我的五四诗刻》由台北尔雅出版社出版。

[14] 刘艺婉诗集《不是写给你的（然而你不认为）》由雪兰莪大将出版社出版。

[15] 罗罗从东华大学创研所硕士毕业，返回马来西亚，任教于新纪元学院中文系。

[16] 罗罗获第20届梁实秋文学奖。

[17] 木焱诗集《毛毛之书》由八打灵再也有人出版社出版。

[18] 吴道顺小说《蓝一袜子》获"第二十一届联合文学小说新人奖佳作"。

[19] 吴龙川武侠小说《找死拳法》由台北明日工作室出版社出版。

[20] 谢明成获"台湾诗学十五周年新诗创作奖"。

[21] 辛金顺获"第20届梁实秋文学奖散文优秀奖"。

[22] 邢诒旺诗集《恋歌：七十首十四行与两首长诗》由雪兰莪大将出版社出版。

[23] 许裕全获 "第9届花踪文学奖新诗奖佳作" 和 "散文推荐奖"。

[24] 张草《双城》由台北皇冠出版社出版。

[25] 张贵兴小说《我思念的长眠中的南国公主》被翻译为英文*My South Seas Sleeping Beauty: A Tale of Memory and Longing*由纽约哥伦比亚大学出版社出版。

[26] 钟怡雯散文集《野半岛》由台北联合文学出版社出版。

[27] 钟怡雯散文集《岛屿纪事》由济南山东文艺出版社出版。

[28] 钟怡雯、陈大为编《马华散文史读本1957—2007》由台北万卷楼图书股份有限公司出版。

[29] 周天派从高雄中山大学中文系毕业，进入东华大学创研所硕士班就读，毕业后返回马来西亚，服务于教育行业。

2008年

[1] 陈慧桦《在史坦利公园：人文山水漫游》由台北万卷楼图书股份有限公司出版。

[2] 杜忠全散文集《老槟城·老生活》由雪兰莪大将出版社出版。

[3] 贺淑芳自政治大学中文所硕士班毕业，返回马来西亚。

[4] 贺淑芳小说《夏天的旋风》获 "第三十届联合报文学奖短篇小说评审奖"。

[5] 李有成《在甘地铜像前：我的伦敦札记》由台北允晨出版公司出版。

[6] 李永平长篇小说《大河尽头（上卷）：溯流》由台北麦田出版社出版。

[7] 廖宏强散文集《独立公园的宣言》由八打灵再也有人出版社出版。

[8] 谢明成赴台留学，先后就读于中兴大学中文系和暨南国际大学中文所硕士班。

[9] 谢明成散文获 "第三十一届中国时报文学奖评审奖"。

[10] 辛金顺散文集《月光照不回的路》由九歌出版社出版。

[11] 辛金顺诗歌获 "第十届台北文学奖首奖"。

[12] 许裕全诗歌、散文分别获 "第十届台北文学奖优选"。

[13] 张锦忠、黄锦树、庄华兴编《回到马来亚：华马小说七十年》由雪兰莪大将出版社出版。

[14] 张依苹散文集《哭泣的雨林》由八打灵再也有人出版社出版。

[15] 钟怡雯散文集《阳光如此明媚》由台北九歌出版社出版。

[16] 钟怡雯论著《内敛的抒情》由台北联合文学出版社出版。

2009年

[1] 陈大为论著《马华散文史纵论》由台北万卷楼图书股份有限公司出版。

[2] 陈大为论文集《风格的炼成：亚洲华文文学论集》由台北万卷楼图书股份有限公司出版。

[3] 陈大为论著《中国当代诗史的典律生成与裂变》由台北万卷楼图书股份有限公司出版。

[4] 杜忠全散文集《老槟城路志铭：路名的故事》由雪兰莪大将出版社出版。

[5] 方路诗集《电话亭》由八打灵再也有人出版社出版。

[6] 龚万辉获"第10届花踪文学奖散文奖首奖"。

[7] 李永平自东华大学退休，受聘为该校荣誉教授。

[8] 刘艺婉、傅承得编：《仿佛魔法，让人着迷：动地吟20年纪念文集》和《动地吟朗诵诗选》由雪兰莪大将出版社出版。

[9] 木焱获"第10届花踪文学奖马华文学大奖"和"新诗奖佳作"。

[10] 谢明成获台湾省"二〇〇九年度优秀青年诗人奖"。

[11] 辛金顺诗集《诗图志》《记忆图册》由新山马华文学馆出版。

[12] 邢诒旺诗集《家书》由八打灵再也有人出版社出版。

[13] 许裕全分别获"第十一届台北文学奖佳作"和"第二十二届梁实秋文学奖散文优等奖"。

[14] 王经意小说《杀人者》获"第五届温世仁武侠小说大赏短篇小说首奖"。

[15] 吴道顺获"第10届花踪文学奖马华小说奖首奖"。

[16] 张锦忠论著《关于马华文学》由高雄中山大学文学院出版。

[17] 钟怡雯论著《马华文学史与浪漫传统》由台北万卷楼图书股份有限公司出版。

[18] 钟怡雯论文集《经典的误读与定位：华文文学专题研究》由台北万卷楼图书股份有限公司出版。

2010年

[1] "第三届马华文学国际学术研讨会"在新纪元学院举办。

[2] 《文讯》杂志第294期出版"话神州·忆诗社"专题，共刊登9篇回忆/评论神州诗社的文章：方娥真《一条生路》；黄昏星《因为，没有遗憾》；廖雁平《我与"神州诗社"的因缘》；陈剑谁《遥远的鼓声——回首狂妄神州》；亮轩《神州一梦》；林保淳《"神州"忆往》；秦保夷、宋星亮采访，铁英、周锡三整理《龙游浅水虾味鲜——访温瑞安谈神州诗社与神州事件》；钟怡雯《再论神州——一个人的江湖，华人的宿命》；解昆桦《神州的台北抒情——乡土文学论战时期神州诗社马华诗人诗作风格》。

[3] 陈头头诗集《无法并列的幽灵局部》由八打灵再也有人出版社出版。

[4] 杜忠全散文集《我的老槟城》由八打灵再也有人出版社出版。

[5] 杜忠全散文集《老槟城·老童谣》由雪兰莪大将出版社出版。

[6] 杜忠全文化评论集《岛城的那些事儿》由怡保法雨出版小组出版。

[7] 第3届海鸥文学奖揭晓，刘艺婉、翁菀君和龚万辉分别获诗歌、散文和小说奖。

[8] 黄建华散文集《如果只有一个晚上在吉隆坡》由雪兰莪大将出版社出版。

[9] 李永平长篇小说《大河尽头（下卷）：山》由台北麦田出版社出版。

[10] 李永平小说《吉陵春秋》被翻译为日文由京都人文书院出版。

[11] 李永平《大河尽头（上卷）：溯流》获"第3届红楼梦奖专家推荐奖"。

[12] 罗罗获第11届嘉应散文奖。

[13] 陌上桑在马来西亚家中去世。

[14] 吴龙川辞去清云科技大学教职，专事写作。

[15] 辛金顺《记忆书册》由新山马华文学馆出版。

[16] 杨邦尼散文获"第三十三届中国时报文学奖散文首奖"。

[17] 张草《庖人志》由台北皇冠出版社出版。

[18] 张贵兴小说《群象》被翻译为日文由京都人文书院出版。

[19] 钟怡雯、陈大为主编《马华新诗史读本（1957—2007）》由台北万卷楼图书股份公司出版。

[20] 钟怡雯、陈大为主编《天下散文选》《天下小说选》由台北天下远见出版股份有限公司出版。

2011年

[1] "第二届空间与文学国际学术研讨会——李永平与台湾/马华书写"召开。

[2] 邓观杰赴台留学，在侨生大学先修班学习一年。

[3] 方路获"第11届花踪文学奖新诗奖评审奖"。

[4] 傅承得文集《分明：傅承得散文自选集》由台北秀威资讯科技股份有限公司出版。

[5] 龚万辉获"第11届花踪文学奖小说奖评审奖"和"散文奖首奖"。

[6] 黄玮霜长篇小说《母墟》由八打灵再也有人出版社出版。

[7] 李永平小说《大河尽头（下卷）：山》获"台北国际书展大奖·小说类"和"第三十五届金鼎奖图书类文学奖"。

[8] 李宗舜诗集《笨珍海岸》由台北秀威资讯科技股份有限公司出版。

[9] 李宗舜、周清啸、廖雁平诗合集《风依然狂烈》由八打灵再也有人出版社出版。

[10] 梁金群获第二届客家桐花文学奖短篇小说类佳作。

[11] 卢姵伊赴台留学，就读于侨生大学先修班。

[12] 罗罗获马来西亚华文文学创作奖。

[13] 木焱诗集《我曾朗诵你》由吉隆坡星洲日报出版。

[14] 辛金顺《说话》由八打灵再也有人出版社出版。

[15] 邢诒旺诗集《盐：短诗和现代俳句集》由八打灵再也有人出版社出版。

[16] 许裕全散文集《山神水魅》由雪兰莪大将出版社出版。

[17] 许裕全获"第11届花踪文学奖小说奖首奖"。

[18] 张锦忠学术论著《马来西亚华语语系文学》由八打灵再也有人出版社出版。

[19] 张依苹文集《哭泣的雨林》由台北秀威资讯科技股份有限公司出版，内收小说、散文、诗歌和剧本。

[20] 钟怡雯文集《钟怡雯精选集》由台北九歌出版社出版。

2012年

[1] "第四届马华文学国际学术研讨会"在马来亚大学举办。

[2] 陈大为散文集《木部十二画》由台北九歌出版社出版。

[3] 陈大为论著《最年轻的麒麟——马华文学在台湾（1963—2012）》由台南台湾文学馆出版。

[4] 邓观杰进入台湾大学中文系就读。

[5] 龚万辉小说集《卵生年代》由八打灵再也有人出版社出版。

[6] 龚万辉被《联合文学》杂志评选为20位40岁以下最受期待的华文小说家之一。

[7] 贺淑芳小说集《迷宫毯子》由台北宝瓶文化事业有限公司出版。

[8] 黄锦树《马华文学与中国性》（增订版）由台北麦田出版社出版。

[9] 黄锦树硕士论文《章太炎语言文字之学的知识（精神）系谱》由新北花木兰文化出版社出版。

[10] 黄玮霜长篇小说《母墟》由台北宝瓶文化事业有限公司再版。

[11] 李永平长篇小说《大河尽头》（上、下卷）由上海人民出版社出版。

[12] 李宗舜文集《乌托邦幻灭王国：黄昏星在神州诗社的岁月》由台北秀威资讯科技股份有限公司出版。

[13] 廖宏强散文集《我是急诊人》由台北酿出版出版。

[14] 廖宏强短篇小说集《皮影》由雪兰莪大将出版社出版。

[15] 廖宏强短篇小说集《Y教授》由雪兰莪大将出版社出版，同年该小说集获"拿督林庆金JP文学出版奖"。

[16] 卢姵伊在侨生大学先修班学习一年后，进入高雄中山大学中文系，毕业后返回马来西亚，曾获海鸥青年文学奖等。

[17] 罗罗诗集《诗在逃亡》获"拿督林庆金JP文学出版奖"。

[18] 木焱散文集《听写诗人》由台北酿出版出版。

[19] 木焱诗集《带着里尔克的肖像流浪》由台北酿出版出版。

[20] 王润华重返马来西亚，担任马来西亚南方大学学院资深副校长。

[21] 王润华英语诗集*The New Village*由新加坡Ethos Books出版社出版。

[22] 辛金顺论著《秘响交音：华语语系文学论集》由台北新锐文创出版。

[23] 邢诒旺诗集《螺旋终站：邢诒旺短诗集》由雪兰莪大将出版社出版。

[24] 邢诒旺诗集《法利赛恋曲：邢诒旺诗集》由台北酿出版出版。

[25] 许裕全散文集《从大丽花到兰花》由雪兰莪大将出版社出版。

[26] 钟怡雯散文集《河宴》由台北三民书局出版。

[27] 钟怡雯在《联合报》10月7日发表《神话不再》，揭露2010年时报文学奖散文奖得奖文章是"虚构"，文章发表后，该散文奖获奖作者、马华留台作家杨邦尼撰文反击，引发一场关于散文虚构问题以及艾滋病隐私问题的大讨论。

2013年

[1] 陈强华被爆诗歌抄袭。

[2] 邓观杰获"第12届花踪文学奖新秀小说奖"

[3] 傅承得散文集《得意》由雪兰莪大将出版社出版。

[4] 龚万辉小说集《卵生年代》由台北宝瓶文化事业有限公司出版。

[5] 龚万辉获"第12届花踪文学奖散文评审奖"。

[6] 黄锦树小说集《南洋人民共和国备忘录》由台北联经出版公司出版。

[7] 黄锦树、黄俊麟、张锦忠主编《故事总要开始：马华当代小说选（2004—2012）》由台北宝瓶文化事业有限公司出版。

[8] 黄玮霜获"第12届花踪文学奖小说评审奖"。

[9] 李有成散文集《在甘地铜像前：我的伦敦札记》由杭州浙江大学出版社再版。

[10] 李宗舜诗集《逆风的年华》由八打灵再也有人出版社出版。

[11] 林金城散文集《味觉散步》由雪兰莪大将出版社出版。

[12] 马尼尼为散文集《带着你的杂质发亮》由新北小小创意有限公司出版，该书入围2013年开卷好书奖及法兰克福书展台湾馆选书。

[13] 谢明成获大马青年文学奖。

[14] 辛金顺诗集《在远方》由八打灵再也有人出版社出版。

[15] 邢诒旺诗集《副词》出版。

[16] 许裕全获"第12届花踪文学奖报告文学首奖"和"新诗评审奖"。

[17] 杨邦尼散文集《古来河那边》由雪兰莪大将出版社出版。

[18] 张贵兴短篇小说集《沙龙祖母》由台北联经出版事业股份有限公司出版。

2014年

[1] 陈大为诗选《巫术掌纹：陈大为诗选（1992—2013）》由台北联经出版事业股份有限公司出版。

[2] 杜忠全散文集《山水槟城》由雪兰莪大将出版社出版。

[3] 高嘉谦论著《国族与历史的隐喻——近现代武侠传奇的精神史考察（1895—1949）》由台北花木兰出版社出版。

[4] 贺淑芳小说集《湖面如镜》由台北宝瓶文化事业股份有限公司出版。

[5] 黄锦树小说集《火，与危险事物：黄锦树马共小说选》由八打灵再也有人出版社出版。

[6] 黄锦树小说集《犹见扶余》由台北麦田出版社出版。

[7] 黄锦树、张锦忠、李宗舜主编《我们留台那些年》由八打灵再也有人出版社出版。

[8] 李永平《大河尽头》获"第3届中山杯华侨华人文学奖评委会大奖"。

[9] 李宗舜诗集《李宗舜诗选I》和《风夜赶路》由台北秀威资讯科技股份有限公司出版。

[10] 李宗舜诗集《四月风雨》由八打灵再也有人出版社出版。

[11] 李宗舜散文集《十月凉风》由台北秀威资讯科技股份有限公司出版。

[12] 廖宏强散文集《病患奇谈：行医妙事一箩筐》由台北酿出版出版。

[13] 罗罗小说《雨茧》获香港第40届青年文学奖小小说首奖。

[14] 罗罗获第6届海鸥年度散文奖。

[15] 施慧敏再度赴台深造，就读于政治大学中文所博士班，毕业后留在台湾地区，任教于政治大学中文系。

[16] 王润华诗集《重返诗抄》由新山南方大学学院出版。

[17] 王润华获第三届南洋华文文学奖。

[18] 许裕全诗集《菩萨难写》由雪兰莪大将出版社出版。

[19] 钟怡雯散文集《麻雀树》由台北九歌出版社出版。

2015年

[1] 广州暨南大学文学院和埔里暨南国际大学文学院共同主办"跨域：马华文学国际学术研讨会"在广州召开，王列耀、黄万华、张锦忠、黄锦树、许文荣、庄华兴、林春美、张永修、李树枝、詹闵旭、刘淑贞、龙杨志、温明明等参会。

[2] 白垚在美国去世。

[3] 龚万辉获"第13届花踪文学奖散文评审奖"。

[4] 贺淑芳获"九歌年度小说奖"。

[5] 黄锦树小说集《鱼》由台北印刻文学生活杂志出版有限公司出版。

[6] 黄锦树散文集《火笑了》由台北麦田出版社出版。

[7] 黄锦树论文集《华文小文学的马来西亚个案》由台北麦田出版社出版。

[8] 黄锦树论文集《注释南方——马华文学短论集》由八打灵再也有人出版社出版。

[9] 黄锦树获"第13届花踪文学奖马华文学大奖"。

[10] 李树枝、辛金顺编《时代、典律、本土性：马华现代诗论述》由拉曼大学中华研究中心出版。

[11] 李永平长篇小说《朱鸰书》由台北麦田出版社出版。

[12] 李永平获台湾省"第十九届'国家'文艺奖"。

[13] 李宗舜诗集《伤心厨房》由吉隆坡有加出版社出版。

[14] 刘艺婉诗集《我用生命成就一首政治诗》由吉隆坡月树出版公司出版。

[15] 马尼尼为散文集《我不是生来当母亲的》由新北小小创意有限公司出版。

[16] 木焱诗集《晚安台北》由台北酿出版出版。

[17] 薇达散文集《时间会告诉我的》由台北酿出版出版。

[18] 吴道顺小说《尼普顿手记》由吉隆坡红蜻蜓出版有限公司出版。

[19] 辛金顺诗集《时光》由八打灵再也有人出版社出版。

[20] 许裕全获"第13届花踪文学奖小说首奖""散文评审奖"和"报告文学首奖"。

[21] 张草长篇小说《双城奇谭》由台北九州出版社出版。

[22] 张锦忠《时光如此遥远——随笔马华文学》由八打灵再也有人出版社出版。

[23] 钟怡雯散文集《揾日子》由南京江苏凤凰文艺出版社。

2016年

[1] 白垚作品集《缕云前书》（上下册）由八打灵再也有人出版社出版。

[2] 邓观杰从台湾大学中文系毕业，留在台北工作，后进入政治大学中文所硕士班深造。

[3] 高雄中山大学人文研究中心举办"三年八个月：太平洋战争与马来西亚文学"国际学术研讨会，李有成、张锦忠、黄锦树、黄英哲、龙杨志、温明明等参会。

[4] 拉曼大学中华研究中心主办"文学、传播与影响：《蕉风》与马华现代主义文学思潮"国际学术研讨会，李有成、张锦忠、林建国、李宗舜、林春美、龙杨志、温明明等参会。

[5] 马来亚大学中文系主办"马华文学高峰会：李永平V.S.黎紫书"。

[6] 方路诗选《方路诗选：1993—2013.I》由八打灵再也有人出版社出版。

[7] 高嘉谦论著《遗民、疆界与现代性：汉诗的南方离散与抒情（1895—1945）》由台北联经出版社出版。

[8] 黄锦树与林韦地就七年级/八字辈有没有马华文学论述能力展开论争。

[9] 黄锦树小说集《雨》由台北宝瓶文化事业股份有限公司出版。

[10] 黄锦树论著《论尝试文》由台北麦田出版社出版。

[11] 黄锦树小说《归来》获第四届郁达夫小说奖短篇小说提名奖。

[12] 李永平《朱鸰书》获"第四十届金鼎奖图书类文学奖"。

[13] 李永平获"第六届全球华文文学星云奖贡献奖"。

[14] 李有成《诗的回忆及其他》由八打灵再也有人出版社出版。

[15] 李宜春获第一届海鸥青年文学奖散文评审奖。

[16] 李宗舜诗集《李宗舜诗选II（1996—2012）》由吉隆坡有加出版社出版。

[17] 李宗舜诗集《香蕉戏码》由八打灵再也有人出版社出版。

[18] 梁金群散文集《热带女子迷航志》由台北尔雅出版社出版。

[19] 刘放散文集《鸟语鸟话》由居銮大河文化出版社出版。

[20] 陆之骏诗集《不等：陆之骏诗集》由台北酿出版社出版。

[21] 罗罗再度赴台深造，就读于"中央大学"中文所博士班，读博期间在"中央大学"及静宜大学中文系兼任教职。

[22] 马尼尼为"隐晦家庭绘本三部曲"——《海的旅馆》《老人脸猫》《After》由台北南方家园出版社出版。

[23] 木焱诗集《毛毛之书》由台北酿出版再版。

[24] 翁菀君散文集《月亮背面》由八打灵再也有人出版社出版。

[25] 辛金顺诗集《诗/画：对话》由台北秀威资讯科技股份有限公司出版。

[26] 邢诒旺诗集《行行：邢诒旺诗集》由居銮大河出版社出版。

[27] 许裕全散文集《猪头负二代》由雪兰莪大将出版社出版。

[28] 许裕全散文集《猪头皮痒》由雪兰莪大将出版社出版。

[29] 郑良树在马来西亚新山去世。

[30] 钟怡雯论著《雄辩风景：当代散文论I》和《后土绘测：当代散文论II》由台北联经出版事业股份有限公司出版。

[31] 周唤去世。

2017年

[1] 邓观杰小说《哥斯拉与小镇的婚丧嫁娶》获第六届"全球华文青年文学奖短篇小说冠军"

[2] 方路小说集《我是佛：奈米小说》由八打灵再也有人出版社出版。

[3] 封德屏主编《见山又是山——李永平追思纪念会暨文学展特刊》由台北文讯杂志社出版。

[4] 高嘉谦编《见山又是山：李永平研究》由台北麦田出版社出版。

[5] 黄琦旺散文集《褪色》由新山南方大学学院出版社出版。

[6] 李永平在台北逝世。

[7] 卢姵伊散文集《时光密室》由八打灵再也有人出版社出版。

[8] 陆之骏散文集《陆之骏饮食随笔》由台北秀威信息科技股份有限公司出版。

[9] 罗罗散文集《马来貘》由居銮大河文化出版社出版。

[10] 马尼尼为诗集《我们明天再说话》由台北南方家园出版社出版。

[11] 薇达短篇小说集《刹那芳华》由八打灵再也有人出版社出版。

[12] 辛金顺散文集《家国之幻》由八打灵再也有人出版社出版。

[13] 辛金顺主编《母音阶：大山脚作家文学作品选集（1957—2016）》由八打灵再也有人出版社出版。

[14] 邢诒旺诗集《背景音乐》由新山南方大学学院出版社出版。

[15] 许裕全短篇小说集《女儿鱼》由雪兰莪大将出版社出版。

[16] 钟怡雯、陈大为主编《玄天在上：新世纪大众小说研究论集》《厚土在下：当代中国乡土小说研究论集》由桃园元智大学中国语文学系出版。

2018年

[1] "马华文学、亚际文化与思想"论坛在高雄中山大学召开，张锦忠主办，黄锦树、庄华兴、林春美、高嘉谦等参会。

[2] 邓观杰小说《乐园》获政治大学"道南文学奖小说首奖"和"二〇一八印刻超新星文学奖小说首奖"。

[3] 杜忠全散文集《老槟城老生活》由台北崧博文化事业有限公司出版。

[4] 杜忠全散文集《老槟城的娱乐风华》由台北崧博文化事业有限公司出版。

[5] 方路诗集《半岛歌手》由八打灵再也阿里路路出版。

[6] 方路散文集《火蛋糕》由八打灵再也阿里路路出版。

[7] 方路微型小说集《白蹄狗》由八打灵再也阿里路路出版。

[8] 黄锦树小说集《雨》由四川人民出版社出版。

[9] 黄锦树《雨》获第一届"北京大学王默人–周安仪世界华文文学奖"。

[10] 李永平遗作《新侠女图》由台北麦田出版社出版。

[11] 李永平小说集《婆罗洲之子与拉子妇》由台北麦田出版社出版。

[12] 李有成诗集《迷路蝴蝶》由台北联经出版社出版。

[13] 廖宏强、张永庆、陈亚才主编《我们返马这些年》由居銮大河文化出版社出版。

[14] 马尼尼为散文集《没有大路》由台北启明出版事业股份有限公司出版。

[15] 薇达短篇小说集《边境》由八打灵再也有人出版社出版。

[16] 翁菀君散文集《文字烧》由八打灵再也有人出版社出版。

[17] 辛金顺作品集《词语》由八打灵再也有人出版社出版。

[18] 辛金顺主编《马华截句选》由台北秀威资讯科技股份有限公司出版。

[19] 张贵兴长篇小说《野猪渡河》由新北联经出版社出版。

2019年

[1] 5月13—14日，高雄中山大学人文研究中心举办"后五一三马来西亚文学与文化表述国际学术研讨会"。

[2] 陈大为论文选《马华文学批评大系：陈大为》由桃园元智大学中国语文学系出版。

[3] 陈大为、钟怡雯主编《华文文学百年选·壹（马华卷·散文）》由台北九歌出版社出版。

[4] 陈大为、钟怡雯主编《华文文学百年选·贰（马华卷·小说新诗）》由台北九歌出版社出版。

[5] 陈鹏翔论文选《马华文学批评大系：陈鹏翔》由桃园元智大学中国语文学系出版。

[6] 高嘉谦论文选《马华文学批评大系：高嘉谦》由桃园元智大学中国语文学系出版。

[7] 贺淑芳小说集《湖面如镜》被翻译成英文*Lake Like A Mirror*在英国出版。

[8] 黄锦树小说集《民国的慢船》由八打灵再也有人出版社出版。

[9] 黄锦树文集《时差的赠礼》由台北麦田出版社出版。

[10] 黄锦树论文选《马华文学批评大系：黄锦树》由桃园元智大学中国语文学系出版。

[11] 李有成论文选《马华文学批评大系：李有成》由桃园元智大学中国语文学系出版。

[12] 李宗舜诗集《擦身而过：李宗舜双语诗选》由台北秀威资讯科技股份有限公司出版。

[13] 李宜春散文集《散散步》由八打灵再也有人出版社出版。

[14] 林建国论文选《马华文学批评大系：林建国》由桃园元智大学中国语文学系出版。

[15] 林幸谦散文集《灵/性签》由北京作家出版社出版。

[16] 刘放散文集《与智者愚者同行》由居銮大河文化出版社出版。

[17] 马尼尼为诗集《我和那个叫猫的少年睡过了》由台北启明出版事业股份有限公司出版。

[18] 马尼尼为诗集《我现在是狗》由台北斑马线文库有限公司出版。

[19] 薇达短篇小说集《荒废》由八打灵再也有人出版社出版。

[20] 魏月萍论文选《马华文学批评大系：魏月萍》由桃园元智大学中国语文学系出版。

[21] 吴龙川散文集《银河树》由台北秀威资讯科技有限公司出版。

[22] 吴龙川诗集《仿佛，一群字体在遗书里活着》由台北秀威资讯科技有限公司出版。

[23] 张草长篇小说《云空行（二）》由台北皇冠出版社出版。

[24] 张贵兴长篇小说《猴杯》由新北联经出版社再版。

[25] 张锦忠小说集《壁虎》由八打灵再也有人出版社出版。

[26] 张锦忠诗集《像河那样他是自己的静默：张锦忠诗集》由雪兰莪大将出版社出版。

[27] 张锦忠论文选《马华文学批评大系：张锦忠》由桃园元智大学中国语文学系出版。

[28] 周天派获"第三届周梦蝶诗奖"。

[29] 钟怡雯论文选《马华文学批评大系·钟怡雯》由桃园元智大学中国语文学系出版。

2020年

[1] 贺淑芳受聘担任台北艺术大学专任教师。

[2] 贺淑芳小说集《湖面如镜》由北京中国友谊出版公司再版。

[3] 黄锦树小说集《乌暗暝》由上海文艺出版社出版。

[4] 梁金群散文集《野村少女：马来西亚新村生活随笔》由台北季风带文化有限公司出版。

[5] 马尼尼为诗集《帮我换药》由台北黑眼睛文化出版社出版。

[6] 马尼尼为获OPENBOOK好书奖。

[7] 麦留芳诗集《鸟的恋情》由高雄中山大学出版社出版。

[8] 王润华、许通元、钟怡慧主编《从婆罗洲到世界华文文学：李永平的文学行旅》由新山南方大学出版社出版。

[9] 辛金顺短篇小说《斗鸡》获"第十六届滇池文学奖·年度最佳东南亚华文文学奖"。

[10] 张贵兴长篇小说《猴杯》由四川人民出版社再版。

[11] 张贵兴小说《野猪渡河》获第八届"红楼梦奖：世界华文长篇小说奖首奖"和第七届"联合报文学大奖"。

[12] 周天派诗集《岛屿派》由台北麦田出版社出版。

[13] 钟怡雯散文集《河宴》由台北三民书局再版。

2021年

[1] 邓观杰从政治大学中文所硕士班毕业，硕士论文《华文现代主义的旅行与变貌》，留在台北工作，曾任《文讯》杂志编辑，现为台北Youtuber团队企划。

[2] 邓观杰小说集《废墟的故事》由台北双喜出版公司出版，同年入选"《亚洲周刊》2021年十大小说"。

[3] 方路获第四届方修文学奖诗歌推荐奖。

[4] 黄锦树小说集《大象死去的河边》由台北麦田出版社出版。

[5] 黄玮霜短篇小说《恶堵》获"第十七届滇池文学奖·年度最佳东南亚华文文学奖"。

[6] 陆之骏逝世。

[7] 马尼尼为散文集《我的美术系少年》由台北斑马线文库有限公司出版。

[8] 马尼尼为获钟肇政文学奖散文正奖、金鼎奖文学图书奖。

[9] 谢明成获第四届方修文学奖散文优秀奖。

[10] 辛金顺获第四届方修文学奖诗歌特优奖。

[11] 张贵兴小说《赛莲之歌》和《野猪渡河》由四川人民出版社再版。

2022年

[1] 邓观杰小说集《故事的废墟》由北京联合出版公司出版。

[2] 杜晋轩作品集《北漂台湾》由台北麦田出版社出版，该书是第一部尝试全面讲述近七十年来马来西亚人到中国台湾地区的流动移民史。

[3] 龚万辉长篇小说《人工少女》由八打灵再也有人出版社出版。

[4] 龚万辉短篇小说《猫语》获"第十八届滇池文学奖·年度最佳东南亚华文文学奖"。

[5] 龚万辉短篇小说《猫语》进入第七届郁达夫小说奖候选篇目。

[6] 赖瑞和去世。

[7] 张贵兴长篇小说《鳄眼晨曦》由台北时报文化出版企业股份有限公司出版。

[8] 张锦忠随笔集《查尔斯河畔的雁声：随笔马华文学二集》由八打灵再也有人出版社出版。

参考文献

一、文学作品（选）

[1] 白垚：《缕云起于绿草》，八打灵再也：大梦书房，2007年。

[2] 白垚：《缕云前书》（上下册），八打灵再也：有人出版社，2016年。

[3] 毕洛：《梦季·银色马》，台北：布榖诗社，1966年。

[4] 沧海·未知生（吴龙川）：《找死拳法》，台北：明日出版社，2007年。

[5] 陈大为：《治洪前书》，台北：诗之华，1994年。

[6] 陈大为主编：《马华当代诗选（1990—1994）》，台北：文史哲出版社，
    1995年。

[7] 陈大为：《再鸿门》，台北：文史哲出版社，1998年。

[8] 陈大为：《流动的身世》，台北：九歌出版社，1999年。

[9] 陈大为、钟怡雯主编：《赤道形声》，台北：万卷楼图书股份有限公司，
    2000年。

[10] 陈大为：《尽是魅影的城国》，台北：时报文化出版社，2001年。

[11] 陈大为：《句号后面》，台北：麦田出版社，2003年。

[12] 陈大为：《靠近罗摩衍那》，台北：九歌出版社，2005年。

[13] 陈大为：《火凤燎原的午后》，台北：九歌出版社，2007年。

[14] 陈大为：《方圆五里的听觉》，济南：山东文艺出版社，2007年。

[15] 陈大为：《木部十二画》，台北：九歌出版社，2012年。

[16] 陈大为：《巫术掌纹：陈大为诗选（1992—2013）》，台北：联经出版事业
    股份有限公司，2014年。

[17] 陈大为、钟怡雯编：《华文文学百年选·壹（马华卷·散文）》，台北：九歌出版社，2019年。

[18] 陈大为、钟怡雯编：《华文文学百年选·贰（马华卷·小说新诗）》，台北：九歌出版社，2019年。

[19] 陈头头：《无法并列的幽灵局部》，八打灵再也：有人出版社，2010年。

[20] 陈慧桦：《多角城》，台北：星座诗社，1968年。

[21] 陈慧桦：《板歌》，台北：兰台出版社，1973年。

[22] 陈慧桦：《云想与山茶》，台北："国家图书馆"，1976年。

[23] 陈慧桦：《我想像一头骆驼》，台北：万卷楼图书股份有限公司，2002年。

[24] 陈慧桦：《在史坦利公园：人文山水漫游》，台北：万卷楼图书股份有限公司，2008年。

[25] 陈强华：《烟雨月》，大山脚：棕榈出版社，1979年。

[26] 陈强华：《化妆舞会》，台北：大马新闻杂志，1984年。

[27] 陈强华：《请把爱情当一回事》，槟城：日新独中华文学会，1992年。

[28] 陈强华：《那年我回到马来西亚》，新山：彩虹出版公司，1998年。

[29] 陈强华：《挖掘保留地》，雪兰莪：大将出版社，2006年。

[30] 陈剑谁等：《一时多少豪杰》（神州文集第三号），台北：皇冠出版社，1979年。

[31] 淡莹：《千万遍阳关》，台北：星座诗社，1966年。

[32] 淡莹：《单人道》，台北：星座诗社，1968年。

[33] 淡莹：《太极拳谱》，新加坡：教育出版社，1979年。

[34] 淡莹：《发上岁月》，新加坡：七洋出版社，1993年。

[35] 淡莹：《淡莹文集》，厦门：鹭江出版社，1995年。

[36] 邓观杰：《废墟的故事》，台北：双喜出版公司，2021年。

[37] 邓观杰：《故事的废墟》，北京：北京联合出版公司，2022年。

[38] 杜忠全：《老槟城，老生活》，雪兰莪：大将出版社，2008年。

[39] 杜忠全：《老槟城路志铭：路名的故事》，雪兰莪：大将出版社，2009年。

[40] 杜忠全：《我的老槟城》，八打灵再也：有人出版社，2010年。

[41] 杜忠全：《老槟城·老童谣》，雪兰莪：大将出版社，2010年。

[42] 杜忠全：《岛城的那些事儿》，怡保：法雨出版小组，2010年。

[43] 杜忠全：《山水槟城》，雪兰莪：大将出版社，2014年。

[44] 杜忠全：《老槟城老生活》，台北：崧博文化事业有限公司，2018年。

[45] 杜忠全：《老槟城的娱乐风华》，台北：崧博文化事业有限，2018年。

[46] 杜晋轩：《北漂台湾》，台北：麦田出版社，2022年。

[47] 方娥真：《峨眉赋》，台北：四季出版社，1977年。

[48] 方娥真：《重楼飞雪》，台北：源成出版社，1977年。

[49] 方娥真：《日子正当少女》，台南：长河出版社，1978年。

[50] 方娥真等：《踏破贺兰山缺》（神州文集第二号），台北：皇冠出版社，1978年。

[51] 方娥真：《画天涯》，台北：皇冠出版社，1980年。

[52] 方娥真：《白衣》，台北：林白出版社，1987年。

[53] 方娥真：《刚出炉的太阳》，台北：合志文化事业公司，1988年。

[54] 方娥真：《何时天亮》，台北：皇冠出版社，1989年。

[55] 方娥真：《艳恨》，广州：花城出版社，1990年。

[56] 方娥真：《桃花恨》，广州：花城出版社，1991年。

[57] 方娥真：《这一生的剑愁》，北京：中国友谊出版社，1993年。

[58] 方娥真：《桃花》，北京：中国友谊出版社，1994年。

[59] 方娥真：《花边探案》，北京：中国友谊出版社，1994年。

[60] 方娥真作品集（《满树婴孩绿》《一生剑愁》《桃花》《白衣》《花边探案》），珠海：珠海出版社，1999年。

[61] 方路：《伤心的隐喻》，八打灵再也：有人出版社，2004年。

[62] 方路：《挽歌》，八打灵再也：有人出版社，2004年。

[63] 方路：《单向道》，八打灵再也：有人出版社，2005年。

[64] 方路：《电话亭》，八打灵再也：有人出版社，2009年。

[65] 方路：《方路诗选：1993—2013.I》，八打灵再也：有人出版社，2016年。

[66] 方路：《我是佛：奈米小说》，八打灵再也：有人出版社，2017年。

[67] 方路：《半岛歌手》，八打灵再也：阿里路路，2018年。

[68] 方路：《火蛋糕》，八打灵再也：阿里路路，2018年。

[69] 方路：《白蹄狗》，八打灵再也：阿里路路，2018年。

[70] 傅承得：《哭城传奇》，台北：大马新闻杂志，1984年。

[71] 傅承得：《赶在风雨之前》，吉隆坡：十方出版社，1988年。

[72] 傅承得：《有梦如刀》吉隆坡：千秋事业社，1995年。

[73] 傅承得：《笑声如雨》，雪兰莪：大将出版社，2002年。

[74] 傅承得：《分明：傅承得散文自选集》，台北：秀威资讯科技股份有限公司，2011年。

[75] 傅承得：《得意》，雪兰莪：大将出版社，2013年。

[76] 龚万辉：《隔壁的房间》，台北：宝瓶文化事业有限公司，2006年。

[77] 龚万辉：《清晨校车》，台北：宝瓶文化事业有限公司，2007年。

[78] 龚万辉：《卵生年代》，八打灵再也：有人出版社，2012年。

[79] 龚万辉：《人工少女》，八打灵再也：有人出版社，2022年。

[80] 贺淑芳：《迷宫毯子》，台北：宝瓶文化事业有限公司，2012年。

[81] 贺淑芳：《湖面如镜》，台北：宝瓶文化事业股份有限公司，2014年。

[82] 洪流文：《八月的火焰眼》，台北：星座诗社，1966年。

[83] 黄怀云：《流云的梦》，台北：纵横诗社，1963年。

[84] 黄昏星、周清啸：《两岸灯火》，台北：神州诗社，1978年。

[85] 黄昏星、周清啸：《岁月是忧欢的脸》，高雄：德馨室出版社，1979年。

[86] 黄昏星等：《细看涛声云灭》（神州文集第六号），台北：皇冠出版社，1979年。

[87] 黄琦旺：《褪色》，新山：南方大学学院，2017年。

[88] 黄建华：《甘之若饴》，吉隆坡：千秋事业社，1999年。

[89] 黄建华：《花·时间》，雪兰莪：大将出版社，2004年。

[90] 黄建华：《如果只有一个晚上在吉隆坡》，雪兰莪：大将出版社，2010年。

[91] 黄锦树：《梦与猪与黎明》，台北：九歌出版社，1994年。

[92] 黄锦树：《乌暗暝》，台北：九歌出版社，1997年。

[93] 黄锦树编：《一水天涯：马华当代小说选》，台北：九歌出版社，1998年。

[94] 黄锦树：《由岛至岛》，台北：麦田出版社，2001年。

[95] 黄锦树、张锦忠主编：《别再提起：马华当代小说选（1997—2003）》，台

北：麦田出版社，2004年。

[96] 黄锦树、王德威编：《原乡人：族群的故事》，台北：麦田出版社，2004年。

[97] 黄锦树：《土与火》，台北：麦田出版社，2005年。

[98] 黄锦树：《死在南方》，济南：山东文艺出版社，2007年。

[99] 黄锦树：《焚烧》，台北：麦田出版社，2007年。

[100] 黄锦树，张锦忠，庄华兴编：《回到马来亚：华马小说七十年》，雪兰莪：大将出版社，2008年。

[101] 黄锦树、黄俊麟、张锦忠主编：《故事总要开始：马华当代小说选（2004—2012）》，台北：宝瓶文化事业有限公司，2013年。

[102] 黄锦树：《南洋人民共和国备忘录》，台北：联经出版公司，2013年。

[103] 黄锦树、张锦忠、李宗舜主编：《我们留台那些年》，八打灵再也：有人出版社，2014年。

[104] 黄锦树：《刻背》，台北：麦田出版社，2014年。

[105] 黄锦树：《犹见扶余》，台北：麦田出版社，2014年。

[106] 黄锦树：《火，与危险事物：黄锦树马共小说选》，八打灵再也：有人出版社，2014年。

[107] 黄锦树：《鱼》，台北：INK印刻文学生活杂志出版有限公司，2015年。

[108] 黄锦树：《火笑了》，台北：麦田出版社，2015年。

[109] 黄锦树：《雨》，台北：宝瓶文化事业股份有限公司，2016年。

[110] 黄锦树：《民国的慢船》，八打灵再也：有人出版社，2019年。

[111] 黄锦树：《乌暗暝》，上海：上海文艺出版社，2020年。

[112] 黄锦树：《大象死去的河边》，台北：麦田出版社，2021年。

[113] 黄玮霜：《母墟》，八打灵再也：有人出版社，2011年。

[114] 纪弦、羊令野、洛夫等人编：《八十年代诗选》，台北：濂美出版社，1979年。

[115] 赖敬文：《赖敬文诗集》，台北：绿野书屋，1974年。

[116] 李宜春：《散散步》，八打灵再也：有人出版社，2019年。

[117] 李永平：《拉子妇》，台北：华新出版社，1976年。

[118] 李永平：《吉陵春秋》，台北：洪范书店有限公司，1986年。

[119] 李永平：《海东青：台北的一则寓言》，台北：联合文学出版社，1992年。

[120] 李永平：《朱鸰漫游仙境》，台北：联合文学出版社，1998年。

[121] 李永平：《雨雪霏霏：婆罗洲童年记事》，台北：天下远见出版公司，2002年。

[122] 李永平：《迌迌：李永平自选集（1968—2002）》，台北：麦田出版社，2003年。

[123] 李永平：《大河尽头》（上、下卷），上海：上海人民出版社，2012年。

[124] 李永平：《朱鸰书》，台北：麦田出版社，2015年。

[125] 李永平：《新侠女图》，台北：麦田出版社，2018年。

[126] 李永平：《婆罗洲之子与拉子妇》，台北：麦田出版社，2018年。

[127] 李有成：《鸟及其他》，槟城：犀牛出版社，1970年。

[128] 李有成：《时间》，台北：书林出版社，2006年。

[129] 李有成：《迷路蝴蝶》，台北：联经出版社，2017年。

[130] 李有成：《在甘地铜像前：我的伦敦札记》，台北：允晨出版公司，2008年。

[131] 李宗舜：《诗人的天空》，吉隆坡：代理员文摘，1993年。

[132] 李宗舜、叶明：《风的颜色》，吉隆坡：凡人创作坊，1995年。

[133] 李宗舜：《笨珍海岸》，台北：秀威资讯科技股份有限公司，2011年。

[134] 李宗舜、周清啸、廖雁平：《风依然狂烈》，八打灵再也：有人出版社，2011年。

[135] 李宗舜：《乌托邦幻灭王国——黄昏星在神州诗社的岁月》，台北：秀威资讯科技股份有限公司，2012年。

[136] 李宗舜：《逆风的年华》，八打灵再也：有人出版社，2013年。

[137] 李宗舜：《李宗舜诗选I》，台北：秀威资讯科技股份有限公司，2014年

[138] 李宗舜：《风夜赶路》，台北：秀威资讯科技股份有限公司，2014年。

[139] 李宗舜：《十月凉风》，台北：秀威资讯科技股份有限公司，2014年。

[140] 李宗舜：《四月风雨》，八打灵再也：有人出版社，2014年。

[141] 李宗舜：《伤心厨房》，吉隆坡：有加出版社，2015年。

[142] 李宗舜：《李宗舜诗选II（1996—2012）》，吉隆坡：有加出版社，2016年。

[143] 李宗舜：《香蕉戏码》，八打灵再也：有人出版社，2016年。

[144] 李宗舜：《擦身而过：李宗舜双语诗选》，台北：秀威资讯科技股份有限公司，2019年。

[145] 梁金群：《热带女子迷航志》，台北：尔雅出版社，2016年。

[146] 梁金群：《野村少女：马来西亚新村生活随笔》，台北：季风带文化有限公司，2020年。

[147] 廖宏强、张永庆、陈亚才主编：《我们返马这些年》，吉隆坡：大河文化出版社，2018年。

[148] 廖宏强：《被遗忘的武士》，雪兰莪：大将出版社，2006年。

[149] 廖宏强：《独立公园的宣言》，八打灵再也：有人出版社，2008年。

[150] 廖宏强：《我是急诊人》，台北：酿出版，2012年。

[151] 廖宏强：《皮影》，雪兰莪：大将出版社，2012年。

[152] 廖宏强：《Y教授》，雪兰莪：大将出版社，2012年。

[153] 廖宏强：《病患奇谈：行医妙事一箩筐》，台北：酿出版，2014年。

[154] 廖雁平等：《今古几人曾会》（神州文集第五号），台北：皇冠出版社，1979年。

[155] 林建国编：《三宝山的遐思：第三届旅台大马现代文学奖作品专辑（1984—1985）》，台北：第三届旅台大马现代文学奖委员会，1985年。

[156] 林金城：《快门速笔》，吉隆坡：十方出版社，1998年。

[157] 林金城：《假寐持续着》，吉隆坡：大将事业社，1999年。

[158] 林金城：《知食份子》，雪兰莪：大将出版社，2006年。

[159] 林金城：《十口足责》，雪兰莪：大将出版社，2007年。

[160] 林金城：《味觉散步》，雪兰莪：大将出版社，2013年。

[161] 林绿：《十二月的绝响》，台北：星座诗社，1966年。

[162] 林绿：《手中的夜》，台北：星座诗社，1969年。

[163] 林绿、赵晓君：《森林与鸟》，台北：阿波罗，1972年。

[164] 林绿：《林绿自选集》，台北：黎明文化事业股份有限公司，1975年。

[165] 林绿：《复信》，台北：乾隆出版社，1978年。

[166] 林幸谦：《狂欢与破碎——边陲人生与颠覆书写》，台北：三民书局，

1995年。

[167] 林幸谦：《诗体的仪式》，台北：九歌出版社，1999年。

[168] 林幸谦：《原诗》，香港：天地图书有限公司，2001年。

[169] 林幸谦：《叛徒的亡灵》，台北：尔雅出版社，2007年。

[170] 林幸谦：《灵/性签》，北京：作家出版社，2019年。

[171] 刘放：《流放集》，八打灵再也：蕉风出版社，1979年。

[172] 刘放：《鸟语鸟话》，居銮：大河文化出版社，2016年。

[173] 刘放：《与智者愚者同行》，居銮：大河文化出版社，2019年。

[174] 刘戈（白垚）：《汉丽宝》，吉隆坡：剧艺研究会，1971年。

[175] 刘国辉编：《温瑞安散文集》，香港：天地图书有限公司，2019年。

[176] 刘祺裕：《季节病》，台北：中华文艺社，1963年。

[177] 刘艺婉：《不是写给你的（然而你不认为）》，雪兰莪：大将出版社，
      2007年。

[178] 刘艺婉：《我用生命成就一首政治诗》，吉隆坡：月树出版公司，2015年。

[179] 卢姵伊：《时光密室》，八打灵再也：有人出版社，2017年。

[180] 陆之骏：《不等：陆之骏诗集》，台北：酿出版，2016年。

[181] 陆之骏：《陆之骏饮食随笔》，台北：秀威资讯科技股份有限公司，
      2017年。

[182] 罗罗：《马来貘》，居銮：大河文化出版社，2017年。

[183] 罗正文：《临流的再生》，台北：大马新闻杂志，1984年。

[184] 马尼尼为：《带着你的杂质发亮》，新北：小小创意有限公司，2013年。

[185] 马尼尼为：《我不是生来当母亲的》，新北：小小创意有限公司，2015年。

[186] 马尼尼为"隐晦家庭绘本三部曲"（《海的旅馆》《老人脸猫》
      《After》），台北：南方家园出版社，2016年。

[187] 马尼尼为：《我们明天再说话》，台北：南方家园出版社，2017年。

[188] 马尼尼为：《没有大路》，台北：启明出版事业股份有限公司，2018年。

[189] 马尼尼为：《我和那个叫猫的少年睡过了》，台北：启明出版事业股份有
      限公司，2019年。

[190] 马尼尼为：《我现在是狗》，台北：斑马线文库有限公司，2019年。

[191] 马尼尼为：《帮我换药》，台北：黑眼睛文化出版社，2020年。

[192] 马尼尼为：《我的美术系少年》，台北：斑马线文库有限公司，2021年。

[193] 麦留芳：《鸟的恋情》，雪兰莪：青春出版社，1967年。

[194] 麦留芳：《鸟的恋情》，高雄：中山大学出版社，2020年再版。

[195] 陌上桑：《陌上桑自选集》，台北：黎明文化事业股份有限公司，1985年。

[196] 木焱：《秘密写诗》，自印，2001年。

[197] 木焱：《毛毛之书》，八打灵再也：有人出版社，2007年。

[198] 木焱：《我曾朗诵你》，吉隆坡：星洲日报，2011年。

[199] 木焱：《听写诗人》，台北：酿出版，2012年。

[200] 木焱：《带着里尔克的肖像流浪》，台北：酿出版，2012年。

[201] 木焱：《晚安台北》，台北：酿出版，2015年。

[202] 潘雨桐：《因风飞过蔷薇》，台北：联合文学出版社，1987年。

[203] 潘雨桐：《昨夜星辰》，台北：联合文学出版社，1989年。

[204] 潘雨桐：《静水大雪》，新山：彩虹出版公司，1996年。

[205] 潘雨桐：《野店》，新山：彩虹出版公司，1998年。

[206] 潘雨桐：《河岸传说》，台北：麦田出版社，2002年。

[207] 商晚筠：《痴女阿莲》，台北：联经出版社，1977年。

[208] 商晚筠：《七色花水》，台北：远流出版事业股份有限公司，1991年。

[209] 商晚筠：《痴女阿莲》，台北：联经出版事业公司，1992年再版。

[210] 商晚筠：《跳蚤》，新山：南方学院马华文学馆，2003年。

[211] 神州诗社编：《风起长城远》，台北：故乡出版社，1977年。

[212] 神州诗社编：《高山流水·知音》，台北：故乡出版社，1977年。

[213] 王润华：《患病的太阳》，台北：蓝星诗社，1966年。

[214] 王润华：《夜夜在墓影下》，台南：中华出版社，1966年。

[215] 王润华：《高潮》，台北：星座诗社，1970年。

[216] 王润华：《内外集》，台北："国家书店"，1978年。

[217] 王润华：《橡胶树》，新加坡：泛亚文化公司，1980年。

[218] 王润华：《南洋乡土集》，台北：时报文化公司，1981年。

[219] 王润华：《王润华自选集》，台北：黎明文化事业股份有限公司，1986年。

[220] 王润华：《山水诗》，八打灵再也：蕉风出版社，1988年。

[221] 王润华：《秋叶集》，台北：合志文化事业公司，1988年。

[222] 王润华：《地球村神话》，新加坡：新加坡作协，1999年。

[223] 王润华：《热带雨林与殖民地》，新加坡：新加坡作协，1999年。

[224] 王润华：《榴莲滋味》，台北：二鱼文化，2004年。

[225] 王润华：《人文山水诗集》，台北：万卷楼科技股份有限公司，2005年。

[226] 王润华：《重返诗抄》，新山：南方大学学院，2014年。

[227] 温瑞安：《将军令》，美罗：天狼星诗社，1975年。

[228] 温瑞安：《回首暮云远》，台北：四季出版事业有限公司，1977年。

[229] 温瑞安：《狂旗》，新竹：枫城出版社，1977年。

[230] 温瑞安：《龙哭千里》，台北：时报文化公司，1977年。

[231] 温瑞安：《天下人》，台北：长弓出版社，1977年。

[232] 温瑞安：《将军令》，台北：时报文化公司，1977年再版。

[233] 温瑞安：《凿痕》，台南：长河出版社，1977年。

[234] 温瑞安编：《坦荡神州》，台南：长河出版社，1978年。

[235] 温瑞安等：《满座衣冠似雪》（神州文集第一号），台北：皇冠出版社，1978年。

[236] 温瑞安：《山河录》，台北：时报文化出版事业有限公司，1979年。

[237] 温瑞安等：《虎山行》（神州文集第七号），台北：皇冠出版社，1979年。

[238] 温瑞安：《中国人》，台北：四季出版社，1980年。

[239] 温瑞安：《楚汉》，台北：尚书出版社，1990年。

[240] 翁菀君：《月亮背面》，八打灵再也：有人出版社，2016年。

[241] 翁菀君：《文字烧》，八打灵再也：有人出版社，2018年。

[242] 薇达：《时间会告诉我的》，台北：酿出版，2015年。

[243] 薇达：《刹那芳华》，八打灵再也：有人出版社，2017年。

[244] 薇达：《边境》，八打灵再也：有人出版社，2018年。

[245] 薇达：《荒废》，八打灵再也：有人出版社，2019年。

[246] 吴龙川：《银河树》，台北：秀威资讯科技股份有限公司，2019年。

[247] 吴龙川：《仿佛，一群字体在遗书里活着》，台北：秀威资讯科技股份有

限公司，2019年。

[248] 萧依钊编：《花踪文汇》（1—10），吉隆坡：星洲日报，1993—2012年。

[249] 辛吟松（辛金顺）：《风起的时候》，吉隆坡：雨林小站，1992年。

[250] 辛吟松（辛金顺）：《一笑人间万事》，吉隆坡：雨林小站，1992年。

[251] 辛金顺：《最后的家园》，台北：文史哲出版社，1997年。

[252] 辛金顺：《月光照不回的路》，台北：九歌出版社，2008年。

[253] 辛金顺：《诗图志》，新山：马华文学馆，2009年。

[254] 辛金顺：《记忆图册》，新山：马华文学馆，2009年。

[255] 辛金顺：《记忆书册》，新山：马华文学馆，2010年。

[256] 辛金顺：《说话》，八打灵再也：有人出版社，2011年。

[257] 辛金顺：《在远方》，八打灵再也：有人出版社，2013年。

[258] 辛金顺：《时光》，八打灵再也：有人出版社，2015年。

[259] 辛金顺：《诗/画：对话》，台北：秀威资讯科技股份有限公司，2016年。

[260] 辛金顺：《家国之幻》，八打灵再也：有人出版社，2017年。

[261] 辛金顺：《母音阶：大山脚作家文学作品选集：1957—2016》，八打灵再也：有人出版社，2017年。

[262] 辛金顺：《词语》，八打灵再也：有人出版社，2018年。

[263] 辛金顺主编：《马华截句选》，台北：秀威资讯科技股份有限公司，2018年。

[264] 邢诒旺：《锈铁时代：邢诒旺诗集（1995—2004）》，雪兰莪：大将出版社，2006年。

[265] 邢诒旺：《恋歌：七十首十四行与两首长诗》，雪兰莪：大将出版社，2007年。

[266] 邢诒旺：《家书》，八打灵再也：有人出版社，2009年。

[267] 邢诒旺：《盐：短诗和现代俳句集》，八打灵再也：有人出版社，2011年。

[268] 邢诒旺：《螺旋终站：邢诒旺短诗集》，雪兰莪：大将出版社，2012年。

[269] 邢诒旺：《法利赛恋曲：邢诒旺诗集》，台北：酿出版，2012年。

[270] 邢诒旺：《行行：邢诒旺诗集》，居銮：大河出版社，2016年。

[271] 邢诒旺：《背景音乐》，新山：南方大学学院出版社，2017年。

[272] 许裕全：《山神水魅》，雪兰莪：大将出版社，2011年。

[273] 许裕全：《从大丽花到兰花》，雪兰莪：大将出版社，2012年。

[274] 许裕全：《菩萨难写》，雪兰莪：大将出版社，2014年。

[275] 许裕全：《猪头负二代》，雪兰莪：大将出版社，2016年。

[276] 许裕全：《猪头皮痒》，雪兰莪：大将出版社，2016年。

[277] 许裕全：《女儿鱼》，雪兰莪：大将出版社，2017年。

[278] 杨邦尼：《古来河那边》，雪兰莪：大将出版社，2013年。

[279] 叶曼沙：《朝圣之舟》，台北：星座诗社，1966年。

[280] 余中生：《余中生散文集》，台北：文馨出版社，1975年。

[281] 张草：《云空行》系列，台北：皇冠出版社，1998年。

[282] 张草：《北京灭亡》，台北：皇冠出版社，1999年。

[283] 张草：《夜凉如水》，台北：皇冠出版社，2000年。

[284] 张草：《诸神灭亡》，台北：皇冠出版社，2001年。

[285] 张草：《明日灭亡》，台北：皇冠出版社，2003年。

[286] 张草：《很饿》，台北：皇冠出版社，2004年。

[287] 张草：《很痛》，台北：皇冠出版社，2005年。

[288] 张草：《双城》，台北：皇冠出版社，2007年。

[289] 张草：《庖人志》，台北：皇冠出版社，2010年。

[290] 张草：《双城奇谭》，台北：九州出版社，2015年。

[291] 张草：《云空行（二）》，台北：皇冠出版社，2019年。

[292] 张寒：《梦里的微笑》，台北："侨务委员会"，1962年。

[293] 张贵兴：《伏虎》，台北：时报出版社，1980年。

[294] 张贵兴：《柯珊的儿女》，台北：远流出版公司，1988年。

[295] 张贵兴：《赛莲之歌》，台北：远流出版公司，1992年。

[296] 张贵兴：《薛理阳大夫》，台北：麦田出版社，1994年。

[297] 张贵兴：《顽皮家族》，台北：联合文学出版社，1996年。

[298] 张贵兴：《群象》，台北：时报文化公司，1998年。

[299] 张贵兴：《猴杯》，台北：联合文学出版社，2000年。

[300] 张贵兴：《我思念的长眠中的南国公主》，台北：麦田出版社，2001年。

[301] 张贵兴：《沙龙祖母》，台北：联经出版事业股份有限公司，2013年。

[302] 张贵兴：《野猪渡河》，新北：联经出版社，2018年。

[303] 张贵兴：《鳄眼晨曦》，台北：时报文化出版企业股份有限公司，2022年。

[304] 张瑞星（张锦忠）：《眼前的诗》，八打灵再也：人间出版社，1979年。

[305] 张锦忠：《白鸟之幻》，八打灵再也：人间出版社，1982年。

[306] 张锦忠：《壁虎》，八打灵再也：有人出版社，2019年。

[307] 张锦忠：《像河那样他是自己的静默：张锦忠诗集》，雪兰莪：大将出版社，2019年。

[308] 张锦忠：《查尔斯河畔的雁声：随笔马华文学二集》，八打灵再也：有人出版社，2019年。

[309] 张依苹：《少女小蕊》，新山：彩虹出版公司，1997年。

[310] 张依苹：《吉隆坡手记》，吉隆坡：漫延书房，2006年。

[311] 张依苹：《哭泣的雨林》，八打灵再也：有人出版社，2008年。

[312] 钟怡雯：《河宴》，台北：三民出版社，1995年。

[313] 钟怡雯：《马华当代散文选（1990—1995）》，台北：文史哲出版社，1996年。

[314] 钟怡雯：《垂钓睡眠》，台北：九歌出版社，1998年。

[315] 钟怡雯：《听说》，台北：九歌出版社，2000年。

[316] 钟怡雯：《我和我豢养的宇宙》，台北：联合文学出版社，2002年。

[317] 钟怡雯：《漂浮书房》，台北：九歌出版社，2005年。

[318] 钟怡雯：《惊情》，广州：花城出版社，2005年。

[319] 钟怡雯：《岛屿纪事》，济南：山东文艺出版社，2007年。

[320] 钟怡雯：《野半岛》，台北：联合文学出版社，2007年。

[321] 钟怡雯、陈大为主编：《马华散文史读本（1957—2007）》（3卷），台北：万卷楼图书股份有限公司，2007年。

[322] 钟怡雯：《阳光如此明媚》，台北：九歌出版社，2008年。

[323] 钟怡雯、陈大为主编：《马华新诗史读本（1957—2007）》，台北：万卷楼图书股份有限公司，2010年。

[324] 钟怡雯：《钟怡雯精选集》，台北：九歌出版社，2011年。

[325] 钟怡雯：《河宴》，台北：三民书局，2012年第2版。

[326] 钟怡雯：《麻雀树》，台北：九歌出版社，2014年。

[327] 钟怡雯：《揪日子》，南京：江苏凤凰文艺出版社，2015年。

[328] 周清啸等：《梦断故国山川》（神州文集第四号），台北：皇冠出版社，
    1979年。

[329] 周天派：《岛屿派》，台北：麦田出版社，2020年。

[330] 祝家华：《熙攘在人间》，吉隆坡：十方出版社，1992年。

[331] 祝家华：《寻找凤凰城》，吉隆坡：佳辉出版社，1992年。

[332] 祝家华：《炉火中的沉思》，雪兰莪：大将出版社，1999年。

二、学术论著 / 集

[333] ［法］阿尔弗雷德·格罗塞：《身份认同的困境》，王鲲译，北京：社会科
    学文献出版社，2010年。

[334] ［法］阿兰·德波顿：《身份的焦虑》，陈广兴、南治国译，上海：上海译
    文出版社，2007年。

[335] 安焕然：《本土与中国：学术论文集》，新山：南方学院出版社，2003年。

[336] ［加拿大］爱德华·雷尔夫：《地方与无地方》，刘苏、相欣奕译，北京：
    商务印书馆，2021年。

[337] 巴赫金：《巴赫金全集》，石家庄：河北教育出版社，2009年。

[338] 包亚明主编：《现代性与空间的生产》，陈志梧等译，上海：上海教育出
    版社，2002年。

[339] ［法］保罗·利科等：《过去之谜》，綦甲福等译，济南：山东大学出版
    社，2009年。

[340] ［法］保罗·利科：《记忆，历史，遗忘》，李彦岑等译，上海：华东师范
    大学出版社，2017年。

[341] ［澳］比尔·阿希克洛夫特等：《逆写帝国：后殖民文学的理论与实践》，
    刘自荃译，台北：骆驼出版社，1998年。

[342] 陈大为：《亚洲中文现代诗的都市书写》，台北：万卷楼图书股份有限公
    司，2001年。

[343] 陈大为、钟怡雯、胡金伦主编:《赤道回声》,台北:万卷楼图书股份有限公司,2004年。

[344] 陈大为:《诠释的差异:当代马华文学论集》,台北:海华文教基金会,2004年。

[345] 陈大为:《思考的圆周率:马华文学的板块与空间书写》,雪兰莪:大将出版社,2006年。

[346] 陈大为、钟怡雯编:《20世纪台湾文学专题1》,台北:万卷楼图书股份有限公司,2006年。

[347] 陈大为、钟怡雯编:《20世纪台湾文学专题2》,台北:万卷楼图书股份有限公司,2006年。

[348] 陈大为:《风格的炼成:亚洲华文文学论集》,台北:万卷楼图书股份有限公司,2009年。

[349] 陈大为:《马华散文史纵论:1957—2007》,台北:万卷楼图书股份有限公司,2009年。

[350] 陈大为:《中国当代诗史的典律生成与裂变》,台北:万卷楼图书股份有限公司,2009年。

[351] 陈大为:《最年轻的麒麟——马华文学在台湾(1963—2012)》,台南:台湾文学馆,2012年。

[352] 陈大为:《马华文学批评大系:陈大为》,桃园:元智大学中国语文学系,2019年。

[353] 陈慧桦:《文学创作与神思》,台北:"国家书店",1976年。

[354] 陈鹏翔:《马华文学批评大系:陈鹏翔》,桃园:元智大学中国语文学系,2019年。

[355] 陈昭英:《台湾文学与本土化运动》,台北:正中书局,1998年。

[356] 陈志明:《迁徙、家乡与认同——文化比较视野下的海外华人研究》,段颖、巫达译,北京:商务印书馆,2012年。

[357] [美]戴维·哈维:《正义、自然和差异地理学》,胡大平译,上海:上海人民出版社,2015年。

[358] 戴小华、柯金德编:《马华文学七十年的回顾与前瞻:第一届马华文学节

研讨会讨论文集》，吉隆坡：马来西亚华文作家协会，1991年。

[359] 戴小华、尤绰韬编：《扎根本土·面向世界：第一届马华文学国际学术研讨会论文集》，吉隆坡：马来西亚华文作家协会、马来亚大学中文系毕业生协会，1998年。

[360] ［英］阿里夫·德里克：《跨国资本时代的后殖民批评》，王宁等译，北京：北京大学出版社，2004年。

[361] 段义孚：《恋地情结》，志丞、刘苏译，北京：商务印书馆，2018年。

[362] 冯亚琳、阿斯特莉特·埃尔主编：《文化记忆理论读本》，北京：北京大学出版社，2012年。

[363] ［美］弗雷德里克·詹姆逊：《政治无意识：作为社会象征行为的叙事》，王逢振、陈永国译，北京：中国社会科学出版社，1999年。

[364] 高嘉谦：《国族与历史的隐喻——近现代武侠传奇的精神史考察（1895—1949）》，台北：花木兰出版社，2014年。

[365] 高嘉谦：《遗民、疆界与现代性：汉诗的南方离散与抒情（1895—1945）》，台北：联经出版事业股份有限公司，2016年。

[366] 高嘉谦编：《见山又是山：李永平研究》，台北：麦田出版社，2017年。

[367] 高嘉谦：《马华文学批评大系：高嘉谦》，桃园：元智大学中国语文学系，2019年。

[368] ［德］海德格尔：《海德格尔文集·存在与时间》，陈嘉映、王庆节译，北京：商务印书馆，2016年。

[369] 何国忠：《马来西亚华人：身份认同、文化与族群政治》，吉隆坡：华社研究中心，2006年。

[370] 黄锦树：《马华文学：内在中国、语言与文学史》，吉隆坡：华社资料研究中心，1996年。

[371] 黄锦树：《马华文学与中国性》，台北：元尊出版社，1998年。

[372] 黄锦树：《谎言或真理的技艺：当代中文小说论集》，台北：麦田出版社，2003年。

[373] 黄锦树、张锦忠编：《重写台湾文学史》，台北：麦田出版社，2006年。

[374] 黄锦树：《文与魂与体：论现代中国性》，台北：麦田出版社，2006年。

[375] 黄锦树：《马华文学与中国性》（增订版），台北：麦田出版社，2012年。

[376] 黄锦树：《章太炎语言文字之学的知识（精神）系谱》，新北：花木兰文化出版社，2012年。

[377] 黄锦树：《华文小文学的马来西亚个案》，台北：麦田出版社，2015年。

[378] 黄锦树：《注释南方》，八打灵再也：有人出版社，2015年。

[379] 黄锦树：《论尝试文》，台北：麦田出版社，2016年。

[380] 黄锦树：《时差的赠礼》，台北：麦田出版社，2019年。

[381] 黄锦树：《马华文学批评大系：黄锦树》，桃园：元智大学中文系，2019年。

[382] 黄清顺：《后设小说的理论建构与在台发展——以1983—2002年作为观察主轴》，高雄：丽文文化事业股份有限公司，2011年。

[383] 黄万华：《新马百年华文小说史》，济南：山东文艺出版社，1999年。

[384] 黄万华、戴小华编：《全球语境·多元对话·马华文学——第二届马华文学国际学术会议论文集》，济南：山东文艺出版社，2004年。

[385] 黄万华：《在旅行中拒绝旅行：华人新生代和新华侨华人作家的比较研究》，北京：中国社会科学出版社，2008年。

[386] ［法］吉尔·德勒兹、费利克斯·加塔利：《资本主义与精神分裂：千高原（第2卷）》，姜宇辉译，上海：上海书店出版社，2010年。

[387] ［法］吉尔·德勒兹、费利克斯·加塔利：《游牧思想》，陈永国译编，长春：吉林人民出版社，2011年。

[388] 江洺辉编：《马华文学的新解读——马华文学国际学术研讨会论文集》，吉隆坡：马来西亚留台校友会联合总会，1999年。

[389] 金进：《马华文学》，上海：复旦大学出版社，2013年。

[390] 金进：《冷战与华语语系文学研究》，上海：复旦大学出版社，2019年。

[391] 康晓丽：《二战后东南亚华人的海外移民》，厦门：厦门大学出版社，2015年。

[392] ［美］克利福德·格尔茨：《地方知识》，杨德睿译，北京：商务印书馆，2016年。

[396] 李有成：《离散》，台北：允晨文化实业股份有限公司，2013年。

[394] 李有成：《诗的回忆及其他》，八打灵再也：有人出版社，2016年。

马华留台作家研究

[395] 李有成:《马华文学批评大系:李有成》,桃园:元智大学中国语文学系,
      2019年。

[396] 李玉平:《多元文化时代的文学经典理论》,天津:南开大学出版社,
      2010年。

[397] 林春美:《性别与本土:在地的马华文学论述》,雪兰莪:大将出版社,
      2009年。

[398] 林建国:《马华文学批评大系:林建国》,桃园:元智大学中国语文学系,
      2019年。

[399] 林开忠:《建构中的"华人文化":族群属性、国家与华教运动》,吉隆
      坡:华社研究中心,1999年。

[400] 林水檺、何启良、何国忠编:《马来西亚华人史新编》(3册),吉隆坡:
      马来西亚中华大会堂总会,1998年。

[401] 廖建裕、梁秉赋主编:《华人移民与全球化:迁移、本土化与交流》,新
      加坡:华裔馆,2011年。

[402] 刘小新:《阐释的焦虑——当代台湾理论思潮解读(1987—2007)》,福
      州:福建人民出版社,2010年。

[403] 刘小新:《华文文学与文化政治》,镇江:江苏大学出版社,2011年。

[404] 刘育龙:《在权威与偏见之间》,吉隆坡:大马福联会暨雪福建会馆,
      2003年。

[405] 吕正惠、赵遐秋编:《台湾新文学思潮史纲》,北京:昆仑出版社,2002年。

[406] [英]迈克·克朗:《文化地理学》,杨淑华、宋慧敏译,南京:南京大学
      出版社,2003年。

[407] 潘碧华:《马华文学的时代记忆》,吉隆坡:马来亚大学中文系,2009年。

[408] 潘碧华编:《马华文学的现代阐释》,吉隆坡:马来西亚华文作家协会,
      2009年。

[409] 饶芃子、费勇:《本土以外:论边缘的现代汉语文学》,北京:中国社会科
      学出版社,1998年。

[410] 饶芃子、杨匡汉主编:《海外华文文学教程》,广州:暨南大学出版社,
      2009年。

[411] 饶芃子：《比较文学与海外华文文学》，上海：复旦大学出版社，2011年。

[412] ［英］斯图亚特·霍尔编：《表征：文化表象与意指系统》，徐亮、陆兴华译，上海：商务印书馆，2003年。

[413] 宋伟杰：《从娱乐行为到乌托邦冲动：金庸小说再解读》，南京：江苏人民出版社，1999年。

[414] 孙彦庄、许文荣：《马华文学文本解读》，吉隆坡：马来亚大学中文系毕业生协会、马来亚大学中文系，2012年。

[415] 田思：《砂华文学的本土特质》，雪兰莪：大将出版社，2014年。

[416] Tim Cresswell：《地方：记忆、想象与认同》，徐苔玲、王志弘译，台北：群学出版有限公司，2006年。

[417] 王德威：《后遗民写作》，台北：麦田出版社，2007年。

[418] 王德威：《华夷风起：华语语系文学三论》，高雄：中山大学文学院，2015年。

[419] 王赓武：《离乡别土——境外看中华》，台北："中央研究院"历史语言研究所，2007年。

[420] 王赓武：《华人与中国：王赓武自选集》，上海：上海人民出版社，2013年。

[421] 王赓武：《天下华人》，广州：广东人民出版社，2016年。

[422] 王列耀：《隔海之望：东南亚华人文学中的"望"与"乡"》，北京：中国社会科学出版社，2005年。

[423] 王列耀等：《趋异与共生——东南亚华文文学新镜像》，北京：中国社会科学出版社，2011年。

[424] 王润华、白豪士编：《东南亚华文文学：第二届华文文学大同世界国际会议论文集》，新加坡：新加坡作家协会，1989年。

[425] 王润华：《华文后殖民文学：中国、东南亚的个案研究》，上海：学林出版社，2001年。

[426] 王润华、潘国驹主编：《鲁迅在东南亚》，新加坡：八方文化工作室，2017年。

[427] 王润华、许通元、钟怡慧主编：《从婆罗洲到世界华文文学：李永平的文学行旅》，新山：南方大学出版社，2020年。

[428] 王晓明编:《生活在后美国时代》,上海:上海书店出版社,2012年。

[429] 温明明:《离境与跨界——在台马华文学研究(1963—2013)》,北京:中国社会科学出版社,2016年。

[430] 温任平:《文学·教育·文化》,美罗:天狼星诗社,1986年。

[431] 魏月萍:《马华文学批评大系:魏月萍》,桃园:元智大学中国语文学系,2019年。

[432] 吴耀宗编:《当代文学与人文生态》,台北:万卷楼图书股份有限公司,2004年。

[433] 伍燕翎主编:《未完的阐释:马华文学评论集》,吉隆坡:马来西亚华文作家协会,2010年。

[434] 谢川成:《马华现代主义文学的传播(1959—1989)》,台北:秀威资讯科技股份有限公司,2019年。

[435] 谢诗坚:《中国革命文学影响下的马华左翼文学: 1926—1976》,槟城:韩江学院,2007年。

[436] 辛金顺:《秘响交音——华语语系文学论集》,台北:秀威资讯科技股份有限公司,2012年。

[437] 许文荣编:《回首八十载·走向新世纪:九九马华文学国际学术研讨会论文集》,新山:南方学院出版社,2001年。

[438] 许文荣:《极目南方:马华文化与马华文学话语》,吉隆坡:南方学院、马来西亚大学中文系毕业生协会,2001年。

[439] 许文荣:《南方喧哗:马华文学的政治抵抗诗学》,新加坡:八方文化创作室、马来西亚:南方学院出版社,2004年。

[440] 许文荣:《马华文学与新华文学比照》,新加坡:青年书局,2008年。

[441] 许文荣、孙彦庄主编:《马华文学文本解读》,吉隆坡:马来亚大学中文系毕业生协会,马来亚大学中文系,2012年。

[442] 徐颖果主编:《离散族裔文学批评读本》,天津:南开大学出版社,2012年。

[443] 杨松年、简文志:《离心的辩证:世华小说评析》,台北:唐山出版社,2004年。

[444] 杨宗翰：《台湾新诗评论：历史与转型》，台北：新锐文创，2012年。

[445] 游胜冠：《台湾文学本土论的兴起与发展》，台北：前卫出版社，1996年。

[446] 曾庆豹：《困惑与寻路：当代旅台知识社群的反思》，台北：马来西亚旅台同学会，1991年。

[447] 张光达：《风雨中的一枝笔》，吉隆坡：大将事业社，2001年。

[448] 张光达：《马华现代诗论》，台北：秀威资讯科技股份有限公司，2009年。

[449] 张琼惠、梁一萍主编：《移动之民：海外华人研究的新视野》，台北：台湾师范大学出版中心，2018年。

[450] 张进：《新历史主义与历史诗学》，北京：中国社会科学出版社，2004年。

[451] 张锦忠：《南洋论述——马华文学与文化属性》，台北：麦田出版社，2003年。

[452] 张锦忠编：《重写马华文学史论文集》，埔里：暨南国际大学东南亚研究中心，2004年。

[453] 张锦忠：《关于马华文学》，高雄：中山大学文学院，2009年。

[454] 张锦忠：《马来西亚华语语系文学》，八打灵再也：有人出版社，2011年。

[455] 张锦忠：《时光如此遥远》，八打灵再也：有人出版社，2015年。

[456] 张锦忠：《马华文学批评大系：张锦忠》，桃园：元智大学中国语文学系，2019年。

[457] 张京媛编：《后殖民理论与文化认同》，台北：麦田出版社，2007年。

[458] 张京媛编：《新历史主义与文学批评》，张京媛等译，北京：北京大学出版社，1993年。

[459] 张旭东：《东南亚的中国形象》，北京：人民出版社，2010年。

[460] 张永修、张光达、林春美编：《辣味马华文学——90年代马华文学争论性课题文选》，吉隆坡：雪兰莪中华大会堂、马来西亚留台校友会联合总会，2002年。

[461] 翟韬：《文化冷战与认同塑造——美国对东南亚华人华侨宣传研究（1949—1965）》，北京：世界知识出版社，2020年。

[462] 赵稀方：《后殖民理论与台湾文学》，台北：人间出版社，2009年。

[463] 郑良树：《马来西亚华文教育发展简史》，北京：外语教学与研究出版

社，2007年。

[464] 中国时报主编：《风雨故人》，台北：晨钟出版社，1972年。

[465] 钟怡雯：《亚洲华文散文的中国图象（1949—1999）》，台北：万卷楼图书股份有限公司，2001年。

[466] 钟怡雯：《无尽的追寻：当代散文的诠释与批评》，台北：联合文学出版社，2004年。

[467] 钟怡雯：《灵魂的经纬度：马华散文的雨林和心灵图景》，雪兰莪：大将出版社，2006年。

[468] 钟怡雯：《内敛的抒情》，台北：联合文学出版社，2008年。

[469] 钟怡雯：《马华文学史与浪漫传统》，台北：万卷楼图书股份有限公司，2009年。

[470] 钟怡雯：《经典的误读与定位》，台北：万卷楼图书股份有限公司，2009年。

[471] 钟怡雯：《雄辩风景：当代散文论I》，台北：联经出版事业股份有限公司，2016年。

[472] 钟怡雯：《后土绘测：当代散文论II》，台北：联经出版事业股份有限公司，2016年。

[473] 钟怡雯、陈大为主编：《玄天在上：新世纪大众小说研究论集》，桃园：元智大学中国语文学系，2017年。

[474] 钟怡雯、陈大为主编：《厚土在下：当代中国乡土小说研究论集》，桃园：元智大学中国语文学系，2017年。

[475] 钟怡雯：《马华文学批评大系：钟怡雯》，桃园：元智大学中国语文学系，2019年。

[476] 朱崇科：《本土性的纠葛》，台北：唐山出版社，2004年。

[477] 朱崇科：《考古文学"南洋"：新马华文文学与本土性》，上海：上海三联书店，2008年。

[478] 朱崇科：《华语比较文学：问题意识及批评实践》，上海：上海三联书店，2012年。

[479] 朱立立：《身份认同与华文文学研究》，上海：上海三联书店，2008年。

[480] ［法］朱莉娅·克里斯蒂娃：《符号学：符义分析探索集》，吴忠义等译，上海：复旦大学出版社，2015年。

[481] 庄国土：《华侨华人与中国的关系》，广州：广东高等教育出版社，2001年。

[482] 庄华兴：《国家文学：宰制与回应》，雪兰莪：大将出版社，2006年。

三、期刊／报纸／研讨会论文

[483] 曹惠民：《在颠覆中归返——观察旅台马华作家的一种角度》，《华文文学》2011年第1期。

[484] 蔡玫姿：《漂移、贱斥与不满：在台马来西亚华裔女作家马尼尼为的小众创作》，《中外文学》2020年第1期。

[485] 陈大为、钟怡雯：《发展与困境：90年代的马华文学》，《南方学院学报》2005年第1期。

[486] 陈大为：《大马旅台一九九〇》，《台港文学选刊》2012年第1期。

[487] 陈大为：《从马华"旅台"文学到"在台"马华文学》，《华文文学》2012年第6期。

[488] 陈大为：《武侠与科幻：马华文学的幽暗角落》，《世界华文文学论坛》2012年第4期。

[489] 陈慧桦：《天才型的诗人教授林绿》，《文讯》2018年第394期。

[490] 高嘉谦：《对于〈马华文学与台湾文学史——旅台诗人的例子〉的疑惑》，《中外文学》2000年第4期。

[491] 高嘉谦：《谁的南洋？谁的中国？——试论〈拉子妇〉的女性与书写位置》，《中外文学》2000年第4期。

[492] 高嘉谦：《马华小说与台湾文学》，《文艺争鸣》2012年第6期。

[493] 高嘉谦：《废墟里的火光与跃升：读邓观杰〈废墟的故事〉》，《OPENBOOK》（网络版），2021年10月25日。

[494] 古大勇：《"东南亚鲁迅"：一个新概念提出的可行性》，《中国现代文学研究丛刊》2018年第9期。

[495] 韩见：《作家李永平：最大梦想是写武侠，由李安拍成电影》，《外滩画

报》，2013年1月17日。

[496] 何国忠：《马华文学：政治和文化语境下的变奏》，《马来西亚华人研究学刊》2000年第3期。

[497] 胡金伦：《异域的声音——与王德威教授谈马华文学》，《中外文学》2000年第4期。

[498] 黄锦树：《"旅台文学特区"的意义探究》，《大马青年》1990年第8期。

[499] 黄锦树：《作为乡愁的历史意识与作为历史意识的乡愁——对于〈当代旅台知识社群〉的反思》，《星洲日报·文艺春秋》，1992年11月7日。

[500] 黄锦树：《留台学生的文化反省》，《大马青年》1995第10期。

[501] 黄锦树：《论陈大为治洪书》，《南洋商报·南洋文艺》，1996年7月5日、12日。

[502] 黄锦树：《中国性与表演性：论马华文学与文化的限度》，《马来西亚华人研究学刊》1997年创刊号。

[503] 黄锦树：《流离的婆罗洲之子和他的母亲、父亲——论李永平的"文字修行"》，《中外文学》1997年第5期。

[504] 黄锦树：《回归文学：无声的马华文学运动》，《蕉风》1998年第482期。

[505] 黄锦树：《魂在：论中国性的近代起源，其单位、结构及（非）存在论特征》，《中外文学》2000年第2期。

[506] 黄锦树：《反思"南洋论述"：华马文学、复系统与人类学视域》，《中外文学》2000年第4期。

[507] 黄锦树：《重写马华文学——回应杨聪荣的回应》，《中外文学》2000年第4期。

[508] 黄锦树：《关于〈马华文学与台湾文学史——旅台诗人的例子〉》，《中外文学》2000年第4期。

[509] 黄锦树：《从个人的体验到黑暗之心——论张贵兴的雨林三部曲》，《中外文学》2001年第4期。

[510] 黄锦树：《漫游者，象征契约与卑贱物——论李永平的"海东春秋"》，《中外文学》2002年第10期。

[511] 黄锦树：《另类租借，境外中文，现代性：论马华文学史之前的马华文

学》，《星洲日报·文艺春秋》，2003年1月5日、19日、26日。

[512] 黄锦树：《境外马华文学论述》，《南洋商报·南洋文艺》，2003年5月3日。

[513] 黄锦树：《东南亚华人少数民族的华文文学——政治的马来西亚个案：论大马华人本地意识的限度》，《香港文学》2003年第221期。

[514] 黄锦树：《论中体：绝对域与遭遇》，《中山人文学报》2003年第17期。

[515] 黄锦树：《华文少数文学：离散现代性的未竟之旅》，《香港文学》2004年第239期。

[516] 黄锦树：《马华文学与（国家）民族主义：论马华文学的创伤现代性》，《中外文学》2006年第8期。

[517] 黄锦树：《文学史热病》，（台北）《文化研究》2006第2期。

[518] 黄锦树：《无国籍华文文学：在台马华文学的史前史，或台湾文学史上的非台湾文学——一个文学史的比较纲领》，（台北）《文化研究》2006年第2期。

[519] 黄锦树：《国家、语言、民族：马华——民族文学史及其相关问题》，台湾政治大学"文学的民族学思考与文学史的建构"学术研讨会，2007年6月1日。

[520] 黄锦树：《Negaraku：旅台、马共与盆栽境遇》，（台北）《文化研究》2008年第7期。

[521] 黄锦树：《华人与他人：论东马留台作家李永平与张贵兴小说里的族群关系》，新加坡国立大学"第三届族群、历史与文化亚洲联合论坛——华人族群关系与区域比较研究国际学术研讨会"，2009年11月14日。

[522] 黄锦树：《制作马华文学——一个简短的回顾》，《星洲日报·文艺春秋》，2011年2月27日。

[523] 黄锦树：《在民族国家夹缝里的马华文学》，《书香两岸》2012年第3期。

[524] 黄锦树：《这只斑马——评陈大为〈最年轻的麒麟——马华文学在台湾（1963—2012）〉》，《华文文学》2013年第5期。

[525] 黄锦树：《空午与重写——马华现代主义小说的时延与时差》，《华文文学》2016年第2期。

[526] 黄锦树：《“我用瘦弱的滚木搬运巨大的词”：迟到的说书人陈大为和他的“野故事”》，《中山人文学报》2016年第40期。
[527] 黄万华：《“边缘”切入和“断奶”之痛——文学中传统（民族）和现代（西方）关系的一些思考》，《暨南学报》2005年第5期。
[528] 黄万华：《山水兼得 情思双栖——马华新生代作家钟怡雯散文论》，《烟台大学学报》2007年第1期。
[529] 黄万华：《黄锦树的小说叙事：青春原欲，文化招魂，政治狂想》，《晋阳学刊》2007年第2期。
[530] 黄玮胜：《大马旅台文学的星空》，《蕉风》1995年第467期。
[531] 贾颖妮：《“拆解殖民后果”：张贵兴小说的雨林文明书写》，《小说评论》2016年第2期。
[532] 简文志：《“世界华文文学研究”在台湾的发展》，《汉学研究集刊》2007年第5期。
[533] 蒋淑贞：《从“海内存知己”到“海外存异己”：马华文学与台湾文学建制化》，台湾交通大学“去国·汶化·华文祭：2005年华文文化研究会议”，2005年1月8日—9日。
[534] 姜礼福：《文学动物学批评：新世纪文学批评方法新探索》，《南京航空航天大学学报（社会科学版）》2019年第2期。
[535] 金进：《从出走台湾到回归雨林的婆罗洲之子——马华旅台作家张贵兴小说精神流变的分析》，《华文文学》2009年第6期。
[536] 金进：《台风蕉雨中的迷思与远蹰——试论马华作家商晚筠小说中的台湾文学影响》，《世界华文文学论坛》2010年第1期。
[537] 金进：《台湾与马华现代文学关系之考辨——以〈蕉风〉为线索》，《中国比较文学》2010年第2期。
[538] 金进：《本土意识与中国因素制约下的文化拟态——对马华文坛“断奶说”的文学历史考察》，《世界华文文学研究》2010年第6辑。
[539] 金进：《生命体验与学院知识的协奏曲——马华旅台作家钟怡雯的散文世界》，《华文文学》2011年第5期。
[540] 李瑞腾：《入乎其内·出乎其外（上）：论王润华早期的诗（一九六二—

一九七三）》,《文讯》1988年第38期。

[541] 李树枝:《现代主义的理论旅行:从叶芝、艾略特、余光中到马华天狼星及神州诗社》,《华文文学》2010年第6期。

[542] 李有成、张锦忠:《在文学研究与创作之间:离散经验》,《思想》2010年第17期。

[543] 李有成、单德兴:《在马来西亚长大:李有成访谈录》,《中山人文学报》2018年第44期。

[544] 李有成、单德兴:《问学记:李有成访谈录（二）》,《中山人文学报》2019年第46期。

[545] 李有成、单德兴:《台大岁月:李有成访谈录（三）》,《中山人文学报》2020年第49期。

[546] 李有成、单德兴:《访学记（一）:李有成访谈录（四）》,《中山人文学报》2021年第51期。

[547] 李有成、单德兴:《访学记:美国——李有成访谈录（五）》,《英美文学评论》2021年第39期。

[548] 李永平:《致"祖国读者"》,《文景》2012年第3期。

[549] 林春美:《当文学碰上道德——夜访林建国、黄锦树》,《蕉风》1998年第482期。

[550] 林春美:《在文学的灰色地带——访张光达与刘育龙》,《蕉风》1998年第486期。

[551] 林家庆:《诗行渡海而来:"在台湾的诗歌岁月"座谈会纪实》,《文讯》2011年第305期。

[552] 林建国:《为什么马华文学?》,《中外文学》1993年第10期。

[553] 林建国:《等待大系》,《南洋商报·南洋文艺》,1997年4月18日。

[554] 林建国:《再见,中国——"断奶"的理由再议》,《星洲日报·尊重民意》,1998年5月24日。

[555] 林建国:《方修论》,《中外文学》2000年第4期。

[556] 刘淑贞:《伦理的归返、实践与债务:黄锦树的中文现代主义》,《中山人文学报》2013年第35期。

[557] 刘叔贞：《裂缝与毯子：贺淑芳的小说迷宫》，《中山人文学》2016年总第40期。

[558] 刘小新：《当代马华诗歌的两种形象》，《华侨大学学报》1996年第2期。

[559] 刘小新，黄万华：《九十年代马华诗坛新动向》，《华侨大学学报》1997年第2期。

[560] 刘小新：《马华作家林幸谦创作论》，《华侨大学学报》1998年第2期。

[561] 刘小新：《"黄锦树现象"与当代马华文学思潮的嬗变》，《华侨大学学报》2000年第4期。

[562] 刘小新：《世代更替与范式转换——近十年马华文学发展考察》，《镇江师专学报》2001年第1期。

[563] 刘小新：《黄锦树的意义与局限》，《人文杂志》2002年第13期。

[564] 刘小新：《从方修到林建国：马华文学史的几种读法》，《华文文学》2002年第1期。

[565] 刘小新：《马华旅台文学现象论》，《江苏大学学报》2002年第2期。

[566] 刘小新：《马华旅台文学一瞥》，《台港文学选刊》2004年第6期。

[567] 刘小新：《当代马华文学思潮与"承认的政治"》，《华侨大学学报》2007年第4期。

[568] 刘亚群：《经验的毁灭与爱的症候——黄锦树小说中的"中国性"认同透析》，《中国比较文学》2022年第3期。

[569] 卢建红：《作为"开端"和"起源"的〈故乡〉》，《中山大学学报》2017年第3期。

[570] 逄增玉：《启蒙主义与民族主义的诉求及其悖论——以鲁迅的〈故乡〉为中心》，《文艺研究》2009年第8期。

[571] 莫嘉丽：《60年代台湾文学与香港文学对马华文学的影响》，《华侨华人历史研究》1998年第4期。

[572] 沈燕清、刘悦：《美援"侨生教育计划"下台湾当局对印尼侨生的争取及其影响（1954—1965）》，《台湾研究集刊》2021年第6期。

[573] 宋雅姿：《独有的抒情声音》，《文讯》2011年第310期。

[574] 王慈忆：《马华文学拓宽第一代：专访林绿教授》，《文讯》2010年第

297期。

[575] 王慈忆：《越洋而来的诗心：海洋·纵横·星座诗社》，《文讯》2010年第301期。

[576] 王德威：《坏孩子黄锦树：黄锦树的马华文学论述与叙述》，《中山人文学报》2001年第12期。

[577] 王德威：《原乡想像，浪子文学——李永平论》，《江苏社会科学》2004年第4期。

[578] 王德威：《华夷风起：马来西亚与华语语系文学》，《中山人文学报》2015年第38期。

[579] 王立峰：《从"马华"到台湾——论张贵兴的文学创作之路》，《华文文学》2014年第6期。

[580] 王列耀：《马来西亚华文文学的文化个性》，《暨南学报》2001第4期。

[581] 王列耀：《东南亚华文文学：华族身份意识的转型》，《文学评论》2003年第5期。

[582] 王列耀、马淑贞：《从"传承"到"裂变"——论马来西亚华裔作家林幸谦的诗歌创作》，《暨南学报》2005年第4期。

[583] 王列耀、赵牧：《"原乡"与"神州"——马来西亚华裔汉语写作中的所望之"乡"》，《文艺争鸣》2005年第5期。

[584] 王列耀、赵牧：《从故乡情结到原乡神话——马来西亚华文文学的中国想象》，《广东社会科学》2006年第4期。

[585] 王列耀：《东南亚华人文学的"望""乡"之路》，《暨南学报》2006年第4期。

[586] 王列耀：《东南亚华文文学的"异族叙事"——以菲律宾、马来西亚、印度尼西亚和泰国为例》，《文学评论》2007年第6期。

[587] 王列耀、龙扬志：《身份的焦虑：论90年代马华文学论争》，《暨南学报》2012年第1期。

[588] 王润华：《在树下成长的南洋华侨文艺青年》，《文讯》2013年第327期。

[589] 王润华、淡莹：《星座陨落的星星》，《文讯》2018年第394期。

[590] 温明明、王天然：《从失踪到重写——论黄锦树马共题材小说中的

"父"》，《华文文学》2018年第6期。

[591] 许文荣：《混合的肉身在文学史中的游走——论马华文学混血及其他》，《中国比较文学》2009年第3期。

[592] 许文荣：《马华小说和诗歌对中国文化的背离与回望》，《厦门大学学报》2010年第3期。

[593] 杨聪荣：《从原乡论到新兴论》，《中外文学》2000年第4期。

[594] 杨聪荣：《马华文学重构论在台湾学术场域的发声位置》，《中外文学》2000年第4期。

[595] 杨聪荣：《"我们"与"他们"：谈马华文学在台湾》，《中外文学》2000年第4期。

[596] 杨聪荣：《郁达夫与陈马六甲的越境之旅——现代亚洲民众交流的境界与印尼/马来/马华文学的周边》，《中外文学》2000年第4期。

[597] 杨锦郁：《解构文学奖——马华文学新生代在台湾》，《联合报·读书人》，1995年11月23日。

[598] 杨宗翰：《马华文学与台湾文学史——旅台诗人的例子》，《中外文学》2000年第4期。

[599] 杨宗翰：《关于〈马华文学与台湾文学史——旅台诗人的例子〉》，《中外文学》2000年第4期。

[600] 杨宗翰：《重构框架：马华文学、台湾文学、现代诗史》，《中外文学》2004年第1期。

[601] 杨宗翰：《马华文学在台湾（2000—2004）》，《文讯》2004年第229期。

[602] 杨宗翰：《集会结社之必要：台湾战后大学诗社/诗刊群相》，《文讯》2010年第301期。

[603] 杨宗翰：《抛出了地心吸力的诗人们：从〈星座〉看现代主义文学"小历史"》，《联合文学》2016年第381期。

[604] 袁欢：《黄锦树：我的故乡只活在我的作品里》，《北京日报》，2018年5月24日。

[605] 赵咏冰：《在台湾的马华文学——以李永平、张贵兴、黄锦树为例》，《华文文学》2011年第1期。

[606] 张错：《夜观天象　星棋罗布——我与"星座诗社"》，《自由时报·自由副刊》2011年1月11日。

[607] 张光达：《认同被建构的认同》，《南洋商报·南洋文艺》1998年10月14日。

[608] 张光达：《闹剧、鬼话和叙述形态——评黄锦树的〈大河的水声〉》，《南洋商报·南洋文艺》，1999年12月11日。

[609] 张光达：《建构马华文学（史）观：九十年代马华文学观念回顾》，《人文杂志》2000年第2期。

[610] 张光达：《马华旅台文学的意义》，《南洋商报·南洋文艺》2002年11月1日。

[611] 张光达：《漫游者的赋别/悼文/评论：书写/阅读黄锦树》，《星洲日报·星洲人物》，2003年3月23日。

[612] 张光达：《复系统与重写马华文学史，以及阅读张锦忠》，《南洋商报·南洋文艺》，2003年5月3日。

[613] 张光达：《文学体制与六〇年代马华现代主义：文化理论与重写马华文学史》，《星洲日报·文艺春秋》，2003年5月4日、11日、18日。

[614] 张光达：《新生代诗人的书写场域：后现代性、政治性与多重叙事／语言》，《蕉风》2004年第490期。

[615] 张光达：《花踪与马华文学、文化现象》，《星洲日报·文化空间》，2005年1月2日。

[616] 张光达：《陈大为的南洋史诗与叙事策略》，《南洋商报·南洋文艺》，2005年2月12日。

[617] 张光达：《马华文学的"后现代性"：书写语境的正当性？》，《南洋商报·南洋文艺》，2006年9月9日。

[618] 张光达：《诗选、读本与建构马华新诗史——读〈马华新诗史读本1957—2007〉》，《星洲日报·文艺春秋》，2011年6月12日。

[619] 张光达：《台湾叙事诗的两种类型："抒情叙事"与"后设史观"——以八〇—九〇年代的罗智成、陈大为为例》，《中国现代文学》2014年第11期。

[620] 张锦忠：《华裔马来西亚文学》，《蕉风》1984年第374号。

[621] 张锦忠：《编辑前言：烈火莫息》，《中外文学》2000年第4期。

[622] 张锦忠：《海外存异己：马华文学——朝向"新兴华文文学"理论的建立》，《中外文学》2000年第4期。

[623] 张锦忠编：《马华文学在台湾编目（1962—2000）》，《中外文学》2000年第4期。

[624] 张锦忠编：《台湾所见马华文学论述累增书目》，《中外文学》2000年第4期。

[625] 张锦忠编：《马华文学系年简编》，《中外文学》2000年第4期。

[626] 张锦忠：《陈瑞献、翻译与马华现代主义文学》，《中外文学》2001年第8期。

[627] 张锦忠：《在那陌生的城市：漫游李永平的鬼域仙境》，《中外文学》2002年第10期。

[628] 张锦忠：《文化回归、离散台湾与旅行跨国性："在台马华文学"的案例》，《中外文学》2004年第7期。

[629] 张锦忠：《再论述：一个马华文学论述在台湾的系谱（或抒情）叙事》，新竹：台湾交通大学"去国·汶化·华文祭：2005年华文文化研究会议"，2005年1月8—9日。

[630] 张锦忠：《继续离散，还是流动：跨国、跨语与马华（华马）文学》，马华文学与现代性国际研讨会，2005年6月9日—10日。

[631] 张锦忠：《跨国流动的华文文学：台湾文学场域里的"在台马华文学"》，《中国现代文学》2005年第34期。

[632] 张锦忠：《离散双乡：作为亚洲跨国华文书写的在台马华文学》，《中国现代文学》2006年第9期。

[633] 张锦忠：《（离散）在台马华文学与原乡想象》，《中山人文学报》2006年第22期。

[634] 张锦忠、黄锦树：《重写之必要，以及（他人的）洞见与（我们的）不见：〈重写台湾文学史〉绪论》，《思想》2007年第5期。

[635] 张锦忠：《"我要回家"——后离散论述与在台马华文学》，《星洲日报·文艺春秋》2009年2月8日。

[636] 张锦忠：《马来西亚与新加坡华语语系文学场域》，《文景》2012年第3期。

[637] 张锦忠：《在废墟迷雾中期待白马而显现白犬——评邓观杰的〈废墟的故事〉》，《联合文学》（网络版），2021年7月7日。

[638] 张斯翔：《论黄锦树"后"马共书写中的抒情意识：从〈火，与危险事物〉谈起》，《中外文学》2019年第1期。

[639] 张松建：《国民性、个人主义与社会性别：新马华文作家对鲁迅经典的重写》，《中国现代文学研究丛刊》2012年第4期。

[640] 张小欣译：《东南亚华侨华人与美国亚洲冷战政策——美国解密档案文件〈华侨华人与美国政策〉》，《冷战国际史研究》2010年第1期。

[641] 张玉瑶：《黄锦树：雨从南方来》，《北京晚报》，2018年5月18日。

[642] 翟韬：《文化冷战与华侨华人：美国对东南亚华侨华人的宣传渗透》，《东南亚研究》2020年第1期。

[643] 郑锭坚：《从〈战争游戏〉、〈死者代言人〉与〈明日灭亡〉的生命救赎及宗教关怀论析科幻小说的深层意义》，《华梵人文学报》2009年第11期。

[644] 钟怡雯：《论马华散文的"浪漫"传统》，《"国文"学报》2005年第38期。

[645] 钟怡雯：《遮蔽的抒情——论马华诗歌的浪漫主义传统》，《淡江中文学报》2008年第19期。

[646] 钟怡雯：《定位与焦虑：马华/华马文学的问题研究》，《华文文学》2009年第3期。

[647] 钟怡雯：《马华散文史绘图：边界、起源与美学》，《华文文学》2011年第1期。

[648] 钟怡雯：《神话不再》，《联合报》，2012年10月7日。

[649] 朱崇科：《台湾经验与张贵兴的南洋再现——兼及陈河〈砂捞越战事〉》，《中山大学学报》2012年第5期。

[650] 朱崇科：《再论华语语系（文学）话语》，《扬子江评论》2014年第1期。

[651] 朱崇科：《（后）殖民/解殖民的原乡（朝圣）：〈大河尽头〉论》，《南洋问题研究》2014年第1期。

[652] 朱崇科：《后殖民时代的身份焦虑与本土形构——台湾经验与潘雨桐的南

洋叙述》,《华侨华人历史研究》2014年第2期。

[653] 朱崇科:《台湾体验与黄锦树"南洋"论述的吊诡》,《暨南学报》2014年第6期。

[654] 朱崇科:《大马"南洋"叙述中的台湾影响及其再现模式》,《厦门大学学报》2015年第3期。

[655] 朱崇科:《陈大为的南洋追认及吊诡》,《中国比较文学》2015年第4期。

[656] 朱崇科:《归返的解构与建构:论林幸谦的原乡执念》,《西南民族大学学报》2015年第8期。

[657] 朱崇科:《台砂并置:原乡/异乡的技艺与迷思——以李永平、张贵兴的小说书写为中心》,《中山大学学报》2015年第4期。

[658] 朱崇科:《争夺鲁迅与黄锦树"南洋"虚构的吊诡》,《暨南学报》2015年第10期。

[659] 朱崇科:《论鲁迅在南洋的文统》,《文艺研究》2015年第11期。

[660] 朱崇科:《钟怡雯散文中的南洋书写及其限制》,《台湾研究集刊》2016年第1期。

[661] 朱崇科:《如何中华文化,怎样本土文学?——新加坡、马来西亚华文/华人文学与中华文化研究论纲》,《华南师范大学学报》2016年第4期。

[662] 朱崇科:《论淡莹作品中的"新"华性》,《华文文学》2017年第4期。

[663] 朱浤源:《大马留台学生认同心态的转变:1952—2005——〈大马青年〉内容分析》,多元文化与族群和谐国际学术研讨会,2007年11月23日。

[664] 朱竑,刘博:《地方感、地方依恋与地方认同等概念的辨析及研究启示》,《华南师范大学学报(自然科学版)》2011年第1期。

[665] 朱立立:《漫游·时间寓言·语言乌托邦——解读〈海东青〉的多重方法》,《文学评论》2005年第3期。

四、硕士 / 博士学位论文：

[666] 陈芳莉：《在台马华文学的原乡再现——以黄锦树、钟怡雯、陈大为为例》，台湾成功大学硕士论文，2008年。

[667] 陈慧娇：《偶然身为侨生：战后不同世代华裔马来西亚人来台求学的身份认同》，台湾政治大学硕士论文，2006年。

[668] 陈锐嫔：《科技穿越乡愁的赤道线——在台马来西亚华人的离散经验》，台湾政治大学硕士论文，2006年。

[669] 范雅梅：《论1949年以后国民党政权的侨务政策：从流亡政权、在地知识与国际脉络谈起》，台湾大学硕士论文，2005年。

[670] 洪淑伦：《马来西亚留台侨生之教育历程与"侨生"身份对其在台生命经验之影响》，台湾政治大学硕士论文，2008年。

[671] 洪王俞萍：《文化身份的追寻及其形构——骆以军与黄锦树小说之比较研究》，台湾成功大学硕士论文，2005年。

[672] 李苏梅：《马华旅台作家小说创作论》，广州暨南大学硕士论文，2008年。

[673] 李衍造：《再华化的意义：探讨旅台马印侨生文化认同的异同》，台湾暨南国际大学硕士论文，2008年。

[674] 李怡萩：《论张贵兴的雨林书写》，台北教育大学硕士论文，2009年。

[675] 林家绮：《华文文学中的离散主题：六七〇年代"台湾留学生文学"研究——以白先勇、张系国、李永平为例》，台湾清华大学硕士论文，2007年。

[676] 彭程：《马华新生代文学的主体性建构：以李天葆、黄锦树、黎紫书为例》，广州暨南大学博士论文，2012年。

[677] 彭霭霓：《在生命河流中的"移动"及其意义：1990年代旅台缅甸华人个案》，台湾暨南国际大学硕士论文，2012年。

[678] 沈品真：《拼贴的岛屿、生命的凝视——论钟怡雯的散文创作》，台湾中兴大学硕士论文，2010年。

[679] 王文泉：《神州诗社的文化心理研究》，中央民族大学硕士论文，2012年。

[680] 魏淑琴：《论陈大为诗歌创作中的故乡情结》，浙江大学硕士论文，2008年。

[681] 吴柳蓓：《论在台马华女性作家——以商晚筠、方娥真、钟怡雯为观察核心》，台湾南华大学硕士论文，2007年。

[682] 吴欣怡：《同胞与外人之间：马来西亚"侨生"的身份与认同》，台湾大学硕士论文，2010年。

[683] 吴伊凡：《再疆域化的学生迁移：旅中台生与旅台马生的比较》，台湾大学硕士论文，2010年。

[684] 萧秀雁：《阅读马华：黄锦树的小说研究》，台湾暨南国际大学硕士论文，2009年。

[685] 谢佩瑶：《马华离散文学研究——以温瑞安、李永平、林幸谦及黄锦树为研究对象》，马来西亚拉曼大学硕士论文，2011年。

[686] 颜泉发：《分流与整合——马来西亚华文文学概念的梳理与思考》，广州暨南大学硕士论文，2002年。

[687] 张馨函：《马华旅台作家的原乡书写研究（1976—2010）》，台北大学硕士论文，2012年。

[688] 曾怡菁：《穿越时空的长廊——钟怡雯散文研究》，台湾中兴大学硕士论文，2010年。

后　记

　　屈指数来，我从事马华文学研究已经十三年，而且大部分时间都是在关注马华留台作家群，我的博士论文、第一部论著和这些年零零散散发表的一些论文也都与此有关，这要感谢我的授业恩师王列耀教授当年指引我进入这一丰富而迷人的学术领域。2016年，我在《离境与跨界——在台马华文学研究（1963—2013）》（以下简称《离境与跨界》）一书的后记中提到："沉浸其中，我曾有过很多幻想，但如今掩卷回望，却必须承认自己的局限：没有办法做到面面俱到，更无力将所有的'宝藏'都一一呈现……这是一个不小的遗憾，但未尝不是日后继续追踪这一课题的动力之一。"为了弥补这一遗憾，同年我以"马华留台作家研究"为题向国家社科规划办申请课题资助，并成功获批立项。

　　课题立项后，我开始深入思考如何在《离境与跨界》一书的基础上进一步拓展研究，而不是对过去研究简单地修补完善。此前的研究我更多的是把马华留台文学视为一种文学现象，立足现象研究的思路讨论了马华留台作家产生的原因、历史脉络、创作特点和文学论述等，虽然也从宏观的层面对马华留台作家创作具有的"跨界"特点展开了分析，但整体而言，对作家作品的解读仍然不够。为此，我在课题的设计中将研究思路由现象研究转向了创作研究。由于研究对象所涉及的历史时段较长（1953年至2022年）、作家作品数量繁多，整个课题组用了将近六年时间才完成了近46万字的成果，并于2022年顺利通过结项，其间，我个人多次赴马来西亚和台湾地区调研收集资料。

与《离境与跨界》一书相比，《马华留台作家研究》的结项成果，除了在研究思路和内容上偏重创作外，还在其他多个方面对原来的研究进行了修正。例如，《离境与跨界》一书虽然已经注意到马华留台作家的跨域性，并将其视为归返和跨界的文学现象，但却没有从理论上深入阐发，经过多年的深入思考，我在最新的研究成果中将马华留台作家进一步理论化为文化回归、后离散和跨域散居三位一体的文化、文学现象，并从这三个方面重新阐释马华留台文学。又如，《离境与跨界》一书对马华留台作家发展脉络的分析，主要沿用陈大为先生在《最年轻的麒麟——马华文学在台湾（1963—2012）》一书中提出的"三个世代"论的观点，导致遗漏了很多马华留台作家，而且在世代的划分上也存在一些不合理之处，为了纠正这一不足，本课题对马华留台作家历史的梳理，将马华留台作家的历史从1963年提前到1953年，并用"八个世代"论取代原来的"三个世代"论。可以说，"马华留台作家研究"的课题成果与《离境与跨界》一书既是互补也是深化，两者构成了"姊妹"关系。但遗憾的是，由于篇幅和经费限制，本书只是"马华留台作家研究"这一课题结项成果一半左右的内容，剩下将近一半的内容，如"马华留台作家的选集活动及留台文学的经典化""无法抵达的神州（梦）：论李永平遗作《新侠女图》""'中国性'的'三幅面孔'：陈大为诗歌的神州想象""'我的每一部作品都只能叫作《彷徨》'：黄锦树对'鲁迅'的接受""'现世性'：李有成的记忆诗学与淑世批评""'金杯藤'与'红蚂蚁'：黄锦树《雨》的美学及伦理"等章节并未收入，只能留待日后时机成熟时以另外一种形式出版。

本课题在研究过程中得到了学界诸多前辈师长的无私帮助，他们分别是王列耀教授、陆士清教授、杨匡汉教授、张福贵教授、杨际岚编审、白杨教授、刘俊教授、方忠教授、朱双一教授、计红芳教授等，在此向他们致以深深的谢意！马华留台作家李有成先生、张锦忠先生、黄锦树先生、辛金顺先生等，也都在资料收集和研究思路方面提供了诸多热情帮助，在此一并致以诚挚的谢意！课题成果在结项过程中，匿名评审的专家提出了许多有价值和针对性的评审意见，这些意见对于本书在结项成果基础上的进一步完善起到了重要作用，在此向这些专家表示衷心感谢！本书作为我主持的国家社科基金青年项目"马华留台作家研究"的成果之一，出版得到了暨南大学文学院高水平经费和暨南大学海外华文文学与华语传媒研究中心出版经费的资助，感谢这两个单位的领导程国赋教授、贺仲明教授和白杨教授！最后还要感谢九州出版社责任编辑邓金艳女士及其审校团队，他们认真出色的工作，使本书减少了许多文字错漏。

本书由我总体设计，课题组成员共同完成，各章节分工及主要撰写人员如下：

绪　论（温明明）

第一章（温明明）

第二章（温明明）

第三章第一节（巫燕妮、温明明）、第二节（邢海东、温明明）、第三节和第四节（林美珍、温明明）

第四章第一节（吴嘉梦、温明明）、第二节和第三节（林美珍、温明明）

第五章第一节和第二节（林美珍、温明明）、第三节（赖秀俞）

第六章（赖秀俞）

第七章第一节（雷文琳、温明明）、第二节（赖秀俞）、第三节和第四节（温明明）

结　语（温明明）

附　录（温明明）

参与课题的成员除了赖秀俞老师（暨南大学人文学院讲师），其余均为我指导的学生，除吴嘉梦为本科生外，林美珍、雷文琳、邢海东和巫燕妮均为我指导的硕士研究生，2019年开始我有意让她们参与到本课题的研究中来，依托国家级研究课题对她们进行有针对性的学术训练，她们最后也都选择了马华留台作家作为自己硕士毕业论文的研究对象，并顺利通过答辩获得学位。

　　写作这本书的六年，经历了许多的波折，我也在家庭的重大变故中选择坚强和承担，并迎来自己的三口之家，感谢老父亲和妻子的默默付出！这本书见证了我人生当中的一段特殊时期，也是我下一段学术生涯的开端，祈愿身边的亲友身体康健、岁月安好！

温明明

2024 年 7 月 26 日

于羊城暨南园松泉居